RIEMANN
VERLAG

Barbara Strohschein

Die gekränkte Gesellschaft

Das Leiden an Entwertung und das Glück durch Anerkennung

Eine philosophische Anleitung

RIEMANN
VERLAG

Gefördert durch die Heinz und Heide Dürr Stiftung

FSC
www.fsc.org
MIX
Papier aus verantwortungsvollen Quellen
FSC® C014496

Verlagsgruppe Random House FSC® N001967
Das für dieses Buch verwendete FSC®-zertifizierte Papier
Munken Premium Cream liefert Arctic Paper Munkedals AB, Schweden.

1. Auflage
Originalausgabe

Lektorat: Gerhard Seidl
Umschlaggestaltung: Stephan Heering, Berlin
Satz: EDV-Fotosatz Huber/Verlagsservice G. Pfeifer, Germering
Druck und Bindung: GGP Media GmbH, Pößneck
Printed in Germany
ISBN 978-3-570-50178-8
www.riemann-verlag.de

Inhaltsverzeichnis

Einleitung

Überall geht ein frühes Ahnen dem späten Wissen voraus.

ALEXANDER VON HUMBOLDT

Es war ein Schock. Gräuel und Gewalttaten, mitten in Europa. In Jugoslawien. April 1999, Ostern. Nachbarn, die jahrelang friedlich nebeneinander gelebt hatten, schlugen sich tot. Von unvorstellbaren Grausamkeiten wurde in den Medien berichtet. Bilder von Männern mit Gewehren, die auf Frauen und Kinder schossen, Menschen, die marodierend in Häuser drangen und sie in Brand steckten.

Warum tun sich Menschen Gewalt an? Mit dieser Frage wachte ich eines Morgens in diesen Ostertagen auf. Und gleich einer Eingebung kam mir eine Antwort in den Sinn: *Jedem Gewaltakt geht eine Entwertung voraus.* Ein plötzliches Aufwachen und eine Eingebung in ein und demselben Augenblick. So selbstverständlich die Frage und so simpel die Antwort erschienen, so wenig konnte ich es dabei belassen.

Ich fragte mich weiter und dachte nach: Lässt sich Gewalt immer auf Entwertungen zurückführen? Sicher nicht. Gewalt findet im Auftrag statt. Kriege sind kalkuliert und mit politischen und ökonomischen Zielen verknüpft. Bedeutet das, dass Gewalt auch zu rechtfertigen ist? Ist Gewalt unvermeidbar? Dass Letzteres sehr oft behauptet wird, wissen wir. Doch etwas musste an dieser meiner Antwort richtig sein. Der logische Umkehrschluss schien darauf hinzuweisen. Aus Anerkennung wird nie Gewalt ausgeübt. Anerkennung ist das Gegenteil der Entwertung. Folgerichtig ist demnach, dass die Entwertung dem Gewaltakt vorausgesetzt ist und zudem die Entwertung durch Gewalt stattfindet.

Doch was spielt sich in diesem Teufelskreis ab? Wer entwertet warum? Auf welchen Ebenen vollzieht sich Gewalt?

Wer anfängt, sich auf etwas zu konzentrieren, fängt an, mehr zu sehen. Dazu gehört, das so Selbstverständliche unter einem neuen Blickwinkel zu betrachten: Gewalt findet nicht nur in Kriegen statt, sondern auch im Alltag. Gewalt bedeutet nicht nur physische Gewalt, sondern auch psychische. Jemand macht jemand anderen mit Worten fertig, schneidet ihn, missachtet ihn. Etwas wird zerstört, oder jemand wird vernachlässigt, weil es oder er/sie nicht – mehr – für wert erachtet wird. Jemand oder etwas wird nicht beachtet, nicht gesehen und existiert deshalb nicht.

Diese Entwertungsphänomene finden wir überall. In Kriegen wie im Alltag. Im alltäglichen Leben ist die Entwertung von Menschen durch Menschen auf den ersten Blick oft gar nicht sichtbar und als solche bewusst. Diese Gewalt- und Zerstörungsakte sind subtil, folgenreich, ohne dass dies erkannt wird.

Diese alltäglichen Entwertungen finden jedoch überall statt, akut und aktuell. Der Rechtsradikalismus und der Terrorismus zeugen davon, nicht nur mit Totschlagargumenten, sondern auch mit Totschlägen. Die Sozialarbeiter berichten von der beängstigenden und zunehmenden Gewalt in den Familien. Wer ins Theater geht, kommt nicht umhin, mit ansehen zu müssen, wie sich die Protagonisten auf der Bühne beschimpfen, demütigen und umbringen. Kein Fernsehabend ohne Mord und Totschlag oder Diffamierungen. In den Schulen und am Arbeitsplatz wird gemobbt. Der lieblose und respektlose Umgang mit Alten, Kranken und Behinderten ist eine Ausdrucksweise der Entwertung. Doch auch die Funktionalisierung von Kindern zu Leistungsträgern und Konsumenten lässt sich unter diesem Begriff fassen. In Partnerschaften und Ehen ist gegenseitiges Entwerten ein probates Mittel, sich über den anderen Macht verschaffen zu wollen.

Dieses Panorama an Entwertungsschauplätzen ließe sich fortsetzen. Und es folgten für mich daraus konsequenterweise die Fragen:

Wer ist warum so gekränkt, so entwertet worden, dass das Zurückschlagen unvermeidlich wird? Was geschieht hier unbewusst und unvermeidlich? Wie ließe sich dieser Teufelskreis bewusst machen und aufbrechen? Welche Ideen und Anleitungen brauchen wir, um diese Prozesse zu erkennen und damit aufzuhören?

Diese Fragen betreffen ebenso die Gewaltakte in Kriegen wie auch die vielen Entwertungsereignisse in unserer Gesellschaft.

Kritisch gesehen sprach alles dagegen, dass ich mich mit diesem Thema weiter befassen sollte. Als Philosophin war ich weder erklärtermaßen eine Friedens- oder Konfliktforscherin, noch war ich in der Mediation bewandert oder in irgendeiner fachspezifischen Weise auf diese Aufgabe vorbereitet, die sich hier auftat. Und so fragte ich mich, woher ich die Mittel und den Mut nehme, mich diesem Thema zu widmen. Von gut meinenden Kollegen und Freunden wurde ich gewarnt: »Viel zu weit gefasstes Thema!« »Das ist nicht zu bewerkstelligen.« »Dazu bräuchte man ein Institut und Forschungsgelder.« So weit war das richtig, aber auch begrenzt gedacht. Kann jemand, der eine existenzielle Frage hat, sich schon absichern und eingrenzen, bevor er anfängt zu fragen und zu forschen? Eines wurde mir im Laufe meiner weiteren Arbeit klar: Die Philosophie befasst sich in der Regel weitaus häufiger mit Bewusstheit, mit Erkenntnis und mit dem Normativen als mit dem Unerkannten. Warum sollte sich Philosophie nicht ebenso mit dem Unbewussten auseinandersetzen? Die Erforschung des Unbewussten ist ja nicht nur ein Thema für Psychologen und Psychoanalytiker. Zudem gibt es Philosophen, für die das Unerkannte und Nichtbewusste von zentralem Interesse war, wie wir sehen werden. Ermutigt hat mich der Mut der Philosophen, die genau dies getan haben und deshalb in diesem Buch eine Rolle spielen werden. Diese vier Philosophen gingen an die »Wurzel«, waren radikal, haben nicht »normativ« gedacht, sondern die menschliche Natur ergründet, durch Erfahrungen an und mit sich selbst: Søren Kierkegaard, Arthur Schopenhauer, Friedrich Nietzsche und Ernst Bloch. Sie haben etwas zu denken gewagt, ohne auf Gewinn, Lob und Erfolg zu spekulieren. Keiner von ihnen hatte ein Institut hinter sich. Keiner von ihnen wäre auf die Idee gekommen, für ihre philosophischen Fragestellungen Forschungsgelder zu beantragen. Keiner von ihnen hatte eine sichere, gut dotierte, lebenslange Professorenstelle. Sie lebten in einer durchaus gefährlichen Freiheit. Ihr Philosophieren war angetrieben von eigenen Erfahrungen, von der Lust und dem Leid des Forschens und dem unbedingten Drang, einer Sache auf die Spur zu kommen.

Søren Kierkegaards Leiden und Denken kreiste um das Menschheitsthema Schuld und Gewissen. Arthur Schopenhauer wollte den blinden Willen überwinden und kämpfte um Selbstbeherrschung. Friedrich Nietzsche rang um seine existenzielle und geistige Selbstbestimmtheit. Ernst Bloch rief auf, die Hoffnungslosigkeit zu überwinden und das richtige Hoffen zu erlernen. Ur-Menschheitsfragen, modern und psychologisch-philosophisch weitergedacht. Das sind die Aspekte, die mich hier interessieren. Sie haben durchweg etwas mit der Frage zu tun, wie wir Kränkungen erkennen und überwinden.

Diese Philosophen begriffen, wie und warum Menschen gekränkt werden, auch, weil sie selbst gekränkt wurden – so wie andere Menschen auch.

Nicht um die Philosophie im fachakademischen Sinn geht es mir hier, sondern um Philosophie als Lebenshaltung und Lebensweisheit. Doch wie in diesem Buch zu sehen sein wird, interessieren mich außer den wegweisenden Philosophen von gestern die engagierten Pioniere von heute, also Männer und Frauen, die sich in konkreten Projekten für andere Menschen einsetzen.

In Folge dieses Entschlusses, mich mit Entwertungen zu befassen, begann ich, im Auftrag des Hamburger Instituts für Friedens- und Konfliktforschung eine Studie zu schreiben über den »Wert des Menschen in der Globalisierungsdebatte, in der Humankapitaldebatte, in der Genforschung und den Medien«. Nach Beendigung der Studie hielt ich Vorträge zu diesen Themen und führte weitere Untersuchungen durch. Manager und Unternehmer, die ich kennenlernte, hielten meine ersten Ergebnisse über die Erkundung der Werte und Entwertungen für relevant und neu. Sie spornten mich an, ein Wertekonzept für Unternehmen und Einzelpersonen zu entwickeln. Aus dieser Konzeptarbeit entstand meine »Philosophische Praxis für Werte«, in der ich seit mehr als zehn Jahren berate.

Meine Methoden: Hinschauen, Deuten, Erklären und Anregen

Ein Thema zu bearbeiten, das einerseits noch nicht erforscht ist und andererseits alle möglichen Themen- und Wissenschaftsbereiche tangiert, die fachspezifisch abgehandelt werden, ist nicht einfach.

Der Begriff »Entwertung« beinhaltet das Wort »Wert«. Aber was haben Entwertungen denn nun mit Werten zu tun? Welche Werte werden in der Entwertung entwertet?

Der Zusammenhang zwischen Entwertungen und Werten ist bis jetzt kaum untersucht worden. Mit Moral und Ethik, Überbegriffe für Werte, befasst sich die Geisteswissenschaft. Gefühle, mittels derer bewertet wird, sind Untersuchungsgegenstand der Neurowissenschaftler und Psychologen. Mit gewalttätigen Konflikten setzen sich Konfliktforscher, Soziologen und Politologen auseinander. Die verschiedenen Forschungsansätze stehen nebeneinander, ohne dass große Zusammenhänge in Augenschein genommen und erklärt werden. Das ist nicht verwunderlich in der heutigen Welt der Wissenschaft, in der die Disziplinen sich mit sich selbst befassen, aber nicht unbedingt mit existenziellen Fragen der Menschheit.

Das ist niemandem vorzuwerfen, sondern liegt im wissenschaftlichen System: spezialisieren, objektivieren, messen. Aber mit diesen Methoden ist das Entwertungsproblem nicht zu erforschen. Worauf sollte man sich hier spezialisieren? Soziale Werte sind nicht messbar. Gefühle sind nicht objektivierbar.

Auf welche wissenschaftlichen Erklärungsmodelle sollte ich mich also beziehen? Meine Entscheidung: nur auf diese, die Antworten geben auf die Fragen, die hier relevant sind. Um einen wissenschaftlich-theoretischen Abriss geht es hier also nicht.

Mich interessieren die von Entwertung Betroffenen selbst. Beobachtung, Mitgefühl, Analyse und Erklärung sind meinem Dafürhalten nach notwendig, um Entwertungen zu erfassen: durch Alltagsbeobachtungen, Interviews und durch Erfahrungen aus meiner Beratungspraxis. Auch Auszüge aus Biografien, Reportagen und Dokumentationen liefern den Stoff für meine Fallbeispiele und deren Analysen. So erzähle ich Geschichten von Menschen heute. Um die Anonymität zu bewahren, habe ich die Inhalte, die Bezugsdaten und Aussagen verfremdet und beispielhaft fiktive, aber symptomatische Geschichten daraus zusammengefasst. Es werden sich viele in diesen Fallbeispielen wiedererkennen, ohne dass jemand Bestimmtes gemeint oder beschrieben wird.

Wissenschaftliche Theorien, Statistiken, Studien dienen hier allenfalls dazu, die Erklärungen zu fundieren.

In Bezug auf meine Fragestellung ist es wenig sinnvoll, Befragungen mit anonymen Fragebögen durchzuführen und auszuwerten. Das Argument, erst durch umfangreiche Erhebungen könnten stichfeste Aussagen gemacht werden, ist meines Erachtens hier irrelevant. Gefühle und Erfahrungen sind nicht einfach so »abfragbar«, schon gar nicht durch Multiple-Choice-Verfahren.

Wo überall entwertet wird und warum ich eine Auswahl treffe

In diesem Buch werde ich mich auf die Schauplätze des Alltags konzentrieren: auf die abwertende Selbstwahrnehmung im Spiegel, auf die Entwertung des Körpers, die Entwertungen in Sachen Sex und Partnerschaft, die Entwertungen am Arbeitsplatz. Auch auf die nicht offensichtlichen Bewertungen des Menschen in der Wissenschaft werde ich eingehen, die durch Reduktion und Abstraktion zustande kommen, in denen der »Mensch an sich« keine Rolle spielt, obgleich es um den Menschen geht. Schauplatz der Entwertungen und Aufwertungen ist auch die Religion, mittels derer sich Menschen erniedrigen oder erhöhen.

Natürlich ließe sich einwenden, andere, wichtige Schauplätze würden hier fehlen. Auch könnte gefragt werden, warum ich mich nicht ausführlich mit den sichtlichen Entwertungen auf Kriegsschauplätzen und durch Attentate befasse. Die gravierendsten Entwertungen des Menschen durch den Menschen thematisiere ich aus mehreren Gründen hier nicht: den Holocaust und die Genozide, die Vernichtungskampagnen in Diktaturen, den Krieg im Irak, die gewalttätigen Auseinandersetzungen in Israel und Palästina, die Vergewaltigung von Frauen in Indien und anderen Ländern, die Ausbeutung von Kindern in den Bergwerken Afrikas, den Menschenhandel, die Foltermethoden in Diktaturen, die Gewalt durch den Terrorismus, die Lebenssituation der vielen Entrechteten, die es auf der ganzen Welt gibt.

Diese Entwertungen in Form von Verachtung, Missbrauch, Misshandlung, Gewalt und Tötung sind die sichtbaren Spitzen des Eisbergs. Diese Entwertungen sind mehr als offensichtlich. Die Chancen, hier etwas bewirken zu wollen, sind weit weniger vorhanden als in den Zusammenhängen, in denen jeder Mensch selbst wirksam werden kann. Trotz der erdrückenden Fülle von Gewalttaten und Entwertungen sei eines nicht vergessen: Durch die Bemühungen vieler Menschen, für Anerkennung und Glück auch in einem politischen Sinn tätig zu werden, können langfristig durchaus Fortschritte erzielt werden.

Ich möchte Sie anregen, selbst auf Spurensuche zu gehen und neugierig zu werden auf das Glück durch Anerkennung.

Wie der Selbstwert eines Menschen korrespondiert mit der Akzeptanz der Welt und der anderen Menschen, wusste Goethe dem jungen und eigensinnigen Arthur Schopenhauer mitzuteilen:

»Willst du dich deines Wertes freuen,
So musst der Welt du Wert verleihen.«

Teil 1

Wie finden Entwertungen statt? Was sind Werte?

Wer ethisch sich selbst gewählt und gefunden hat, hat sich bestimmt in seinem ganzen konkreten Sein. Er besitzt sich also als dies Individuum, welches diese Fähigkeiten, diese Leidenschaften, diese Neigungen, diese Gewohnheiten hat, welches unter diesen äußeren Einflüssen steht, welches in der einen Richtung diese, in der anderen jene Einwirkung erfährt. Hier hat er sich selbst also als Aufgabe in dem Sinne, dass diese zuallernächst darin besteht, zu ordnen, zu bilden, zu mäßigen, zu entflammen, zurückdrängen, kurz, ein Ebenmaß in der Seele, eine Harmonie zustande zu bringen, welche Frucht der persönlichen Tugenden ist.[1]

SØREN KIERKEGAARD

Einstimmende Gedanken

Wie gelingt es, sich selbst etwas wert zu sein? Søren Kierkegaard schlägt vor, einen selbstbestimmten Weg durch ethisches Handeln anzusteuern. Ethisches Handeln orientiert sich an der Frage, was für einen selbst und für alle rechtens ist. In Kierkegaards Sinne heißt dies: Wer ethisch lebt, lebt selbstbestimmt.

Aber woher wissen wir, was recht beziehungsweise was unrecht ist? Woher wissen wir, um unseres Selbstwerts willen, welche Werte wir haben und haben sollen, um anerkannt zu werden und glücklich zu sein? Schopenhauer meint, dass wir uns dazu an etwas orientieren müssen. »Kein Charakter ist so, dass er sich selbst überlassen bleiben und sich ganz und gar gehn lassen dürfte; sondern jeder bedarf der Lenkung durch Begriffe und Maximen.«[2]

Daraus ließe sich der Schluss ziehen, dass wir, um unserer positiven Selbstbewertung willen, uns an Werten orientieren. Und zwar an den Werten, die anderen Menschen auch wichtig sind.

Denn wer will riskieren, ausgeschlossen zu werden, den sozialen Tod in Kauf zu nehmen, weil seine Werte nicht kompatibel mit den allgemein anerkannten Werten sind?

Schon allein stehen jeden Tag Fragen wie diese an: Was soll ich wie tun? Was ist mir wichtig? Und an welche Regeln soll ich mich halten und warum? Und wie erreiche ich, dass mich andere Menschen anerkennen?

1 Entwertungen – wirksam und unbewusst

Wir brauchen, wie schon gesagt, nicht die große Weltpolitik zu bemühen, um diese Kreisläufe von Entwertung, Kränkung und Gegenwehr zu verstehen. Ein Blick auf alltägliche Situationen zeigt es.

In einem Café gesteht Frau F. ihrer Freundin: »Ich bin einfach zu dick. Ich hasse mich! Ich mag mich kaum noch im Spiegel angucken.« Die Freundin beteuert: »Du bist nicht dick. Du hast doch nur Größe 40.« Frau F. empört sich: »Und das findest du normal? Ich finde es scheußlich!« Die Freundin schweigt. Es hat keinen Zweck, über dieses Thema weiterzureden.

In einer Talkshow berichtet ein bekannter Schlagerstar mit belegter Stimme, wie er seine Kindheit erlebt hat: »Mein Vater hat mich wegen jeder Kleinigkeit geschlagen. Er drehte schon durch, wenn ich nur ›falsch‹ guckte. Ich hatte keine Ahnung, was an mir nicht richtig war. Ich war als Junge kurz davor, Selbstmord zu begehen. Ich kämpfte um Vaters Liebe, aber es war vergeblich.« Kein Talkshowgast verzieht die Miene, die Moderatorin tut so, als würde er erzählen, wie er mit seinem Vater einen Kaninchenstall baut.

Ein Polizist aus einer Kleinstadt in Sachsen berichtet auf einem Kongress zum Thema Rechtsradikalismus: »Ich habe mit arbeitslosen Jugendlichen aus der rechtsradikalen Szene zu tun. Allerdings sind viele aus dieser Szene gar nicht politisch. Sie haben von Politik keine Ahnung. Sie hocken zusammen, betrinken sich und fühlen sich dann stark. Kürzlich passierte es, dass einige Jugendliche halb betrunken auf der Straße herumlungerten, als ihnen ein alter Mann über den Weg lief. Möglicherweise hat er irgendetwas über *die schlecht erzogene Jugend von heute* gemurmelt. Sie haben ihn niedergeschlagen, auf ihm herumgetrampelt, bis er tot war. Kurz danach wurden sie festgenommen und eingesperrt. Als sie am nächsten Morgen ihren Rausch ausgeschlafen hatten, kam die große Zerknirschung. Es fehlten ihnen die Worte. Sie waren es nicht gewohnt, ihre Motive zu erkennen und über ihre Gefühle zu sprechen. Gemeinsam und enthemmt durch den Alkohol hatten sie sich mächtig gefühlt. Es war ein Machtkick, auf diesen alten Mann einzuschlagen. Sie bewirkten etwas! Wo sie sonst überhaupt nichts bewirken. Diese Jugendlichen fühlen sich wertlos und überflüssig und sind ohne jede Lebensperspektive.«

In der Kantine sitzen Frau G. und ihr Kollege Herr T. beim Mittagessen. Durch die Tür kommt Frau P., eine attraktive Mitarbeiterin aus der PR-Abteilung. Frau G. sagt leise zu Herrn T.: »Die Frau P. ist wirklich unangenehm. Schon allein, wie die mit ihrem Minirock in den Raum hereinstiefelt und ihre Nase oben trägt. Dabei bringt sie nichts zustande. Vielleicht fällt das endlich auch mal dem Chef auf!« Herr T. sagt nichts dazu. Er weiß, dass der Chef Frau P. schätzt, weil sie gute Arbeit leistet. Herr T. widerspricht Frau G. nicht, weil er keine Lust hat, sich mit ihr anzulegen.

Ein Professor aus Nigeria lehrt Soziologie an einer Großstadtuniversität. Er ist bei den Studenten sehr beliebt. Seine Vorlesungen sind theoretisch gut fundiert und lebendig. Eines Tages hört ein Student unfreiwillig zu, wie sich zwei Professoren halblaut über den Kollegen aus Nigeria unterhalten: »Ich verstehe nicht, warum er die Gastprofessur bekommen hat. Kann er nicht in Afrika bleiben? Außerdem sind seine wissenschaftlichen Beiträge nicht auf unserem Niveau.« »Da kann ich Ihnen nur beipflichten, Herr Kollege.«

Der Student ist entsetzt, wie sein Lieblingsprofessor hier abgewertet wird. Kurz danach erfährt er, dass der Professor nach Afrika zurückkehren wird und seine Gastprofessur nicht verlängert werden soll. Der Professor ist nicht nur von seinen Kollegen unfair behandelt worden. Er wurde mehrfach auf der Straße und in der U-Bahn angepöbelt, ohne dass ihm jemand zu Hilfe kam.

Im ersten Fall wertet sich eine Frau ab, indem sie ihren Körper abwertet. Sie hat ein Körperideal – eine Wertvorstellung im Kopf, der sie nicht gerecht zu werden meint. Der Schlagersänger wurde durch Missachtung und Schläge von seinem Vater so entwertet, dass die seelischen Verletzungen jahrelang nicht heilten. Jugendliche, die sich selbst nichts wert sind, töten einen alten Mann um eines Machtkicks willen. Eine Kollegin, die attraktiv ist, wird von denen abgewertet, die sich nicht so viel wert fühlen. Ein afrikanischer Professor wird wegen seiner Hautfarbe und seines Könnens diffamiert und aus der Universität ausgeschlossen.

Hinter diesen Entwertungen stehen Wertmaßstäbe, nach denen etwas oder jemand beurteilt respektive abgeurteilt wird. Durch diese Maßstäbe wird bestimmt, wie »man« auszusehen hat, wie »man« sich zu verhalten hat, wer welche Rechte hat, wer dazugehört und wer nicht. Wenn irgendjemand einem dieser Maßstäbe nicht entspricht oder eine Erwartung nicht erfüllt, wird er abgewertet oder als Bedrohung wahrgenommen.

Ein positives Beispiel zeigt, wie Werte auch Grundlage dafür sein können, jemanden wertzuschätzen.

Herr L. hat zu einem Dinner eingeladen. Er hält eine Rede auf seinen Geschäftsfreund Herrn G. H.: »Mein lieber Georg, seit mehr als zehn Jahren kooperieren wir, und noch nie gab es Probleme. Du reagierst sofort, wenn ich eine Bitte habe. Du bist noch nie zu einem Meeting zu spät gekommen. Ich habe mich immer auf dich verlassen können. Und als ich mich neulich Frau F. gegenüber unmöglich verhalten habe, hast du mich aufmerksam gemacht, dass ich mit Menschen so nicht umgehen darf. Lieber Georg, dir zu Ehren habe ich heute dich und unsere Freunde eingeladen. Für diese zehn Jahre erfolgreicher Zusammenarbeit will ich dir danken. Denn genau heute vor zehn Jahren haben wir beschlossen zusammenzuarbeiten.« Georg H. scheint Lob nicht gewöhnt zu sein. Er nickt verlegen und murmelt: »Ist schon gut!« Dann steht er auf und umarmt Herrn L. Das hat er vorher noch nie getan. An diesem Abend herrscht eine angenehme und heitere Atmosphäre, und es wird angeregt diskutiert.

Werte wie Zuverlässigkeit, Anständigkeit, Loyalität wie auch fair geäußerte Kritik sind hier der Grund für eine ausgesprochene Anerkennung. Auf diese Weise werden Beziehungen gefestigt, das Vertrauen wächst. Eine Stimmung von Wohlbefinden und Kreativität entsteht.

Die weitaus häufiger stattfindenden Entwertungen durch beleidigende Äußerungen, herabsetzendes Handeln werden zwar absichtlich ausgesprochen und werden konkret, sind aber sehr oft nicht mit der Absicht verbunden, jemanden gezielt abzuwerten oder zu entwerten. Auf die Betroffenen jedoch wirkt diese »Abwertung«, ganz gleich, ob sie absichtlich oder unabsichtlich geschehen ist.

Diese Vorgänge spielen sich in einer »Grauzone« zwischen bewusst und unbewusst ab: Man will jemandem eins auswischen, ihn aber nicht unbedingt abwerten. Die, die kränken, ahnen oft nicht, wie weit und tief die Kränkungen bei den Gekränkten nachwirken. Diejenigen, die gekränkt werden, spüren es und schieben es sogleich beiseite, um nicht dauernd darunter zu leiden.

Und sehr oft ist der, der kränkt, selbst ein Betroffener von Kränkungen.

Diese Wechselwirkungen bleiben nicht ohne Folgen. Die meisten Menschen machen sich trotz allem den Inhalt der Kränkung »zu eigen«, auch wenn sie ihre Betroffenheit verbergen. Der giftige Pfeil hat ins Innere getroffen und hinterlässt eine Wunde, ob man will oder nicht, ob man es wahrnimmt oder nicht.

Fassen wir zusammen: Entwertungen geschehen oft spontan. Sie finden immer in Beziehung statt. Sie sind sowohl beabsichtigt wie auch nicht beabsichtigt. Sie geschehen sowohl bewusst als auch unbewusst. Die Motive dafür sind sehr unterschiedlich. Wertschätzung hingegen ist Ausdruck von Akzeptanz und erzeugt Akzeptanz. Die Ab- und Entwertungen hingegen kränken nachhaltig. Kaum einer der Betroffenen wehrt sich dagegen in dem Moment, in dem ihm dies geschieht. Die Gegenreaktion folgt meist viel später. Bei einer nächsten Gelegenheit kränkt der Gekränkte einen anderen.

Und so entstehen Teufelskreise. Eine »ungute« Stimmung macht sich breit, Misstrauen wächst, man ist lustlos und vermeidet Kontakte.

Diese Konflikte sind teuer. Sie kosten Kraft und Zeit und machen müde, mutlos und krank.

Wertungen und Entwertungen sind Ausdruck von Beziehungen

Leben heißt: aufeinander bezogen sein. Jeder, jede von uns lebt in Beziehungen. Damit meine ich nicht nur im engen Sinne Partnerschaften, sondern alle sozialen Gemeinschaften, die Gesellschaft und den globalen Zusammenhang.

Menschen sind per se soziale Wesen. Sie können ohne andere Menschen und ohne die Natur nicht überleben. Selbst wer dies nicht wahrhaben will, wird sich trotzdem damit abfinden, dass er das Brot vom Bäcker kaufen muss – oder das Mehl, um Brot zu backen. Jeder Mensch hat Eltern und Bezugspersonen, lebt und arbeitet in Gruppen und Gemeinschaften. Jeder Mensch braucht Essen, Wärme, frische Luft, Wasser, ein Zuhause und vieles mehr. All das kann er nicht durchweg selbst herstellen oder herbeischaffen. Dazu braucht er andere.

Doch es geht nicht nur ums Überleben, sondern auch um das soziale Leben und das Miteinander.

Wir erleben uns erst durch den anderen. Wir wachsen und spiegeln uns in den Beziehungen. Durch das Bewusstsein – eine bemerkenswerte menschliche Fähigkeit – können wir zwischen uns und dem »anderen« unterscheiden. Durch das Differenzerlebnis: »Hier bin ich, und da bist du«, ist die Beziehung originär konstituiert. In jeder zwischenmenschlichen Beziehung wirken emotionsgesteuerte Bewertungen – entweder positive oder negative. Genau der gleiche Prozess findet im Menschen selbst statt. Da er zu sich selbst in Beziehung steht, bewertet auch er sich selbst. (Das werde ich in den inneren Monologen vor dem Spiegel im dritten Teil des Buches zeigen.)

In jeder Situation bewerten sich Menschen gegenseitig. Nicht etwa nur in persönlichen und beruflichen Beziehungen, sondern ebenso in der Politik, im Zeitgeist und in öffentlichen Diskursen.

In den persönlichen direkten Begegnungen vollziehen sich die Bewertungen spontan. Sie sind oft unbewusst, gefühlsgeladen, vorrational. Entweder wird jemand akzeptiert oder abgelehnt. Warum dies geschieht, hat vielfältige Gründe und ist oft ebenfalls nicht bewusst. Da gefällt einem die Stimme des Gegenübers nicht. Man findet das Auftreten von jemandem unangenehm und dominant. Die Kleidung eines Mannes oder einer Frau wird als geschmacklos abgeurteilt. Bestimmte Argumente von jemandem überzeugen oder stoßen sofort auf Widerspruch. Die Variationsbreite der Ausdifferenzierung von einem einfachen »Ja« oder »Nein« ist unendlich. Ein neutrales »Bewerten«, im Sinne eines objektiven Wahrnehmens, gibt es selten oder so gut wie gar nicht. Das Bewerten geschieht spontan und automatisch, im Vorfeld von rationalen Entscheidungen. Das »Ja« bedeutet: Jemand wird als toll, prima, tüchtig, überzeugend und schön bewertet. Das »Nein« kann bedeuten: schlecht, widerlich, unangenehm, mies, hässlich, unbegabt, unüberzeugend, schlampig.

Wer abwertet, meint meist nicht den Menschen in toto.

Wer entwertet, lehnt alles an einem Menschen ab.

Wer be- und entwertet, denkt, handelt, fühlt und entscheidet dementsprechend.

Zum Beispiel: A lernt B kennen, schätzt B sofort. Hat Interesse an B, will mit B zusammenarbeiten, sich wieder mit B treffen. B fühlt sich akzeptiert, bejaht A und lässt sich auf eine Beziehung beruflich oder privat ein.

Oder: C lernt D kennen, kann D auf den ersten Blick nicht ausstehen. D muss aber mit C zusammenarbeiten. Merkt die Ablehnung von C. Die Konflikte sind vorprogrammiert.

Selbstverständlich kann sich der erste Eindruck auflösen. Die ursprüngliche positive oder negative Bewertung verändert sich dann und damit auch die Beziehungsdynamik – in beide Richtungen.

Auf der großen politischen Linie geht es nicht um persönliche Sympathien oder Antipathien zwischen den Staatsvertretern – wobei diese natürlich auch eine Rolle spielen. Bewertungen in internationalen Verhandlungen kommen durch Meinungen und Urteile zustande, die auf politischen und ökonomischen Interessen beruhen, mit dem Ziel, Macht zu gewinnen und zu behalten. Die eigene Position wird als richtig bewertet, die des Gegenübers als falsch. Ob diese Staatsvertreter Einblick in die Kultur und Geschichte des Landes haben, mit deren Vertretern sie verhandeln, bleibt dahingestellt. Viele kriegerische Auseinandersetzungen haben auch deshalb stattgefunden, weil die eine Nation die andere nicht »verstanden« hat. Und was man nicht versteht, muss man bekämpfen. Das Fremde ist dann bedrohlich, muss abgewehrt werden. Viele politisch motivierte Bewertungen entstehen aufgrund von kultureller Unkenntnis, von Machtmotiven und einem begrenzten Blick und Deutungen, die aus der eigenen Interessenslage entstehen. Das klingt so einfach dahergesagt. Aber es ist nicht so einfach von der Hand zu weisen. Bewertungen dieser Art und aufgrund dieser Motive, auf die politische Krisen und Kriege folgen, wären durchaus so zu erklären. Wenn Putin der Ukraine die Möglichkeit abspricht, als unabhängiger Staat zu existieren, wertet er ein Land und dessen Regierung ab. Die Konflikte zwischen Israel und Palästina sind mit Entwertungen verbunden, die auf verschiedene politische und religiöse Gründe zurückzuführen sind, verbunden mit Territorialansprüchen.

1994 töteten in Ruanda die Angehörigen der Hutu-Mehrheit in etwa hundert Tagen rund fünfundsiebzig Prozent der in Ruanda lebenden Tutsi-Minderheit. Hier wurde gewaltsam entwertet, ohne dass irgendeine der beiden Ethnien einen Gewinn davon hatte.

Das Gleiche trifft auf religiös bedingte Auseinandersetzungen zu. Die Gläubigen einer Religion haben im Namen Gottes Andersgläubige über Jahrhunderte nicht nur entwertet, sondern im großen Stil umgebracht, etwa in den Religionskriegen und in der Verfolgung der Hugenotten unter Ludwig XIV., um nur zwei Beispiele zu nennen. Diese Entwertung, sprich: Tötung und Vertreibung von Menschen mit anderem Glauben, hatte nur negative Folgen, auch in ökonomischer Hinsicht. Gute Handwerker, erfolgreiche Händler, begabte Künstler und Intellektuelle wurden umgebracht oder mussten aus Frankreich fliehen.

In Trends und im »Zeitgeist« werden ebenfalls Entwertungen virulent. Die Medien spielen dabei als Agenten der Entwertung eine entscheidende Rolle. Etwas wird als »out« oder »in« erklärt. Hier handelt es sich nicht nur um Moden, sondern ebenso um Haltungen, Lebensarten und Wohnstile, politische und religiöse Einstellungen und Umgangsformen. Diejenigen, die im Trend sind, sind dann »in« und haben Geltung. Die, die »out« sind, werden abfällig behandelt. Die Hippies waren mal »in«, sind nun »out«. Links zu sein, galt einst als Ausdruck von kritischem Geist und wird heute allenfalls »belächelt«, wenn nicht abgelehnt. Ein streng gläubiger Katholik wurde zu früheren Zeiten geschätzt. Heute gilt er, zwar nicht überall, aber in weiten Kreisen, als altmodisch und von gestern. Gute Umgangsformen zu haben, wurde bei den Achtundsechzigern als spießig tituliert, ist heute jedoch wieder aktuell.

Es liegt auf der Hand, dass die Menschen, die zeitkonform denken und sich entsprechend verhalten, fast automatisch positiver bewertet werden.

In öffentlichen Diskursen, etwa in Bezug auf Politik, Wirtschaft, Unternehmen, Kultur und Wissenschaft, vermittelt durch die Medien aller Art, finden Bewertungen statt. Die Wertungen zeigen sich in Urteilen, Kommentaren, im Verhalten und in der Kommunikation schlechthin. Und natürlich spiegelt sich auch hier der »Zeitgeist« wider. Ein Politiker wird öffentlich hochgelobt und dann demontiert. Das Leben eines Prominenten wird auseinandergepflückt und verrissen. Ein Star wird erst gehypt, und dann wird auf grenzverletzende Weise in seinem Privatleben herumgestochert. Ein Produkt ist erst begehrt und wird dann verworfen, ein Modemacher ist »in« und dann »out«. Ein Film reißt die Massen hin, und ein Buch, ganz gleich, ob es etwas taugt oder nicht, wird zum Bestseller. Die Stars, Gurus und Bestsellerautoren gehen wie »Sterne am Himmel auf« und verschwinden irgendwann sang- und klanglos im Nichts.

Welche Interessen sich hinter diesen Auf-, Ab- und Entwertungen verbergen, bleibt oft undurchsichtig. Nach den Gründen fragt meist keiner.

Mit Trends macht man Geld. In den Aufwertungen spiegeln sich Wünsche, Sehnsüchte, Tagträume und Projektionen des Publikums. So werden die Trends nicht nur aufgegriffen, sondern auch aus ökonomischen Interessen geschaffen. Wirtschaftsunternehmen bekommen die entsprechenden Informationen, wer oder was am besten jetzt und in Zukunft positiv bewertet und deshalb verkäuflich ist. Tendenzforscher, Trendanalysten und Marketingfachleute finden heraus, was als begehrenswert oder uninteressant gilt. So werden Meinungsbilder geschaffen. Eine Aufwertung kann umkippen in die Abwertung, durch Ignorieren, Fallenlassen oder gar Denunzieren der Betreffenden.

Meist sind die öffentlichen Urteile negativ und beziehen sich auf etwas oder jemanden, die »abwesend« sind. Das schlägt sich nieder in Sätzen wie: »Die SPD hat längst abgewirtschaftet.« »Die Grünen waren mal wichtig, heute sind sie Chaoten.« »Die Banker sind alle Gangster.« »Die Lehrer taugen heute nichts.« »Alle Islamisten sind Fundamentalisten und Frauenverächter.«

In den meisten Fällen werden diese »Werturteile« inhaltlich keiner kritischen Überprüfung unterzogen. Sie werden von vielen Menschen unhinterfragt aufgegriffen und von der Allgemeinheit übernommen. Sie können auch gar nicht überprüft werden. Werden Werturteile kollektiv, entsteht eine Meinungsmacht von enormen Ausmaßen. Da gilt, was die Masse gut findet, und jeder richtet sich danach. Im schlimmsten Fall führen sie zu Volksverhetzungen und Pogromen. Das war nicht nur im Nationalsozialismus der Fall.

Werturteile im Sinne von Entwertungen in persönlichen und beruflichen Beziehungen werden meist ohne direkte Adressaten in den Raum gesprochen. Die entsprechenden Äußerungen sind wertend, ohne dass mit ihnen ein direktes Kommunikationsziel verbunden ist. Mit ihnen soll weder etwas geklärt noch erreicht werden. Es sind reine Befindlichkeitsaussagen, wie wir an den folgenden Beispielen sehen werden.

Frau S. sagt im Kreis ihrer Freundinnen: »Unser Sohn hat zwei linke Hände. Der wird nie auch nur einen Nagel gerade einschlagen können. Das nervt.« Der Sohn wird diese Verachtung zu spüren bekommen.

Der Personalchef T. murmelt in Anwesenheit seiner Sekretärin in Bezug auf seinen abwesenden Abteilungsleiter: »Herr K. ist und bleibt ein Trottel. Er wird es nie schaffen, seine Abteilung in den Griff zu bekommen. Ich habe ihn satt.«

In der Kantine sagt Frau H. im Kreis ihrer Kollegen: »Frau M. ist konfus. Sie kann keinen zusammenhängenden Gedanken formulieren!« Es stellt sich heraus, dass Frau H. die betreffende Frau M. gar nicht persönlich kennt.

Viele Menschen sind es gewohnt, *über* jemanden in seiner Abwesenheit negativ zu sprechen. Sehr oft kennen diejenigen, die über jemanden urteilen, den Beurteilten überhaupt nicht. Der Betreffende, von dem die Rede ist, kann sich gar nicht wehren. Die Zuhörer hüten sich meist zu widersprechen. Aus gutem Grund: Wer schweigt oder beipflichtet, erfährt mehr Zustimmung als der, der gegen die Diffamierung protestiert.

Die Werturteile haben einen eigenartigen Nebeneffekt. Obwohl sie nicht mit einem direkten Kommunikationsziel verbunden sind und obgleich der »Bewertete« meist gar nicht mit dem Bewertenden bekannt ist, werden sie zu einer Art Orientierung, an der das Denken, Fühlen und Handeln ganz schnell ausgerichtet wird.

Die Logik ist dann wie folgt: »Herr F. scheint ein Idiot zu sein. Ich kenne ihn zwar nicht. Aber er soll in der letzten Sitzung wieder absolut nichts kapiert haben. Es wird Zeit, dass er entlassen wird.« Oder: »Ich habe gehört, dass Frau P. von der Presseabteilung so unzuverlässig sein soll. Hat wohl wenig Sinn, mit ihr zu kooperieren.« Oder: »Herr Z. war im Aktiengeschäft. Man weiß nicht, ob er da nicht krumme Sachen gedreht hat. Ich jedenfalls vertraue ihm nicht.« Oder: »Von Tante Luise habe ich immer nur gehört, dass sie geizig ist. Also kann ich wohl kaum erwarten, dass sie mir mal Geld leiht.« Oder: »Ich habe so viel Negatives über den Bürgermeister Herrn K. gehört. Den werde ich auf keinen Fall wieder wählen.«

Es ist dabei gleichgültig, ob diese Entwertungen auf konkrete schlechte Erfahrungen zurückzuführen sind oder ob ein Vorurteil aufgrund mangelnder Kenntnisse verbreitet wird. Entscheidungen werden trotzdem daraus abgeleitet. Ob sie berechtigt und richtig sind, steht auf einem anderen Blatt. Diese Entwertungen in Form von Werturteilen können ungerecht und unzutreffend sein. Sie können Chancen verbauen und zu Irrtümern führen. Aber sie sind auch – so merkwürdig dies klingen mag – eine »Hilfe«. Man stelle sich nur vor, wie anstrengend und zeitraubend es wäre, wenn jede Entwertung, Bewertung, jedes Werturteil unentwegt auf den Prüfstand käme und kritisch reflektiert werden würde.

Spielen wir es an einem Beispiel auf einer persönlichen Beziehungsebene durch: Ulrich K. fragt sich selbst aufgrund seiner Antipathie Peter L. gegenüber: »Bin ich gegen Peter eingenommen, weil mir seine Nase nicht gefällt? Erinnert diese Nase mich an die Nase meines Vaters, der mich immer, wenn ich zu spät nach Hause kam, geschlagen hat? Oder finde ich Peter so unangenehm, weil er so vorlaut ist? Ach nein, er ist wirklich widerlich, wenn er nur anfängt zu reden. Ich konnte ihn nie leiden. Er hat mir mal geholfen, aber dadurch ist er für mich noch abstoßender. Von so jemandem auch noch Hilfe anzunehmen, das ist wirklich das Letzte …«

Natürlich geschieht es durchaus, dass Menschen sich der Abwertungen anderen gegenüber bewusst sind und selbstkritische Fragen stellen. Sie wollen damit ein Beziehungsproblem lösen.

So könnte Ulrich K. sich fragen: »Ist Peter wirklich so, wie ich ihn sehe? Hat er nicht auch lobenswerte Eigenschaften? Bin ich vielleicht ungerecht? Darf ich das sein? Nein, eigentlich nicht. Ich glaube, ich muss mit ihm einmal ganz offen reden, um herauszubekommen, wer er eigentlich wirklich ist. Vielleicht projiziere ich ja das Negative auch nur auf ihn und tue ihm deshalb unrecht.« Und dann hätte Ulrich K. eine Entscheidung zu treffen, wie er mit Peter L. nun weiter umgeht.

Wie sich Entwertungen auswirken

Entwertungen sind kränkend und wirken wie eine Kriegserklärung, en détail und en gros. Durch die Entwertung wird jemand kritisiert, massiv infrage gestellt, als unzureichend eingestuft, sowohl in Gesellschaft und Politik als auch in persönlichen Beziehungen. Mit entwertenden Argumenten wird Macht ausgeübt, insofern auf diese Weise über Menschen – über die Natur, über Dinge und Prozesse – entschieden wird. Dem verbalen Ab- und Entwerten folgen manchmal Handlungen, die auf ein Niedermachen, Zerstören und Vernichten hinauslaufen können.

Diese Akte der Destruktion sind nicht vernünftig oder gar vernunftgesteuert. Ganz im Gegenteil. Sie entstehen aus starken Emotionen und bewirken starke Emotionen.

Auf der individuellen Ebene machen sich die Betreffenden selbst kaputt, indem sie sich selbst entwerten. Durch Entwertungen in Beziehungen entstehen Konflikte, und die Beziehungen gehen dann im ärgsten Fall in die Brüche. In internationalen und nationalen Beziehungen entstehen durch Ab- und Entwertungen Krisen, gewalttätige Konflikte und Kriege.

Menschen entwerten nicht nur sich und andere, sondern auch das, was sie selbst geschaffen haben und zum Überleben brauchen. Die Natur wird entwertet, die menschliche Arbeit, das Geld, das Kapital, kulturelle Leistungen und Traditionen werden ab- oder entwertet, Produkte werden entwertet. Entwerten heißt: töten, vernichten, zerstören, wegwerfen, nicht pflegen, verkommen lassen, missbrauchen, nicht beachten, totschweigen, lächerlich machen. Die Auswirkungen können dementsprechend lebensbedrohlich sein.

Auf der politischen Ebene nützen vernünftige Argumente, Gesetze, Regeln gegen die Entwertungen entweder nicht viel, gar nichts oder nur sehr bedingt. Sind eine Volksmeinung, ein Werturteil erst einmal in Umlauf, gibt es selten ein Zurück. Auf der persönlichen Ebene hilft gutes Zureden wenig. Weder die Wertung noch ihre Wirkung ist rational. Wer ist schon aus »vernünftigen« Gründen beleidigt? Oder wer beleidigt jemanden aus einem »vernünftigen« Grund? Es geht immer um Gefühle, die nicht einfach abzustellen sind. Nietzsche bringt ein Phänomen auf den Punkt: »Es ist weit angenehmer, zu beleidigen und später um Verzeihung zu bitten, als beleidigt zu werden und Verzeihung zu gewähren. Der, welcher das erste tut, gibt ein Zeichen von Macht und nachher von Güte des Charakters. Der andre, wenn er nicht als inhuman gelten will, *muß* schon verzeihen; der Genuss an der Demütigung des andern ist dieser Nötigung wegen gering.«[3] Denn der, der entwertet, scheint zunächst die Macht zu haben. So ist es ihm viel leichter, später um Verzeihung zu bitten, als selbst der Gedemütigte zu sein. Es fragt sich nur, zu welchem Preis und wie lange.

Wie Entwertungen zustande kommen

Die Ursachen für Entwertungen sind je nach Beziehungsgefüge unterschiedlich. Persönliche Selbstbehauptungswünsche, ökonomische und politische Interessen oder Macht sind einige dieser Ursachen. Diese Ursachen haben in der Regel einen gemeinsamen Nenner und werden in einem Teufelskreis evident: Der Ab- und Entwertung geht häufig ein Gefühl der eigenen Bedrohung voraus.

Das, was irritiert, fremd ist, Angst macht und bedrängt, muss abgewehrt werden. Eine Ausdrucksform dieser Abwehr ist die Ab- und Entwertung. Das, was als bedrohlich empfunden wird, wird »heruntergemacht«. Das Heruntermachen erzeugt ein Machtgefühl. Diejenigen, die heruntermachen, erleben, dass sie etwas bewirken, und dies verschafft Befriedigung und hebt – zumindest in dem Moment – das Ohnmachtsgefühl auf. Das daraus folgende Machtgefühl wirkt wie ein Schutz. Es bewahrt davor, sich weiter schwach und hilflos zu fühlen.

Dieser Mechanismus ist durchgängig und strukturell. Er wiederholt sich, ganz gleich, ob es sich um einzelne Menschen, Gemeinschaften oder Nationen handelt.

Bei genauer Betrachtung ist diese Macht jedoch illusorisch und nur kurzfristig wirksam. Denn sie beruht nicht auf Stärke, sondern auf der Kompensation von Schwäche.

Die Ausübung von Macht, die aus einer entwertenden Erfahrung resultiert, hat sehr oft einen sehr negativen Effekt: Diejenigen, die sich durch diese Macht entwertet fühlen, schlagen zurück, um wiederum sich selbst aufzuwerten. Die davon Betroffenen wehren sich – und so geht es immer weiter.

Im Prinzip laufen nicht nur individuelle, sondern auch kollektive Ab- und Entwertungen genauso ab. Der Kampf findet zwischen »Parteien« statt, die sich gegenseitig entwerten.

Auch Befindlichkeiten können Ab- und Entwertungen verursachen. Wer müde ist, schlechte Laune hat, sich gestresst und gestört fühlt, neigt sehr viel schneller dazu, jemanden, der ihm in die Quere kommt, zu entwerten. Wer kennt das nicht: Jemand stört, stellt Ansprüche, dringt in mein Revier ein, ist zu laut – und schon können wir ihn/sie, im Augenblick jedenfalls, nicht mehr ertragen und teilen dies auf abwertende Weise dem anderen mit.

Es liegt nahe, dass in unserer Zeit, in der es laut, egoistisch und oft grenzverletzend zugeht, das Sich-gestört-Fühlen ein häufiger Anlass für Abwertungen ist. Der Einzelne fühlt sich in seinem psychischen und physischen Schutzraum bedroht und schlägt deshalb zu. Mit Worten, Szenen, Taktiken, die abwertend wirken, versucht er, sich und seinen Raum zu verteidigen.

Nicht gelöste innere Probleme, wie Geldsorgen, Furcht vor einer Krankheit, Angst vor Versagen, das negative Antizipieren sind ebenfalls Ursachen dafür, sich schwach und hilflos zu fühlen und dies durch negative Äußerungen und Abwertung anderer zu kompensieren.

Um zu verstehen, wie Entwertungen zustande kommen, müssen wir einen Blick in die Kindheit werfen. Wenn Kinder nicht genug Liebe und Anerkennung erfahren haben, werden sie es nicht nur schwer haben, sich selbst zu lieben, sondern auch, andere zu achten und zu lieben. Weil in Kindheit und Familie der Schlüssel für die Vermittlung von Werten sowie für die emotionalen Abwertungen liegt, die ein ganzes Leben lang nachwirken, werde ich mich im zweiten Teil des Buches ausführlich mit diesem Thema befassen.

Wie die Entwertungen entstehen, etwa durch Spuren aus der Kindheit, durch konkrete Anlässe, durch eigene Kränkungen, ist meist nicht bewusst. Die vielen Ursachen dafür werden aus naheliegenden Gründen nicht kommuniziert und bleiben damit unbenannt und unbekannt. Einfach deshalb, weil wir uns nicht im gelebten Augenblick gleichzeitig die Ursachen unseren Denkens, Fühlens und Handelns bewusst machen können.

Selbst wenn einem die eigenen Motive für die Abwertung eines anderen bewusst wären, wäre es ziemlich schwierig, dies zu kommunizieren und zum Beispiel zu sagen: »Weil Sie mich an meinen gewalttätigen Vater erinnern, möchte ich Ihnen am liebsten eine reinhauen.« Kommuniziert wird stattdessen einer dritten Person gegenüber: »Ich werde alles daransetzen, dass dieser miese Typ auf keinen Fall den neuen Posten bekommt.«

Anstatt zu sagen: »Sie sind wieder, ohne anzuklopfen, in mein Büro gestürmt und haben mich aus der Arbeit gerissen«, wird kommuniziert: »Sie haben es wohl nie gelernt, auf irgendjemanden Rücksicht zu nehmen. Auf beiden Ohren taub und auf beiden Augen blind, oder wie?«

Nicht gesagt wird: »Weil Sie mich neulich vor allen Leuten fertiggemacht haben, habe ich Angst vor Ihnen.« Hingegen wird einem Dritten gegenüber kommuniziert: »Dieses Mannweib ist das Letzte. Die muss hier weg.«

Diese Erklärungen gehören nicht in die herkömmlichen Kommunikationsmuster und würden auch peinlich wirken. Denn das soziale Leben ist ja zudem nicht ein Ort der Therapie. Aus diesen psychischen Konstellationen erklären sich jedoch die Anlässe für Abwertungen. Revierverteidigung, Ohnmachtsgefühle und Machtinteressen sind nicht nur Motive im zwischenmenschlichen Bereich, sondern auch in der Politik, in der Wirtschaft und auf anderen Schauplätzen der Gesellschaft.

Dieser Mechanismus, der in der Regel auf Angst und Schwäche basiert, ist noch besser zu verstehen, wenn man das Gegenteil ins Visier nimmt: Wer nichts zu befürchten hat, wer über ein gesundes Selbstbewusstsein und Selbstwertgefühl verfügt, hat auch keinen Anlass, jemanden oder etwas abzuwerten. Das gilt auch für eine Gruppe oder eine Nation. Nicht nur in persönlichen Zusammenhängen gibt es dafür Beispiele, sondern auch in der Geschichte.

Die Automatismen der Entwertung

Aus der neurobiologischen Sicht

Könnten wir nicht einfach »wertfrei« denken, fühlen und handeln? Sowohl privat als auch politisch? Schön wäre es! Doch es ist illusorisch, darauf zu hoffen. Die spontane positive oder negative emotionale Entwertung wird eben nicht einer rationalen Prüfung unterzogen. Sie geschieht einfach automatisch.

Die Hirnforscher erklären, wie dies geschieht.

Die Funktionen im Gehirn vollziehen sich, ohne dass die Vernunft oder der Verstand wirksam ist. »Das limbische System ist die Zentralstelle des endokrinen, vegetativen und psychischen Regulationssystems. Es verarbeitet Reize aus dem Körperinneren und von außen. Das limbische System steuert das emotionale Verhalten und ist das Zentrum für Gefühle. Außerdem ist es mit anderen Zentren am Gedächtnis beteiligt.«[4] Im Gehirn wird in einem komplexen wie unbewussten Vorgang sehr schnell alles be-wertet, was im und um den Menschen geschieht. Die Be-Wertung, positiv oder negativ, vollzieht sich von selbst – im Kontext vorangegangener gespeicherter Erfahrungen und Lernprozesse. Mittels dieser Hirnfunktionen allein kann allerdings nicht erklärt werden, *wie* diese Wertungen stattfinden und wie sie sich auswirken.

Der Prozess, den die Hirnforscher schildern, ist sehr allgemein beschrieben. Spontan wird gewertet, ohne dass klar ist, warum. Emotionen sind eben weit stärker und schneller als die Ratio.[5] Wie die gespeicherten Erfahrungen wiederum die Wertungen beeinflussen, ist noch nicht erforscht.

Der tiefenpsychologische Aspekt: Das mangelnde Selbstwertgefühl

Jeder Mensch möchte verstanden, anerkannt und geliebt werden. Es gibt kaum einen Menschen, der, ohne Schaden zu nehmen, darauf verzichten kann. Das Sich-unverstanden-Fühlen, mangelnde Anerkennung oder der Mangel an Liebe machen viele Menschen krank, traurig und einsam. Nicht nur Therapeuten und Ärzte können ein Lied davon singen. Die Sehnsucht nach Zuwendung und Liebe ist Thema von Hits und Schlagern, von Romanen, Filmen, Kunstwerken. Die unerfüllte Sehnsucht danach kommt in den alltäglichen Auseinandersetzungen zur Sprache. Dann fallen Sätze wie: »Du verstehst mich nicht!« »Der Chef hat keine Ahnung, wer ich bin und was ich kann.« »Mein Mann hört mir nie zu.« »Wenn ich doch endlich jemanden fände, mit dem ich mich mal unterhalten könnte.«

Woher kommt es, dass so viele Menschen unter mangelnder emotionaler Zuwendung leiden? Warum haben viele Menschen große Schwierigkeiten, andere Menschen anzuerkennen?

Eine entscheidende Ursache dafür liegt in der Kindheit. Wie das Manko an Liebe heute mit dem Manko an Liebe in der Familie zusammenhängt, wird, wie schon gesagt, Thema des zweiten Teils über die Familie sein.

Abgesehen davon leben wir in einer Gesellschaft, in der selten Lob und Anerkennung ausgesprochen wird.

Stellen Sie sich einen Menschen vor, der nie von seinen Freunden, Kollegen, von seinem Partner ein anerkennendes Wort zu hören bekommt. Ein Mensch, zu dem selten oder nie jemand sagt: »Ich hab dich gern!« »Ich finde deine Arbeit gut.« »Du siehst gut aus.« Stellen Sie sich einen Menschen vor, zu dem noch nie oder ganz selten der Satz gesagt wurde: »Ich liebe dich!«

Ich fürchte, viele Menschen haben weit mehr einen Mangel als einen Überfluss an Liebe erlebt. Nicht nur ein labiles Selbstwertgefühl folgt auf diesen Mangel, sondern daraus ergeben sich auch die Schwierigkeiten, andere Menschen zu lieben und zu achten.

Wer sehr oft enttäuscht wurde, durch mangelnde Anerkennung und Liebe, wird versuchen, diesen Mangel wettzumachen, sehr oft durch Wege und Mittel, die genau das Gegenteil bewirken.

Humor, Witz, Lebensfreude und vor allem Wertschätzung und Liebe böten Ansätze für eine Lösung, die aber in solchen Momenten in weiter Ferne liegt.

So entsteht eine Gesellschaft vieler ungeliebter Kinder, die, als Erwachsene mit dem Mangel an Liebe, sich selbst und andere abwerten. Und da es sich mit dem Gefühl, nichts wert zu sein, sehr schwer leben lässt, wird nach einem Ausgleich gesucht: Macht zu gewinnen durch Werturteile über andere.

Wie Entwertungen kompensiert werden

Viele Menschen heute haben kein gutes Selbstwertgefühl aus den eben dargestellten Gründen. Weder die Herkunft noch das Geschlecht, die Bildung, der Status oder das Alter spielen dabei eine Rolle. Im Prinzip sind alle gleichermaßen davon betroffen.

Die Art und Weise, mit diesem Mangel und dem fehlenden Selbstwertgefühl umzugehen, ist jedoch sehr unterschiedlich und vielfältig.

Durch »Abhärtung«. Es ist weitverbreitet, dass Menschen mit mangelndem Selbstwertgefühl sich »panzern«. Sie meinen, auf Anerkennung nicht angewiesen zu sein, und schotten sich ab, um nicht verletzt zu werden. Die Abschottung wirkt wie ein Schutzschild. Menschen, die sich solcherart schützen, sind nicht nur »hart« mit sich, sondern auch »hart« mit anderen. Unter Absehung der eigenen Gefühlslage fallen dann Sätze wie: »Man soll sich nicht so anstellen.« »Jeder muss sehen, wie er durchkommt.« »Jeder ist sich selbst der Nächste.« »Was kann ich dafür, dass es A. so schlecht geht? Hat doch selbst Schuld.« »Soll der sich doch anstrengen und nicht jammern.« Das mangelnde Mitgefühl mit sich selbst kann dann leicht zu einem mangelnden Einfühlungsvermögen für andere führen, ohne dass dies dem Betreffenden bewusst wird.

Durch Macht: In Kleinkriegen, durch Machtspiele und – in gravierendster Weise – durch Mobbing wird das mangelnde Selbstwertgefühl vermeintlich wiederhergestellt. Davon war bereits die Rede. Jeder physische oder psychische Schlag auf den anderen wirkt wie eine Genugtuung: Ich habe etwas bewirkt und habe dadurch mehr Macht!

Ehepartner hacken aufeinander ein, lassen kein gutes Haar mehr am anderen. Unter Kollegen spielt sich Ähnliches ab.

Auch ständige Zurechtweisungen sind ein probates Mittel, um Macht auszuüben und den anderen in die Knie zu zwingen, wenn man sich selbst hilflos fühlt.

Durch Kontrolle: Wer oft verletzt wurde durch Kränkungen, neigt dazu, ständig aufzupassen, dass ihm dies nicht wieder passiert. Solch ein Mensch versucht, alles und jeden zu kontrollieren. Jeder, der sich dieser Kontrolle entziehen will, handelt sich ein, abgeurteilt zu werden.

Durch Bestrafungen in ihren verschiedenen Erscheinungsformen: Wer sich abgewertet fühlt, schweigt beharrlich und macht den anderen dadurch unsicher. Geldentzug, körperliche Gewalt und Beschimpfungen sind ebenfalls probate Mittel auf allen Ebenen. Der sichtbarste Weg wird beschritten durch Zuschlagen, Drangsalieren, Missbrauchen und Quälen, sowohl auf der körperlichen wie seelischen Ebene. In der Ehe wird häufig durch Entzug gestraft. Keine Blicke mehr, kein Essen, kein Sex.

Das Androhen von Sanktionen funktioniert ebenfalls als probates Machtmittel – im privaten wie im beruflichen und politischen Bereich. »Wenn du das oder das nicht tust, dann werde ich die Konsequenzen ziehen.« »Wenn Sie Ihre Aufgaben bis Ende nächster Woche nicht erledigt haben, werden wir ernsthaft darüber nachdenken müssen, ob wir Sie hier noch halten können.« »Wenn der Präsident nicht befiehlt, dass die Truppen abgezogen werden, dann wird unsere Regierung die weiteren Zahlungen einstellen.«

Zerstören und Vernichten in psychischer wie physischer Hinsicht sind ebenfalls Entwertungsreaktionen. Jemand, der sich beleidigt und verletzt fühlt, macht den anderen fertig oder/und etwas kaputt, was dem anderen gehört. Es kann sich dabei um eine gute Idee, einen neuen Plan, einen guten Ruf, einen persönlichen Gegenstand handeln.

Wir finden aber auch weniger auffällige Kompensationen:

Durch stilles Leiden wird das mangelnde Selbstwertgefühl kompensiert. Aus Angst vor möglicherweise folgenden Entwertungen verzichtet ein Mensch darauf, sich zu wehren. Dieses stille Leiden verbittert. Wer verbittert ist, entwertet nicht nur sich selbst, sondern auch andere. Ehefrauen, die sich nicht genug geliebt fühlen, praktizieren dies. Aber auch wenig selbstbewusste Mitarbeiter, die jede Aufgabe übernehmen und sich überfordern, neigen dazu, so ihr Selbstwertgefühl zu steigern und andere zu missachten, die sich nicht für den Chef »aufopfern«.

Durch Selbstoptimierung: Das ist ein Weg, den viele Menschen heute gehen, um mit einem schwankenden Selbstwertgefühl zurechtzukommen. Da werden Kurse für Rhetorik, für die richtige Mimik, für das perfekte Styling besucht, Trainer werden hoch bezahlt, die einen in Form bringen sollen. Tatsächlich aber sind es oft sehr vergebliche Versuche, ein angeschlagenes Selbstwertgefühl zu »reparieren«.

Durch Buhlen um Lob und Anerkennung: Hier geht es auch um Selbstoptimierung, durch die man sich nicht nur selbst aufwertet, sondern erreichen will, von anderen bewundert zu werden. Ungeheurer Aufwand wird betrieben, um anerkannt zu werden: Durch Fitness, Schönheitsoperationen, Kosmetikbehandlungen, Kleiderkäufe, Internetauftritte, Ansammlung von Statussymbolen wird der Versuch unternommen, dem Maßstab zu entsprechen, der heute gilt: perfekt zu sein auf allen Ebenen. Das sind aufwendige Versuche, der eigenen Selbstentwertung entgegenzutreten und einem verinnerlichten Standard zu entsprechen, der Erfolg verspricht.

Durch Anstrengungen: Wer sich gekränkt fühlt, strengt sich bis über die Grenze der Erschöpfung an, mit dem Ziel, anerkannt zu werden, und zwar durch noch mehr Leistung, die noch mehr Stress und noch mehr inneren Druck erzeugt.

Durch Vermeidung und Anpassung: Wer sich abgewertet fühlt und Selbstwertprobleme hat, vermeidet Wiederholungsgefahren. Also zieht er oder sie sich aus einer Angriffsgefahr zurück, hält den Mund, sagt nichts mehr, bleibt im Schatten, um nicht aufzufallen und Kritik auf sich zu ziehen. Unterordnung ist ein Aspekt davon. Auf berechtigte Ansprüche wird dann verzichtet, es wird sehr schnell klein beigegeben und nachgegeben.

Es fragt sich, ob nicht durch die häufigen öffentlich vollzogenen Entwertungen in den Medien, in Jurys oder Ähnlichem ebenfalls kompensiert wird. Warum hat es ein Journalist, ein Rezensent oder ein Jurymitglied nötig, jemanden mit Worten zu vernichten? Würde eine faire Kritik nicht ausreichen?

Erbarmungslos werden Leistungen anderer niedergemacht. Nicht nur in *Deutschland sucht den Superstar*, sondern auch bei anderen Wettbewerben oder etwa Kommentaren zu Büchern.

Die Kompensation durch inneres Wachstum und Weisheit: Im allerbesten Fall kann es passieren, dass ein Mensch, selbst wenn er nicht geliebt und anerkannt wird oder wurde, durch bestimmte Erfahrungen weise wird. Er kann, ohne inneren Schaden zu nehmen, bewusst auf das verzichten, was andere Menschen für ihr Selbstwertgefühl dringend brauchen: die ständige Anerkennung von außen.

Das können Menschen mit einem starken Gottesglauben sein. Oder es handelt sich um Menschen, die durch einen langen Schulungsweg gegangen sind. Sie haben es gelernt, ohne dauernde Bestätigung ihrer selbst gewiss zu sein. Auf die Frage, wie ein solches Selbstverständnis durch Religiosität beeinflusst werden kann, werde ich in Kapitel 13 eingehen.

Warum Entwertungen uns teuer zu stehen kommen

Positive Bewertungen, sprich Anerkennung, Lob, Wertschätzung und Liebe sind preiswert. Sie kosten nichts! Ein Wort, eine Geste, eine bejahende Handlung reichen aus, um einen Menschen glücklich zu machen – und wenn auch nur für einen Moment. Kein Blumenstrauß, kein Schmuckstück, kein Verwöhnprogramm und keine Gehaltserhöhung haben den gleichen Effekt wie eine authentisch erfahrene Anerkennung. Entwertungen sind teuer, sie kosten Zeit, Energie, Nerven, Geld und bringen gesundheitliche Schäden an Leib und Seele mit sich. Die Negativität, die mit ihnen verbunden ist, macht das Leben zu einer Art Vorhölle.

Wie der renommierte Psychologe und Verhaltenstherapeut Jens Corssen in seinem Ansatz des »Selbst-Entwicklers« fragt: »Was kostet dich dein negatives Denken und Reden?« Seine sinngemäße Antwort: Es kostet sehr viel. Das negative Denken wirke wie eine nichtbewusste Verdammung der eigenen oder einer anderen Person – mit langfristigen Folgen. Corssen geht es dabei nicht darum, Bewertungen abschaffen zu wollen, was illusorisch wäre. Vielmehr ist das Ziel, sich darüber bewusst zu werden, welchen »Preis« man dafür zahlt, wenn man sich selbst und seine Mitmenschen entwertet.

Auf der individuellen und persönlichen Beziehungsebene produzieren Entwertungen Stress, mit dem Gefühl, nicht gut genug zu sein. Sehr viel Porzellan wird zerbrochen, und viele materielle Einbußen folgen.

Manchmal reicht ein falsches Wort, um eine Hochzeits- oder Familienfeier, Konferenz oder Party empfindlich und nachhaltig zu stören und langfristige Feindschaften zu sichern.

Dann werden Mediatoren, Anwälte und Berater eingeschaltet, um die Scherben wegzufegen, zu kitten oder zu verteilen.

Aber nicht nur Geld muss aufgewendet werden. Die Lebensfreude ist dahin. Wer sich entwertet fühlt, ist nicht mehr kreativ und mutig. Therapeuten und Coaches wissen nur zu gut, wie ein mangelndes Selbstwertgefühl die Hauptursache für innerpsychische wie soziale Konflikte ist. Da sich jede seelische Erfahrung auch körperlich auswirkt, führen oft erlebte Kränkungen zu gesundheitlichen Beeinträchtigungen. Magenschmerzen, Kopfweh, Depressionen und andere Symptome folgen und machen das Leben schwer. Nicht nur die Pharmaindustrie, sondern auch Ärzte, Therapeuten und Berater leben gut davon, dass diese Selbstwertprobleme grassieren.

Wer Selbstwertprobleme hat, hat bestimmte Vorstellungen davon, was wertvoll und ideal ist. Wer meint, diesen Vorstellungen nicht entsprechen zu können, neigt dazu, sich abzuwerten.

Auch in unserer Gesellschaft wird indirekt wie direkt auf »Wertvorstellungen« gebaut. Auch politische Entscheidungen basieren erklärtermaßen oder unausgesprochen auf Werten. Wie diese Werte und Wertvorstellungen ein Grund für Entwertungen sind, werden wir im nachfolgenden Kapitel sehen.

2 Werte – gefordert und verdrängt

Wie der Soziologe Helmut Klages schreibt, gehört die Frage nach den Werten »zu den allerältesten Fragen, mit denen sich das Denken der Menschen beschäftigte.«[6] Die Reflexionen über Werte gehörten, wie Klages weiter ausführt, in die »Domäne der Religion und später der Philosophie.« Werte galten als etwas »Absolutes …, die scheinbar unverrückbar feststehenden, immer und ewig geltenden, normativ verbindlichen, ggf. auch geheiligten Bezugspunkte der Moral«.[7]

Die Wissenschaften, in erster Linie die Sozialwissenschaften, fingen an, sich mit dem Begriff »Werte« erst dann zu befassen, als in der modernen Gesellschaft augenscheinlich wurde, wie »relativ« und kulturspezifisch Werte sind. Dies geschah erst nach dem Zweiten Weltkrieg, als der Kulturanthropologe Clyde Kluckhohn Anfang der Fünfzigerjahre die ersten Anstöße zu einer interdisziplinär orientierten Werteforschung gab. Deren Durchführung steht in gewisser Weise noch aus.

Von materiellen und messbaren Werten wie Geld, Vermögen, Blutwerte, Werte im Sinne von Daten aus der experimentellen Forschung wird hier nicht die Rede sein. Hier geht es um soziale, nicht messbare Werte.

Wenn ich zum Thema »Werte« Personen interviewe und die öffentlichen Debatten verfolge, kommen Sätze wie: »Werte sind das, was die Gesellschaft zusammenhält. Aber unsere Gesellschaft hält nicht mehr zusammen.« Werte werden hier als eine Art »Klebeband« gesehen.

Oder: »In unserer Gesellschaft geht es immer ungerechter zu.« In diesen Äußerungen werden Werte mit »Gerechtigkeit« in Verbindung gebracht.

Oder: »Wir sollten Respekt voreinander haben und höflicher sein. Das verschwindet immer mehr.« Hier werden als Werte Tugenden bezeichnet, wie »höflich« und »respektvoll« zu sein.

Oder: »Es gibt keinen Anstand mehr, das sollte sich unbedingt ändern.« »Wert« wird hier gleichgesetzt mit Integrität.

Oder: »Heute lügen und betrügen ja alle, und man kann sich auf nichts mehr verlassen.« Mit Werten sind hier Ehrlichkeit und Verlässlichkeit gemeint.

In diesen unterschiedlichen Äußerungen werden Werte einerseits mit Tugenden und andererseits mit Idealen gleichgesetzt.

Jeder Mensch hat eine Vorliebe für bestimmte Tugenden und verinnerlichte Ideale. Ebenso wie jede Gesellschaft Tugenden verlangt und Idealen entsprechen will.

Werte sind sozial anerkannte Tugenden

In vielen Familien, früher wie heute, wird den Kindern häufig beigebracht, dass sie fleißig, anständig, ordentlich, höflich, ehrlich, sauber, hilfsbereit, pünktlich sein sollen.

Kinder sollen diese bürgerlichen Tugenden erlernen, damit sie sich in Gemeinschaften sozial verhalten können und anerkannt werden. Diese Tugenden bezeichnen Qualitäten, die für wichtig und wertvoll gehalten werden. Diese Qualitäten wiederum beziehen sich auf Einstellungen und Verhaltensweisen, die überprüfbar sind. Ist jemand unhöflich oder unordentlich, merkt man es sofort.

Meist werden die Tugenden so selbstverständlich vermittelt und gefordert, dass man sich dessen gar nicht recht bewusst wird. Das ist kein Wunder. Wir denken ja auch nicht jeden Tag darüber nach, warum wir mit Messer und Gabel und nicht mit den Fingern essen. Tugenden gehören zur Kultur einer Gesellschaft. Und in der Familie wie in der Gesellschaft werden die Tugenden gefordert, die als zeitgemäß und angemessen gelten. Diese Tugenden und Ideale sind zeitbedingt und kulturspezifisch.

Jeder Mensch verinnerlicht die Tugenden, die die Eltern fordern, vorleben und vermitteln und welche die Gesellschaft – etwa in der Schule oder im Beruf – von ihm verlangt.

Je mehr wir anfangen würden, über die hohe Relevanz dieser Tugenden in unserem Alltagsleben nachzudenken, umso mehr würde uns deutlich werden, welch große Rolle diese Qualitäten für uns spielen. Das wird vor allem dann bewusst, wenn jemand eine Tugend, sagen wir: Pünktlichkeit, dauernd verletzt sieht, zum Beispiel durch einen Kollegen oder eine Freundin. Der Konflikt ist dann vorprogrammiert.

Natürlich verhält sich kein Mensch nur »tugendhaft«.

Die Gründe dafür sind verschieden: Aus schlechter Laune, Unachtsamkeit, Stress und vielen anderen Gründen mehr verhalten sich Menschen untugendhaft.

Wenn dies jedoch eintritt, ist »man« sich selbst gram.

Nietzsche hat dies treffend beschrieben: »Wenn jemand wider Willen einen anderen unhöflich behandelt, zum Beispiel nicht grüßt, weil er ihn nicht erkennt, so wurmt ihn dies, obschon er nicht seiner Gesinnung einen Vorwurf machen kann; ihn kränkt die schlechte Meinung, welche er bei dem anderen erregt hat, oder er fürchtet die Folgen einer Verstimmung, oder ihn schmerzt es, den anderen verletzt zu haben – also Eitelkeit, Furcht oder Mitleid können rege werden, vielleicht auch alles zusammen.«[8]

Hier wird beschrieben, wie der verinnerlichten Tugend: »Ich muss und will höflich sein«, nicht entsprochen wird. Man macht sich Vorwürfe, befürchtet, jemanden gekränkt zu haben, und ist verärgert über sich.

In jeder sozialen Beziehung wird auf das Einhalten von Tugenden Wert gelegt, ohne dass dies ausgesprochen wird. Das gilt ebenso für Partnerschaften, Freundschaften und Ehen wie auch im Beruf. Jedes Unternehmen ist darauf angewiesen, dass die Mitarbeiter fleißig, korrekt, pünktlich und zuverlässig, gründlich, sorgfältig, mutig und kreativ sind. Welche Tugenden in welcher Firma am wichtigsten sind, hängt natürlich von der jeweiligen Branche ab. In der Kreativbranche wird man weit weniger erwarten, dass jemand korrekt gekleidet, mit

Anzug und Krawatte in die Firma kommt und die Akten im rechten Winkel auf den Schreibtisch legt. Viel wichtiger ist es hier, innovativ und kreativ zu sein.

Wie selbstverständlich Tugenden zum Beispiel in der Arbeitswelt vorausgesetzt werden, kann man sich mit etwas Fantasie sehr gut vor Augen führen. Man stelle sich nur einmal ein Unternehmen vor, in dem die Mitarbeiter faul sind, zu spät kommen, sich kritiklos und passiv verhalten, ihren Chef und ihre Kollegen anlügen und nicht bereit sind, sich an Abmachungen zu halten. Und wenn sie dann auch noch unkreativ und nachlässig sind, wird ihnen ziemlich sicher bald gekündigt.

Beziehungen können in die Brüche gehen, wenn man sich nicht einig darüber wird, welche Tugenden wichtig sind oder welche nicht. Zum Beispiel, wenn die Frau großen Wert auf Ordnung legt und dem Mann aber der Ordnungssinn seiner Frau auf die Nerven geht. Oder wenn der Mann sich eine treue Frau wünscht, die Frau aber für sich die sexuelle Freiheit vorzieht und einen Liebhaber nach dem anderen hat.

Der Streit über die jeweils als relevant angesehenen Tugenden kann dazu führen, dass die Paare sich trennen. Hier liegt ein massiver Wertekonflikt vor, weil die beteiligten Parteien ein und dieselbe Tugend, »Ordnung« oder »Treue«, sehr unterschiedlich bewerten und sich deshalb gegenseitig abwerten.

Können wir angesichts dieser bekannten Tatsachen wirklich von einem Werteverfall sprechen? Ja und nein. Denn viele Fragen sind heute – im Gegensatz zu früher – offen. Wer bestimmt heute, welche Tugenden wichtig und maßgeblich sind? Der Staat? Die Kirche? Der Chef? Mein Partner oder ich? Der Lehrer oder meine Großmutter? Nach welchen Maßstäben soll ich mich ausrichten und verhalten? Was gilt eigentlich und warum? Und wer hat mit welchem Recht zu bestimmen, was gilt? Warum sind die Werte, sprich: Tugenden, die mir wichtig und wertvoll sind, für andere sichtlich unwichtig? Warum gelingt es mir nicht, meinen eigenen Tugendansprüchen zu genügen?

Zum Beispiel: Herr V. meint, ihm müsse immer etwas Neues einfallen, um als »innovativ« anerkannt zu werden. Sein Chef erwartet aber, dass Herr V. vielmehr fleißig ist, statt immer mit neuen Ideen zu kommen. Herr V. fühlt sich missverstanden, der Chef ist sauer.

Frau G. gibt sich große Mühe, sich anständig und fair zu verhalten. Sie nimmt sich jedoch selbst auch zum Maßstab für die Bewertung anderer. Wenn ein Kollege nicht so agiert, wie Frau G. es für richtig hält, lässt sie spitze, den Kollegen abwertende Bemerkungen fallen und macht sich damit ziemlich unbeliebt.

Herr F. hadert mit sich, weil es ihm häufig nicht gelingt, einen Projektantrag pünktlich abzugeben. Er weiß, er ist schlecht organisiert, und hasst sich dafür. Die Ansprüche, die er an sich selbst stellt, kann er nicht erfüllen. Sein Selbstwertgefühl sinkt immer wieder auf den Nullpunkt.

Ein Prominenter wird der Korruption bezichtigt. Er wiederum ist der Meinung, er hätte sich anständig verhalten, wäre aber in einer Zwangssituation gewesen. Die Diskrepanz zwischen seiner Selbsteinschätzung und dem öffentlichen Werturteil führt zu beschämenden Auseinandersetzungen.

Die Tugenden sind wie ein Maßstab, an dem Verhalten und Einstellungen gemessen werden. Die eigenen wie die der anderen.

Aus der Diskrepanz zwischen den geforderten und den nicht gelebten Tugenden entstehen Ärger, Schaden, Rufmord. Und man hadert mit sich selbst.

Werte scheinen in der Tat ein emotionales »Klebeband« für soziale Beziehungen und für die Gesellschaft zu sein. Die mit den Tugenden verbundenen Gefühle verbinden und trennen gleichzeitig. Diejenigen, die die gleichen Tugenden für wichtig halten, haben es viel leichter, miteinander auszukommen.

Auf der anderen Seite lösen unterschiedliche Tugendpräferenzen schlechthin und sicher Konflikte aus. Sehr viele aggressive Auseinandersetzungen lassen sich zurückführen auf unterschiedliche Wertvorstellungen, ohne dass je von »Werten« die Rede ist.

Die Licht- und Schattenseiten der Tugenden

Wie schon jetzt deutlich wird, sind Tugenden keineswegs nur eine Quelle von Frieden und Freude. Wie so vieles auf der Welt haben auch die so viel gelobten Tugenden ihre Schattenseiten. Das wird leicht vergessen.

»Höflichkeit« ist zweifellos eine sehr angenehm wirkende Tugend. Sie kann aber auch einen authentischen Umgang beeinträchtigen: Man ist zu höflich, um notwendige Wahrheiten zu sagen, die allen weiterhelfen würden und Klarheit brächten.

»Ehrlichkeit« ist unbedingt nötig in Beziehungen, damit man sich gegenseitig vertrauen kann. Aber sie kann ebenso unnötig verletzend sein, und zwar so grausam, dass aus diesem Grund eine Beziehung beendet wird.

»Sauberkeit« ist ein Ausdruck von Disziplin, Selbstliebe und Körperbewusstheit. Sie kann aber zum Tick oder Zwang ausarten, der unnötig Geld, Zeit und Kraft kostet und anderen Menschen auf die Nerven geht.

»Loyalität« gilt als eine großartige Tugend, die unter Kollegen, Freunden und Partnern stabile Beziehungen sichert. Sie kann jedoch in politischen Systemen pervertiert werden, wie zum Beispiel im Nationalsozialismus. An die Loyalität »im Namen von« kann in menschenverachtenden Systemen appelliert werden, um Menschen zu mörderischen Taten zu veranlassen.

Die als typisch deutsch gerühmten Tugenden wie Fleiß, Ordnungssinn und Zuverlässigkeit konnten im Nationalsozialismus zum Garant für das perfekt organisierte Grauen werden.

Doch das ist nicht die einzige Kehrseite der Tugenden.

Mit den Tugenden ist es wie mit der Moral: Man will sie, fordert sie, kann ihr aber keineswegs immer – aus den verschiedensten Gründen – entsprechen oder gerecht werden.

Die Beispiele dafür sind unzählig: Chefs, die von Gerechtigkeit für alle sprechen und eine bestimmte Mitarbeiterin sichtlich vorziehen. Professoren, die Pünktlichkeit von ihren Studenten fordern und selbst immer zu spät kommen. Politiker, die lauthals Anstand proklamieren und Steuern hinterziehen oder in Sexskandale verwickelt sind. So manch ein augenfällig gewordener Widerspruch zwischen geforderten und nicht gelebten Werten hat Karrieren gekostet.

In der Familie kann es um das gleiche Problem gehen. Wer die Tugenden, die er verlangt, nicht selbst vorlebt, wirkt nicht glaubwürdig. Die Eltern fordern eine »Tugend« von ihren Kindern, leben sie selbst aber nicht vor. Dem Kind wird von der Mutter Ordnung gepredigt, aber in der Küche steht zwei Tage lang das schmutzige Geschirr herum, weil die Mutter die Nachmittage im Fitnessstudio verbringt.

Der Vater verlangt von seinem Sohn mehr Fleiß in der Schule, sitzt aber selbst jeden Abend mit einer Flasche Bier vor dem Fernseher, statt endlich das Gartentor zu reparieren.

Diejenigen, die Tugenden fordern, müssen sich entsprechend verhalten, sonst werden sie unglaubwürdig. Und wenn sie sich nicht dementsprechend verhalten können, müssen sie sich selbstkritisch dazu erklären, um weiterhin ernst genommen zu werden. Aber selbst das hilft meist nicht, eine Karriere, eine Beziehung oder einen Job zu retten.

Wie durch Tugenden Wertekonflikte entstehen

Diese Wertekonflikte haben, wie gesagt, meist gravierende Folgen. Es heißt dann: »Weil Sie sich wieder nicht an die Abmachungen gehalten haben, werde ich Sie auf keinen Fall weiter befördern.« (Der Abteilungsleiter zu einem Mitarbeiter, der unzuverlässig ist.)

»Ich hasse dich, du warst wieder nicht pünktlich und hast mich über eine Stunde warten lassen.« (Der Freund zu seiner Freundin, die ihn nicht das erste Mal hat warten lassen.)

»Dein Zimmer sieht aus wie ein Saustall, obgleich wir es vor zwei Wochen erst zusammen aufgeräumt haben! Am besten, du ziehst endlich aus!« (Die enttäuschte Mutter zu ihrem unordentlichen achtzehnjährigen Sohn.)

»Es geht immer nur um dich … Du kannst dich kein bisschen an meine Wünsche anpassen.« (Eine Ehefrau zu ihrem von ihr als rücksichtlos erlebten Mann.)

»Weil Sie mich schon wieder angelogen haben, will ich mit Ihnen nie wieder etwas zu tun haben. Sie meinen wohl, Sie können sich das mir gegenüber einfach so erlauben.« (Ein Mitarbeiter zu einem Kollegen, mit dem er an einem Projekt arbeiten soll.)

Ähnliches geschieht auch auf der politischen Ebene: Ein Staatsmann, der aus eigennützigen Motiven ein öffentliches Kommunikationsforum wie Twitter verbietet, gilt aus der Sicht anderer Staaten als »untragbar«: Man wirft ihm vor, Politik mit unlauteren Mitteln zu betreiben.

Diese Konflikte würden ohne den Wunsch nach Werten, sprich: Tugenden nicht entstehen. Es gäbe ohne die Werte gar keine Grundlage, aufgrund derer Erwartungen gehegt und enttäuscht werden.

Die Tugenden und die Grenzen, ihnen gerecht werden zu können

Bertolt Brecht hat es ironisch in seinem »Lied vom guten Menschen« besungen: »Denn für dieses Leben ist der Mensch nicht gut genug!« Menschen sind keine Sozialautomaten, die sich auf Knopfdruck »richtig« verhalten.

Drei Hauptgründe führen in diesem Zusammenhang dazu, dass sich jemand nicht tugendhaft verhält oder/und gemäß seinen eigenen Tugendansprüchen versagt: menschliche Begrenzungen, mangelnde Orientierung und ein fehlender, verbindlich geltender Wertekanon.

Menschliche Begrenzung: Wir können nicht immer alles richtig machen. Die Ursachen für ein »untugendhaftes Verhalten« sind, wie bereits angedeutet, zahlreich.

Die eigenen Befindlichkeiten: Jeder Mensch hat Probleme, wechselnde Stimmungen, Sorgen und Launen. Von wem könnte man verlangen, durchweg fleißig, ordentlich und nett zu sein?

Mangelnde Anerkennung: Viele Menschen bekommen in ihrem Leben viel zu wenig Lob und Resonanz. Sie sind unhöflich und schroff, weil sie die Hoffnung aufgegeben haben, von irgendwem anerkannt zu werden. Diese Enttäuschungen sind der Grund dafür, dass sie sich gar keine Mühe mehr geben, um »tugendhaft«, das heißt freundlich, fair und nett zu sein. Es hätte ja sowieso keinen Zweck.

Schlechte Erfahrungen und Enttäuschungen in der Herkunftsfamilie können ebenfalls eine Ursache sein. Aufgrund frühkindlicher Erfahrungen haben manche Menschen Angst vor Nähe. Sie können sich nicht auf enge Beziehungen einlassen. Es fällt ihnen schwer, zuverlässig zu sein. Sie können nicht verbindlich sein, weil sie nie Verbindlichkeit erfahren haben. Wer erlebt hat, als Kind zu kurz gekommen zu sein, wird möglicherweise anderen Menschen gegenüber nicht großzügig sein: »Mir hat ja auch nie jemand etwas geschenkt oder mir geholfen.«

Übliche Vorurteile oder gängige Meinungen spielen auch eine Rolle. Wer mit dem Satz groß wird: »Jeder ist sich selbst der Nächste!«, wird eventuell gar nicht auf die Idee kommen, hilfsbereit zu sein.

Auch weitverbreitete Meinungen, die verinnerlicht wurden, können dazu veranlassen, sich nicht tugendhaft zu verhalten. Wie etwa: »Leben ist ein Kampf. Man muss sich eben durchsetzen, koste es, was es wolle.« Wer so denkt, wird wenig fürsorglich sein. Oder: »Menschen sind grundsätzlich egoistisch, habgierig und machtbesessen.« Dieses Menschenbild führt häufig zu der Annahme, nur mit Ellbogen und Egoismus käme man weiter. Diese Ansicht korreliert mit den heute häufig beklagten Untugenden von Rücksichtslosigkeit und Geldgier.

Überforderung und Dauerstress können bewirken, dass jemand nicht so fleißig und tüchtig ist, wie er es von sich selbst erwartet oder wie es von anderen verlangt wird.

Mangelnde Selbstreflexion: Wer in sich gefangen ist und nur sich selbst im Blick hat, bemerkt oft gar nicht, was er oder sie bei einem anderen auslöst oder anrichtet. Solche Menschen sind nicht etwa aus böser Absicht rücksichtslos und unhöflich, sondern weil sie viel zu sehr mit sich selbst beschäftigt sind und sich oft noch dabei selbst bemitleiden. Auf andere wirken sie wie Jammerlappen, Nörgler und Pessimisten und sind deshalb nicht besonders gern gesehen. Dabei haben diese Menschen oft Selbstwertprobleme, die sie ausagieren, ohne es selbst zu bemerken. Sie rätseln stattdessen herum, warum sich jemand von ihnen abwendet, sie schlecht behandelt, übersieht und fertigmacht. Es gelingt ihnen nicht, darüber nachzudenken, was sie selbst dazu beigetragen haben. Sie reflektieren sich selbst nicht, weil sie es nie gelernt haben, sich von außen zu betrachten.

Fehlendes Feedback: Wenn jemand mehrfach erlebt hat, dass andere seine chronische Unpünktlichkeit klaglos hinnehmen, wird er gar keinen Anlass haben, sich zu ändern und »pünktlich« zu sein: »Fällt doch gar nicht auf, dass ich eine halbe Stunde später komme.« Wer mehrfach erlebt hat, angelogen zu werden, ohne dass Sanktionen folgen, wird zu dem Schluss kommen, es sei unproblematisch, immer wieder einmal zu einer Notlüge zu greifen: »Es kommt offensichtlich nicht so darauf an, dass man die ganze Wahrheit sagt. Es reagiert ja doch niemand darauf.«

In bestimmten Berufen gibt es Zwänge, die einen Menschen dazu bringen, sich gegen sein Gewissen beziehungsweise seine eigenen Tugendansprüche zu verhalten. Von ihm wird Rücksichtslosigkeit verlangt, die er entsprechend seiner eigenen Wertmaßstäben ablehnt. Dieser Fall tritt ein, wenn etwa eine Führungskraft Mitarbeiter entlassen muss, ohne dies persönlich vertreten zu können oder zu wollen.

Mangelnde Orientierung: Wir wissen oft nicht, was richtig und was falsch ist. In diesem Fall ist es schwer, Position zwischen den eigenen Tugendansprüchen und den sozialen Anforderungen zu beziehen. Die heute geltenden Werte widersprechen sich häufig. Soll ich anständig sein – und etwa als naiv abgeurteilt werden? Oder soll ich besser rücksichtslos handeln, erfolgreich sein und Gefahr laufen, als »Charakterschwein« angesehen zu werden? Wenn ich zu fleißig bin, bin ich womöglich der Depp für alle? Werde ich verdächtigt, nachlässig zu sein, wenn ich mal eine Akte unbearbeitet liegen lasse? Muss ich befürchten, von anderen über den Tisch gezogen zu werden, wenn ich zu nachgiebig und zu friedlich bin?

Viele Menschen heute zweifeln daran, ob es überhaupt einen Sinn hat, sich tugendhaft zu verhalten. Denn ganz gleich, was man macht, es könnte ja genau falsch sein und dazu führen, abgewertet zu werden. Hinzu kommt eine Selbstunsicherheit, die weit eher auf ein mangelndes Selbstwertgefühl zurückzuführen ist als auf mangelnde Tugenden. Ich erlebe es in meiner Beratungspraxis, wie viele Menschen an sich selbst, an ihrer Wahrnehmung und an ihrer Fähigkeit zweifeln, »richtig« zu entscheiden. Sie trauen sich selbst nicht über den Weg. Das spiegelt sich wider in Sätzen wie: »Wenn ich jetzt wieder höflich bin, zu der Frau, die mich so schlecht behandelt hat, dann wird sie ja nie aufhören, fies zu mir zu sein. Aber wenn ich zurückschlage, könnte es noch schlimmer werden.« Oder: »Ich habe immer aus Mitleid mit meinem Kollegen nachgegeben. Wahrscheinlich hält der mich schon für blöd und dazu noch für unfähig, mich durchzusetzen. Aber wenn ich nicht nachgebe, dann werde ich abgelehnt oder herausgeworfen, weil ich als stur gelte.«

Viele Menschen sind heute nicht nur ratlos, sondern auch zu erschöpft, um über das »richtige Handeln« nachzudenken. Das Leben stellt sich dar wie ein verlorener Wettkampf mit der Zeit und mit den eigenen Kräften. »Alles, was ich tue, ist zu wenig. Alles, was ich kann, reicht nicht aus, um erfolgreich zu sein.«

Solche Sätze werden zwar meist nicht ausgesprochen, sie sind aber mit einem Lebensgefühl des Scheiterns verbunden. Und dann soll man auch noch immer anständig, höflich, fleißig, pünktlich und ehrlich sein?

Wir überblicken oft nicht, wer in welchem sozialen Zusammenhang auf welche Tugenden Wert legt. Wir können heute nicht mehr auf einen fest gefügten, allgemein gültigen Wertekanon zurückgreifen, wie dies in anderen Jahrhunderten der Fall war, mit allen Vor- und Nachteilen. Jeder Mensch muss sehen, wie er mit den verinnerlichten Tugendansprüchen an sich selbst und den Anforderungen von außen zurechtkommt.

Der fehlende, verbindlich geltende Wertekanon: Das ist der Preis der Freiheit. Weder der Staat noch die Kirche als regelnde Instanzen nehmen heute für sich in Anspruch, einen verbindlichen Wertekanon geltend zu machen, nach dem sich alle Menschen zu richten hätten, wenn sie keine Sanktionen in Kauf nehmen wollen.

Natürlich sind im Grundgesetz Werte festgelegt, wie zum Beispiel die menschliche Würde. Und zweifellos wirkt bis heute die christliche Erziehung mit ihren Werten in den Köpfen und Herzen vieler Menschen nach. Aber keineswegs so verpflichtend und maßstabsetzend, wie es einst der Fall war. Der heute geltende Wertekanon ist diffus, widersprüchlich. Er resultiert weit mehr aus einem ökonomischen Zwang – mit den Idealen von Perfektion und Reichtum – als auf der Grundlage eines politischen oder religiösen Machtsystems.

Wer genau hinsieht, wird feststellen, dass »Werte« keineswegs fehlen. Sie sind ja im Kopf, in der Vorstellung, in den Erwartungen vorhanden! Doch diese hier genannten Gründe erschweren es, bewusst, kritisch und verbindlich mit Werten zu leben.

Werte sind abstrakte Ideale – Ideale sind maßstabgebend

Haben Sie schon einmal darüber nachgedacht, welche Ideale Sie in Ihrem Leben haben? Hatten Sie schon einmal den Wunsch, die Welt oder einen Menschen »retten zu wollen«? Wollen Sie etwas Gutes für die Menschheit tun? Viele Männer und Frauen haben solche Ideale. Weit mehr, als man denkt, engagieren sich viele Menschen auch aus diesem Grund ehrenamtlich. Jemand, der aufgrund seiner Ideale aufbricht, um etwas in der Welt zu verbessern, zum Beispiel Straßenkindern in Bulgarien Heimat, Schutz und Bildung zu geben, wird bewundert, wenn ihm dies gelingt. Wer sich engagiert, wird anerkannt, erfährt Sinn und bekommt Lob. (Davon wird im vierten Teil des Buches die Rede sein.)

Werden Sie wütend, wenn Sie Ungerechtigkeit erleben? Auch dann haben Sie ein Ideal, das Ideal »Gerechtigkeit«. Doch wie verhält man sich, wenn man gerecht sein möchte oder Gerechtigkeit erfahren will?

Ideale sind wertbezogene, absolute Ideen. Man kann sie auch als ein »Vollkommenheitsmuster« verstehen. Sie gelten für einen einzelnen Menschen, für Menschengruppen, in bestimmten Bereichen der Gesellschaft, für und in Nationen und in verschiedenen Epochen. Sie haben ihren Ursprung in der Religion, in Ideologien, in Staatsideen. Sie sind kohärent mit dem Zeitgeist und bestimmt durch kulturelle Traditionen.

Ideale werden in Begriffen gefasst wie Würde, Freiheit, Vernunft, Gerechtigkeit, Gleichheit, Brüderlichkeit, Reinheit, Weisheit, Liebe und Mutterliebe, Ehre, das Gute, Wahre und Schöne, Toleranz, Mut, Ehrfurcht, Reichtum, Perfektion und Emanzipation. Aufgrund solcher – oder anderer – Ideale werden Gesetze verfasst, Regeln festgelegt, Kinder erzogen, Firmenziele beschrieben und Umgangsrituale verankert.

Werden sie in einer Gesellschaft als allgemeingültig akzeptiert, sind sie maßstabgebend. Das heißt, Menschen orientieren sich – mehr oder weniger bewusst – an diesen Idealen.

Abgesehen davon, dass jedes Individuum irgendwelche eigenen Ideale hat, orientiert es sich an den Idealen der Gesellschaft, in der es lebt.

Den Menschen bleibt auch nicht viel anderes übrig, als diese gesellschaftlich geltenden Ideale mehr oder weniger zu verinnerlichen, wenn sie den »sozialen Tod« vermeiden wollen – das heißt, ausgeschlossen zu werden aus einer Gemeinschaft, zu der sie gehören wollen. Einem politisch geltenden Ideal zu widersprechen oder es massiv infrage zu stellen, kann einem Menschen teuer zu stehen kommen.

Dazu gibt es viele historische Beispiele: Wer die politischen Ideale des Kommunismus explizit infrage stellte, kam in die allergrößten Schwierigkeiten. Wer im Mittelalter die religiösen Ideale der katholischen Kirche anzugreifen schien, wurde gefoltert und gebrandmarkt oder kam gleich auf den Scheiterhaufen.

Die vorherrschenden Ideale einer Epoche beeinflussen das Denken, Handeln und Fühlen vieler Menschen. Durch Familie, Erziehung, Schule, Ausbildung und im Berufsleben werden sie über viele verschiedene »Kanäle« vermittelt.

So werden die Ideale zu einer »inneren Instanz« des Einzelnen und zu den Leitbildern und Leitideen einer Gesellschaft.

Ideale können Menschen anfeuern und begeistern und das Unmögliche möglich werden lassen. Und Ideale werden zu einer Instanz, nach der Urteile wie auch Todesurteile gefällt werden.

Wie die Tugenden haben also auch die Ideale bemerkenswerterweise ihre Licht- und Schattenseiten.

Ideale haben und »ideal leben« sind zweierlei

In meiner Definition von Idealen geht es nicht um eine Gleichsetzung von Idealen mit dem Guten und Richtigen – wie man vielleicht annehmen könnte.

Ob ein Ideal wertvoll, das heißt »richtig« oder »falsch« ist – im Verhältnis zu welchen Kriterien auch immer –, steht auf einem anderen Blatt: Denn es kommt immer auf die Art und Weise an, *wie* nach und mit dem »Ideal« gelebt, mithin gefühlt, gedacht und gehandelt wird.

Einerseits kann unter dem Ideal »Brüderlichkeit« eine gut funktionierende Gemeinschaft entstehen. Andererseits werden aufgrund dieses Ideals Menschen umgebracht – wie zum Beispiel in der Französischen Revolution.

Ein Ideal zu haben, heißt also keineswegs und selbstverständlich, auch »ideal« zu handeln, zu denken und zu fühlen. Ein Ideal ist immer ein Abstraktum. Es kann nicht – wie die Tugenden – direkt »gelebt« werden. Wer ein Ideal hat, kann daraus sehr unterschiedliche Handlungsweisen ableiten.

Das wird sehr deutlich, wenn wir die folgende Frage beantworten müssten: Wie verhält sich ein Mensch, wenn er dem Ideal »Würde« in seinem Handeln entsprechen will? Ist er oder sie dann nett und anständig zu allen Mitmenschen, weil er damit Würde assoziiert? Ist der Mensch dann auch immer anständig und nett? Und wenn er nicht immer anständig und nett ist, warum? Hält er oder sie Abstand, weil es

»würdevoller« ist, nicht hautnah in Kontakt zu anderen zu gehen? Ein Minister mit Würde umarmt beispielsweise nicht alle, die ihm begegnen. Ist er oder sie autoritär, weil er oder sie diese Haltung mit »Würde« verbindet? Strahlt er einfach nur Würde aus? Und wenn ja, wie macht er das?

Wer ein Ideal hat, hat Bilder im Kopf, die relevant, vieldeutig und nutzbar für viele Zwecke sind und der Orientierung dienen. Es kann so weit gehen, dass die Taten, die aus einem Ideal abgeleitet werden, im krassen Widerspruch zu anderen Idealen stehen. Das Ideal der »Reinheit« in Hitlers Rassentheorie steht im himmelschreienden Kontrast zu dem Ideal »Menschenwürde«.

Für die widersprüchliche »Gebräuchlichkeit« von Idealen gibt es viele Beispiele: Mit dem Ideal »Freiheit« haben sich Menschen von der Unterdrückung befreit. Mit dem gleichen Ideal haben Kirchenfürsten, Herrscher und Diktatoren ihr Land von Gegnern »befreit«, sprich: sie umgebracht. Da hieß es nicht, die Freiheit »für«, sondern die Befreiung, also die Vernichtung »von« den Atheisten, den Konterrevolutionären, den Juden, den Sozialisten.

Ein Mensch, dem das Ideal »Gerechtigkeit« enorm wichtig ist, kann an diesem Ideal scheitern. Wie zum Beispiel der berühmte, von Heinrich von Kleist beschriebene Michael Kohlhaas, der bis zur bitteren Neige und zu seinem Nachteil auf Gerechtigkeit gepocht hat, die ihm versagt wurde.

Weitere Beispiele für den zwiespältigen »Gebrauch« von Idealen gibt es zuhauf.

Das Ideal ist wie eine »Fahne«, die als Zeichen einer Macht hochgehängt wird, zu dem alle aufschauen. Wer gerade an der Macht ist, zieht die entsprechende Fahne auf.

Ein Ideal zu haben garantiert keineswegs, glücklich zu sein. Aber können wir ohne Ideale glücklich werden?

Ideale haben – ähnlich wie die Tugenden – einen bemerkenswerten Doppeleffekt. Sie leiten an und können in die Irre leiten. »Alle Idealisten bilden sich ein, die Sachen, welchen sie dienen, seien wesentlich besser als die anderen Sachen in der Welt, und wollen nicht glauben, dass, wenn ihre Sache überhaupt gedeihen soll, sie genau desselben übel riechenden Düngers bedarf, welche alle anderen menschlichen Unternehmungen nötig haben.«[9] So schreibt Nietzsche, mit Blick in die menschliche Seele.

Einem gut gemeinten Ideal folgen sehr oft Handlungen, die genau das Gegenteil des Ideals »Menschenliebe« sind: Gewalt, Rechthaberei und Machtausübung.

Woher kommen die Ideale?

Wir können mit Nietzsche weiter fragen: Wer erfindet, findet oder setzt Ideale, und was bedeutet das für das Handeln?

Ideale werden gezielt oder indirekt von den Mächtigen – Kirche, Staat, Finanzwesen – definiert und proklamiert, um ihre Interessen durchzusetzen und den Status quo aufrechtzuerhalten. Insofern stehen Ideale im Kontext mit den politischen und wirtschaftlichen Verhältnissen der jeweiligen Epoche/Gesellschaft, in Form von Leitsätzen, Leitideen und Leitbildern. Ideale entstehen auch durch die Ideen der Vordenker und Pioniere, die, oft mit Zeitverzögerung, auf die Gesellschaft in einer Epoche einwirken.[10]

Natürlich verbinden sich die »Flüsse«, die aus diesen Quellen fließen, zu einem großen Strom, in dem gar nicht mehr unterschieden werden kann, woher welche Ideale wohin »geflossen« sind. Das lässt sich auch gut zeigen an den »Idealen«, die in den großen Epochen gegolten haben.

Im alten Ägypten war es die »Weisheit«, derer sich die Pharaonen, die gleichzeitig Priester waren, durch kosmologisches Wissen bedienten. In Griechenland waren es in einer wichtigen Etappe die Philosophen wie zum Beispiel Sokrates, Platon und Aristoteles, die die »Selbsterkenntnis« durch das Nachdenken des Menschen über sich als ein Ideal ansahen, im Rückgriff auf das delphische Orakel: »Erkenne dich selbst.« Im christlichen Mittelalter war es der »rechte Gottesglaube« der Mönche, die Klöster gründeten und Menschen anhielten, Gott zu dienen; wie auch die »Kühnheit« und der »Mut« der Ritter, die zu den Kreuzzügen aufbrachen, um das Heilige Land zu erobern. In der Zeit der Renaissance waren Ideale wie »Erfindergeist« und »Freiheit« wichtig. Ein neues Selbstbewusstsein der Künstler, Denker und Wissenschaftler führte zu Entdeckungen, Aufbruch und ersten Befreiungsversuchen von dem mächtigen und begrenzenden Einfluss der katholischen Kirche. In der Zeit der Aufklärung trugen Vordenker wie Kant – und viele andere – die »Vernunft« in die Beweiskraft von Argumenten. Vernunft galt als ein universelles Ideal, das dem Menschen nicht nur ermöglichte, sich und seine Welt zu erfassen und zu gestalten, sondern seine Beziehung zu Gott zu verstehen. In der beginnenden Moderne spielte das Ideal »Fortschritt« eine große Rolle. Fortschritt wird erzeugt durch Erfindungskraft und Fleiß. Zu Beginn der Industrialisierung war dies ein Ausdruck von Gottgefälligkeit, mit der die ersten Unternehmer nicht nur sich selbst, sondern auch ihre Arbeiter zu Höchstleistungen anspornten und ausbeuteten.

Mit der fortschreitenden Technisierung, Kapitalisierung und Globalisierung spielen heute die Ideale »Perfektion« und »Reichtum« eine große Rolle. Beides gilt als erstrebenswert. Diese Ideale wirken mindestens so stark auf Denken, Fühlen und Handeln vieler Menschen wie das Ideal der »Frömmigkeit«, das Generationen im Mittelalter geleitet hatte.

Wie wirken Ideale?

Ideale bewegen die Köpfe und Herzen der Menschen. Sie beeinflussen das Handeln, führen zu Entscheidungen. Von Idealen werden Strategien und Methoden für politisches und wirtschaftliches Handeln abgeleitet.

Ideale sind »Richt- und Orientierungslinien«, die nicht für einen Einzelnen maßgeblich sind, sondern für eine ganze Epoche.[11]

Die Wirkung der Ideale ist, genau gesehen, frappierend: Keine Macht der Welt funktionierte, ohne dass ihr ein Ideal, etwas ganz »Immaterielles«, vorausgestellt wurde. So baut die politische wie wirtschaftliche Macht letztendlich immer auf Idealen auf. Dabei ist es fatalerweise nicht entscheidend, ob die Ideale menschenfreundlich oder menschenfeindlich sind. Sie wirken auf jeden Fall.

Die Ideale des Nationalsozialismus und des Tausendjährigen Reiches haben Millionen von Menschen begeistert, obwohl sie mit den furchtbarsten Entwertungen von Menschen verbunden waren.

Ohne die heute höchst wirksamen Ideale von »Perfektion« und »Schönheit« würde die gesamte Kosmetik-, Fitness- und Schönheitsindustrie zusammenbrechen. Wenn es allen Menschen heute vollkommen gleichgültig wäre, »wie sie aussehen«, gäbe es keinen Konsum und keinen Profit. Das Ideal von dem »perfekten Aussehen«, schlank, schön, sexy, ewig jung, ist wie ein Menetekel, das über allen schwebt. Das heißt nicht, dass alle Menschen diesem Ideal entsprechen können oder wollen. Spielte heute der materielle Reichtum als Ideal nicht eine so große Rolle, würden sich vielleicht viel schneller neue Gemeinschaftsformen entwickeln, in denen es um etwas anderes geht als Geldanhäufung. Möglicherweise würden auch die Debatten um das bedingungslose Grundeinkommen weit erfolgreicher sein.

3 Wie Werte und Entwertungen zusammenhängen

Fassen wir zusammen: Entwertungen geschehen spontan, sind emotional und finden meist unbewusst statt. Soziale Werte – Tugenden und Ideale – sind Setzungen, die in einer großen oder kleinen Gemeinschaft für richtig gehalten werden.

Wer entwertet, tut dies automatisch, aus einem Reflex. Wer entwertet, tut dies, weil er/sie selbst entwertet wurde. Wer entwertet, tut dies unter anderem, weil er/sie bestimmte Tugenden und Ideale für richtig hält, die ein anderer Mensch negiert.

Drei Wirkfaktoren kommen in der Wechselwirkung von Entwertungen und Werten zusammen: Erstens: die neurobiologisch zu erklärenden Reiz-Reaktionsmuster, mittels derer – im Vorfeld rationaler Entscheidungen – bejaht oder verneint wird. Zweitens: die individuellen Entwertungserfahrungen, die jeder Mensch macht und die psychische und neuronale Spuren hinterlassen. Drittens: die kulturell bedingten Werte, Tugenden und Ideale, die in einer Epoche/Gesellschaft als richtig angesehen und vermittelt werden und die für die Kindererziehung eine große Rolle spielen. Diese Wertevermittlung wirkt bis ins Erwachsenenalter nach.

Wir wissen bis heute nicht, wie die neurobiologisch zu erfassenden Vorgänge im Gehirn mit den psychischen Erfahrungen verknüpft sind und wie die kollektiv geltenden Werte individuell psychisch verarbeitet werden. Doch sowohl die verinnerlichten sozialen Werte spielen im binären Reaktionssystem im Gehirn eine Rolle als auch die Entwertungen, dic jcde Beziehung beeinflussen.

Ohne dass ich auf wissenschaftlich fundierte Untersuchungen zurückgreifen kann, will ich versuchen, diese Zusammenhänge zwischen neuronalen Vorgängen, den seelischen, individuellen Erfahrungen und den Wertsetzungen in einer Gesellschaft zu verdeutlichen.

Wie aufgrund von verlangten Tugenden abgewertet wird

Einem Kind wird sehr früh vermittelt, was es tun und lassen muss, um geliebt zu werden. Es wird unbewusst vermeiden, den Ärger und die Wut seiner Eltern zu provozieren, um die lebensnotwendige Zuneigung seiner Eltern nicht zu verlieren. Viele Kinder nehmen auch die problematisch wirkenden Erziehungsweisen ihrer Eltern in Kauf. Welche Chance hätten sie denn auch, sich dagegen zu wehren?

Je nachdem, auf welche sozialen Werte es den Eltern ankommt, wird ein Kind sich danach auszurichten versuchen.

Die sozialen Werte der Eltern kommen nicht von ungefähr. Sie werden von den Eltern »gelebt«, sind verinnerlicht. Durch die Kultur, die Gesellschaft und durch die Familie, in der die Eltern selbst groß geworden sind, hat diese Vermittlung von Tugenden und Idealen stattgefunden. Die Eltern haben, als sie Kinder waren, ja zudem selbst Entwertungserfahrungen gemacht, die sie wiederum indirekt an ihre Kinder weitergeben. Sie haben erlebt, dass sie von ihren Eltern gelobt oder bestraft wurden, wenn sie in bestimmten Situationen den Tugenden und Idealen ihrer Eltern entsprochen oder nicht entsprochen haben. Loben und Bestrafen sind eine Art des Bewertens. Das erzeugt Gefühle und Stimmungen, die ihre Spuren hinterlassen.

Ein Kind, das sich bemüht, ordentlich und fleißig – oder hilfsbereit oder höflich – zu sein, hat weit mehr gute Chancen, von Vater und Mutter geliebt und anerkannt zu werden als ein Kind, das sich – aus welchen Gründen auch immer – nicht so verhält. Das Kind erfährt, dass sein – tugendhaftes oder nicht so tugendhaftes – Verhalten Folgen hat. Entweder es wird geliebt, oder es wird abgelehnt.

Die sozialen Werte wirken wie ein Menetekel, das über dem Kind schwebt. All das kann ein Kind nicht verstehen, selbst wenn die Eltern ihm haarklein begründen würden, warum es sich so oder so verhalten soll. Das Kind begreift nur eins: »Wenn ich mich so verhalte, wie Mama es will, hat sie mich lieb. Sonst vielleicht nicht.« Wie sich das Kind an die elterlichen Forderungen anpasst, hängt natürlich davon ab, ob es sich geliebt fühlt oder nicht. Je mehr es abgelehnt wird, je mehr es mit widersprüchlichen Erwartungen konfrontiert wird, umso mehr wird es leiden, umso mehr wird sein Selbstwertgefühl infrage gestellt. Auch wenn ein Kind solche Fragen nicht stellt, so empfindet es sicher den Konflikt, in dem es steht: Ist es nur dann den Eltern etwas wert, wenn es genau das tut, was sie wollen?

Nicht die Forderungen nach Tugenden selbst sind ein Problem, sondern der emotionale Kontext, in dem sie vermittelt werden. Mit Liebe, Geduld und einer guten Autorität kann ein Kind diese Tugenden erlernen und mit diesen Qualitäten wachsen. Wird das Kind von den Eltern sehr oft bestraft und abgelehnt, wenn es nicht »funktioniert«, hat dies natürlich Folgen für sein Selbstwertgefühl.

Oft geschieht es, dass das Kind anfängt, sich unbewusst selbst abzulehnen, weil es durch die Identifikation mit den Eltern sich selbst als nicht genügend »fleißig« oder »ordentlich« wahrnimmt. Es gibt viele Erwachsene, die mit dieser »Identifikation« mit den elterlichen Wertmaßstäben ihr ganzes Leben zu kämpfen haben.

Therapeuten und Coaches können davon ein Lied singen. Das läuft dann auf folgende Annahmen hinaus: »Weil ich eben nicht so erfolgreich bin oder nicht so bin, wie meine Eltern es wollen, werde ich von ihnen abgelehnt und merke, wie ich mich selbst deshalb ablehne.«

Die Art und Weise, wie ein Mensch mit den elterlichen Tugenden und Idealen umgeht, ist noch weit folgenreicher: Wenn das Kind dann als Erwachsener immer sehr fleißig und strebsam ist, kann es passieren, dass andere es abwerten. Es wird als Streber angesehen.

Oder: Derjenige, der mit diesen Tugenden groß wird und sie verinnerlicht, könnte dazu neigen, »unordentliche und faule« Menschen abzuwerten, und dadurch in Konflikte kommen. Selbstverständlich kann auch das Gegenteil der Fall sein: Derjenige, für den »Fleiß« und »Ordnung« sehr wichtig sind, wird die Menschen besonders anerkennen, die die gleichen Tugenden an den Tag legen.

An diesen Beispielen lässt sich gut zeigen, wie die erlernten und verinnerlichten Werte, die Tugenden, zu Auf-, Ab- und Entwertungen sich selbst und anderen gegenüber führen können.

Wie dies genau stattfindet, neuronal und psychisch, wissen wir, wie gesagt, nicht. Wir können nur durch Beobachtung und Empathie diese Vorgänge wahrnehmen und verstehen lernen.

Wie Ideale zu Entwertungen führen

Ideale werden, ähnlich wie die Tugenden, zum unbewussten Bewertungsmaßstab. Ein Ideal ist, wie schon erklärt, ein Vollkommenheitsmuster.

Wer Ideale hat und es schafft, diesen Idealen zu entsprechen, ist glücklich, hat ein gutes Selbstwertgefühl und kann auch mit Widerständen weitaus besser umgehen als Menschen ohne Ideale. Dies kann man gut erkennen an den Lebensgeschichten der Männer und Frauen, die sich unter den widrigsten Umständen dem Ideal der »Nächstenliebe« gewidmet haben oder von einem politischen Ideal wie »Freiheit statt Diktatur« überzeugt waren. Aber auch hier können das Ideal und der Wunsch, danach zu handeln, Konflikte mit sich bringen. Diese Konflikte können zustande kommen, wenn eigene Probleme im Dienst des Ideals verdrängt werden. Es passiert jedoch auch nicht selten, dass jemand mit seinen Idealen sich selbst überhöht und idealisiert, aber andere verachtet, die seine Ideale nicht teilen.

Die Ideale, die in der Kindererziehung mehr oder weniger bewusst befolgt werden, haben ebenfalls vielschichtige Nachwirkungen auf das Selbstwertgefühl der Kinder sowie auf die Bewertung anderer.

An dem Beispiel des sehr aktuellen Ideals der »Perfektion« kann man dies gut illustrieren. In der heutigen Leistungsgesellschaft ist es enorm wichtig, ein perfekter Leistungsträger zu werden und zu sein.

Wer perfekt, das heißt: erfolgreich ist, wird geschätzt. Wer Makel hat und erfolglos ist, wird abgelehnt.

Eltern bemühen sich heute sehr darum, ihre Kinder gut auf das Leben vorzubereiten. Die Intelligenz der Kinder wird über alle möglichen Methoden gefördert und durch Tests überprüft. Diese Absichten und Maßnahmen basieren auf dem Ideal der Perfektion und des gesellschaftlichen Erfolgs. Dies dient Zielen, die nicht nur auf das Wohl des Kindes bezogen sind, sondern einem gesellschaftlichen Anspruch dienen, dem die Eltern gerecht werden wollen. Dabei wird nicht bedacht, dass Intelligenz allein nicht ausreicht, um im Beruf erfolgreich zu sein. Soziale Fähigkeiten und Empathie sind mindestens ebenso wichtig. Und zum anderen ist fraglich, ob dieses Ziel dem Kind überhaupt angemessen ist.[12] Denn es gibt ja viele Wege, um im Leben glücklich zu werden, ohne perfekt und finanziell erfolgreich zu sein.

Wer den Idealen Perfektion und Reichtum entsprechen will, verkennt, dass dies den Blickwinkel verengt und Menschen reduziert. Stellt sich nun heraus, dass das Kind eher mittelmäßig begabt ist, versagt es, oder will es definitiv etwas anderes, als die Eltern anstreben, sind die Eltern enttäuscht und zweifeln an sich und dem Kind. Die Kinder fühlen sich entsprechend abgewertet, sind gestresst, fühlen sich als Versager. Und die hochfliegenden Träume der Eltern von der Genialität ihres Kindes sind ausgeträumt. Würde an die Stelle der »Perfektion« ein anderes Ideal im Mittelpunkt stehen, wie zum Beispiel »Liebe«, vor allem Liebe um des geliebten Wesens selbst willen, würden solche Probleme nicht auftauchen.

Sie können ja einmal den Versuch machen, sich zu überprüfen: Welche Ideale und Tugenden sind Ihnen sehr wichtig? Aufgrund welcher Werte bewerten Sie sich und andere? Die Frage nach den eigenen sozialen Werten kann zur Selbsterkenntnis und auch zu einem bewussteren Umgang mit anderen beitragen und birgt so manche Überraschungen.

Fazit und Ausblick

Entwertungen finden in Beziehung zwischen Menschen und in Bezug auf Dinge und Sachverhalte statt. Sie sind emotional gesteuert und werden sehr oft nicht reflektiert. Entwertungen sind beeinflusst von vorangegangenen Erfahrungen wie von verinnerlichten Werten. Sowohl die Entwertungen als auch die Werte sind so selbstverständlich, dass über sie nicht nachgedacht wird. Entwertungen und Werte wirken jedoch massiv – in der Psyche, in Beziehungen, in der Gesellschaft. Das Selbstwertgefühl ist beeinträchtigt. In Beziehungen führen Wertekonflikte dazu, dass Menschen sich gegenseitig entwerten. In der Gesellschaft werden durch politische und ökonomische Entscheidungen Menschen und die Natur entwertet. Das führt nicht nur zu Zerstörungen aller Art, sondern schafft großes Leid. So paradox dies klingen mag: Werte spielen dabei eine Schlüsselrolle. Denn ohne diese Werte gäbe es gar keinen inneren Kompass, nach dem bewertet und eben auch entwertet wird.

Je bewusster sich ein Mensch darüber wird, was für ihn oder sie wichtig und wertvoll ist, umso eher ist es möglich, über die eigenen Wertvorstellungen zu sprechen und unnötige Konflikte zu vermeiden.

Jeder Mensch kann sich fragen, welche positiven Erfahrungen sein Selbstwertgefühl stärken. Des Weiteren kann sich jeder Mensch fragen: Wer bin ich und wer möchte ich sein? Wie kann ich mich selbst beobachten und mich fragen: Was trage ich dazu bei, andere oder mich zu entwerten? Wie kann ich gute Seiten an mir finden? Wie kann ich lernen, auf die Vorzüge anderer zu achten? Wie kann ich, so wie ich bin und wie ich mich bemühe, anerkannt werden, ohne mich nur an andere anzupassen oder gar zu verbiegen?

Eltern können sehr viel dazu beitragen, ihr Kind zu ermutigen. Und wenn sie ungeduldig und wütend auf das Kind werden, können sie sich fragen: Welche entwertenden Erlebnisse habe ich als Kind gehabt? Was wiederhole ich, was ich gar nicht wiederholen will?

Am Arbeitsplatz kann die gegenseitige Anerkennung als Unternehmensprinzip wirksam werden gegen Mobbing, Krankheit und Stress. Das bedeutet nicht, ein kritikloses Gutmenschentum zu proklamieren, sondern aufrichtige Beziehungen zu pflegen, in denen Kritik Bestandteil der Anerkennung ist.

Auf der großen politischen und gesellschaftlichen Linie wäre es lebensnotwendig, mit einem wachen Blick die Entwertungen des Menschen zu sichten. Aufgrund welcher »Wertvorstellungen«, welcher Tugenden und Ideale, werden Ausländer, Andersgläubige, Kranke, Alte, Behinderte abgewertet, weil sie den gesellschaftlichen Maßstäben, beispielsweise der Funktionstüchtigkeit und Makellosigkeit, nicht entsprechen?

Jeder Mensch hat einen Wert an sich und kann anerkannt werden. Jemanden anerkennen heißt, ihm/ihr zuhören, empathisch sein, Lob und Kritik aussprechen, eine eigene Position beziehen und dem anderen erlauben, seine eigene zu vertreten. Neugierig und interessiert zu sein an den vielfältigen Möglichkeiten, die in jedem Menschen und in jeder Situation stecken. Sich zu engagieren und die eigenen egoistischen und egozentrischen Sichtweisen zu relativieren. Wer sich auf diesen Weg begibt, wird anerkannt und immer fähiger anzuerkennen.

Um den Weg zur Anerkennung zu gehen, brauchen wir weder neue Tugenden zu erfinden noch alte Tugenden über Bord zu werfen.

Höflichkeit, Zuverlässigkeit, Respekt und Mut sind die Tugenden, die dazu beitragen, dass wir in einer Gemeinschaft sinnvoll und friedlich miteinander leben können. Auch keine neuen Ideale sind vonnöten – es gibt sie seit Menschengedenken. Das Ideal der Menschenliebe ist dabei das wichtigste, weil es keine Schattenseiten hat.

Teil 2

Die Familie als Schlüssel: Wie Entwertungen wirken und wie Werte vermittelt werden

Der Freigeist wird immer aufatmen, wenn er sich endlich entschlossen hat, jenes mutterhafte Sorgen und Bewachen, mit welchem die Frauen um ihn walten, von sich abzuschütteln. Was schadet ihm denn ein rauherer Luftzug, den man so ängstlich von ihm wehrte, was bedeutet ein wirklicher Nachteil, Verlust, Unfall, eine Erkrankung, Verschuldung, Betörung mehr oder weniger in seinem Leben, verglichen mit der Unfreiheit der goldnen Wiege … und der drückenden Empfindung, noch dazu dankbar sein zu müssen, weil er wie ein Säugling gewartet und verwöhnt wird?[13]

FRIEDRICH NIETZSCHE

Einstimmende Gedanken

Es ist provokant, wie negativ Friedrich Nietzsche die mütterliche Fürsorge beschreibt. Da ist nicht von Liebe die Rede, sondern von Umklammerung, aus der man nur noch entfliehen kann. Wer jemanden umklammert, entwertet ihn gewissermaßen. Er lässt ihn nicht frei, traut ihm nicht zu, sein Leben selbst zu gestalten, und mischt sich in alles ein. Wer die Lebensgeschichte dieses Philosophen kennt, wird sich über diese so undankbar klingenden Sätze nicht wundern. Und vielleicht wird der eine oder andere Leser ähnliche Erfahrungen gemacht haben.

Wie so viele Männer und Frauen heute wuchs Nietzsche ohne Vater auf. In der Obhut und unter Kontrolle seiner Mutter und seiner Schwester blieb er sein Leben lang, immer versucht, beidem zu entrinnen. Der Preis dafür war ein Leben in Einsamkeit, um jeder Art von sozialer Kontrolle zu entgehen.

Selbst wer stolz auf seine Familie ist und die Anverwandten liebt, kann oft nicht umhin, die Familie als Hort der Neurosen und Abhängigkeiten leidvoll wahrzunehmen und sie keineswegs nur als Stätte der Geborgenheit und des Zusammenhalts zu erleben.

Die Kleinfamilie erzeugt vermutlich weit mehr Probleme als die früheren Großfamilien, in denen die Kinder bei Weitem nicht so emotional abhängig waren von Vater und Mutter. Sie hatten auch andere Bezugspersonen. In den heutigen Familien sind Mutter, Vater und die Kinder oftmals nur lose mit Verwandten assoziiert. In vielen Familien fehlt der Vater. Ebenso häufig finden wir Patchworkfamilien vor. Diese Konstellationen beeinflussen natürlich auch die emotionalen Beziehungen und das Selbstwertgefühl aller Beteiligten, wie wir sehen werden.

Warum ist die Familie so wichtig, um das Leiden an Entwertung heute zu verstehen? In welcher Weise spielt die Familie eine so große Rolle bei der Vermittlung von Werten?

Der Grund dafür ist sofort einleuchtend. Das Leben eines jeden Menschen beginnt in einer Familie. Dort wird er geprägt. Die Eltern haben oft ambivalente Gefühle dem Kind gegenüber und sehr unterschiedliche Wertvorstellungen. Die erfahrenen Bewertungen und die vermittelten Werte, die ein Kind miterlebt, wirken ein ganzes Leben lang nach.

Die Familie wiederum ist Teil der Gesellschaft, die sich zusammensetzt aus erwachsenen Menschen, die alle einmal Kinder waren. Das heißt, jeder Erwachsene trägt seine Entwertungserfahrungen, seine Glückserlebnisse und die Werte, die er einst vermittelt bekommen hat, in seinen Beruf und in seine spätere eigene Familie und in seine Beziehungen hinein.

Abgesehen davon werden die Familie, die Eltern und die Kinder gesellschaftlich bewertet. Das heißt, den Frauen, Kindern und Männern werden Rollen zugeschrieben, die sie erfüllen sollen. Diese Rollen sind ebenfalls mit negativen und positiven Gefühlen und Bewertungen besetzt. Gängig sind diese weitverbreiteten Erwartungen und Zuschreibungen: *Eine Mutter muss eine gute Mutter sein. Der Vater hat verantwortlich zu sein und sich um die Familie zu kümmern. Das Kind hat artig zu sein und muss gut in der Schule sein.* Jedes Verhalten von Mutter, Vater und Kindern, das von diesen Erwartungen abweicht, schafft Probleme und kann zu Ab- und Entwertungen führen. Dann wird die Mutter als »schlechte Mutter« bezeichnet. Dem Vater wird vorgeworfen, dass er seine Aufgaben nicht erfüllt. Das Kind wird zurechtgewiesen und abgewertet, wenn es in der Schule versagt und unartig ist. So einleuchtend diese Erwartungen sind, so sehr wirken sie als Maßstab, mittels dessen gewertet wird – zu Recht oder zu Unrecht. Die unvermeidlichen Folgen dieser Bewertungen sind: Die Betreffenden fühlen sich gekränkt! Sie haben sich »nicht richtig« verhalten, nach ihren eigenen verinnerlichten Maßstäben wie nach denen anderer. Das Selbstwertgefühl ist dementsprechend angekratzt.

Die Familie ist hochbesetzt mit Gefühlen, Sehnsüchten und Ängsten. Sie ist ein Hort der Geborgenheit, ein Kampfplatz, ein Rückzugsort, der Ursprung von Neurosen, ein verhasster Versammlungsplatz, eine Gemeinschaft, die zusammenhält, ein auseinanderbröckelnder Koloss, ein Ort der Machtausübung, des Entsetzens und der Enttäuschung und natürlich auch ein Ort des Glücks.

4 Wie und warum in Familien entwertet wird

Ich bin der Meinung, dass persönliche Berichte viel mehr über die Entwertungen und die Wertevermittlung in Familien aussagen als zusammenfassende Studien.

Deshalb lasse ich hier Mädchen und Jungen, Männer und Frauen zu Wort kommen, die über ihre Familie berichten.[14]

Die Tugend »hilfsbereit« und trotzdem allein gelassen

Anna B., ein zehnjähriges Mädchen aus einer Kleinstadt in Mitteldeutschland, mit einer alleinerziehenden Mutter und einem kleinen Bruder.

»Ich weiß nicht, was ich machen soll. Meine Mutter heult immer. Sie ist Kassiererin und kommt jeden Abend erst nach sieben Uhr nach Hause. Manchmal hat sie Frühdienst, dann ist sie früher zu Hause. Mein Vater ist weg. Wir wissen nicht, wo. Meinen Bruder, der in den Kindergarten geht, den hole ich um vier immer ab. Meine Mutter heult oft, weil sich mein Vater schon lange nicht mehr meldet und kein Geld schickt. Sie sagt, sie kann nicht mehr. Ich hab schon überlegt, dass ich meine Tante in Stuttgart anrufe. Ihr Mann hat Geld. Vielleicht kann sie meiner Mutter mal was schicken. Ich brauche Schuhe und trau mich nicht, meine Mutter zu fragen. Aber meine Mutter hat sich mit ihrer Schwester, meiner Tante, mal verzankt, und die reden nicht mehr miteinander.«

Anna B. fühlt sich verantwortlich und erlebt ihre Mutter in Sorge und Angst. Das Mädchen erfährt das, was viele nichtprivilegierte Kinder erdulden müssen: Armut, Sorge, die Abwesenheit des Vaters und eine überforderte Mutter. Kinder, die so aufwachsen, können eine innere Stärke entwickeln und damit auch ein Selbstwertgefühl, weil sie sichtlich gebraucht werden und erleben, dass sie etwas bewirken können. Das Mädchen empfindet trotz der eigenen seelischen Not mit der Mutter mit, sieht sich aufgerufen, zu handeln und nicht passiv zuzusehen, wie sich die Lage verschlechtert. Schutz, Förderung und Liebe erfährt es nicht. Oft ist es so, dass Kinder, die so aufwachsen, Tugenden entwickeln, die ein Leben lang für sie Bedeutung haben: sich verantwortlich fühlen, tapfer und engagiert sein. Doch bleibt offen, wie weit ihre Kraft reicht, die sie brauchen, um nicht nur immer für andere da zu sein, sondern auch selbstbestimmt zu leben, ohne sich für andere dauernd »opfern« zu müssen und ohne anerkannt und geliebt zu werden.

Abwertung durch das Vorziehen von Geschwistern

Friedhelm F., ein vierzehnjähriger Junge aus Westdeutschland aus einer Unternehmerfamilie, mit einem jüngeren Bruder.

»Ich finde schon, dass Papa oft sehr lieb ist mit mir. Er geht mit mir oft spazieren, und wir reden miteinander. Aber er macht mir immer wieder Vorwürfe. Warum ich so verschlossen bin. So eklig zu meinem Bruder. So zu. So gemein. Dabei bin ich das gar nicht. Was mich nervt: Meine Mutter zieht immer meinen Bruder vor. Mein Vater macht nichts dagegen. Die kapieren gar nicht, wie es mir geht, wenn mein Bruder immer im Mittelpunkt steht. Ab und zu kriegt mein Vater wegen mir einen Wutanfall. Er flippt aus, wenn ich fies zu meinem Bruder bin. Aber das bin ich gar nicht. Manchmal ärgere ich ihn etwas, weil er mir auf die Nerven geht. Am liebsten bin ich allein in meinem Zimmer und bastele oder sitze am Computer. Mami hat mal gesagt, wir müssen mit dem Jungen mal zum Arzt oder so. Sie meint mich. Ich weiß nicht, was die haben. Ich bin sehr gut in der Schule und übe sogar auch Cello, ohne dass sie mich zwingen müssen.«

Friedhelm F. fühlt sich sichtlich zurückgesetzt und angegriffen. Seine Eltern ziehen den Bruder vor, weil er eben nicht so »schwierig« ist. Ein klassisches Thema: Zwei Brüder kämpfen um die Sympathie ihrer Eltern, ihres Vaters. Das erzählt die Geschichte aus dem Alten Testament von Kain und Abel und das Drama von Franz und Karl Moor in Schillers *Die Räuber*. Hier in der Familie wird es zwar nicht so dramatisch. Aber Friedhelm ist verletzt, zieht sich zurück, um sich zu schützen, und erzeugt damit erneut Konflikte. Dieses Gefühl, »nicht richtig« zu sein, beeinträchtigt zwar nicht seine schulischen Leistungen, verunsichert ihn aber. Einerseits fühlt er sich weniger wert als das Geschwisterkind, andererseits weiß er, dass er geliebt wird. Die Frage ist, wie er als Erwachsener mit dieser Ambivalenzerfahrung umgeht. Viele Kinder nagen an dieser Zurücksetzung ein Leben lang, ohne dass sie deshalb unbedingt weniger leistungsfähig sind.

Nur wer was leistet, ist etwas wert

Victor K., ein neunzehnjähriger Abiturient aus einer Großstadt in Süddeutschland, aus einer Anwaltsfamilie.

»Ich frage mich, wann ich je auf der Straße mit anderen Kindern gespielt habe. Habe ich nicht. Meine Mutter hatte ein volles Programm für mich organisiert: am Montagnachmittag Tennisunterricht; am Dienstag Nachhilfe in Latein; Donnerstag Klavierunterricht; Freitag zum Sporttraining; am Sonnabend oder Sonntag gingen wir in Museen oder ins Konzert, weil mein Vater mir die Kunst nahebringen wollte. Als ich in der siebten Klasse auf dem Elitegymnasium fast sitzen blieb, wurde ich mit mehreren Nachhilfeprogrammen traktiert: ›Der Junge muss ein Einser-Abitur machen, wenn wir ihn nach Stanford schicken wollen.‹ Ich bin jetzt neunzehn Jahre alt und weiß nicht, was ich machen soll. Meine Mutter ist sauer auf mich, dass ich nach meinem mittelmäßigen Abitur ohne konkrete Pläne herumhänge. Mein

Vater ist sowieso selten zu Hause. Neulich mal sagte er zu mir, zwischen Tür und Angel: ›Willst du jetzt gänzlich in deinem Zimmer verschimmeln? Oder kriegst du irgendwann mal den Hintern hoch?‹«

Victor K. steht unter einem dauernden Leistungsanspruch. Wenn er nicht »der Beste« ist, steht er infrage. Hinter der elterlichen Förderung stehen Forderungen, denen er sich nicht gewachsen fühlt und denen er sich auch partiell verweigert. Die Eltern scheinen sich weniger dafür zu interessieren, was sich ihr Sohn wünscht und braucht, als dafür, was er nach ihren Idealvorstellungen leisten soll. Durch das Idealbild, das die Eltern von ihm haben, und das Ziel, das er erreichen soll, wird er abgewertet, ohne dass dies irgendjemand bewusst bezwecken will. Dieses Gefühl, nicht »gut genug zu sein«, lähmt ihn.

Ich bin anscheinend weniger wert, weil ich bei meiner Mutter blieb

Allen B., ein siebenundzwanzigjähriger Volkswirt aus einer Großstadt in Norddeutschland, wuchs auf mit seiner alleinerziehenden Mutter.
»Mein Vater ist ein ziemlich erfolgreicher Arzt. Seit meine Mutter und er sich getrennt hatten, war ich als Junge nur einmal in der Woche bei ihm und seiner neuen, schicken und reichen Frau. Es war schon komisch für mich. Meine Mutter und ich lebten sehr bescheiden. Sie war Verwaltungsangestellte und verdiente nicht viel. Mein Vater zahlte, aber das reichte nicht, damit wir annähernd so luxuriös leben konnten wie er. Ich kam mir immer vor wie ein Sohn zweiter Klasse. Meine Mutter und ich hausten in einer Dreizimmerwohnung in einer hässlichen Siedlung. Mein Vater lebt in einer großen Villa mit Dienstpersonal. Wo gehörte ich hin? In Vaters neuer Familie wurde ich ziemlich herablassend behandelt, vor allem dann, wenn er mal nicht anwesend war. Ich war nicht mutig und selbstbewusst genug, um mich gegen die Sticheleien zu wehren. Als ich älter wurde, habe ich viel gelesen und mich linken Gruppen angeschlossen. Ungerechtigkeit hat mich schon immer auf die Palme gebracht. Habe an Demos teilgenommen. Mein

Studium der Volkswirtschaft habe ich mit ›sehr gut‹ abgeschlossen und einen guten Job bekommen. Aber das Gefühl, ein Sohn zweiter Klasse zu sein, bin ich nie losgeworden.«

Allen B. wurde in seiner Kindheit konfrontiert mit einem Wertekontrast: Die Mutter lebt bescheiden, der Vater luxuriös. Der Statusverlust, den die Mutter durch die Scheidung erlebt, wird vom Sohn als Abwertung erlebt. Es ist schmerzlich für ihn, zu sehen, wie die Mutter sich anstrengt und bescheiden lebt, der Vater lässig seine Privilegien genießt. Seinem Sohn schenkt er bei Weitem nicht so viel Aufmerksamkeit wie seinen Kindern aus zweiter Ehe. Allen B. entscheidet sich, nicht nur gekränkt zu sein. Er denkt über die seelischen Folgen erfahrener Klassenunterschiede nach und setzt sich politisch für Unterprivilegierte ein.

Tugenden, aber keine Lebensfreude in einem Staatssystem der Überwachung

Frieder O., ein achtundvierzigjähriger mittelständischer Unternehmer aus der ehemaligen DDR.

»In meiner Familie hielten alle zusammen. Das ging auch nicht anders, weil mein Vater, der Lehrer war, gegen das DDR-Regime opponierte. Wir waren alle kirchlich ausgerichtet. Aber wir konnten nie öffentlich darüber reden. Da ich nicht studieren durfte, habe ich erst einmal Tischler gelernt.

Nach der Wende hab ich neben meinem Beruf das Abitur nachgemacht und studiert. Das, was mir am meisten an meiner Kindheit auffällt: Wir haben gearbeitet und geschwiegen, ohne große Lebensfreude. Aber wir konnten uns aufeinander verlassen. Wann hatte ich je Zeit, über mich nachzudenken und zu fragen, was will ich eigentlich? Ich hab es nie gelernt, mich zu freuen und zu begeistern, weil sich alles in unserem Leben auf die harten Notwendigkeiten beschränkte. Wir lebten immer gefährdet. Ich versuche seit einiger Zeit, für mich und meine Familie Freiraum zu schaffen, um das Leben nicht nur zu bewältigen, sondern bewusst zu genießen und zu schätzen. Das fällt mir bis heute nicht leicht.«

Die Familie von Frieder O. passt sich notgedrungen an das System an, hält zusammen und ist strebsam. Diese Werte, sprich: Tugenden, helfen allen zurechtzukommen. Doch Frieder spürt, dass diese Tugenden nicht Lebenslust und Lebensbejahung mit sich bringen. Diese Werte scheinen im Kontrast zu stehen zu den Idealen von Freiheit, Liebe, Lebensfreude, die er sich wünscht. Er fängt an, selbst nun Familienvater, sich des vielen Verzichtens bewusst zu werden und sein Leben anders zu leben. Er hat ein gutes Selbstwertgefühl, aber dies ist errungen durch Verzicht.

Nicht gewollt ist halb entwertet

Corinna C., eine Journalistin, einundfünfzig, aus einer Großstadt.
»Oft genug hatte ich in meiner Kindheit eher so nebenbei zu hören bekommen, dass meine Geburt weder geplant noch erwünscht war. Ich könnte jedoch nicht sagen, dass ich von meiner Mutter nicht gemocht worden wäre. Doch schon als Kind hatte ich Schuldgefühle. Meine Mutter gab unverblümt zu, dass ich durch meine Geburt ihre Karriere durchkreuzt hatte. Sie wollte unbedingt auf die Filmhochschule. Aber daraus wurde nichts. Dazu kam, dass meine Eltern sich trennten, als ich sieben Jahre alt war. Mein Vater war als Physiker von seinen Erfindungen besessen und hatte die Familie überhaupt nicht auf dem Schirm. Welche Gefühle hatte meine Mutter, als ich gerade geboren wurde? Sie hat mir erzählt, sie wäre glücklich gewesen. Trotz ihrer drei Kinder hat sie Karriere gemacht und ist eine gute Geschäftsfrau geworden. Wenn auch nur im Unternehmen meines Großvaters. Ich würde schon sagen, sie ist eine Löwenmutter, die für ihre Kinder kämpft. Jahrelang war die Beziehung zu meiner Mutter ambivalent. Dieses Gefühl, einerseits geliebt zu werden und andererseits mich als Störfaktor im Leben meiner Mutter zu empfinden, hing mir immer nach. Dass sie auch stolz auf mich war, hat sie nur meinen Geschwis-

tern gesagt, nie mir. Trotzdem habe ich mich oft gefragt, was ich auf dieser Welt überhaupt soll, wenn ich meiner Mutter den Weg ins Glück verbaut habe. Mein Vater war abwesend und kümmerte sich nicht um uns. Er rächte sich dafür, dass er nicht mehr zur Familie gehörte. Ich war für ihn scheinbar uninteressant. Trotz allem bin ich in meinem Beruf erfolgreich und werde auch von Männern geschätzt. Vielleicht, weil mein Vater, als ich ganz klein war, mich doch geliebt hat. Mit der Angst, verlassen zu werden, habe ich bis heute zu kämpfen.«

Corinna C. hat es schwer, die dahingesagten Sätze ihrer Mutter zu vergessen. Manchmal verschweigen es die Mütter. Manchmal erzählen sie es ihren Kindern freiheraus: Ich wollte dich nicht haben! Diese mütterlichen Bekenntnisse wirken wie ein emotionaler Totschlag. »Warum bin ich überhaupt auf der Welt, wenn ich gar nicht gewollt war?« Diese Grundfrage bleibt mit einem Zweifel am Selbstwert immer virulent, selbst in diesem Fall, in dem die Journalistin als Kind Zuwendung und Förderung erfahren hat. Das Desinteresse des abwesenden Vaters kränkt zudem. »Bin ich so schlimm, dass Vater deshalb weggegangen ist?« Kinder fragen sich dies oft, weil sie sich für den Weggang des Vaters schuldig fühlen, ohne es zu sein. Meist werden diese Schuldgefühle erst im Erwachsenenalter virulent. Das für ein Kind oft unerklärliche Verschwinden des Vaters erzeugt nicht selten nachhaltig Ängste. »Wenn ich noch mal verlassen werde, dann sterbe ich.« Auch wenn dies nicht so ausgesprochen wird, die Gefühle halten an. Angst ist auch eine Art der Selbstentwertung. Aus Angst vermeiden viele Menschen, eigene Wege zu gehen oder/und unhaltbare Situationen zu beenden.

Wir Kinder zählen nicht

Manfred K., ein neunundfünfzigjähriger Angestellter in einer mitteldeutschen Stadt.

»In meiner Familie wurde kaum miteinander gesprochen. Das Familienunternehmen stand im Mittelpunkt allen Geschehens. Immer nur ging es darum. Wir Kinder störten eigentlich nur. Mein Vater war als junger Mann überzeugter Nazi gewesen. Er war erst Ende der Vierzigerjahre aus dem Krieg zurückgekommen. Es kam nie vor, dass er über seine Erfahrungen sprach. Ich hatte Angst, ihn danach zu fragen. Er wurde sehr schnell jähzornig, und wir fürchteten uns vor ihm. Mein Bruder und ich hatten als Kinder zu funktionieren und keine Fragen zu stellen. Und meine Mutter achtete vor allem darauf, dass ich in der Schule gute Leistungen erbrachte. Ich glaube, ich habe nie ein persönliches Gespräch mit ihr geführt. Mit Anfang zwanzig bin ich ausgebrochen. Die Rechthaberei und Kälte meines Vaters, seine unterdrückten Schuld- und Wutgefühle, die Ängste meiner Mutter ließen bei mir das Gefühl aufkommen, wir Kinder sind überflüssig und eine Last. Wir sind schuld daran, dass die Eltern sich überhaupt nicht wohlfühlen. Um Liebe und Anerkennung für uns Kinder ging es nicht. Und meine Eltern waren viel zu sehr mit sich beschäftigt, um danach zu schauen, wer ihre Kinder eigentlich sind und was sie brauchen. Nach außen wirkte unser Familienleben perfekt: Alles war ordentlich, und jeder funktionierte. Ich habe mich entschlossen, dass meine Kinder nicht so aufwachsen dürfen. Ich habe irgendwann auch begriffen, dass Lebensqualität und Liebe viel wichtiger sind als das Funktionieren und das Schweigen, nur um Konflikte zu vermeiden.«

Manfred K. beschreibt eine Kindheit, die viele Menschen seines Alters in Deutschland in den Nachkriegsfamilien ähnlich erlebt haben. Eigentlich hat er Glück gehabt: Sein Vater ist aus dem Krieg zurückgekehrt. Doch der Vater hat seine furchtbaren Erfahrungen nicht verarbeitet, über seine Kriegserlebnisse schweigt er. Seine politischen Überzeugungen hat er offenbar nicht infrage gestellt. Die Härte und Kälte als Habitus legt er auch in der Familie an den Tag. Die Mutter, die nichts zu vermelden hat, kann die Kinder nicht vor der Kälte und Lieblosigkeit des Vaters schützen. Sie selbst ist Teil eines Systems, in dem Kinder zu funktionieren haben, ohne einen Anspruch auf Liebe und Zuwendung. Manfred kämpft darum, mit der Entwertung, die er durch die Eltern erfährt, zurechtzukommen. Er vermisst schmerzlich offene Gespräche, Zuwendung, Verständnis. Seine Eltern wirkten auf ihn wie versteinert. Sie lehnten letztlich nicht nur ihre Kinder ab, sondern das Leben selbst. Weil die Eltern sich nicht öffnen können, dürfen die Kinder nicht offen sein.

Meine Mutter kann mich nicht leiden

Rita L., eine dreiundsechzigjährige Reisebüroinhaberin aus Süddeutschland.

»Ich wuchs in kleinbürgerlichen Verhältnissen auf. Meine Mutter hatte einen Hang zu Höherem, liebte die Oper und las gerne. Mein Vater war Arbeiter, aber immerhin in einer kleinen, verantwortungsvollen Position. Er interessierte sich für Sport und für Gartenarbeit. Immer wieder wurde er von meiner Mutter gedemütigt, ohne ihr etwas entgegenzusetzen. Er war weitaus schwächer als sie. Wir lebten gedrängt in einer winzigen Zweizimmerwohnung. Ich hatte keinen Rückzugsort. Meine Mutter war kalt und frustriert und ließ keine körperliche Nähe zu. Sie hatte einst große Pläne gehabt, die sich alle in Luft aufgelöst hatten. Sie piesackte mich und meine Schwester. Aber auch meinen Vater. Sie war dauernd unzufrieden und mäkelte herum. Alles passte ihr nicht. Mein Vater war ihr gegenüber ziemlich hilflos und konnte sich gegen ihre dauernde Kritik an ihm nicht zur Wehr setzen. Er zog sich einfach zurück. Ich war ziemlich schüchtern, und gleichzeitig war ich auch ein wildes Kind, wenn ich auf der Straße mit anderen Kindern spielte. Meine Mutter setzte alles daran, mich zurechtzustutzen. Wenn ich fröhlich war, wurde sie wütend. Wenn ich schwieg, galt ich als trotzig. Erst Jahre später kam ich dahinter, wie sehr ich mich selbst ablehne, weil meine Mutter mich abgelehnt hatte. Ich war für sie eine Provokation und verkörperte das, was sie selbst nicht mehr oder vielleicht nie richtig erlebt hatte: Lebendigkeit, Jugendlichkeit und Abenteuerlust. Ich habe erst sehr spät begriffen, dass meine Mutter auch ein Opfer war – ein Opfer ihrer Kindheit, ihrer Enttäuschungen und verloren gegangenen Hoffnungen. Ich hatte große Probleme, ihr zu helfen, als sie alt und gebrechlich wurde. Aber ich hab es trotzdem getan, mit zusammengebissenen Zähnen.«

Rita L. beschreibt, wie ihre Mutter sie ablehnt. Diese Ablehnung hat sie jahrelang verfolgt, bis zur Selbstverneinung. Hier setzt sich etwas fort: Die Mutter ist unzufrieden, fühlt sich selbst entwertet, lehnt die Tochter ab, weil die Tochter sie schmerzlich an ihre unerfüllten Wünsche erinnert. Der Vater scheint in dieser psychischen Konstellation kaum eine Rolle gespielt zu haben. Er ist selbst betroffen von der Macht der Mutter, die weder aus dem Teufelskreis der Selbstablehnung und der Abwertung ihrer Tochter herauskommt noch aus der Abwertung ihres Mannes. Es ist nicht selten der Fall, dass unzufriedene Mütter ihren Töchtern überhaupt kein gutes Selbstwertgefühl vermitteln. Die Töchter werden in vielen Fällen als Konkurrenz empfunden, als ein unangenehmer Spiegel, in dem die Mütter ihre eigene Jugend und die Chancen verschwinden sehen.

5 Entwertungen als Ausdruck des Systems

Die hier geschilderten Abwertungsprozesse sind symptomatisch in mehrfacher Hinsicht. Kinder werden überfordert, Kinder werden gepuscht, damit sie gut funktionieren, Geschwister werden vorgezogen, der Vater fehlt, die Mütter sind vom Leben enttäuscht, ein Kind war nicht gewollt. Jedoch liegen die Ursachen nicht in der Familie allein, sondern mindestens ebenso in politischen und gesellschaftlichen Tatsachen, von denen die Familien betroffen sind.

Mangelnde gesellschaftliche Unterstützung für alleinerziehende Mütter

Dieses Grundproblem zeigt sich sowohl in der Geschichte von Anna, dem zehnjährigen Mädchen, als auch in der von Allen, dem siebenundzwanzigjährigen Volkswirt. Bis heute ziehen viele Mütter ihre Kinder ohne den Vater auf. Viele dieser Mütter, vor allem aus der Unterschicht und unteren Mittelschicht, konnten oftmals gar keine Ausbildung abschließen, weil sie sich um die Kinder kümmern mussten. Oder sie haben schlecht bezahlte Jobs, leiden unter Stress, Geldmangel, ja sogar Armut. Dass dies weitreichende Wirkungen auf die Kinder und deren Selbstwertgefühl hat, ist nicht verwunderlich. Die Frauen werden indirekt abgewertet, weil sie allein gelassen und nicht unterstützt werden. Die Benachteiligung von Frauen, die eine lange Geschichte hat, wirkt sich auf dieser Ebene bis heute aus. Kommt es zur

Trennung der Eltern, leben die Väter oft besser als die Mütter, weil nach wie vor Männer – weltweit – ökonomisch bessergestellt sind als Frauen. Auch dies wirkt sich nachteilig auf die Kinder aus. Sie fühlen sich hintangestellt. Durch diese Umstände finden automatisch Entwertungen statt und beeinträchtigen das Selbstwertgefühl der Mütter und der Kinder.

Was bin ich wert, wenn ich aus einer Täterfamilie stamme?

Männer und Frauen, die während der Nazi- und Kriegszeit Kinder oder Jugendliche waren, sind heute Eltern mit erwachsenen Kindern oder Großeltern von Enkelkindern. In vielen Familien wird über die Kriegserlebnisse geschwiegen. Manfred hat dies erlebt. Schuldgefühle und Schockerlebnisse werden verdrängt. Hinter dem Schweigen spielen sich psychische Dramen ab, deren Auswirkungen das Kind erlebt, ohne sie zu begreifen. In jeder deutschen Familie gibt es weit mehr Täter und Mitläufer als Opfer. Die Tabus über die Vergangenheit dürfen nicht gebrochen werden. Kinder haben in einer solchen Atmosphäre keinen Raum, sich abzugrenzen und zu sich selbst zu finden. Und sie fragen sich: Was bin ich eigentlich meinen Eltern »wert gewesen«, wenn alles andere wichtiger war als ich? Wenn ich nicht weiß, was wirklich geschehen ist? Ich war nicht wichtig. Was bin ich wert, wenn mein Großvater ein Täter war? Habe ich überhaupt das Recht zu leben? [15]

Die Abwertung des Kindes durch Leistungsdruck

Viele Kinder und Jugendliche heute stehen unter dem stetigen Leistungs- und Perfektionsdruck ihrer erfolgsbesessenen Eltern. Die Maxime ist: »Wenn du versagst, taugst du nichts.« Das Perfektions- und Leistungsideal der Eltern ist weit wichtiger als das Kind an sich. Kinder werden auf diese Weise die Erfüllungsgehilfen des elterlichen Ehrgeizes. Das trifft vor allem auf die obere Mittelschicht und Oberschicht zu, wie am Beispiel von Victor zu sehen war. Die moderne Leistungsgesellschaft zeitigt hier ihre Folgen. Wer nicht genug leistet und nicht perfekt ist, ist nicht so viel »wert«. Die Kinder erleben die Enttäuschungen, die sie ihren Eltern zufügen, und haben natürlich Schuldgefühle und Selbstwertprobleme. Das hat weitreichende Folgen für ihre spätere Laufbahn und ihre eigene Lebensgestaltung. Es beeinträchtigt das Selbstwertgefühl, sich immer mit dem Gefühl herumzuschlagen: »Egal, was ich mache, es reicht nie!«

Der Einfluss des politischen Systems auf die Werte in der Familie

Der Unternehmer Frieder O. hat dies als Kind in der DDR erlebt: Die Familie ist fleißig, passt sich dem politischen und ökonomischen Druck des Systems an, ohne es zu akzeptieren. Es gibt wenig Zeit und Raum für Lebensfreude. Durchhalten und Zusammenhalten sind mit den Tugenden »Fleiß« und »Anpassung« verbunden, gewissermaßen Überlebenstugenden. Nicht nur in der ehemaligen DDR war dies der Fall, sondern mindestens ebenso zur Zeit des westdeutschen Wirtschaftswunders. Allerdings ging es in der ehemaligen DDR wirklich um einen – notwendigen – Zusammenhalt und nicht, wie in der BRD, um das Erlernen der Konkurrenzfähigkeit. Die Tugenden, um die es sich hier handelt, sind weit wichtiger als das Bedürfnis nach Lebensfreude. Die Entwertung findet hier indirekt statt. Die Familie gibt sich in diesem Fall keinen Raum für Glück, alle halten aus der Not heraus zusammen und passen sich ein in ein System, das durch Überwachung Angst erzeugt.

Die Abwertung der Mutter führt zur Abwertung der Kinder

Auch das ist nicht selten, wie das Beispiel von Rita L. und auch die Geschichte von Corinna C. zeigen. Corinnas Mutter erlebt die Schwangerschaft als Behinderung ihrer Karriere und lässt dies ihr Kind ein Leben lang spüren, unabhängig davon, ob sie das Kind dann doch liebt oder nicht. Der Stachel, »nicht gewollt zu sein«, bleibt sitzen. Viele Mütter sind selbst als Kinder nicht geliebt worden. Das trifft auf die Mutter von Rita zu, die es nicht vertragen kann, dass ihre Tochter ihr – unfreiwillig – Konkurrenz macht und ihr damit ihre eigenen verpassten Chancen vorführt.

6 Die ungewollten Ursachen der Entwertungen

Es steht völlig außer Frage, dass sich sehr viele Eltern die größte Mühe geben, ihren Kindern einen guten Weg ins Leben zu ermöglichen. Sie lieben ihre Kinder und wollen alles erdenklich Gute für ihr Kind tun. Umso bemerkenswerter ist es, dass trotzdem Entwertungen stattfinden und Werte vermittelt werden, die nicht dazu beitragen, dass ein Kind eine glückliche Kindheit erlebt und ein gutes Selbstwertgefühl entwickelt.

Erfahrungen wirken nach

Vater und Mutter haben ihre eigene Lebensgeschichte, wenn sie eine Familie gründen. Wie sie als Kinder erzogen wurden, so erziehen sie nach ihren eigenen Auffassungen selbst ihre Kinder. Dies wird durch eine Untersuchung bestätigt. In der Shell-Jugendstudie gaben einundfünfzig Prozent der Befragten an, dass sie ihre Kinder ungefähr so erziehen würden, wie ihre Eltern sie erzogen haben.[16] In der Regel jedoch wissen die Befragten gar nicht so genau, wie ihre Eltern Erziehung definiert und praktiziert haben.[17] Diese Werte und die Praktiken sind so selbstverständlich wie auch teilweise widersprüchlich und werden als solche nicht bewusst wahrgenommen.

Zudem entsprechen die Eltern mehr oder minder bewusst den gesellschaftlichen Erwartungen und übernehmen sie. Und in der Gesellschaft zählen einerseits bis heute solche »alten« Tugenden wie Fleiß, Anpassung, Sauberkeit und Ordentlichkeit. Dazu kommen andererseits die »modernen« Tugenden wie Leistungsfähigkeit und Erfolgsorientierung.

Dem Kind wird von den Eltern, den Erziehern und Lehrern verbal und nonverbal vermittelt, was es tun und was es lassen soll. Ein Kind kann jedoch nicht verstehen, warum es sich so oder so verhalten soll. Selbst wenn die Eltern es erklären, würde dies nicht viel nützen, weil ein Kind diese Erklärungen emotional gar nicht nachzuvollziehen kann. Ein kleines Kind lernt nicht über Zurufe, sondern vor allem dadurch, dass es nachahmt.

Um die Liebe der Eltern nicht zu verlieren, versucht ein Kind nun, sich den wertbezogenen Erwartungen und Wünschen der Eltern mehr oder weniger anzupassen. Es kann nicht entscheiden, ob die Erwartungen der Eltern berechtigt sind oder nicht. Dem Kind bleibt nichts anderes übrig, als sich zu fügen, weil es schlicht und einfach von den Eltern abhängig ist.

Ein Kind leidet zudem, wenn es erfahren muss, dass Eltern etwas von ihm fordern, aber sich selbst nicht entsprechend verhalten. Denn wonach soll das Kind sich ausrichten: an den elterlichen Worten oder dem – konträren – elterlichen Verhalten? Es gerät unfreiwillig in eine emotionale Zwickmühle und wird verunsichert. Was gilt denn nun?

Manchmal dauert es ein ganzes Leben lang oder geschieht nie, dass die verinnerlichten und womöglich widersprüchlichen Erwartungen der Eltern kritisch hinterfragt werden. Was tun Erwachsene nicht alles, um es Vater oder/und Mutter bis in ihr Erwachsenenalter immer noch »recht zu machen«, selbst wenn Vater und Mutter nicht mehr leben, selbst wenn diese Erwartungen ihnen *contre coeur* gehen, widersprüchlich oder gar nicht erfüllbar sind.

Nicht nur, dass dem Kind gesagt wird, was es – im Sinne der Tugenden – tun und lassen soll. Nicht nur, dass die Liebe der Eltern sich danach ausrichtet, ob das Kind sich adäquat verhält. Das Kind ist zugleich »geliebtes Subjekt« und »bewertetes Objekt«. Sein jeweiliges Verhalten wird in den vielen alltäglichen Augenblicken durch Gefühlsäußerungen, Worte und Handlungen beurteilt, je nachdem, ob es etwas »falsch« oder »richtig« macht.

Ein aktuelles Phänomen ist, dass Eltern heute den Kindern kaum etwas oder gar nichts entgegensetzen. Diese vermeintliche Freiheit kann einerseits eine Nachwirkung der antiautoritären Erziehung und andererseits ein Ausdruck von Erziehungsmüdigkeit sein. Man will sich nicht mit den Kindern anlegen. Das stresst.

Ein Kind erlebt dann überhaupt keinen Widerstand vonseiten der Eltern und schwebt orientierungslos in einer Art bezugsleerem Raum. Es darf alles, kann alles und bekommt alles, nur keinen Referenzrahmen, an dem es sich ausrichten kann. Sowohl der Verzicht auf Erziehung als auch das ständige Bewerten im Erziehungsprozess wirken auf das Selbstwertgefühl des Kindes und seine soziale Entwicklung.

Warum kann man vielen Eltern gar keine Vorwürfe machen, sondern nur versuchen, zu verstehen und zu helfen? Welche Motive und Gründe haben die Eltern denn, wenn sie ihre Kinder bewerten, ohne es zu wissen und zu wollen?

Die Motive und Gründe für Abwertungen

Die Abwertung durch Verwöhnen und Nichterziehen

Die Eltern wünschen sich unbedingt ein Kind und tun alles für es. Das Kind wird nun verwöhnt. Es darf alles und macht alles richtig. Grenzen werden ihm kaum gesetzt. Zum Beispiel in einem Fall eines reichen Ehepaars, das der langersehnten Tochter, mittlerweile siebzehn Jahre alt, jeden Wunsch erfüllt, ihr alle Freiheiten zugesteht und selbst das unverschämte und anspruchsvolle Verhalten der Tochter vor anderen rechtfertigt. Die Tochter aber eckt überall an, weil sie nie gelernt hat, auf andere Menschen Rücksicht zu nehmen und ihre eigenen Wünsche zurückzustellen. Die Tochter fängt an, Drogen zu nehmen, sich herumzutreiben, ist den Eltern gegenüber anspruchsvoll und respektlos, bis der gute Rat für alle teuer wird.

Leistung statt Liebe

Das Kind hat als makelloser Leistungsträger zu funktionieren. Viele gut verdienende Mittelstandseltern verinnerlichen die weitverbreiteten Ideale von Perfektion und Leistung und fordern von ihrem Kind all das ab, was diesen Idealen dienen soll. Das liegt auch irgendwie nahe, denn wie soll ein Erwachsener in dieser leistungsorientierten Gesellschaft erfolgreich sein, wenn er/sie nichts zu bieten hat, sich nicht anstrengt und nichts kann?

Das Kind wird also gefördert und gefordert. Hinter der gesteigerten Aufmerksamkeit für das Kind verbergen sich nicht selbstverständlich nur Liebe und Verständnis. Die Fürsorge ist der Ausdruck eines hohen Anspruchs der Eltern an sich selbst, der dem gängigen Denken in einem Wirtschaftssystem entspricht, das Perfektion auf allen Ebenen verlangt. Der Perfektionsanspruch wird nicht nur für die Erziehung selbst geltend gemacht, sondern wird zum Maßstab für die Beurteilung des Kindes. Das Kind darf nicht krank sein, nicht versagen, keine körperlichen oder seelischen Schwächen haben und hat leistungsfähig zu sein.[18]

Die elterlichen ambivalenten Gefühle

Die Eltern lieben einerseits das Kind, aber das Kind wird ihnen andererseits und gegen ihren erklärten Willen immer wieder lästig. Jedes Mal, wenn das Kind den Erwartungen der Eltern nicht entspricht, wird das Kind zurechtgewiesen und bestraft. Wie zum Beispiel bei einem jungen, berufstätigen Paar. Das Kind ist eingeplant und auch willkommen. Aber die Familienharmonie stellt sich nicht ein. Beide Eltern sind beruflich gestresst und drehen schnell durch, wenn das Kind »Probleme« macht und/oder weint. Das Kind ist irritiert durch die spontanen Wutausbrüche der Eltern. Es fühlt sich verängstigt und schrecklich allein gelassen – abgesehen davon, dass es gar nicht versteht, warum sein Weinen solche heftigen Reaktionen auslöst. So schreit es noch mehr, weil es noch mehr irritiert ist. Die Eltern rätseln herum, was sie falsch machen, gehen zum Therapeuten, machen sich Vorwürfe. Dabei wäre es am einfachsten, das Kind in den Arm zu nehmen, mit ihm Ruhestunden einzurichten und ihm regelmäßig die vollkommene Aufmerksamkeit zu schenken.

Das Kind als Störfaktor

Das Kind kann von Anfang als Störfaktor für die Eltern empfunden werden. Es ist »zu viel«. Wenn dies der Fall ist, sind die Spannungen vorprogrammiert. Das Kind spürt von klein auf, dass es nicht erwünscht ist. Solche Kinder weinen viel, sind empfindlich und fordern sehr viel Aufmerksamkeit. Der junge Vater kann es zum Beispiel nicht ertragen, dass das Kind dauernd etwas will. Zudem leidet er darunter, dass er nicht mehr im Mittelpunkt der Aufmerksamkeit steht. Die Frau versucht zu beschwichtigen, hat aber Schuldgefühle, weil sie sich für das Kind und dessen Verhalten verantwortlich fühlt. Es entsteht eine dauernde, latent aggressive Atmosphäre. Das Kind wird immer unsicherer, aggressiver und erzeugt damit umso mehr die Wut seiner Eltern. Als Erwachsener wird ein solches Kind große Probleme haben, sich selbst etwas wert zu sein und sich nicht dauernd für seine Existenz entschuldigen zu müssen. Aus diesen frühkindlichen Erfahrungen kann auch eine lebenslange Grundwut auf Menschen überhaupt resultieren: Keiner will mich, also schlage ich zu und mache wenigstens so auf mich aufmerksam!

Das Kind als Erfüllungsgehilfe und Projektionsfläche

Eltern meinen, für ihre Kinder das Beste zu wollen, und merken nicht, dass sie das Kind für ihre eigenen Probleme und Wünsche funktionalisieren. Das geschieht so häufig, dass es kaum auffällt und mehrere Varianten hat. Eines bleibt aber immer gleich: Es ist nicht wichtig, was das Kind will, welche Fähigkeiten und Bedürfnisse es hat. Das Kind hat das zu sein und zu tun, was die Eltern sich für sich selbst wünschen und erledigt sehen wollen. Das Kind wird unbeabsichtigt »abgewertet« durch den Gebrauch für elterliche Interessen. Es wird »in den Dienst« genommen. Das ist mit keinerlei böser Absicht vonseiten der Eltern verbunden, sondern beruht auf einer sehr menschlichen Neigung, die jeder von uns kennt: Wir sehen den anderen Menschen nicht an sich, sondern durch unsere Brille und unsere Wünsche. Das zu vermeiden, ist enorm schwierig, weil es bedeutet, den ego-bezogenen Blick aufzugeben und genau hinzuschauen: Wer ist das eigentlich, der mir da gegenübersteht? Etwa ein Kind, das ganz anders ist als ich? Ein Wesen, das eigene Ansprüche hat? Andere Wünsche und Bedürfnisse?

Dies zu erkennen, bedeutet Anerkennung. Anerkennung schließt das Erkennen des anderen ein. So wie das Gegenteil, also jemanden nicht anzuerkennen, bedeutet, nicht zu sehen und nicht zu verstehen, wer der andere ist.

Das Kind als Erfüllungsgehilfe soll für das Leben der Eltern geradestehen. Zum Beispiel: Die Mutter hat sich ihre Lebenswünsche nicht erfüllen können, also soll die Tochter oder der Sohn diese Wünsche erfüllen. Das Kind steht unter einem starken Erwartungsdruck. Die Mutter wollte eigentlich als Personalleiterin Karriere machen. Aber sie verzichtet darauf, weil sie sich um ihre Tochter kümmern will und zudem auch unsicher ist, ob sie wirklich für diese Laufbahn geeignet ist. Zweierlei Motive mischen sich: Sie will eine gute Mutter sein und der Berufstätigkeit aus uneingestandener Angst ausweichen. So setzt sie alles daran, dass ihre Tochter erfolgreich Betriebswirtschaft studiert. Die Tochter schafft zwar das Studium, aber sie hat auf eine steile Karriere überhaupt keine Lust. Sie findet es unerträglich, dass ihre Mutter sie dauernd puscht. Sie bewegt sich in der Ökoszene, interessiert sich für veganes Kochen und will lieber auf einem Bauernhof arbeiten, statt in schicken Kostümen im Büro eine Rolle zu spielen. Die Mutter findet ihre Tochter lächerlich. Die Tochter leidet unter der Abwertung. Es kommt zu entsprechenden Konflikten.

Ein anderes Beispiel: Die Eltern kommen mit dem Leben nicht zurecht und appellieren unbewusst oder gezielt an ihre Kinder, ihnen zu helfen. So werden Söhne zu Seelentröstern ihrer einsamen und von Männern unverstandenen Mütter. Die Töchter werden zu Hilfsassistentinnen ihrer Väter, übernehmen Laufgänge, Sekretärinnenarbeit und dergleichen mehr. Sie genießen eine Zeit lang, wie wichtig und wertvoll sie für ihren Vater sind. Bis sie eines Tages feststellen, dass sie vergessen haben, ihr eigenes Leben zu leben. So wie Söhne aus dem Auge verlieren, dass es ja auch noch andere Frauen als ihre Mütter gibt.

Kinder werden zu unfreiwilligen Mediatoren in Streitfällen, werden zu Haushaltshilfen, zu Chauffeuren und Dienstleistern jeder Art. Sie erledigen das, weil sie ihre Eltern lieben und nicht enttäuschen wollen. So können lebenslange Abhängigkeiten entstehen, durch die das Selbstwertgefühl immer verbunden wird mit einer Pflicht und einem Drang, sich für andere aufopfern zu müssen, ohne an die eigenen Wünsche denken zu können.

Es steht für mich außer Frage, wie wichtig es ist, dass sich Kinder und Eltern gegenseitig helfen und füreinander da sind. Aber wo ist die Grenze? Wo und wie kippt das Helfen und Gebrauchtwerden um in ein Ausnutzen?

Ein weiteres Beispiel für dieses Erfüllungsgehilfen-Phänomen ist, wenn Eltern sich »vergrößern« wollen durch ihre Kinder. Das Kind soll ein Star werden! Im Bereich Sport, Gesang, Schauspiel, in der Technologie, sogar in der Wissenschaft.

Es ist zweifellos großartig, wenn ein begabtes Kind gefördert wird. Doch wird immer genau hingesehen, ob das Kind wirklich begabt ist? Bringt man das Kind nicht in eine schreckliche Lage, wenn es irgendwann erleben muss, dass es die hohen Erwartungen nicht erfüllt und keine Spitzenleistungen erbringen kann? Der Selbst- und Fremdentwertungsschock ist in solchen Fällen vorprogrammiert. Wer fragt dann, was mit dem Kind und seinem gekränkten Selbstwertgefühl werden soll, wenn sich der Vorhang auf der Bühne schließt?

Wenn Kinder in die Fußstapfen ihrer Eltern treten sollen, geht es im Prinzip um ein ähnliches Problem. Die Kinder sollen das tun, was die Eltern wünschen, egal, was die Kinder selbst wollen. Zum Beispiel: Der Vater, ein Unternehmer, will, dass sein Sohn das Unternehmen weiterführt. Der Sohn verwehrt sich dagegen, will lieber Kunst studieren und eine Weltreise machen. Der Vater ist empört. Er hat dem Sohn eine gute Ausbildung finanziert, alles darangesetzt, dass der Sohn auf seine Aufgabe gut vorbereitet wird – und nun das! Der Vater lehnt alles ab, was der Sohn sich wünscht, und fängt an, ihn immer mehr zu verachten mit Sätzen wie: »Du bist ein Weichei, ein Tagträumer! Ein Spinner!« Der Konflikt zwischen Vater und Sohn verschärft sich bis zum Hass. Der Sohn hasst dann nicht nur seinen Vater, sondern auch sich selbst. Warum hat er es nur so weit kommen lassen. Er sieht sich natürlich selbst massiv abgewertet.

Das Kind als Provokation

Das Kind fordert mit seiner Bedürftigkeit die Eltern so heraus, dass die Eltern, die selbst bedürftig sind, sich den eigentlich natürlichen Ansprüchen des Kindes nicht gewachsen fühlen. Wenn das Kind die Bedürfnisse der Mutter oder des Vaters nicht erfüllt, frustriert es die Eltern. Diese Frustration zeigt sich in der Wut gegenüber dem Kind. Wie es eine Mutter einmal unter Tränen gestand: »Ich habe mich so auf das Baby gefreut, damit ich es lieben kann. Aber es liebt mich nicht, es schreit nur. Und da habe ich es geschlagen, weil ich es nicht mehr aushalten konnte, dass es nicht wirklich für mich da ist.« Eltern, die auf die Hilfe ihrer Kinder unbewusst angewiesen sind, sind selbst eigentlich noch Kinder. Ihre Eltern wiederum haben es ihnen nicht ermöglicht, reif zu werden und zwischen den Bedürfnissen eines Kindes und eines Erwachsenen emotional und handelnd zu unterscheiden.

Auch Projektionen spielen eine Rolle für abwertende Aktivitäten. Zum Beispiel: Der kleine Sohn ist hingefallen und weint. Er fällt häufig hin, weil er oft einfach vor sich hin träumt und nicht aufpasst. Der Vater findet seinen Sohn trottelig und schnauzt ihn an. »Pass doch auf, du Blödmann, kannst du nicht hinschauen?« Solche Szenen wiederholen sich. Dem Vater ist nicht klar, dass er sich wiederum von seiner Frau abgewertet fühlt, die zu ihm oft sagt: »Du bist wirklich ein Trottel! Da hast du wieder nicht aufgepasst!« Er will einen Sohn, der nicht heult und nicht dauernd seinen Trost braucht.

Das verwahrloste Kind

Das Kind wächst in prekären Verhältnissen auf. Beide Eltern sind arbeitslos, haben auch keine Chance, eine Arbeit zu finden, oder versuchen dies auch gar nicht. Die Wohnverhältnisse sind beengt. Die Kinder sind sich selbst überlassen. In der Schule versagen sie, erfahren auch keine Unterstützung. Das ist der Fall bei Tom, der als Elfjähriger am Stadtrand in einer heruntergekommenen Siedlung aufwächst. Sein Vater trinkt, seine Mutter geht ab und zu putzen, hat aber keine Kraft, sich um die Familie zu kümmern, weil sie unter Diabetes leidet und furchtbar dick ist. Tom ist verhaltensauffällig, der Sozialarbeiter hat mehrfach versucht einzugreifen, ohne Aussicht auf Erfolg. Armut, mangelnde Bildung, Perspektivlosigkeit und Arbeitslosigkeit unterminieren das familiäre Leben. Die Eltern geben ihren Kindern weder Liebe noch Stabilität und Orientierung, weil sie sich selbst in einem Teufelskreis der Aussichtslosigkeit und Lähmung befinden.[19]

7 Was in der Kindheit geschah, wirkt lange nach

Nun könnte man meinen, die Kindheit sei spätestens mit dem Eintritt ins Berufsleben beendet. In der heutigen Arbeitswelt wird davon so selbstverständlich ausgegangen, dass es nicht bedenkenswert erscheint, sich mit der Lebensgeschichte eines Menschen zu befassen. Das ist nicht verwunderlich. Wer fragt schon danach, welche Kindheit der Chef, die Lehrerin, der Star oder ein Politiker hatte, um das Verhalten der Betreffenden zu verstehen? Und außerdem: Wer erwachsen geworden ist, hat in der Regel etwas anderes zu tun, als sich mit seiner Kindheit zu befassen.

Doch bleibt es Tatsache, dass kein Mensch seine emotionalen Erfahrungen eliminieren kann. Erfahrungen werden vergessen, aber dadurch verschwinden sie nicht. Jedes Erlebnis zieht eine Spur in der Gefühlswelt. Und in jedem Moment, gleich wo oder wie, spielen Gefühle eine Rolle. Glücksgefühle, Ängste, Hoffnungen, Schuldgefühle, Gewissensbisse, Wut, Ärger, Hass, Liebe, Abwehr, Zweifel, Misstrauen. Diese Gefühle entstehen nicht nur in den jeweiligen aktuellen Momenten, sondern sind auch gespeist aus früheren Erfahrungen. Sie werden reaktualisiert durch konkrete Auslöser, die an frühe Erfahrungen erinnern.

Da kommen alte Verletzungen und Kränkungen hoch: Wie einst der Vater eine Leistung des Sohnes nicht gewürdigt hat, so hat heute wieder der Chef nur herumkritisiert. So wie die Mutter der Tochter einen gelungenen Bühnenauftritt bei einer Schulaufführung nicht gegönnt hat, so neidisch und herabsetzend äußert sich eine Kollegin über eine an sich gute Präsentation in der Firma. Solche Fälle treten weit häufiger auf als angenommen und bewusst wahrgenommen.

Die Spuren der Kindheit

Wie stark die Kindheitserfahrungen bis ins hohe Erwachsenenalter nachwirken, will ich hier an einigen wenigen Beispielen verdeutlichen. Die Werte, die Eltern vermittelten, wirken genauso mächtig wie die Entwertungserfahrungen, die die Kinder einst erlitten haben.

Herrn S. wurde von seiner Mutter, als er noch ein Junge war, eingebläut, wie wichtig es ist, treu zu sein. Die Mutter hat deshalb auf diese bürgerliche Tugend großen Wert gelegt und erleben müssen, dass ihr Mann untreu war. Sie hat furchtbar unter der Untreue ihres Mannes gelitten, und der Sohn war oft genug Tröster, weil er mit der Mutter litt. Sie will natürlich nicht, dass ihr Sohn dem »Vorbild« des Vaters folgt. Da sich nun der Sohn mit der Mutter identifiziert, verinnerlicht er den Anspruch der Mutter, um ihr zu gefallen und ihr nahe zu sein. Eine Folge davon ist, dass er Treue für eine sehr wichtige Tugend in der Ehe hält. Also ist er treu und betrügt seine Partnerin nicht, weil er sie nicht verletzen möchte, so wie einst sein Vater seine Mutter verletzt hat. Eines Tages stellt Herr S. fest, dass seine Frau fremdgeht. Er ist vollkommen konsterniert – und verzweifelt, sodass er gar nicht fragt, warum sie untreu geworden ist. Treue ist für ihn eine Tugend, die so verinnerlicht ist, dass sie nicht hinterfragt werden muss. Herr S. hat nicht gemerkt, dass man mit Treue ein Eheproblem nicht beseitigen kann. Es fällt ihm viel zu spät auf, dass er zwar treu ist, aber sich seiner Frau viel zu selten zugewandt hat. Da sie sich in der Ehe einsam fühlte, hat sie sich einen Liebhaber genommen.

Ein weiteres Beispiel: Herrn D. wurde schon früh von seinem erfolgsorientierten Vater eingehämmert, dass man sich erst einmal unterzuordnen hat, bevor man die Karriereleiter hinaufsteigen will. Herr D. verinnerlicht diese von ihm als richtig angesehene Tugend der Unterordnung und Anpassung. Er hält den Mund, wenn sein Chef ihn grundlos anschnauzt. Das geschieht leider häufig. Herr D. schluckt seinen Ärger hinunter und bekommt nach vier Berufsjahren ein Magengeschwür. Irgendwann wird ihm nach einem Gespräch mit einem verständnisvollen Arzt klar, wie zwecklos und schädigend es ist, sich dauernd den Launen des Chefs anzupassen. Außerdem wird Herrn D. klar, dass Anpassung kein sicherer Weg zum Erfolg ist. Denn trotz aller Unterordnung – und vielleicht gerade deshalb – ist es ihm nicht gelungen, in der Firma aufzusteigen, im Gegenteil. Er wird nicht als jemand mit Profil und einem eigenen Standpunkt wahrgenommen. Er gilt als langweilig.

Und ein drittes Beispiel: »Wie siehst du denn wieder aus? Glaubst du, dass du so einen Mann abkriegst? So pummelig und zottelig? Mach doch was aus dir! Und eines sage ich dir auch: Wenn du immer nur liest, kommst du nicht weiter! Männer mögen keine klugen Frauen!« Solche Sätze hat Frau M. von ihrer Mutter nicht nur einmal zu hören bekommen. Frau M. fühlte sich verständlicherweise als junges Mädchen immer schlecht dabei. Irgendwann, kurz nachdem sie das Elternhaus verlassen hat, berufstätig wird und anfängt, sich für Männer zu interessieren, beginnt sie, sich zu verschönern. Sie investiert hohe Summen in Kosmetik, Kleider, Fitness, sogar drei Schönheitsoperationen. Sie ist so mit ihrer Verschönerung beschäftigt, dass alles andere nachrangig erscheint. Sie fragt sich eines Tages verzweifelt, wie sinnvoll es noch ist, sich mit Kosten, Zeitaufwand und Operationen einem Schönheitsideal zu unterwerfen. Sie hat viel Geld für Operationen und kosmetische Behandlungen ausgegeben. Nun hat sie Schulden, lange blonde Haare, die »perfekten Maße« und sieht aus wie ein Model. Seit Jahren aber gelingt es ihr nicht, den richtigen Partner zu finden. Alle Männer, die sie attraktiv fanden, verlassen sie nach wenigen Monaten. Der letzte Partner hat ihr auf den Kopf zugesagt, sie solle mal mit ihrem »Schönheitsgetue« aufhören und endlich ein Buch lesen. Ihre Mutter hatte ihr nicht vermittelt, dass es durchaus Männer geben kann, die sich eine Frau wünschen, mit der man sich unterhalten kann.

An diesen kleinen Beispielen lässt sich zeigen, wie die latenten Entwertungen lange wirken und wie die vermittelten Werte prägen.

Aber niemand muss sich damit abfinden, denn das Erwachsenwerden kann im besten Fall bedeuten, bewusster und reif zu werden auf dem Weg in die Selbstbestimmung, die Eltern verstehend und ihnen verzeihend. Denn auch sie waren einst Kinder.

Fazit und Ausblick

Der Schauplatz Familie ist ein Dreh- und Angelpunkt, nicht nur für das Leben jedes Menschen, sondern auch für den Fortbestand der Gesellschaft. In der Familie werden Werte vermittelt und Entwertungen erlebt.

»Jeder, der eine Machtposition innehat oder einflussreich ist, war einmal ein Kind. Wie er seine Macht oder seinen Einfluss nutzt, hängt zum großen Teil davon ab, was er in der Familie gelernt hat, in der er aufwuchs. Wenn wir gestörten, leidenden Familien helfen könnten, fördernd zu werden …, würde ihre höhere Humanität auf alle Gebiete einwirken, die die Qualität unseres Lebens bestimmen, beispielsweise auf Politik, Erziehungswesen, Geschäftsleben und Religion.«[20] So schreibt die amerikanische Familientherapeutin Virginia Satir.

Kinder spielten jahrhundertelang keine Rolle, abgesehen davon, dass durch sie der Fortbestand der Familie, die Tradition oder die Machterhaltung gesichert wurde. Die Geschichte der Kindheit ist eine sehr traurige Geschichte, wie es Psychohistoriker aufgrund vieler Fakten gezeigt und dargestellt haben.[21] Das heißt, es wurde über Jahrhunderte hinweg nicht gewusst und nicht in Betracht gezogen, dass ein Kind hilflos, schutz- und liebebedürftig ist und nicht wie ein Erwachsener funktionieren kann.

Die letzten zweitausend Jahre – soweit wir auf Überlieferungen zurückgreifen können – sind gekennzeichnet durch Kriege, religiöse Auseinandersetzungen, Diktaturen, Gewalt, Unterdrückung und die Zerstörung von Kulturen. Der Psychohistoriker Lloyd deMause spricht davon, dass diese Gewalttätigkeiten ursächlich auch damit zu tun haben, wie Kinder groß geworden sind. Gewalt wird von Menschen ausgeübt, die Gewalt erlebt haben.

Viele Probleme, Familie und Kindheit betreffend, sind seit Jahrhunderten nicht gelöst. Der Schutz des Kindes war über Jahrtausende hinweg selten ein erklärtes gesellschaftliches Thema. Kinder wurden bis ins dritte Jahrhundert nach Christus straflos umgebracht. Kinder wurden jahrhundertelang wie Erwachsene behandelt. Über Jahrhunderte hinweg war es üblich, Kinder zu Ammen zu geben. Oft hatten Kinder jahrelang kaum Kontakt zu ihren Eltern, weil sie bei den Ammen aufwuchsen, in Klosterinternate kamen oder von Hauslehrern und Gouvernanten erzogen wurden. Zum Erziehungsprogramm gehörte – auch über Jahrhunderte –, dass Kinder verprügelt, missbraucht, kontrolliert und zurechtgestutzt wurden. Die Geschichte der Kindheit gibt erschreckende Auskünfte über diese Tatsachen.

Selten ist die Kindheit ein Ort der Wertschätzung, Erfüllung und Liebe gewesen. Dies geschah nicht etwa aus einer bösen Absicht oder einer persönlichen Schuld der Eltern, sondern aus mehreren Gründen, die die Eltern nicht selbst zu verantworten haben. Sie übernehmen die Werte der Gesellschaft, in der sie leben und die sie prägen. Sie richten sich an den Erziehungsprinzipien aus, die sie in ihrem eigenen Leben erlebt haben. Sie sind selbst als Kinder oftmals weder geschätzt noch geliebt worden. Unter diesem Aspekt nimmt es nicht wunder, dass die Erwachsenen, die einst Kinder waren, für sich selbst und für andere Menschen nur wenig oder gar kein Mitgefühl aufbringen können.[22] Diese Tatsache hat weitreichende politische und gesellschaftliche Auswirkungen. Nun lassen sich Liebe, Mitgefühl und Verständnis als Ausdruck von Wertschätzung nirgends und durch niemanden erfolgreich einfordern. Denn wie sollte das gehen?

Liebesfähigkeit entsteht durch die Erfahrung des Geliebtwerdens und eine gute Selbstliebe, und nicht durch Fordern und Verlangen oder qua Unterricht. Insofern stehen wir hier vor einem großen Problem, das durch Reglements und Erziehungskonzepte allein nicht zu lösen ist. Außerdem: Keine Regeln, keine Konzepte sind sinnvoll, wenn Menschen nichts davon umsetzen können. Nicht etwa, weil der Wille, sondern weil das Bewusstsein dafür fehlt, dass ein Kind Liebe braucht.

Ein wichtiger erster Schritt wäre, den Eltern Wege aufzuzeigen, wie sie trotz eigener Probleme fähig werden, ihre Kinder zu verstehen, und ihnen begreiflich zu machen, welche enorme Bedeutung die Kindheit hat: nicht nur für die Lebensgeschichte des Einzelnen, sondern auch für die gesamte Gesellschaft.

Teil 3

Die heutigen Schauplätze der Entwertungen

Dasjenige, was Alles erkennt und von Keinem erkannt wird, ist das SUBJEKT. Es ist sonach Träger der Welt, die durchgängige, stets vorausgesetzte Bedingung alles Erscheinenden, alles Objekts: denn nur für das Subjekt ist, was nur immer da ist. Als dieses Subjekt findet Jeder sich selbst, jedoch nur insofern er erkennt, nicht sofern er Objekt der Erkenntniß ist.[23]

ARTHUR SCHOPENHAUER

Einstimmende Gedanken

Das auf den ersten Blick nicht leicht zu verstehende Zitat von Arthur Schopenhauer besagt: Das Subjekt sieht und erkennt sich und die Welt – durch sich selbst! Durch seine Vorstellungskraft entsteht die Welt, erfasst es die Welt. Es kann auch von niemandem so gesehen und erkannt werden wie durch sich selbst. Es ist damit selbst auch der Träger der Welt. Dieser radikale Standpunkt Schopenhauers war zu seiner Zeit neu. Nur durch unsere Subjekthaftigkeit können wir uns und die Welt erfassen. Durch unsere Art zu sehen, durch unsere Vorstellungen erfahren wir, was wir sind und was wir sehen. Wodurch auch sonst? Denken wir den Gedanken weiter. Wir sind fähig, uns zu erkennen, weil wir ein Bewusstsein haben und zwischen uns und den anderen unterscheiden können.

Der Philosoph fordert, die Subjektivität ernst zu nehmen und sich nicht auf etwas hinauszureden, was außerhalb von uns selbst wirkt und auf das wir die Verantwortung abschieben können. Es geht ihm darum, zu erfassen, *wie* wir als Subjekte die Realität wahrnehmen.

Wie nehmen Menschen heute sich selbst und ihre soziale Realität wahr? Davon wird – unter dem Aspekt der Entwertungen und Werte – im Folgenden die Rede sein.

Das Ziel ist hier, in den scheinbar nicht zusammenhängenden Realitätsausschnitten die latenten Entwertungen aufzuspüren und zu fragen: Um welche Werte geht es hier eigentlich? Welche Wertvorstellungen führen dazu, dass sich Menschen be- und vor allem entwerten? Der Blick geht hier in zwei Richtungen. Er geht nach innen – in uns selbst. Wie erleben und verarbeiten Menschen seelisch die Entwertungen? Und der Blick geht ebenso nach außen, in die sozialen Realitäten. Wie finden die wahrnehmbaren und trotzdem nicht wahrgenommenen Entwertungen statt?

Es ist ein liebevoller Blick, um den es mir hier geht, verbunden mit der Absicht, das aufzuspüren, was Leiden verursacht, und auf das zu schauen, was glücklich macht.

8 Schauplatz Spiegel – Wer bin ich? Und was bin ich wert?

»Sehe ich heute gut aus?« »Passt die Krawatte?« »Kann ich so aus dem Haus gehen?« Der Alltag vieler Menschen beginnt mit einem Blick in den Spiegel. Vor dem Spiegel verbringen die Stars und Sternchen viel Zeit, um sich mithilfe von Maskenbildern zu perfektionieren und um dem Publikum zu gefallen.

Kaum ein Mensch geht heute aus dem Haus, ohne einen kritischen Blick in den Spiegel zu werfen. Die Selbstwahrnehmung vor dem Spiegel wirkt nach. Sie hat Einfluss darauf, wie jemand sich fühlt und verhält. Wer sich akzeptiert, strahlt mehr Zuversicht, mehr gute Laune, mehr Optimismus aus als jemand, der sich schon morgens vor dem Spiegel selbst ablehnt. Oftmals gesteht man sich diese Selbstabwertung gar nicht ein, sondern kompensiert die Gefühle des Ungenügens durch die Ab- und Entwertung anderer. So können negative Selbstwertgefühle zu einem Politikum werden, die so gut wie nie im Blickfeld sind, mit Spiegel und ohne Spiegel. (Die Biografie Hitlers wäre ein Beispiel dafür. Seine Selbstablehnung, projiziert auf die Juden, ist eines der unseligen Motive für seine Vernichtungspolitik.)

Die kurzen Momente vor dem Spiegel sind intim. Sie scheinen auf den ersten Blick nichts mit den großen Themen der Gesellschaft zu tun zu haben. Auf den zweiten Blick jedoch, wir werden es sehen, korrespondieren die Selbstwahrnehmung und das Selbstwertgefühl mit frühen familiären Erfahrungen, mit erlebten sozialen Entwertungen, den verinnerlichten gesellschaftlichen Wertmaßstäben und den eigenen Wunschbildern.

Was fanden die Eltern »gut« oder »schlecht«? Haben die Eltern es einst zugelassen, dass sich ihr Kind positiv wahrnimmt und ein gutes Selbstwertgefühl entwickelt? Haben sie dem Kind erlaubt, ein eigenständiges Wesen zu werden? Vermittelten die Eltern dem Kind Selbstvertrauen? Gestatteten sie dem Kind, nein zu sagen und sich den elterlichen Erwartungen und Hoffnungen – wenigstens manchmal – auch entgegenzustellen?

Auch die Wertsetzungen in der Gesellschaft spielen eine Rolle für das Selbstwertgefühl. Was gilt in der sozialen Gruppe, zu der ich gehöre, als *up to date* oder *passé*? Bin ich mit meinem Geschmack, meinen Ansichten, meinem Lebensstil *in* oder *out*? Gehöre ich zu den Trendsettern oder womöglich zu den ewig Gestrigen? Welche Entwertungserfahrungen habe ich im Beruf gemacht, ohne dass mir dies immer bewusst ist?

Dazu kommt, dass jeder Mensch eigene Wunschbilder von sich hat, aufgrund derer er oder sie sich selbst bewertet. Diese Wunschbilder formieren sich aus allen möglichen Vorstellungen, wie »man« sein möchte.

Selbstbetrachtung, -wahrnehmung und -bewertung hängen mit einer menschlichen Fähigkeit zusammen, die uns oft gar nicht so klar wird, weil sie so selbstverständlich ist. Dadurch, dass wir ein Bewusstsein von uns haben – auch wenn uns vieles unbewusst bleibt –, können wir Subjekt und Objekt zugleich sein. Das heißt, als Subjekt betrachten wir uns selbst als Objekt. Dazu sind wir fähig, weil wir »Ich« sagen, uns von anderen Menschen unterscheiden und uns selbst etwas über uns erzählen können.

Das sich selbst bewertende »Ich«

Das Wort »Ich« ist der Ausdruck, den der Mensch verwendet, um sich selbst zu bezeichnen.[24] Wer »Ich« sagt, unterscheidet zwischen sich und dem Anderen, dem Nicht-Ich. Hier bin »Ich« und da bist »Du«. Ein kleines Kind erlebt sich in einer Einheit mit der Mutter, mit dem

Vater, mit seiner ganzen Umgebung. Es kann noch nicht zwischen sich und den »anderen« unterscheiden. Erst wenn ein Kind drei Jahre alt ist, fängt es an, »Ich« zu sich zu sagen. Und damit beginnt eine Entdeckungsreise, die mit Differenzerlebnissen einhergeht. Das »Ich« wird als etwas anderes als das »Du« erlebt. Das »Ich« ist dabei nichts Festes, Festgelegtes. Es ist ein abstrakter Sammelbegriff für eine Bezeichnung, die ein Mensch für sich selbst und für niemand anderen verwendet. Und so besteht unsere Gesellschaft aus lauter »Ichs«, die sich in ihrer Selbstwahrnehmung von anderen unterscheiden und abgrenzen. Die Bezeichnung »Ich« bezieht sich bei Erwachsenen also immer auf ein System der Selbstabgrenzung gegenüber anderen. Interessanterweise finden mit der Verwendung des Wortes »Ich« sowohl Unterscheidungen als auch Entscheidungen statt: Ich kann mich von anderen unterscheiden. Ich kann über mich und über mein Leben entscheiden. Wenn ich mich mit anderen Menschen austausche, mit einem Therapeuten rede, kann ich auch entscheiden, was ich von mir erzähle und was nicht.

Wer sich hingegen im Spiegel anschaut und überprüft, entscheidet erst einmal gar nicht darüber, was er oder sie über sich denken soll. In der Selbstbetrachtung wird assoziiert. Es ist niemand da, auf den sich der oder die Betreffende beziehen muss, außer auf sich selbst. »Ich« selbst bin in gewisser Weise doppelt vorhanden: Die Person, die sich im Spiegel sieht, und die Person, die sich wahrnimmt, anschaut und bewertet. Diese Unterscheidungsfähigkeit geht einher mit dem Gefühl des Abgetrenntseins, das jeder Mensch auf seinem Weg ins Erwachsenwerden erlebt.

Wie sehe ich denn wieder aus? Innere Monologe vor dem Spiegel

»Immer wenn ich Mama sehe, finde ich in ihren Augen Missfallen.«

Irina F. ist vierundzwanzig Jahre alt und Computerfachfrau. Sie arbeitet in einer mittelgroßen Firma. Sie lebt allein, hat einen Freund, mit dem sie sich ab und zu trifft. Ihr Vater ist Arzt, ihre Mutter Grafikerin.

Vor dem Spiegel

»Mein Gott, bin ich heute wieder blass. Teufel auch, dieser Lippenstift ist viel zu rot. Sabine hat mir neulich gesagt: ›Mädel, schmink dich doch mal. Du bist immer so grau.‹ Wie reizend von ihr! Es ist Viertel nach sieben. Der Tag fängt ja gut an. Gestern Abend hat Roland wieder nicht angerufen. Manchmal könnte ich über diese unzuverlässige Saubande von Männern heulen. Was haben Mama und ich für Debatten über Kleider. Ich hasse dieses ewige Sich-aufbrezeln-Müssen. Mama sagt immer wieder zu mir: ›Du hast keinen Geschmack.‹ Wie kommt die dazu, so etwas zu sagen. Ich habe genug von Mama und der Kleiderdebatte. Ich habe einen Job, verdiene gut, habe ein Auto. Mama benimmt sich wie eine Diva. Wenn wir irgendwo zusammen hingehen, gaffen alle. Nicht etwa auf mich, ne, auf sie. Ich habe durchgesetzt, dass in der Firma ein neuer Rechner angeschafft wird. Neulich habe ich klipp und klar gesagt, dass ich nicht bereit bin, dieses bescheuerte Gutachten zu schreiben – und hatte Erfolg. Also kann ich mich durchsetzen! Oder etwa nicht, Mama? Hier, schon wieder! Immer wenn ich Schokolade esse, bekomme ich Pickel. Irgendwo muss doch der Abdeckstift sein … Mama sagt: ›Schwarz macht alt. Du ziehst viel zu oft schwarze Klamotten an.‹ Ich finde, schwarz steht mir. Neulich fragt sie mich: ›Rauchst du nicht mehr?‹ Ich: ›Ne.‹ ›Dann wird man fett‹, kontert sie. Ich weiß, wie sie die Molligen, Dicken, Ungeschminkten, Aschblonden verachtet. Papa, der nur politisch daherquatscht, aber keinen Finger für irgendwen krumm macht, sagt neulich bei einem Familientreffen zu mir: ›Engagiere dich doch mal, Mädchen. Du wirkst auf mich immer so frustriert und immer so im Alleingang. Du hast Grips und kannst dich durchsetzen.‹ ›Und bitte wo, Papa? In einer Partei etwa? Glaubst du etwa, wer sich in einer Partei engagiert, wird nicht frustriert? Ne, ne, Papa! Komm mir nur nicht damit!‹ ›Und was willst du stattdessen?‹ ›Meine Ruhe‹, antworte ich. ›In deinem Alter – Ruhe?‹, fragt er zurück. Ich: ›Ja. Was denn sonst! Mein Job ist aufreibend genug.‹ Ich möchte einmal meinen kleinen Teddybär mit ins Büro nehmen, ohne mich damit lächerlich zu machen. Was hab ich kämpfen müssen um ein eigenes Zimmer! Eigentlich kann ich den Teddy mitnehmen. Kann den Kollegen doch egal sein! Als mir Frau Scholz noch gegenübersaß, nach Billigdeo roch und dauernd mit ihrem Lover telefonierte, dachte ich: Geht's nicht auch mal einen Tag mit einem anderen Deo und ohne diese Bestätigungssucht? Den Bericht habe ich gestern pünktlich dem Chef vorgelegt. Und was macht der Idiot? Schreit mich an, warum er ihm nicht schon drei Tage vorher vorgelegen hat. Er hat sich nicht einmal entschuldigt, als ihm das klar wurde, dass er sich mit der Zeit vertan hat. Jetzt klingelt es. Das wird der Postbote sein …«

Der verinnerlichte Elternblick: Irina macht nichts aus sich!

Irina ist offensichtlich so selbstbewusst, dass sie sich im Beruf durchsetzen kann. Das ist ein mögliches Indiz dafür, dass sie als Kind geliebt worden ist. Denn dies ist eine wichtige Voraussetzung dafür, dass ein Erwachsener einen eigenen Standpunkt einnehmen kann und keine Angst vor Sanktionen hat. Aber Irina fühlt sich in Bezug auf ihr Aussehen und auf die Gestaltung ihrer Freizeit von ihren Eltern nicht akzeptiert. Die Mutter konkurriert mit ihr, mäkelt an Irinas Aufmachung herum. Das verunsichert die Tochter. Und diese Verunsicherung führt zum Protest gegen das »modische Gehabe« ihrer Mutter. Der Vater ist kein Vorbild für das, was er von der Tochter verlangt, nämlich sich politisch zu engagieren. Er lobt und entwertet die Tochter in einem Atemzug: Sie sei sehr intelligent und durchsetzungsfähig, aber so frustriert und so allein. Er nimmt nicht wahr, dass die Tochter allein ist, weil sie beruflich sehr eingespannt ist.

Der verinnerlichte Gesellschaftsblick: Leiste was, alles andere ist unwichtig!
Irina weiß genau, worauf es im Beruf ankommt: auf gute Leistungen. Sie erfüllt diese Erwartung und kann sich wehren, wenn sie nicht anerkannt wird. Das heißt, ihr Stehvermögen entspricht dem, was heute gesellschaftlich gefordert wird: Resilienz. Allerdings erlebt sie, dass die von ihrer Mutter geforderten, gesellschaftlichen Schönheitsideale nicht die ihren sind. Auch wenn sie sich verletzt fühlt, wenn ihr Aussehen kritisiert wird, lässt sie sich offensichtlich nicht irremachen und ganz entwerten. Sie hat eigene Maßstäbe. Sie ist der Meinung: Man muss sich für den Job nicht auftakeln und perfekten Weiblichkeitsidealen entsprechen. Widerstandsfähigkeit und Durchhaltevermögen – diesen heute als wichtig angesehenen gesellschaftlichen Tugenden entspricht sie, und offensichtlich stößt sich im Büro niemand an ihrem Aussehen.

Der eigene Wunschblick: Leben ohne Modediktat
Irina möchte so aussehen und leben, wie sie es für richtig hält: in schwarzer Kleidung, auch wenn es der Mutter nicht gefällt. Ohne Konkurrenz und ohne das Urteil der Mutter, ohne sich in ihrer Freizeit politisch zu engagieren, wie ihr Vater es sich vorstellt, will sie in ihrem Beruf ihren Weg gehen: eine selbstbestimmte, engagierte Frau, die sich keinen Diktaten unterwirft und sich nichts gefallen lässt. Das sind ihre Wertvorstellungen und ihre Wunschbilder von sich. Und bis zu einem gewissen Grad lebt sie auch so.

»Ich schaff es nicht, ich kann es nicht.«

Anja B. ist siebenundzwanzig Jahre alt. Nach einer Ausbildung als Heilpraktikerin hat sie eine Schauspielausbildung in einer Provinz-

stadt abgeschlossen und will sich für ein Engagement am Stadttheater bewerben. Ihr Vater ist Versicherungsangestellter, ihre Mutter Laborantin.

Vor dem Spiegel

»Meine Haare! Diese Strohhaare. So? Oder lieber doch hinter das Ohr? Sieht immer gleich doof aus. Mein Bruder Gustav hat mal gesagt, mit diesen abstehenden Ohren kriegt die nie einen Mann. ›Lass deine Schwester in Ruhe‹, hat Tante Edith ihn zurechtgewiesen. Ich krieg zu viel, wenn ich meine Ohren sehe. Und noch mal … Diesmal, diesmal, es klappt, ich krieg die Rolle der Antigone: *›Dich weder bitten mag ich, noch, wärst / Selbst willens, hieß ich dich dabei willkommen! / Bleib du dir weise, wie du kannst.‹*

Was ist das für eine Sprache. Antigone spielen – und das mit abstehenden Ohren und ohne was zu kapieren. Ich muss aufpassen, dass das Haar über die Ohren fällt. Ich wäre schon mit einem Eintausendzweihundert-Euro-Vertrag zufrieden. ›Bleib du dir weise, wie du kannst.‹ Einmal verhaspeln, und alles ist im Eimer. Gustav hat es geschafft. Er ist Produktionsleiter. Aber wo? Bei einem popligen Privatsender, der nur Mist auf den Bildschirm bringt. ›Dein Bruder‹, sagt Papi, ›der weiß immerhin, was er will. Und du weißt nicht, was du willst. Willst mal Heilpraktikerin werden, dann willst du heiraten und vier Kinder kriegen, dann geht die Beziehung zu Uwe zu Ende, dann überlegst du dir alles wieder anders, willst in eine NGO, dann machst du Schauspielschule …‹ ›Papi, ich hab diese Diskussionen satt. Ich muss meine Rolle lernen.‹ Und Oma sagt: ›Bei uns war niemand Künstler. Willst du in einem Provinztheater landen oder in der Gosse?‹ Ich will mal zum Fernsehen oder zum Film. Das wär's. Ist viel besser als nur Theater. Mama will nicht, dass ich Schauspielerin werde, aber nur, weil sie es selbst nicht geworden ist. Das sagt sie nicht. Aber ich weiß es. Die hat sich von ihrer Mutter ausbremsen lassen. Außerdem hat sie eine viel zu quäkige Stimme. Wenn ich Mama um etwas bitte, wird sie wütend. Als ob es ein Verbrechen wäre, sie zu bitten, mir das rote Kleid für das Vorsprechen zu leihen. Dann zieh ich eben diesen grünen

Fummel an. Einen Tag habe ich noch Zeit. Ich schaff es nicht, ich kann es nicht. Ich versteh gar nicht, was Antigone will. Will sie nun sterben oder nicht? Ich hab seit gestern Nachmittag nichts mehr gegessen. Ich muss dringend abnehmen. ›Ausstrahlung haben, selbstbewusst sein und richtig atmen …‹, sagt meine Atemlehrerin. ›Mit dem Atmen, dem richtigen Atmen kriegen Sie alles hin …‹ Auch das Leben? Krieg ich das Leben etwa allein mit dem richtigen Atmen hin? Die hat 'ne Meise. Ich muss den ganzen Text noch einmal lesen …«

Der verinnerlichte Elternblick: Anja weiß nicht, was sie will!

In Anjas Selbstwahrnehmung spiegeln sich die Selbstabwertungen der Mutter wider und die Abwertung des Künstlertums vonseiten der Großmutter. Weil die Mutter nicht Schauspielerin geworden ist, soll die Tochter es auch nicht werden. Und außerdem tauge dieser Beruf nicht dazu, etwas aus seinem Leben zu machen, so der Standpunkt der Großmutter. Anja will es trotzdem, mit allen Ängsten und Zweifeln an sich selbst. Die Identifikation und zugleich die Abgrenzung gegen Mutter und Großmutter bringen Anja in einen inneren Konflikt, der zudem vom Vater verstärkt wird durch den Vorwurf: Du kannst dich nicht entscheiden. Solche Vorwürfe, oft nur dahingesagt, wirken natürlich abwertend. Sie bedeuten auch: Du bist schwach und kennst deinen Weg nicht.

Die Selbstverwirklichungswünsche und die Bewertungen der Eltern führen zu einem inneren Konflikt, der das Selbstwertgefühl beeinträchtigt. Anja fühlt sich unsicher und zweifelt an sich.

Der verinnerlichte Gesellschaftsblick: Wer im Fernsehen auftritt, der ist etwas wert!

Anja hofft und wünscht, dass der Schauspielerberuf ihr gesellschaftliches Ansehen verschafft. Schauspieler, vor allem, wenn sie im Film, Funk und Fernsehen auftreten, haben ihrer Ansicht nach einen hohen gesellschaftlichen Rang. Es ist nicht klar, ob ihre Bemühungen tatsächlich darauf abzielen und sie alle Anstrengungen auf dem Weg dahin in Kauf nehmen will. Bis jetzt traut sie sich, sich in einem Provinztheater zu bewerben. Aus den bereits erwähnten Gründen zweifelt sie an ihren Fähigkeiten und träumt nur von Erfolg. Im Gegensatz zu Irina hat sie verinnerlicht, dass man gut auszusehen hat, wenn man vorankommen will. Keine abstehenden Ohren, perfekt sitzende Haare, das richtige Kleid. Ihre Suchbewegungen in Richtung der richtigen Berufswahl spiegeln die Verunsicherung wider, die viele jüngere Frauen heute erfahren, unter der Frage: Wie und wo werde ich am meisten anerkannt? Mutterdasein, alternativ leben, Karriere machen? In ihrer Selbstbetrachtung scheint das Ziel, sich besser zu fühlen, jedoch eine weit größere Rolle zu spielen, als einer gesellschaftlichen Erwartung gerecht zu werden.

Der eigene Wunschblick: Ich bin schön und mache, was ich will!
Anja träumt von einer Laufbahn als Schauspielerin, die schlank, attraktiv und schön ist und auf der Bühne Erfolge verzeichnen kann, ohne sich auf die Kompromisse einzulassen, die ihr Bruder anscheinend fraglos in Kauf nimmt. Sie findet die Privatsender, für die er arbeitet, indiskutabel. Sie hat einen Qualitätsanspruch, den sie nicht um der Karriere willen opfern möchte.

»Jetzt sehe ich zu allem Überfluss auch noch einen Fleck auf dem Hemd!«

Dr. Michael O. v. L. ist Investmentberater und siebenunddreißig Jahre alt. Er lebt mit seiner Mutter in einer großen Villa am Genfer See. Hat ein Eliteinternat in England absolviert und sein Studium in den USA. Er ist unverheiratet, hat wechselnde Freundinnen.

Vor dem Spiegel
»Schon wieder so spät. Sechs vor halb acht, und ich weiß immer noch nicht, welche Krawatte ich nehmen soll. Die rot-blau gestreifte oder die hellgrüne. Pah, wie grauslich die grüne aussieht. Also rot. Hab heute den schwierigen Kunden aus dem US-Konzern. Paco Rabanne

oder lieber YSL? Am besten gar nichts … It's awful. Jetzt sehe ich zu allem Überfluss auch noch einen Fleck auf meinem Hemd! Oder ist es nur ein Wasserfleck? Mama hätte wirklich veranlassen können, dass das Hemd noch einmal gebügelt wird, nachdem ich es, nach meiner Paris-Reise, unbenutzt aus meinem Koffer genommen habe. Als ich in Harvard war, wurde das immer von selbst erledigt. Die ganze Wäsche wurde abgegeben und wieder perfekt abgeliefert. Und hier klappt das nicht. Das Handy klingelt schon wieder. Nein! Ich will nicht schon frühmorgens von meinem Chef angerufen werden. Oder ist es wieder Gisèle, die heute unbedingt zum Dinner mitkommen will, nach dem Golf? Nein, es ist Corinne. Die soll mich in Ruhe lassen. Sie geht mir auf die Nerven. Äh, der Knoten ist wieder zu groß, und die Krawatte hängt bis über den Gürtel. Das sieht unmöglich aus. Wie bei einem Proleten. Am Sonntag hab ich nur herumgehangen. Hab immer wieder dieses Lied gehört, das sie zur Trauerfeier von Lady Di gespielt haben. Wie kann man nur so blöd sein und immer wieder dieses Lied hören. Hab am Sonntag nichts zuwege gebracht, nur Steven King gelesen und die neuen Aktienkurse verfolgt. Ich bin nicht mal Wasserski gefahren. Es ist wirklich öde. Seit vier Jahren häng ich in dieser Bank. Seit vier Jahren wohne ich mit Mama in diesem Riesenhaus. Wozu auch soll ich mir eine Wohnung nehmen? Wäre doch Blödsinn. Die Empfänge hängen mir zum Halse raus. ›Der junge Mann sagt ja gar nichts‹, beklagte sich neulich meine Tischdame, Frau von Eigen. Wenn ich in ihre eiskalten Augen sehe, auf ihre rot lackierten Finger, fröstelt es mich. Die hat nicht kapiert, dass rote Fingernägel in der Upperclass seit mindestens zehn Jahren out sind. Ich rede nicht über die Gipfelkonferenz in Washington mit Mr. Jackson, schon gar nicht, wenn mir Frau von Eigen zuhört. Aber worüber rede ich dann? Keine Ahnung. Mama hat mir bestimmt wieder keine Erdnussbutter besorgt. Sie vergisst absichtlich, dass ich zum Frühstück am liebsten Erdnussbutter mag. Sie will nicht, dass ich Erdnussbutter esse, weil sie nicht will, dass ich zunehme. ›Junge‹, sagt sie, ›wer Karriere machen will, darf nicht fett werden. Warum liest du Siegfried Lenz? Das ist passé. Lies lieber amerikanische, englische und französische Autoren als deutsche. Deutsche kannst du vergessen. Und geh einmal in der Woche zum Tennis. Letzte Woche warst du wieder nicht da. Hast wegen deiner Depressionen einfach auf der Terrasse herumgehangen.‹ So redet die mit mir. Warum mir so trostlos zumute ist, das fragt sie nie. Ich nehme heute das BMW Cabrio und nicht den Alfa Romeo. Es soll schönes Wetter geben. Mein Kinn ist unterentwickelt. Wie bei einem Weichei. Und diese goldumrandete Brille – ich sehe aus wie ein Konfirmand. Wie soll ich nur dieses Gespräch mit Dr. Smith heute Morgen überstehen? Mama? Wo bist du? Ich geh jetzt!«

Der verinnerlichte Elternblick: Häng nicht herum!

Michael O. v. L. erlebt seine Mutter als versorgend und kontrollierend zugleich. Er nutzt ihre Dienste und ist wütend, wenn seine Wünsche nicht perfekt erfüllt werden. Die Werturteile seiner Mutter über ihn sind ziemlich vernichtend: Er sei depressiv, würde zu wenig für seine körperliche Ertüchtigung tun und hänge nur herum. Der Vater ist kein Thema. Wir wissen nicht, welche Rolle er im Seelenleben seines Sohnes spielt. Wie soll sich Michael aus diesem Gemisch von mütterlicher Abhängigkeit, Kontrolle und Versorgung lösen und sich als selbstbewusster Mann und eben nicht als ein »Weichei« und als ein »Konfirmand« fühlen? Es scheint, dass er die Art und Weise, wie seine Mutter ihn »versorgt« und »kritisiert«, als wäre er noch ein Kind, internalisiert hat.

Der verinnerlichte Gesellschaftsblick: Ich funktioniere ja, aber wozu?

In Michaels Lebenswelt scheinen die gesellschaftlichen Maßstäbe und Werte der Upperclass eine große Rolle zu spielen: Geld, Luxus, Eliteschulen und -universitäten. Die Wertmaßstäbe sind so selbstverständlich, dass das luxuriöse Leben gar nicht als Verdienst oder Privileg gesehen wird. Dem steht gegenüber, dass Michael sich nicht wohlfühlt, sich nicht geschätzt fühlt. Weder im Beruf noch auf den Empfängen, zu Hause oder in seinen Beziehungen zu Frauen scheint er glücklich zu sein. Er erfüllt ohne großes Engagement seine beruflichen Aufgaben und seine gesellschaftlichen Verpflichtungen. Er entspricht den Erwartungen, ohne das Leben zu genießen und sich selbst zu schätzen.

Der eigene Wunschblick: Was soll ich mir denn noch wünschen?
Michael, der privilegiert ist wie nur wenige seines Alters, scheint kaum Wünsche zu haben. Vielleicht würde er sich als »männlicher« betrachten, wenn er ein ausgeprägteres Kinn hätte und eine andere Brille? Über das, worauf es heute am meisten ankommt, verfügt er: Geld, teure Kleidung, mehrere Luxuskarossen, wechselnde Liebschaften, er verkehrt in der High Society, wird verwöhnt ... Was soll in einem solchen Leben noch gewünscht werden? Wie könnte er noch höher steigen, noch besser leben? Äußerlich betrachtet ist alles da. Doch im Inneren ist Leere, sind dunkle Flecken. Wunschlos unglücklich zu sein ist offensichtlich mindestens so anstrengend, wie mit unerfüllbaren Wünschen zu leben. Dennoch gibt es einen Unterschied: Ein unerfüllter Wunsch kann einen Menschen dazu antreiben, den gefühlten Mangel zu beheben, sich etwas einfallen zu lassen und zu verändern. Michaels Herumhängen, die depressive Neigung, sind Indizien dafür, dass es der Mangel an Mängeln ist, der ihm zu schaffen macht. Oder noch präziser, die Nichtbewusstheit seines inneren Mangels lähmt und verstimmt ihn – wunschlos.

»Jeder beobachtet mich in diesem Großraumbüro.«

Nana K. ist Werbedesignerin, lebt allein, ist dreiunddreißig Jahre alt und hat wechselnde Beziehungen. Sie arbeitet als Werbegrafikerin in einem Loft in einer Großstadt, in einem neunköpfigen Team.

Vor dem Spiegel
»Ich schaffe es schon wieder nicht! Mein Gott, wieder dieser Stress. Jeden Tag diese Hetze. Diese Schatten unter den Augen. Ich kriege sie einfach nicht weg. Der Concealer klebt und geht in die Falten. Es ist

schon kurz vor halb acht. Und ich müsste längst los. Berge von Papier liegen im Büro. Meine Präsentation gestern ist nur so lala gelaufen. Herr Miersum, dieser arrogante Affe, hat dreimal gegähnt, als ich meine Powerpoint-Präsentation vorführte. Als ich das merkte, hab ich noch schneller und lauter geredet und genau das Gegenteil bewirkt. Er gähnte weiter. Weiß ich, weiß ich: Ich war nicht gut. Mir taten die Füße in diesen roten High Heels weh, und außerdem hatte ich die ganze Zeit Angst, dass ich wieder einen Flop … Jetzt klingelt schon wieder das Handy. Nils nervt. Er klammert, und wenn ich nicht sofort und immer da bin, ruft er an. Nils meint, als Boss kann er Tag und Nacht über mich verfügen. Ne, mit mir nicht. Gehe ich dran? Nein, ich schminke mich noch fertig. Wenn wir den Auftrag von Miersum nicht bekommen, wird's kritisch. Und ich bin wieder schuld. Ich hab die Präsentation vergeigt. Ich war zu schrill. Nicht cool genug. Und dann dieses gemeinsame Rumhängen nach der Arbeit im Loft. Gestern wieder, bis zehn Uhr abends. Aber was soll ich hier zu Hause rumhängen. Ist ja niemand da. Zu müde, um ins Bett zu gehen, zu müde, um etwas anderes zu machen. Wenn ich rausfliege, fang ich wieder von vorn an. Mit Bewerbung, mit Suchen, mit Betteln um Kontakte. Jeder beobachtet jeden in diesem grässlichen Großraumbüro. Von wegen: ›Immer alle zusammen – das schafft Gemeinschaft!‹ Ich hab keine Ecke, in die ich mich mal zurückziehen kann. Dann geh ich aufs Klo, damit ich meine Schminke überprüfen und die Lippen nachziehen kann. Manchmal beneide ich diese Urschuhschlampen, die Jungmuttis, die mit ihren Tretern, ihren zusammengewurschtelten Haaren und ihren Gören durch den Park ziehen und sich ganz toll alternativ vorkommen. Diese Supermamis, mit 'nem Gatten, der die Piepen nach Hause bringt und längst heimlich mit seiner schicken Sekretärin bumst. Wenn ich so im Job aufkreuzen würde, wie diese Alternativmamis im Park herumlaufen, dann gute Nacht. Jetzt klingelt das Handy schon wieder. Ich muss los. Nein, *die* Tasche, nicht die Tasche … Die braune Tasche passt nicht zu den blauen Schuhen! Mathias hat sich seit einer Woche nicht mehr gemeldet. Er hatte mir versprochen, dass wir am Wochenende aufs Land fahren. Nichts! Daran darf ich gar nicht denken. Sonst fange ich an zu heulen. Und – sitzt der Rock? Die Schlüssel, bloß nicht wieder vergessen!«

Der verinnerlichte Elternblick: Papa und Mama spielen keine Rolle

Nana, die als Werbedesignerin unter beruflichen Dauerdruck steht, thematisiert ihre Eltern gar nicht. Sie misst sich an den Erwartungen ihres Chefs und ihres Teams. Sie lehnt die nicht berufstätigen Alternativmütter ab, die sich den Perfektionsansprüchen verweigern können, ohne Sanktionen befürchten zu müssen. Gleichzeitig beneidet sie sie. Welche Vorstellungen vom Mutterdasein hat sie – aufgrund welcher Erfahrungen?

Der verinnerlichte Gesellschaftsblick:
Dauerkontrolle und Hochleistung. Muss das sein?

Nana leidet unter einem Phänomen, das weitverbreitet ist: Leistungsdruck und keinen eigenen Arbeitsraum. In einem Großraumbüro fehlt das eigene Revier. Jeder beobachtet jeden. Alles, was sie tut, ist preisgegeben. Abgesehen davon steht sie unter einem enormen Druck. In allem, was sie ist, tut und wie sie aussieht, muss sie »makellos« sein. Die Angst, aus dem System herauszufallen, weil sie den Ansprüchen nicht genügt, ist groß. Das bringt Stress und dauernde Anspannung mit sich. In so einem kleinen Team kommt es auf jeden an. Es gibt nichts zu delegieren. Das kleine Unternehmen steht und fällt mit der Leistung eines jeden Mitarbeiters. Ihr Selbstwertgefühl ist nicht nur aus diesem Grund instabil und hängt ab von der Zustimmung anderer. Das ist keine Einbildung von ihr, sondern real der Fall. Sie ist sich zudem selbst nicht sicher. Die Leistungsgesellschaft und deren Prinzipien sind »erbarmungslos« gegenüber den persönlichen Wünschen und Bedürfnissen des Einzelnen: nämlich Schutz zu brauchen, ein eigenes Revier zu haben, Fehler machen zu dürfen, nicht immer makellos sein zu müssen und mal nicht wie aus dem Ei gepellt auszusehen.

Der eigene Wunschblick: Mal nichts mehr zu müssen, das wäre toll!

Nana wünscht sich vielleicht doch, wie die Alternativmütter im Park mit ihren Kindern zu leben? Das wäre ein Leben, in dem nicht von ihr verlangt werden würde, sich zurechtzumachen, mit High Heels tolle Präsentationen zu bieten und perfekt geschminkt zu sein. Sie möchte aus verständlichen Gründen ein Leben ohne diesen Druck. Wünsche, die sich von selbst erklären und die in unserer Gesellschaft nicht leicht zu erfüllen sind. Denn wer nicht mitmacht, kann ganz schnell herausfliegen. Und die Angst vor dem »sozialen Tod«, der Arbeitslosigkeit, mit dem Verlust von Privilegien, spricht gegen solche Wunschbilder.

»Mutti ist nichts, ist nur Mutti.«

Rita M. ist dreiundvierzig Jahre alt, stammt aus der ehemaligen DDR. Kurz vor der Wende ist sie mit der Familie in den Westen übergesiedelt. Sie hat zwei halb erwachsene Kinder und ist mit einem Geschäftsmann verheiratet, der eine Ladenkette für Haushaltsgeräte besitzt. Sie ist nicht berufstätig und lebt in einer kleinen Stadt in Mitteldeutschland.

Vor dem Spiegel

»Jetzt sind die Kinder endlich aus dem Haus. Und ich krieg wieder keine richtige Frisur hin. Struppig und zottelig. ›Wie siehst du denn aus, Rita!?‹, sagt neulich meine Freundin Carmen zu mir. ›Du musst mal eine Haarkur machen.‹ Reicht 'ne Haarkur? Ich fürchte, nein. War seit Wochen nicht mehr beim Friseur. Hab nicht mal dran gedacht, mir dann wenigstens eine Haarkur zu kaufen. Rudolf merkt nie, wenn meine Haare nicht sitzen oder wenn ich mal ein neues Kleid anhabe. Scheint ihm egal zu sein. Der hat nur sein Geschäft im Kopf. Karin und Martin haben keine Ahnung, wie ihre Mutter sich fühlt, wenn sie ihre Klamotten überall im Wohnzimmer herumschmeißen. Mutti hat ja eigentlich nichts zu tun. Sie ist ja nicht, wie Frau Legerich, berufstätig oder, wie die Mutter von Werner, im Bürgerverein engagiert. Mutti ist nichts, ist nur Mutti. Ich werde mal die Haare hinten zusammenbinden, das sieht besser aus. Vielleicht lege ich heute mal einen Lippenstift auf. Den oder den? Ach, der ist viel zu auffallend. Aber den könnt ich nehmen. Das geht. Ich muss nachher Briefpapier kaufen. Ich mag keine Mails schreiben. Ich schreibe viel lieber Briefe an meine Freundin in Leipzig. Der Herr Ludwig aus dem Schreibwarengeschäft ist immer so nett. Neulich fragt er mich: ›Kann ich Ihnen behilflich sein?‹ Ich: ›Nö, wieso denn?‹ Er: ›Ist was? Kann ich Ihnen vielleicht einen Rat geben? Sie sehen so traurig aus.‹ Ich bin ganz rot geworden. ›Nichts ist‹, habe ich gesagt, ›ist nur alles zu viel.‹ ›Ja‹, sagt Herr Ludwig, ›Kinder großziehen und dann ein Haus und einen Haushalt in Ordnung halten, und noch einen Mann, der ein Geschäft führt, das ist wirklich viel!‹ Herr Ludwig ist der Einzige, der das sagt. Die Kinder meckern wegen der Schule, öde und langweilig, Rudolf meckert, weil seine Mitarbeiter nicht funken. Von wegen! Die im Westen sind viel schneller und leistungsbezogener. Keine Rede davon. Seit wir hier sind, merken wir erst, was hier los ist. Neid, Konkurrenz und keine Lust zu arbeiten. Ich muss mir mal die Augenbrauen färben lassen, es sieht doof aus, dass die so weißblond sind. Im Westen wird man immer nach dem Äußeren beurteilt. Selbst in diesem Kaff. Ich wollt so gern nach meiner Schneiderlehre ein Atelier eröffnen, na ja, sagen wir eine Schneiderwerkstatt. Aber im Osten durfte ich es nicht, da konnte ich ja nur in dem Kombinat für Berufskleidung arbeiten. Und hier im Westen war's dann zu spät. Oder geht es vielleicht doch irgendwann? Rudolf wollte unbedingt weg aus DDR, ich nicht. Die Spange für die Haare hält nicht. Ist auch egal, dann hängen die Zotteln halt herunter. Neulich hab ich 'ne nette Frau kennengelernt, im Fleischerladen. Eine Französin, die Rillette gekauft hat. Sie hat mir erklärt, was das ist. Und wir haben uns ein paar Mal getroffen. Dann hat sie mir, bevor sie aus der Stadt wegzog, *Madame Bovary* von einem französischen Schriftsteller geschenkt. Ich hab's gleich gelesen. Es war gar nicht so einfach zu verstehen. Ich war nie in Frankreich, da durften wir ja nicht hin. Als ich den Roman gelesen habe, hab ich geheult. Rudolf hat's sogar gemerkt. ›Rita, was is'n eigentlich los? Hast doch alles. Was heulst de denn?‹ Ich hab gesagt: ›Lass mich!‹ Und soll man etwa nicht mal heulen dürfen? Emma Bovary war so unzufrieden und gelangweilt mit ihrem Mann, dann hat sie sich verliebt, wurde nichts, hat sich vergiftet, weil sie solche Träume vom Leben hatte, und alles ging schief. Die hat sich dann umgebracht, mit Rattengift aus der Apotheke. Es ist schon halb neun. Verdammt, ich muss los und noch so viel erledigen, bevor die Kinder aus der Schule kommen ...«

Der verinnerlichte Elternblick: Als Nur-Mutter zählst du nicht!

Rita spricht auch nicht von ihren Eltern, aber dafür von den Abwertungen, die sie als Mutter erfährt. Ihre Kinder nehmen keine Rücksicht auf sie. Der Mann guckt sie nicht mehr an. Sie selbst fühlt sich als »Nur-Mutter« nicht viel wert.

Der verinnerlichte Gesellschaftsblick:
Entweder unterordnen oder im Alleinkampf schuften

Rita sieht, dass weder die Wertmaßstäbe in der DDR noch die im Westen dem Menschen gerecht werden. Im Osten hat sie sich in ihrem Beruf nicht selbstständig machen dürfen und können. Im Westen wird zwar Selbstbestimmung und Fleiß, Leistung und erfolgreiches Unternehmertum gefordert, aber Gemeinschaft, Freizeit und ein Leben ohne Stress sind weit weniger möglich. Ihr Mann hat als mittelständischer Unternehmer nie Zeit. Die Abwertung des »reinen Mutterdaseins« erfährt sie leidvoll und wehrt sich auch nicht dagegen. Sie erlebt das, was viele Hausfrauen und Mütter hinnehmen müssen: viel Arbeit, viele Pflichten und wenig oder gar keine gesellschaftliche oder persönlich-familiäre Anerkennung.

Der eigene Wunschblick: Irgendwann kommt meine Zeit!

Rita wünscht sich etwas mit ganzem Herzen: Ein eigenes Schneideratelier. Sie hätte dann eine Aufgabe, die ihr Freude macht. Dieses Wunschbild steht im Kontrast zu dem, was sie im gegenwärtigen Leben erlebt. Aber sie hat eine Idee von einem »besseren Leben«. Ihr sind immerhin Dinge und Themen wertvoll und wichtig. Sie nimmt sie ernst und drückt damit auch gewissermaßen ihre Selbstbestimmtheit aus – wenn auch nur in kleinen Momenten: Briefe schreiben statt E-Mails verfassen, sich hübsch machen, wenn sie zu Herrn Ludwig im Schreibwarenladen geht, der sie offensichtlich mag, anspruchsvolle Bücher wie *Madame Bovary* lesen und neugierig darauf sein, was die französische Küche bietet – wie Rillette. Dem Wunschbild, in einem eigenen Atelier zu arbeiten, entspricht sie zwar nicht durch ein gezieltes Handeln. Aber sie befriedigt ihre Wünsche, soweit sie kann, getragen von kleinen wertvollen Erfahrungen.

»Also doch keine Haare waschen. Is ja eigentlich piepe.«

Karl P. ist neunundvierzig Jahre alt und hat Autoschlosser gelernt. Er lebt allein in einer Einzimmerwohnung am Stadtrand einer mittelgroßen Stadt, von der Sozialhilfe. Er war Alkoholiker, hat seinen Job vor fünf Jahren verloren und findet keine neue Anstellung, auch wegen seiner körperlichen Verfassung, die ihm keine schwere Arbeit mehr erlaubt.

Vor dem Spiegel

»Himmel, Arsch und Zwirn! Es ist schon halb zwei Uhr nachmittags. Soll ich mir doch mal die Haare abschneiden und den Bart abrasieren? So ein faltiges Gesicht, und das mit neunundvierzig. Ohne Bart wird's noch schlimmer. Wo sind meine Zigaretten? Dies verdammte Feuerzeug geht wieder nicht. Das gelbe T-Shirt sieht einfach nicht aus. Mutter hat nischt gesagt, ob sie gut findet, dass ich Autoschlosser bin. Sie hat sich vorher umgebracht. Ich war ihr wohl schnuppe. ›Frag doch deinen Vater‹, hat Tante Anni immer gesagt, wenn ich was wissen wollte. Sie hat mich geärgert. Die alte Hexe. Vater! Kenn ich nicht. Kann ich nicht fragen. Das weiß die doch! Abgezwitschert is er, bevor ich auf die Welt kam. Immer ziehe ich die linke Schulter hoch. Echt Scheiße. Der Arzt aufm Arbeitsamt hat gesagt: ›Vergessen Sie es, in Ihrem Beruf können Sie nicht mehr arbeiten. Weder Wuchten noch

Heben noch überhaupt eine Kraftanstrengung.‹ Die Sonne scheint draußen. Hab gepennt bis jetzt. Gestern mit den Kumpels bis drei Uhr nachts. Ätzend. Die Bierflaschen liegen noch im Flur rum. Finte war echt gut drauf, aber so besoffen, dass er schon Spüli trinken wollte. Doktor Maier hat gesagt, ich soll mal seinen Keller ausräumen. Gibt er Geld für. Ich hab nich wieder nachgefragt. Ist zu viel zu schleppen. Kann ich nicht. Haare waschen? Wozu? Bart ab, wozu? Sieht ja eh keiner hin. Tante Anni hat immer gesagt, ›Kalle ist einfach zu doof fürs Höhere.‹ Schließlich hab ich 'nen Abschluss als Schlossergeselle. Is zwar nischt Höheres, aber 'n Abschluss. Zu Ende mach ich sonst nie nischt. Will die Küche aufräumen, fang an, dann kommt Finte vorbei, ich hör wieder auf. Will die Wohnzimmertür streichen, dann rufen die von der Sozialhilfe an, muss wieder antreten. Wieder nischt. Und so geht es immer weiter. Mit dem Gashahn umbringen tut eigentlich nich weh. Mutter hat's geschafft, mit dem Gashahn. Ich war fünfzehn. Ich kann gar nicht schuld sein. Kalle, sage ich zu mir, Kalle, da musste dir keinen Kopf machen. Das war ihr Ding. Frauen machen sowieso, was sie wollen. Wie Luise. Mann, die hab ich gefressen! Luise war Drogistin und sah echt geil aus. Aber sie war ein mieses Luder. Als ich angespart hatte, für einen Polo, da geht die mir so um den Bart, ich soll ihr Geld leihen, für die Einrichtung einer Drogerie. Ich hab ihr was gegeben, und was hatse gemacht? Abgehauen. Geld weg. Finte und ich finden Weiber manchmal ganz schön behämmert. Ich geh mal zum Grünen Krug. Mal sehn, ob Hede am Tresen ist. Also doch keine Haare waschen. Is ja eigentlich piepe.«

Der verinnerlichte Elternblick: Ich war ihr wohl nicht wichtig genug!
Karl hat als Fünfzehnjähriger einen Schock erlebt. Seine Mutter hat sich umgebracht. Die Schuldfrage wehrt er ab, aber sie rumort in ihm weiter: War ich so schlimm, dass meine Mutter dies getan hat? Das Gefühl, insgesamt nicht viel wert zu sein, wird noch verstärkt durch das Versagen im Beruf, durch die von ihm selbst kritisierte Unfähigkeit, sein Leben so zu leben, wie er es sich eigentlich vorstellt. »Ich mache ja nichts fertig.«

Der Gesellschaftsblick: Chancenlos und wertlos!
Als arbeitsloser Schlosser hat Karl keinen Platz, an dem er wertgeschätzt wird. Vielleicht noch bei seinen Kumpeln in der Kneipe? Karl scheint, wie viele der Hartz-IV-Empfänger, keine Perspektiven zu haben. Er hat zu wenig Geld, um gut zu leben, und kaum Chancen, irgendetwas zu ändern. Er ist »durchgefallen«. Er weiß es: Weder durch Leistung noch durch Perfektion, Attraktivität oder Makellosigkeit kann Karl sich auszeichnen. Keinem dieser gängigen Ideale entspricht er. Wie viele andere Menschen auch, die sein Schicksal teilen, hat er längst resigniert. Warum sollte er sich noch anstrengen, sich die Haare schneiden, sich zurechtmachen? Warum sollte er schlecht bezahlte, kleine Aufträge annehmen, die er körperlich gar nicht mehr bewältigen kann?

Der eigene Wunschblick: Es hat doch alles keinen Zweck mehr!
Karl hat keine Wunschbilder. Er hat aus diesem Grund auch keinen Antrieb, kein Motiv, irgendetwas ändern zu wollen. Aber immerhin hat er eine abstrakte Vorstellung davon, was er gern zustande bringen möchte: das fertigzustellen, was er sich vorgenommen hat. Endlich die Küche aufräumen und das Wohnzimmer streichen. Der bewusst wahrgenommene Kontrast zwischen dem, was er will, und dem, was er tut, könnte immerhin ein Anreiz für ihn sein, etwas an sich selbst zu verändern. In seiner Lebenssituation liegt es nahe, Wunschbilder und Wünsche aufzugeben. Der Schmerz, immer wieder zu scheitern, ist zu groß.

»Ich knallhart? Mir ist ein Rätsel, aus welchen Gründen er mich so beurteilt.«

Klaus H. ist neunundfünfzig Jahre alt, Jurist und Vorstandsmitglied in einem großen Konzern. Er lebt in einer Villa in einer Großstadt, hat zwei erwachsene Töchter und ist verheiratet. Seine Frau ist nicht berufstätig. In seinem Konzern wird zurzeit verhandelt, ob und wann er aus seinem Amt vorzeitig ausscheidet.

Vor dem Spiegel

»Schon wieder rasieren. Viertel nach sieben. Dieser Leberfleck unter dem linken Auge stört mich. Außerdem ist meine Stirn zu tief. Wie bei Vater. Zeugt wohl von nicht übermäßig viel Intelligenz. ›Hohe Stirn, hoher IQ, niedrige Stirn, minderbemittelt.‹ Meine Nase ragt wie ein Horn aus dem Gesicht. Mutter hat immer gesagt: ›Klaus hat eine zu lange Nase. Das mögen Frauen nicht.‹ Sibylle, meine große Liebe, hat mich vor zwanzig Jahren verlassen, aber nicht wegen meiner Nase. Sie hatte sich in meinen Bruder verliebt. Ich hab's lange nicht verkraftet. In der Vorstandssitzung um elf werde ich es sicher wieder nicht schaffen, die Kollegen davon zu überzeugen, dass die Transaktion scheitern wird, wenn wir nicht neu verhandeln. Ich bin zu alt, um Risiken einzugehen. Soll ich mir die Haare zur Seite kämmen oder besser nicht? Wieso sind meine Haare schon so grau? Als ich elf war, hatte ich Locken. Mutter schnitt sie mir ab. Sie wiederholte sich: ›Du bist doch kein Mädchen!‹ Am liebsten würde ich heute zu Hause bleiben. In diesem Büro schlägt mir eine Kälte und Unverbindlichkeit entgegen, die ich immer weniger ertragen kann. Es liegt eine Ablehnung mir gegenüber in der Luft. Als wolle man mich loswerden. Aber vielleicht bilde ich es mir nur ein. Wieder habe ich in dieser Woche meine Mutter nicht angerufen. Kann ihre Nörgelei nicht mehr ertragen. Als ich zwölf war, bin ich ohnmächtig geworden, als meine Schwester sich mit dem Brotmesser fast den Daumen abgeschnitten hatte und alles voller Blut war. ›Stell dich nicht so an‹, sagt Mutter. Meine Frau Elvira redet seit gestern nicht mit mir. Aus Eifersucht? Als gestern Abend meine neue Mitarbeiterin anrief, schrie Elvira: ›Da ist sie schon wieder, diese aufdringliche Person.‹ Meine Mitarbeiterin ist nicht aufdringlich. Sie ist meine neue Assistentin. Jurastudium, spricht fließend englisch und französisch, ist zuverlässig. Hat keine Familie. Neulich habe ich sie um halb zehn Uhr abends gefragt, ob sie mit mir noch das Protokoll durchspricht. Tagsüber war einfach keine Zeit dafür. ›Selbstverständlich‹, erwidert sie, ›es wartet ja sowieso keiner auf mich.‹ Und plötzlich war mir klar, auch auf mich wartet keiner. Elvira spielt donnerstags Golf, trifft sich mittwochs zum Bridge und hat montags ihren

Spanischkurs. Und wenn sie zu Hause ist, guckt sie gelangweilt, wenn ich irgendwas aus dem Büro erzähle. ›Lass mich in Frieden, mit deinem Berufskram. Ist doch eh immer dasselbe.‹ Sie geht neuerdings zur Astrologin und wird fuchsteufelswild, wenn ich sie, zugegeben etwas ironisch, frage: ›Weißt du denn jetzt schon, wann du sterben wirst?‹ Unsere Fusion, die Verhandlungen mit der amerikanischen Firma, die Konflikte mit Meyer, der nur darauf wartet, dass ich zusammenbreche – hat Elvira davon überhaupt eine Ahnung? Ich kann ihr Foto auf meinem Schreibtisch nicht mehr ansehen. Dieser arrogante Blick einer Frau, die viel zu oft gehört hat, dass sie sooo schön sei. Mutter hat mir dieses Rasierwasser geschenkt, das nach altem Leder stinkt. The Knize Ten. Ich habe es immer benutzt, bis mir vor einer Woche meine Mitarbeiterin sagte: ›Hier riecht es nach … nach … altem Leder.‹ Im Kasino stand ich neulich mit dem Rücken zu Abteilungsleiter Schloot und hörte, wie er über mich sprach. ›Herr Hergard ist ein knallharter Verhandler‹, flüsterte er einem Kollegen zu. Ich dachte, ich höre nicht recht. Ich knallhart? Mir ist ein Rätsel, aus welchen Gründen er mich so beurteilt. Ich rede nicht viel. Ich bin eher zurückhaltend. Bin ich deshalb ›knallhart‹? Ich habe, als ich vor fünfzehn Jahren den Posten angeboten bekam, drei Nächte nicht geschlafen. Ich hab so gezweifelt, ob ich der Aufgabe gewachsen bin. Es ist Viertel vor acht. Drei Sitzungen heute, zig Anrufe, die ich selbst erledigen muss, abends das Meeting … Warum eigentlich mache ich das alles und für wen?«

Der verinnerlichte Elternblick: Meinen Eltern bin ich nicht gut genug! Und doch bin ich ihnen so ähnlich!

Klaus hat die abwertenden Bemerkungen seiner Mutter über seine Nase nicht vergessen. Er sieht zudem den gleichen Makel an sich, den er bei seinem Vater bemerkt hat: die zu niedrige Stirn. Dies setzt er gleich mit mangelnder Intelligenz. Das Gefühl, eigentlich mutterseelenallein mit seinen Fragen und Problemen zu stehen, hebt sein Selbstwertgefühl ebenfalls nicht. Seine Frau gibt ihm, vielleicht ähnlich wie seine Mutter, wenig oder gar keine Anerkennung: »Ich bin mangelhaft, aus der Sicht von Mutter und Vater. Wer sollte mich denn schon besonders mögen?«

Der verinnerlichte Gesellschaftsblick: Hart sein, um erfolgreich zu sein? Ich doch nicht!

Klaus hat einen guten Posten, verdient viel und hat Einfluss. So zumindest sieht es nach außen hin aus. Er entspricht allen Bedingungen, die heute erfüllt werden müssen. Doch die Ideale und Tugenden, denen er nach außen gerecht wird, stehen nicht im Einklang mit seinen eigenen Werten. Er wird von seinen Kollegen als »hart« wahrgenommen, sieht sich selbst keineswegs so und will dies auch nicht sein. Er fühlt sich überfordert, hat Angst, in seinem Alter womöglich vor die Tür gesetzt zu werden. Von seiner Frau erfährt er Desinteresse und Gleichgültigkeit. So verbirgt sich hinter dem schönen Schein ein trauriges Sein. Es scheint alles vorhanden zu sein, um glücklich zu werden, doch nichts zählt davon wirklich.

Der eigene Wunschblick: Wäre doch alles anders! Wäre ich doch anders und weniger allein!

Der erfolgreiche Jurist und das Vorstandsmitglied Klaus hat von sich ein Wunschbild ex negativo. Aus diesem zieht er den Schluss, wie er sein will: Er möchte keine grauen Haare haben, keine so lange Nase und eine hohe Stirn. Er will nicht alt wirken, will sich mit der zu langen Nase nicht mehr schlecht fühlen und möchte intelligent und nicht beschränkt wirken. Auch will er keineswegs »hart« sein, sondern ruhig, bestimmt und sicher. Zu seinem Lebenswunsch gehört eine Frau, die sich für seine beruflichen Aufgaben und Probleme interessiert und sich freut, wenn er nach Hause kommt. Und ein Aspekt spielt in seiner Wunschwelt eine große Rolle: Sinn zu erleben und nicht sinnlose Anstrengung. Er teilt diese Wünsche vermutlich mit vielen Männern, die in hohen, gut bezahlten Positionen sind, viel arbeiten, wenig Verständnis und Anerkennung finden und sich fragen: Wozu das alles? Es fragt sich, woher die gewünschten und notwendigen Veränderungen in unserer Gesellschaft kommen sollen, wenn viele verantwortliche Männer und Frauen durch Stress, das Gefühl der Sinnlosigkeit und das Alleinsein mit ihren existenziellen Fragen so leben wie Klaus. Zum Aufbruch braucht ein Mensch Kraft, Unterstützung, Mut und Sinnerfahrungen.

»Papa zahlt, Papa macht, Papa muss. Ich hab's ja gelernt zurückzustecken.«

Marius D. ist Ingenieur, kam als Kind mit seinen Eltern aus Osteuropa nach Deutschland. Er arbeitet in einem Institut, ist einundsechzig Jahre alt, verheiratet und hat zwei erwachsene Töchter. Lebt in einer Großstadt.

Vor dem Spiegel

»Eigentlich hat Paula recht. Dieses gestreifte Hemd steht mir gut. Aber die Hose ist zu eng geworden. Der Gürtel, ein Loch weiter. Mutter ist auch so dick geworden, als sie Ende fünfzig wurde. Aber es war ihr egal. Sie hatte so ein gesundes Selbstbewusstsein. ›Marius‹, sagte sie, ›auch wenn du Ausländer bist, Vater nur ein kleiner Angestellter war und dann nach dem Krieg als Landarbeiter in die Pampa geschickt wurde – du bist ein Kind der Liebe.‹ Das klang theatralisch, aber auch schön. Mir ist das immer peinlich, wenn sie diesen Satz herausposaunt, wenn andere Leute dabei sind. Aber so ist sie eben. Laut, herzlich, und manchmal hat sie sogar Geschmack. Sie hat mir diese rote Krawatte aus Seide zu meinem fünfzigsten Geburtstag geschenkt, die passt einigermaßen zu dem Hemd. Ich hasse es, Krawatten zu tragen, es engt so ein am Hals. Paula? Nein, meine Frau schläft noch, sie steht nie mit mir auf. Sie braucht morgens ihre Zeit für sich. Na ja, und dann geht sie in ihr Atelier. Ich verstehe es ja, dass sie nicht mehr als Lehrerin arbeiten wollte. Aber ich kann meinen Job nicht einfach so hinschmeißen. Luisa studiert, Gerti will noch unbedingt eine Ausbildung als Fotografin machen. Papa zahlt, Papa macht, Papa muss. Ich hab's ja gelernt zurückzustecken. Mama hat nie zurückgesteckt, Papa ja. Mein Papa trug nie eine Krawatte. Nach seinem beruflichen Abstieg waren ihm diese bürgerlichen Werte egal. Hätte ja auch keinen Zweck gehabt zu protestieren. Das politische System! Er hatte keine Chance. Er wurde runtergestuft im Arbeiter- und Bauernstaat. Eigentlich habe ich heute keine Lust, zur Arbeit zu gehen. Könnte genauso gut zu Hause bleiben und lesen. Es ist das letzte Mal, dass ich diesen Anzug anziehe. Nur weil Kollege P. heute verabschiedet wird, ein Abgeordneter ins Institut kommt und ich eine Rede halten soll. Es ist so schön, dass der Frühling kommt. Paula? Bist du es? Hörst du, wie die Vögel zwitschern?«

Der verinnerlichte Elternblick: Du bist in Ordnung, mein Junge!
Marius, der Ingenieur aus Osteuropa, hat Eltern, die ihn aus Liebe in die Welt gesetzt haben. Trotz der durch die politischen Verhältnisse bedingten großen Einbußen an Freiheit und Selbstbestimmung haben ihm seine Eltern genügend emotionalen Rückhalt geben können. Er weiß, dass er geliebt wurde, er hat erfahren, dass die Familie zusammengehalten hat. Er wiederum kann die Rolle als Vater und Verantwortlicher für die Familie akzeptieren, seine eigenen Interessen zurückstellen und fühlt sich offensichtlich dadurch nicht abgewertet.

Der verinnerlichte Gesellschaftsblick: Steh darüber, dann überlebst du!
Marius hat wie Rita zwei politische Systeme erlebt: den Sozialismus und den Kapitalismus. Er hatte keine Wahl, sich für das eine oder andere System zu entscheiden. Aber er hat es geschafft, mit seinen eigenen Wertmaßstäben beruflichen Erfolg zu haben. Er ist den Gepflogenheiten der Gesellschaft, in der er nun lebt, gegenüber kritisch. Er übernimmt Verantwortung, weil er offensichtlich durch seine Eltern Vorbilder hatte. So kann er sich im »System« behaupten und sich selbst akzeptieren.

Der eigene Wunschblick: Kein Anzug mehr und kein Stress mehr!
Marius' Wunschbilder lassen sich aus seinen Andeutungen herausfiltern. Er will nicht nur allein die Verantwortung für die Familie über-

nehmen, sondern auch von seiner Frau unterstützt werden. Sie kümmert sich mehr um ihre Selbstverwirklichung als um ihren Mann. Er beklagt sich nicht und gönnt es ihr. Er hat ein gutes Selbstwertgefühl, um dazu fähig zu sein. Kleine Wünsche hat er auch: ein Leben, in dem er keine Anzüge und einengenden Krawatten tragen muss, mehr Freiheit und Freizeit hat und mehr Verständnis für seine Wünsche erfährt. Er nimmt wahr, was er gern anders hätte, aber er leidet nicht darunter, dass sein Wunschbild nicht der Realität entspricht.

»Frauen sind nichts mehr wert, wenn sie alt sind.«

Amelie G. war als Kunsthistorikerin im Kupferstichkabinett des Museums einer Großstadt. Sie ist zweiundsiebzig Jahre alt. Sie hat keine Kinder und lebt allein in einer geräumigen Altbauwohnung.

Vor dem Spiegel

»Wieder bin ich so früh aufgewacht. Bin es eben gewohnt, früh aufzuwachen. Wie spät ist es? Erst halb acht. Mein Gott, wie sehe ich denn wieder aus! Egal. Kommt jetzt nicht mehr so darauf an. Trotzdem kann ich es nicht ertragen, so verschlissen auszusehen. Jahrelang bin ich um diese Zeit schon unterwegs gewesen. Gottlob hat kein Kind geschrien. Nein, bloß kein Kind. Nach dem Krieg hatte ich anderes zu tun, als eine Familie zu gründen. Ich habe schließlich die gesamte Abteilung aufgebaut. Jetzt ruft niemand mehr an. Das Licht über der Konsole ist so grell. Der Spiegel hat Flecken. Frau Schulze hat wieder nicht richtig geputzt. Diese kleine Warze unten am Kinn muss weg. Frauen sind nichts mehr wert, wenn sie alt sind. Diese tiefen Falten an der Stirn. Botox hilft, aber ich kann nicht immer zu dieser Ärztin rennen und dafür so viel Geld bezahlen. Außerdem, wen interessiert es überhaupt? Um Himmels willen! Ich habe vergessen, den Hahnentrittrock vom Schneider abzuholen. Er hat ein neues Bündchen eingefügt. Ich bin zu dick geworden. War neulich bei Dr. Müller, wegen der Fußschmerzen. ›Wir trinken wohl, was? Etwas zu viel, nicht wahr? Jeden Abend eine

Flasche Wein gegen die Einsamkeit?‹ Ich hätte den Doktor erschießen können. Wieder sitzen diese Haare nicht richtig. Wieder zum Friseur und Nachschneiden und Nachfärben. Der Spiegel ist gemein. Jede Falte sieht man. Diese heruntergesackten Wangen, diese dünnen Lippen. Nur ein wenig Lippenstift geht noch, sonst werden die Einkerbungen noch sichtbarer. ›Geh gerade! Lass den Kopf nicht immer hängen! Wenn du immer mit dem linken Fuß nach innen trittst, kriegst du noch O-Beine.‹ Vater und Mutter liefen beim Wandern immer hinter mir her und kommentierten alles. Da ist der Rock zu kurz und das Haar zu dünn, der Busen zu klein. Mutter hat nur verkrampft gelächelt, wenn Vater drei Tage lang aus unerfindlichen Gründen mit seinem Schweigen die Familie terrorisiert hat. Vater musterte mich immer. Von oben bis unten. Er wollte lieber einen Jungen. Ich war nur ein Mädchen. Er wollte, dass ich heirate. Aber ich habe nicht geheiratet. Ich werde heute nur Obst essen und zwei Tassen Kaffee trinken. Die Putzfrau kommt um elf. Ich muss vorher mit dem Steuerberater reden. Alles muss ich alleine machen. Es hat keinen Sinn, auf irgendjemanden zu bauen oder zu hoffen. Ich bin wirklich zu dick. Meine Exkollegin, mit der ich mich neulich zum Abendessen getroffen habe, meinte: ›Sie haben so abgenommen, geht es Ihnen gut?‹ So verschieden sind die Wahrnehmungen! Etwas Make-up auf diese roten Äderchen, dann sieht man sie nicht so. Dem Friseur muss ich sagen, dass die Haare nicht so kupferstichig sein dürfen. Das Telefon klingelt. Was ist denn nun schon wieder! So früh am Morgen? Seit drei Tagen hat sich niemand gemeldet …«

Der verinnerlichte Elternblick: »Nur« eine Tochter!

Amelie, die alleinstehende und erfolgreiche Kunsthistorikerin, hat die bittere Wahrheit erlebt, dass ihr Vater einen Sohn und keine Tochter haben wollte. Sie hat ihre damit verbundene Abwertung wahrscheinlich dadurch wettgemacht, dass sie wie ein Mann Karriere machte und auf all das verzichtete, was verheiratete Frauen auch genießen könnten. Die väterliche Abwertung der Frau hat sie massiv verinnerlicht. Während sie in den Spiegel schaut, erinnert sie sich an den Dauerkontrollblick ihrer Eltern, der unentwegt mit Bewertungen ihr gegenüber verbunden war. So nimmt es nicht wunder, dass sie selbst als zweiundsiebzigjährige Frau sich in Bezug auf ihr Aussehen einer scharfen Kontrolle unterzieht und sich nicht positiv bewertet.

Der verinnerlichte Gesellschaftsblick: Als alte Frau bist du aufgeschmissen!

Aus einer sogenannten »guten Familie« stammend hat sie das entsprechende Werteprogramm verinnerlicht: Man muss jung sein, möglichst in einer hohen Position, männlich, tüchtig, schick und perfekt, ohne Falten, modisch immer auf der Höhe. Die Abwertung, die sie als weibliches Wesen von ihrem Vater erlebt hat, hat sie eine männliche Position einnehmen lassen, vermischt mit den Werteattributen, die für Frauen gelten. Da die Familienverhältnisse sowohl ökonomisch wie auch vom Status ihrer Eltern her gesehen stabil waren, hat sie sichtlich genug Kraft gehabt, sich als Frau in einer leitenden Position durchzusetzen. Aber der Preis dafür ist hoch: Das Alleinsein im Alter und das Leiden unter einem eigenen, sehr hohen Anspruch. Sie selbst ist sich der schärfste Richter. Sie ist nicht mehr jung und ihrer Ansicht nach auch deshalb nicht mehr anziehend. Ein bitterer Blick, der vor allem mit der Wirklichkeit nicht übereinstimmt: Amelie ist eine attraktive und elegante Erscheinung.

Der eigene Wunschblick: Eigentlich wäre ich lieber ein Mann, doch das nützt ja auch nichts!

Amelies Wunschbilder sind widersprüchlich. Einerseits will sie wie ein Mann sein, der ohne Rücksicht auf eine Familie seinen beruflichen Weg geht. Das will sie nicht nur, so lebte sie auch. Andererseits ist ihr Wunschbild weiblich konnotiert und geprägt. Jung, faltenlos, modisch. So steht Amelie vor einem unlösbaren Problem und einem Wunschbild, das frustriert und zu keinen substanziellen Veränderungen antreibt. Denn die Realität ist de facto weit anders als dieses Wunschbild von perfekter Weiblichkeit. In ihrem Alter ist es unmöglich, genau diesen Maßstäben zu entsprechen. Der Versuch, durch kosmetische Mittel und gute Kleidung diesem verinnerlichten Wunschbild zu entsprechen, reicht nicht, um zufrieden mit sich zu sein. Ein Weg wäre, diese Wertzuschreibungen aufzugeben und nach den Wünschen zu suchen, deren Erfüllung realistisch und zufriedenstellend sein könnte. Doch ihr innerer Monolog vor dem Spiegel enthält nichts, was auf diesen Weg hinweist.

Keine Zensur und verinnerlichte Bewertungen

Vor dem Spiegel ist man meistens allein. Es wird stumm gedacht, gefühlt, bewertet. Der innere Monolog wird nicht zensiert. Wer von den hier Zitierten würde das, was er/sie über sich wahrnimmt, einem anderen Menschen so erzählen? Vermutlich keiner. Die Selbstwahrnehmung ist kein öffentliches Thema. Über die eigenen Mängel schweigt man sich aus guten Gründen aus. Wer in der Öffentlichkeit oder auch im privaten Umfeld will denn auch wissen, wie mangelhaft sich ein anderer Mensch fühlt und wie sehr er oder sie an sich zweifelt? Das erwünschte Selbstbild widerspricht dem selbst erkannten Makel und dem Bild, was andere sich machen sollen. Dem verletzten und unsicheren »Ich« fehlt sehr oft ein liebe- und verständnisvoller Mensch, der bestätigt, tröstet und lobt. Manchen fehlen fast die Worte, um beschreiben zu können, was sie bedrückt. In fast allen inneren Monologen tauchen die elterlichen Ansprüche, die Kritik und die Erwartungen von Vater oder Mutter auf. Dazu kommen das selbst empfundene, eigene Ungenügen, die Selbstvorwürfe und die Selbstzweifel. Diese Selbstzweifel korrespondieren häufig mit den elterlichen Urteilen. Kaum eine(r) der hier Zitierten hadert *nicht* mit der aktuellen Lebenslage. Dabei haben wir es hier mit Menschen aus einem wohlhabenden, westlichen, europäischen Land zu tun, in dem Friede und Wohlstand vorherrschen, auch wenn der Reichtum nicht gleich verteilt ist und die Kluft zwischen Armen und Reichen immer größer wird. In jedem einzelnen Fall wäre herauszufinden, inwieweit diese Selbstbewertungen das Leben der Betreffenden beeinflussen. Darüber lässt sich aufgrund eines Moments vor dem Spiegel wenig sagen. Es kann durchaus sein, dass die hier zu Wort kommenden Personen trotzdem manchmal glücklich sein können, erfolgreich sind und sich selbst, aufgrund bestimmter Leistungen und Fähigkeiten, gut akzeptieren können, auch wenn davon vor dem Spiegel keine Rede war. Auffallend vielmehr ist, dass die Selbsturteile sehr oft erbarmungslos sind.

Es sind drei innere »Richter«, die hier sprechen. Zum einen sind es die Eltern mit ihren Werten und Wertungen. Zum zweiten sind es die Erwartungen, die die Gesellschaft an einen Menschen stellt. Sie sind indirekt, werden oft unbewusst übernommen und bleiben nicht selten unhinterfragt. Zum dritten sind es eigene Wunschvorstellungen, die ein Mensch davon hat, wie er oder sie »sein möchte«.

Warum die Selbstbewertung schwer kommunizierbar ist

In den inneren Monologen wird etwas kenntlich, was normalerweise unkenntlich und unausgesprochen bleibt. Warum finden die Selbstbewertungen unausgesprochen vor dem Spiegel oder zaghaft beim Therapeuten statt? Warum sind sie kein Thema in Gesprächen mit anderen Menschen? Aus einem sofort nachvollziehbaren Grund: Die Selbstbewertung ist oft unbewusst oder nur halb bewusst, ist nicht im Blickfeld und ist teilweise tabuisiert. Wiederum aus einem einfachen Grund: Sie ist mit Scham- und Schuldgefühlen verbunden und allein schon aus diesem Grund schwerlich mit anderen zu kommunizieren.

Es klingt paradox: Vor dem Spiegel nimmt sich ein Mensch wahr und denkt über sich nach. Vor einem Therapeuten wird die Selbstwahrnehmung ausgesprochen. Und gleichzeitig ist in beiden Situationen die Selbstbewertung unbewusst und tabuisiert? Ja, genau das findet statt. Wie oft wissen wir nicht, was wir sagen, wie wir uns selbst wahrnehmen oder dem Therapeuten erzählen, was wir an uns wahrnehmen. Die eigene Bewertung wird ausgesprochen, aber nicht als solche wahrgenommen, nicht gedeutet, nicht in Relation gesetzt zu eigenen Leistungen und Lebensweisen.

Die drei genannten Blickweisen, die das Selbsturteil von Menschen bestimmen, werden in der Regel nicht voneinander unterschieden. Keiner von den hier Zitierten fragt sich: Denke ich so über mich, weil meine Eltern so über mich geurteilt haben? Folge ich in meiner Selbstbewertung gesellschaftlichen Erwartungen, die ich eigentlich gar nicht erfüllen will? Habe ich ein Wunschbild von mir im Kopf, an dem ich mich dauernd messe und deshalb unzufrieden mit mir bin? Brauche ich vielleicht andere Wunschbilder von mir? Hindern mich meine Selbstbewertungen daran, in meinem Leben etwas zu verändern, mich zu engagieren für einen guten Zweck?

Über den Blick auf sich selbst legen sich »Folien« von Vorstellungen, die von anderen »bedruckt« worden sind – von den Eltern, Partnern, Kollegen, den Medien, Moden und Trends. »So soll ich sein! Das tut man! So sieht man heute aus!« Diese Folien, diese inneren Bilder wirken auf die Selbst- und Weltwahrnehmung. Ihre Wirkung spaltet. »So sollst du sein.« Und das kritische »Ich« sagt: »So bin ich aber nicht. Und deshalb bin ich nicht so viel oder gar nichts wert.«

Sehr oft wird das Ideal »Perfektion« zu dem Maßstab, an dem sich viele messen. Dieses Ideal betrifft vor allem »das richtige Aussehen«. Die Haare müssen perfekt geschnitten und frisiert sein und die richtige Farbe haben, der Rock muss sitzen, Hose wie Krawatte müssen passen, die Kleidergröße muss stimmen, man darf nicht dick sein. Alle, die vor dem Spiegel standen, hatten diese Themen. Sogar Karl, der arbeitslose Schlosser, der weiß, dass er eigentlich nichts mehr zu verlieren hat.

Dieses Ideal vom »perfekten Erscheinungsbild« wird von vielen unbewusst übernommen. Es wird zu einem »Man muss!«. Dem fügt man sich und ist resigniert, wenn man ihm nicht entsprechen kann. Aber warum? Wer diesem Ideal entspricht, kann auf Anerkennung durch andere hoffen. Und weil jeder auf Anerkennung hofft, wird dieses Ideal zu einer Selbstverständlichkeit, die nicht zur Sprache gebracht wird. Das macht die auftretende Störung des Selbstwertgefühls schwer kommunizierbar. Jeder folgt unentwegt und unentdeckt genau dem gleichen Ideal. Wer offen zugibt, an diesem Ideal zu scheitern, oder es ablehnt, entspricht nicht der Norm. Daher muss das »Ich« befürchten, abgelehnt und gar verachtet zu werden, wenn es von seiner Selbstentwertung sprechen würde. Eine negative Selbstwahrnehmung wird allenfalls in Sätzen versteckt wie: »Ich fühle mich nicht gut.« Es bleibt aber sehr diffus, warum »sich jemand nicht gut fühlt«. Es ist ein Ausdruck für ein Missbehagen mit sich selbst, mit dem Körper, mit der Seele, mit dem gesamten Leben. Aber die Aussage: »Ich fühle mich nicht gut«, ist viel leichter kommunizierbar als die Aussage: »Ich kann nichts, ich tauge nichts, ich fühle mich als das Letzte.«

Ein weiteres Problem erschwert es vielen Männern und Frauen heute, sich selbstsicher und selbstbewusst zu fühlen. Die Gruppennormen, denen Menschen heute gerecht zu werden versuchen, sind inhaltlich diffus, unklar. Dennoch wirken sie als Druckmittel. Wer sich in einem Team, bei Freunden, in der Familie nicht so oder so verhält, wird sanktioniert. Aber was gilt in welcher Gruppe? In welchem Umfeld?

Da ich viele, sehr unterschiedliche Gruppen kenne, erlebe ich diese differierenden Bewertungsmaßstäbe, die unausgesprochen geltend gemacht werden: In der gehobenen Gesellschaft zählen gutes Benehmen, Label-Kleidung und Bildung. In der Mittelschicht ist es wichtig, irgendwie im Leben zurechtzukommen. Höflichkeitsrituale und Benimmregeln sind weit weniger maßgeblich als eine ordentliche Wohnung und saubere Kleidung. In IT-Kreisen und in den Universitäten ist es ziemlich gleichgültig, wie jemand gekleidet ist, Hauptsache, man bringt Leistung und erweist sich als durchsetzungsfähig. Gute Umgangsformen sind nebensächlich, und wer darauf pocht, gilt schnell als »konservativ«. In der alternativen Szene, in der sich Veganer, Ökos und Naturschützer treffen, spielt es eine Rolle, ob man sich richtig ernährt und keine Kleidung aus Asien trägt, die unter menschenunwürdigen Bedingungen und mit zweifelhaftem Material hergestellt wird.

Wer die jeweiligen »Werte«, die in einer Gruppierung gelten, nicht teilt oder sie infrage stellt, gehört nicht dazu.

Die Übergänge zwischen den Gruppierungen sind natürlich fließend. In jeder Gruppe haben diejenigen, die zu der Gruppe stoßen, herauszufinden, worum es »hier« geht. Denn die Maßstäbe, Werte und Regeln in den verschiedenen Gruppen sind nicht festgeschrieben. Wer dazustößt, bekommt nicht etwa ein Blatt Papier in die Hand gedrückt, auf dem genau aufgelistet ist, was er oder sie zu tun oder zu lassen hat, um dazugehören zu dürfen und akzeptiert zu werden.

Wer sich, gleich wo und wie, nicht »angemessen« verhält, erfährt Sanktionen oder gar den Ausschluss aus der Gruppe. Das bedeutet immer Abwertung und Entwertung.

Der soziale Tod wird von vielen Menschen als viel bedrohlicher empfunden als der physische Tod. Und so werden zum Teil ungeheure Anstrengungen aufgewendet, um auf keinen Fall aus einer Gruppe, aus der Gesellschaft, aus dem Team, aus der Familie ausgeschlossen zu werden, zu der man gehören möchte, ohne ganz sicher zu sein, welche Werte wo und wie gelten. Dieses Phänomen hat wiederum damit zu tun, dass es in unserer modernen pluralen Gesellschaft keine allgemein verbindlichen Normen und Regeln gibt, die überall gleich gelten. Davon war bereits in dem Kapitel über Entwertungen die Rede.

Das sind Faktoren und Wirkzusammenhänge, die zur Verunsicherung und damit auch zu einem labilen Selbstwertgefühl beitragen.

Ein gutes Selbstwertgefühl hingegen entwickelt sich unabhängig von Status, Bildung und Herkunft. Es entsteht im besten Fall durch die einst erfahrene elterliche Liebe, durch Selbstakzeptanz, durch gelingende Beziehungen zu anderen Menschen und durch das Gefühl, verstanden zu werden. All das kann man weder kaufen noch erzwingen. So spielt es letztlich gar keine Rolle, ob jemand einen hohen Posten hat, reiche Eltern, gut aussieht, viel Geld verdient und sehr gebildet ist oder wenig Geld hat und keine Statussymbole vorweisen kann. Denn selbst eine Person, die über alle diese Privilegien und Qualitäten verfügt, kann sich ablehnen und sich mit Selbstzweifeln herumplagen. Das haben wir in den Monologen – zum Beispiel von Michael, dem verwöhnten Investmentberater, und Klaus, dem Vorstand eines Konzerns – sehen können.

Resümee und Anregungen

Statt einer Zusammenfassung zu diesem Kapitel möchte ich eine kleine Geschichte erzählen. Ein Professor begann seinen Vortrag, indem er einen Fünfzigeuroschein aus seinem Portemonnaie entnahm und ihn dem Publikum zeigte. Er fragte: »Möchte irgendjemand von euch diesen Geldschein?« Aus den Reihen der Zuschauer waren erhobene Hände zu sehen. Dann sagte er: »Diese fünfzig Euro werde ich einem von euch gleich geben; doch bevor ich das tue, erlaubt mir bitte, noch etwas damit zu tun.« Dann zerknüllte er die Banknote zu einem kleinen schäbigen Papierknäuel. Und er erkundigte sich: »Möchtet ihr immer noch diesen Geldschein haben?« Erneut hoben viele aus dem Publikum die Hand. »Okay, okay, einverstanden; aber was würde geschehen, wenn ich *das* täte?« Er warf den schon ziemlich lädierten kleinen zerknüllten Schein auf den Boden und trat mit beiden Füßen darauf, wieder und wieder. Erneut wollte er anschließend wissen: »Möchte jetzt irgendjemand immer noch diesen Geldschein haben?« Natürlich nahm die Anzahl erhobener Hände nicht ab.

»Meine Freunde, ihr habt gerade eine Lektion gelernt … Es spielt keine Rolle, was ich mit diesem Geldschein tue; ihr wollt ihn immer noch, weil sein Wert sich nicht geändert hat. Er beträgt immer noch fünfzig Euro.« Er machte eine Pause. »In eurem Leben werdet ihr euch oft zerknüllt, abgewiesen, missbraucht, beschimpft und zertreten fühlen, von Menschen oder Ereignissen. Ihr werdet unter dem Eindruck stehen, dass ihr ein wertloses kleines Stück Scheiße geworden seid. Doch in Wahrheit hat sich euer Wert keinen Millimeter geändert, in den Augen derjenigen, die euch lieben! Der Wert eines Menschen hängt nicht von dem ab, was er tut oder nicht tut. Ihr könnt jederzeit wieder von vorn anfangen und eure Ziele erreichen, weil euer eigener innerer Wert immer unangetastet bleiben wird.«

9 Schauplatz Körper – Zwischen Selbstentwertung und Perfektionsstreben

»Sei jung, schlank und schön!« Das ist heute die Maxime. »Wer nicht gesund ist, hat selbst schuld«, ist ein modernes Menetekel. Vom perfekten Körper träumt fast jeder. Wie herrlich wäre es, ohne einen Makel zu sein! Ohne Fett, ohne Falten, ohne Krankheit. Was früher ein Traum war, könnte heute vielleicht wahr werden. Nehmen wir an, den Genforschern gelänge es, den perfekten Menschen zu schaffen. Es käme auf die richtige Kombination von Genen an. Dann gäbe es keine körperlichen Defizite, keine Kranken mehr, schon gar nicht Krüppel und Behinderte. Welche »Ideale« hätte diese »Gesellschaft der Makellosen«? Wir wissen es nicht, und wir sind immer noch weit davon entfernt. Wer heute vor dem Spiegel steht, ist selten mit sich einverstanden. Das haben wir in den »inneren Monologen« im vorangegangenen Kapitel mehr als deutlich gesehen. Der Kontrast zwischen dem Idealbild und der mangelhaften Wirklichkeit wird schmerzhaft wahrgenommen und mündet in der nicht ausgesprochenen Frage: »Was bin ich eigentlich wert, wenn ich nicht gut aussehe?« Wäre daraus zu schlussfolgern, dass eine Person, deren Körper man als »makellos« bezeichnen könnte, »mehr wert« wäre? Erfährt eine solche perfekt aussehende Person automatisch auch mehr Wertschätzung und Anerkennung? Lassen wir zunächst die Frage offen und denken darüber nach, warum heute das Ideal »Perfektion« nicht nur auf Leistungen bezogen wird, sondern mindestens genauso auf den Körper. Dieses moderne Phänomen steht im krassen Widerspruch zur christlichen Tradition. Nicht nur die alten Kirchenväter forderten es in ihren Schriften, sondern jahrhundertelang wurde es auch von allen Kanzeln gepredigt: Es käme darauf an, den »Leib« zu überwinden und zu negieren. Die Seele und der Geist sollten durch den Glauben an Gott geformt werden und nicht der Leib! Eitelkeit, verbunden mit der Überbewertung des eigenen Erscheinungsbilds, gehörte zu den sieben Todsünden. *Superbia* bedeutet Hochmut, zudem Eitelkeit, Stolz, Übermut. Der jahrhundertelangen christlichen Negierung des Leibes folgt heute eine Fokussierung auf den Körper. Oder hat sich diese Negierung gar nicht prinzipiell verändert, sondern nur zugespitzt auf den »hässlichen oder kranken Körper«? Der makellose Auftritt ist heute ein Indiz für ein *gelungenes* Leben.

Wer den heutigen Maßstäben von körperlicher Vollkommenheit entspricht, liefert einen Beweis dafür, dass er »richtig« lebt. Richtig heißt: auf die Linie achten, sich gesund ernähren, Sport treiben, sich Operationen unterziehen, durch die ein Makel beseitigt wird. Enorme Anstrengungen werden unternommen, um nicht durch körperliche Defizite und Makel negativ aufzufallen und abgewertet zu werden. Die Maßstäbe für Gesundheit, Makellosigkeit und Perfektion werden schon sehr früh angelegt – zum Beispiel beim ungeborenen Kind.

Das makelbehaftete Kind

Bis vor gar nicht so langer Zeit waren körperliche Mängel oder die Behinderung von ungeborenen Kindern gar kein Thema für Eltern. Aus einem einfachen Grund: Man wusste nicht, was da für ein Kind zur Welt kommen wird. Eine schwangere Frau gebar oder trieb ab, je nachdem, ob sie das Kind wollte oder nicht.

Heute ist es durch die pränatale Diagnostik oftmals kein Problem mehr festzustellen, ob das erwartete Kind »in Ordnung« ist oder nicht. Diese Diagnose ermöglicht es, sich für oder gegen ein ungeborenes Kind zu entscheiden. Diese Entscheidung beruht auf einer Bewertung, die sich an dem Maßstab von körperlicher Gesundheit und Makellosigkeit orientiert.

In den folgenden Fallbeispielen wird deutlich, wie Eltern sich für oder gegen die Geburt eines Kindes entscheiden, je nachdem, wie sie das ungeborene Kind »bewerten«.[25]

Ein gewünschtes Kind mit einem Herzklappenfehler
Sabine D. wird ins Krankenhaus gefahren. Sie ist im siebten Monat schwanger und bangt um ihr Kind. Sie hat sich so gefreut, dass ihr Wunsch nach einem Kind endlich erfüllt wurde. Und nun die Angst: Es wurde festgestellt, dass das Baby durch einen Herzklappenfehler die Geburt nicht überleben könnte. In der Klinik wird alles getan, um das Kind zu retten. Mit großem Aufwand gelingt es, die Frühgeburt einzuleiten und das Kind zu operieren. Offen bleibt, ob das Kind überleben wird.

Ein Baby mit vier Daumen wird abgetrieben
Frau Gertraud F. lässt sich ins Krankenhaus fahren, um ihr Kind abzutreiben. Sie fürchtet sich vor dem Eingriff und weiß nicht, ob sie richtig entscheidet. Es wurde diagnostiziert, dass der Embryo vier Daumen hat. Sie will dieses Kind nicht, um sich und dem Kind »Schwierigkeiten« zu ersparen. Soll ihr Kind etwa verspottet werden? Hat das Kind womöglich noch andere Defekte? Sie hat sich entschieden, das Baby nicht zur Welt zu bringen.

Eine künstliche Befruchtung mit negativen Folgen
Das Ehepaar L. wünscht sich ein Kind, die Zeugung klappt nicht. Das Paar entscheidet sich, eine In-vitro-Fertilisation vorzunehmen. Durch die Präimplantationsdiagnostik wird festgestellt, dass der Embryo eine schwere Krankheit bekommen könnte. Der Embryo wird nicht in die Gebärmutter der Frau eingesetzt. Das Ehepaar F. ist sehr enttäuscht. Nachdem die beiden seit fünf Jahren vergeblich auf ein Kind warten, ist auch dieser Versuch fehlgeschlagen. Möglicherweise ein schwer krankes Kind großziehen zu müssen – das schaffen sie nicht. Die zukünftigen Eltern entscheiden sich also gegen die Implantation und Austragung des Embryos. Hinterher stellt sich heraus, dass es sich um eine Fehldiagnose gehandelt hat.

Es geht hier nicht um ein moralisches Problem, sondern darum, zu sehen, vor welchem Dilemma die Eltern heute stehen. Der wissenschaftlich-medizinische Fortschritt ermöglicht Entscheidungen, die allesamt an den Kriterien von »Unversehrtheit« und »Gesundheit« orientiert sind.

Die Geburt ist nicht nur ein »natürlicher Vorgang«, sondern bereits im Vorfeld ein Anlass, aus medizinischer Perspektive über Leben und Tod eines Ungeborenen entscheiden zu können.

Die Mütter und Väter stehen dadurch vor einem Konflikt. Sie wollen ein Kind, aber keines, das nicht gesund ist.

Die Frage ist brisant: Ist es ein Vergehen, ein krankes Kind zur Welt zu bringen und ihm damit Leid anzutun? Oder ist es ein Vergehen, es abzutreiben? Oder geht es um solche Kategorien wie »Vergehen« hier gar nicht, sondern um eine Entscheidung, niemanden leiden zu lassen?

Ungeklärt bleiben die Fragen: Ist Gesundheit und körperliche Makellosigkeit als Wert an sich je zu garantieren? Kann ein Kind mit einem körperlichen Gebrechen nicht trotzdem seelisch »intakt« sein? Kann ein behinderter und kranker Mensch nicht genauso ein wertvoller Mensch sein wie ein gesunder Mensch? Ist jemand, der krank ist, deshalb »wertlos«?

Babys werden aus vielen anderen Gründen abgetrieben, wie wir wissen.

Sie sind weder behindert noch krank, sie sind nicht erwünscht. Das ist ein Vorgang, der seit jeher stattfindet, ganz gleich, ob Abtreibung verboten, geächtet, bestraft oder erlaubt ist. Was kaum jemand weiß: Wenn die Embryos aus dem Bauch der Mutter herausgeholt werden, sind sie lebendig. Sie sollen nicht weiterleben, werden aber nicht getötet. Ein merkwürdiges Werteparadoxon! Der Embryo hat keinen Lebenswert, aber offensichtlich wird er als so »wertvoll« angesehen, dass er nach der Abtreibung nicht getötet werden darf. Und so siecht das kleine Wesen dahin.

Neu ist, dass immer mehr Embryos abgetrieben werden, die sich in den Voruntersuchungen als »defekt« erwiesen haben. Die Fälle häufen sich, in denen ein Reagenzglasembryo nicht in die Gebärmutter einer Frau eingesetzt wird, weil seine Gene »nicht in Ordnung sind«. Der Embryo steht nicht im Mittelpunkt und ist nicht der Bezugspunkt der Entscheidung über Leben und Tod. Sein (Überlebens-)Wert bemisst sich daran, ob er »defekt« ist oder nicht. Davon hängt seine Existenzberechtigung ab. Die medizinische Diagnose ermöglicht es, nicht nur dem Perfektionsideal, sondern auch dem Leistungsideal zu entsprechen. Ein Kind, das makelbehaftet ist, kostet Arbeit, Zeit und Kraft. Und die Chancen, dass das Kind später selbst zu einem gut funktionierenden Leistungsträger wird, werden als gering eingestuft.

Auffallend ist, dass Krankheit und Makel so sehr gefürchtet werden, dass diese beiden Gründe dazu veranlassen, ein körperlich defektes Kind nicht zu wollen. Natürlich ist es verständlich, dass die Eltern sich so entscheiden, um den zu Recht befürchteten Folgen aus dem Weg zu gehen. Doch niemand kann den Eltern eine Garantie dafür geben, dass auch die Kinder, die gesund zur Welt kommen, nicht krank werden, keine Schwierigkeiten machen und nicht mehr Zeit und Kraft als erwartet kosten.

Die in den hier erwähnten Fallbeispielen erwähnten Mütter und Väter wissen nicht: Stirbt das gerettete Kind mit dem Herzklappenfehler nicht doch irgendwann, und die Rettungsaktion war vergebens? Wäre das Kind mit den vier Daumen möglicherweise doch ganz gut im Leben zurechtgekommen? Ohne dass ich je grundsätzlich gegen Abtreibung plädieren würde, stelle ich diese Fragen, auch aus folgenden Erfahrungen. Ich hatte zu Beginn meines Studiums die Gelegenheit, zwei Monate lang ein Praktikum in einem heilpädagogischen anthroposophischen Heim für seelisch und körperlich behinderte Kinder und Jugendliche zu machen. Die Erlebnisse, die ich mit diesen behinderten Kindern hatte, werde ich nie vergessen. Auch wenn die Fürsorge für sie durchaus anstrengend war – die Liebe, Unschuld und die eigentümliche Begabtheit dieser Kinder hat mich berührt. Diese jungen Menschen waren vollkommen authentisch und hatten ein feines Gespür. Sie waren unbestechlich, hingebungsvoll und hatten einen sehr speziellen Humor. Sogar Weisheit habe ich erlebt, in kleinen Sätzen und Handlungen. Nach diesem Praktikum war ich oft und über längere Zeit in einer weiteren heilpädagogischen Einrichtung und konnte so, wenn auch nicht als Mitarbeiterin, die positive Entwicklung dieser Kinder verfolgen. Sie betätigten sich handwerklich, musizierten, spielten Theater, waren auf dem Bauernhof beschäftigt und gingen später sogar Berufen nach. Insofern fällt es mir nicht leicht, den weitverbreiteten Wertmaßstab: »Nur der Gesunde zählt«, einfach so hinzunehmen. Hinter diesem Maßstab stehen ein »Auslesedenken« und die Angst, mit dem Makel nicht umgehen zu können. Dahinter steht ein Sicherheits- und Kontrollbedürfnis, alles in der Hand haben zu wollen, sowie die Furcht, den Aufgaben nicht gewachsen zu sein. Hinzu kommen das Schuld- und Schamgefühl, womöglich versagen zu können oder versagt zu haben. Das sind gleichermaßen sehr verständliche wie auch problematische menschliche Regungen, die wir kritisch beleuchten sollten.

Gewissensfragen in Anbetracht von Makeln

Durch die Möglichkeiten der pränatalen Diagnostik nehmen die Gewissenskonflikte und die Entscheidungsnöte zu. Die Eltern können keine Kompromisse machen. Ein Kind wird entweder geboren oder nicht. Im radikalen »Ja« oder »Nein« zu einem werdenden Menschen stecken Konflikte und unbeantwortete Fragen: Was bedeutet eigentlich Gesundheit? Haben wir das Recht dazu, ein makelbehaftetes Kind zu entwerten?

Die Verfügungsgewalt über ein ungeborenes Kind besteht heute weit mehr als je zuvor. Es kann darüber entschieden werden, *wie* ein Mensch entsteht – durch einen Liebesakt, einen Zeugungsakt oder im Reagenzglas. Man kann entscheiden, *wann* ein Mensch entsteht – durch Planung und Pille.

Man kann verfügen, *ob* er geboren oder nicht geboren werden soll – je nach den Maßstäben, die man für richtig hält.

Information und Wissen zwingen zu Entscheidungen.

Die Eltern geraten unter den Druck von Krankenkassen und Versicherungen, der Gesellschaft, dem allgemeinen Trend.

Denn, so lautet das Argument: Wer trotz der Möglichkeit der pränatalen Diagnostik kranke Kinder zur Welt bringt, hat selbst schuld und muss dafür geradestehen.

Das Bewertungsdilemma, mit dem wir es hier zu tun haben, ist zurzeit nicht lösbar. In ihm spiegeln sich eine tief sitzende Angst vor der Abwertung eines makelbehafteten Körpers und die sehr verbreitete Verweigerung, einen körperlichen Makel zu akzeptieren.

Natürlich hat es keinen Sinn, auf die Zeiten zu verweisen, in denen ein körperlicher »Defekt«, wie zum Beispiel ein verkürztes Bein, ein fehlender Daumen, Schielen, ein durch Rachitis verformter Brustkorb, selbstverständlich hingenommen wurde. Nicht wenige Hochbegabte hatten körperliche Defekte oder waren – im herkömmlichen Sinn – nicht »normal«.

Warum ist der Körper heute so ungeheuer wichtig geworden? Der Körper wurde zu einem äußerlich wahrnehmbaren Indiz dafür, richtig oder falsch zu leben. So hat sich die Verneinung des »Leibes« aus der christlichen Tradition verwandelt in die Verneinung des Körpers, der makelbehaftet, krank oder nicht schön genug ist. Viele Männer und Frauen, junge wie ältere, haben diese Bewertungen verinnerlicht. Sie sind sich selbst dabei der schärfste Richter.

Mein Körper und mein Selbstwert: Ich bin zu dick!

Eine fast wahre Geschichte. »Dies ist kein Liebeslied.« Ein Roman
Es war einmal ein junges Mädchen. Sie wuchs in kleinbürgerlichen, normalen Verhältnissen auf, mit Vater, Mutter und Geschwistern. Am Rand einer großen Stadt, in einem Reihenhaus. Eigentlich hat sie ihren Vater gern, aber sie kommt nie so recht in Kontakt mit ihm. Er wehrt sie ab, wenn sie ihm nahe sein möchte. Das pubertierende Töchterchen geht ihm sichtlich auf die Nerven. Und wer weiß, was ihn

noch dazu bewegt, ihr emotional und körperlich aus dem Weg zu gehen. Die Mutter ist vor allem darauf bedacht, dass die Tochter sich richtig verhält: also ordentlich ist, Schularbeiten macht, am Tisch gerade sitzt und nicht am Essen herummäkelt. Es ist niemand da, der mit dem Mädchen mal redet oder ihm einfach etwas Nettes und Bestätigendes sagt. Das aber wünscht sich das Mädchen sehnlich. Wenn es diese Wünsche irgendwie und unbeholfen kundtut, wird es abgewehrt, mit dem Argument, »was sie denn immer nur wolle«. Die zaghaften Versuche, Aufmerksamkeit auf sich zu ziehen, werden von den Eltern, den Geschwistern und den Gleichaltrigen verspottet, belächelt oder einfach überhört. Neidvoll beobachtet es, wie andere Mädchen und Jungen es so leicht zu haben scheinen, sich Anerkennung zu verschaffen: durch die richtigen Klamotten, durch die richtige Figur, durch die Auswahl der richtigen Songs, durch die Fähigkeit, in der Disco die Aufmerksamkeit auf sich zu ziehen. Weil all die Versuche des Mädchens, sich gut zu fühlen und bei anderen gut anzukommen, ins Leere laufen, scheitern oder als lächerlich abgestempelt werden, wird es immer trauriger. Das Selbstwertgefühl sinkt auf den Nullpunkt. Dabei gibt es von außen betrachtet, nichts zu bemäkeln. Sie ist ganz gut in der Schule, die Familie ist normal, Geldsorgen gibt es nicht, die Kinder funktionieren. Doch das Innenleben des Mädchens ist ein Schlachtplatz für destruktive Gefühle. Sie fragt sich: Wie schaffe ich es, mal richtig doll krank zu werden, damit sich jemand richtig um mich kümmert? Wie wäre es hinzukriegen, mit toller Musik bei einer tollen Autofahrt mit Freunden durch einen Unfall zu sterben, damit ich vor dem Ende dieses herrlichen Augenblicks nicht mehr da sein muss?

Die ersten sexuellen Erlebnisse, auf die sie weder vom Vater noch von der Mutter vorbereitet wird, irritieren sie und hinterlassen ein Gefühl von Hilflosigkeit. Sie macht unangenehme Kompromisse und kommt nicht auf ihre Kosten. Sie muss den Jungen, der ihr ein bisschen Aufmerksamkeit schenkt, befriedigen, ohne dass sie selbst etwas davon hat oder wenigstens einen Hauch von Romantik verspürt. Irgendwann beschließt sie, sich so oft sie kann ins Bett zu legen und sich mit Süßigkeiten zu trösten. Das Bett und die Süße der Süßigkeiten verschaffen ihr Schutz, mit einem Minimum an Genuss. Allerdings mit einer fatalen Wirkung: Das Mädchen wird dick und immer dicker. Da nun Fettleibigkeit das Letzte ist, was sich ein Mädchen leisten darf, wenn es anerkannt und begehrt sein will, ist der Teufelskreis eröffnet. Der süße Trost, den sie sich verschafft und der sie immer dicker werden lässt, erzeugt gleichzeitig Schuld und Scham, unangenehme Gefühle, die sie wiederum mit Süßigkeiten zu mildern sucht. Das Ergebnis ist, wie zu erwarten war. Sie kann nun noch weniger auf Aufmerksamkeit und Anerkennung hoffen. Im Gegenteil: Sie wird verspottet, gehänselt oder übersehen.

Eines Tages läuft ihr ein Junge über den Weg. Er ist zwar nicht sehr attraktiv, aber er bewegt aus irgendwelchen Gründen, die ihr selbst nicht klar sind, ihr Herz. Die Chance, seine Aufmerksamkeit zu erregen, ist gleich null. Sie fühlt sich so unscheinbar und unansehnlich, dass sie es gar nicht wagt, sich ihm zu nähern. Erst einmal will sie abnehmen. Und so beginnt sie ein fatales Spiel mit sich selbst. Sie macht Diäten, eine nach der anderen, frisst Schokolade aus Frust, hungert wieder, nimmt Tabletten. Doch die schlanke Linie bleibt nur ein Traum. Ab und zu wird sie auf einer Party, auf der zu viel getrunken wird, von einem Jungen betatscht. Doch sie fühlt sich dabei eher bedrängt und missbraucht als begehrt. Ihre wenigen weiteren Versuche, mit Jungen im Kontakt zu bleiben, laufen immer auf das Gleiche hinaus. Sie muss die Jungen, die »keinen hochkriegen«, stimulieren, ohne dass diese sich um die sexuelle Befriedigung des Mädchens kümmern.

Das Drama, das aus dieser inneren Zerrissenheit resultiert, hat ein seltsam komisches Ende: Als junge Frau, die dick ist und sich unansehnlich fühlt, fliegt sie nach London, wo der Junge ihrer Träume, mittlerweile ein junger erfolgreicher Geschäftsmann, lebt. Sie besucht ihn – und gibt schamlos und zugleich schamvoll zu, wie sehr sie ihn liebt und wie wenig wert sie ist. Er schläft – aus nicht erfindlichen Gründen – mit ihr. Und dann ist der Traum – und der Roman, von dem hier die Rede war – zu Ende.

Der Roman *Dies ist kein Liebeslied*, der von diesem Mädchen erzählt, stammt von Karen Duve.[26]

Karen Duve hat ein gravierendes Problem vieler Frauen heute auf den Punkt gebracht: Der Körper ist der Dreh- und Angelpunkt, um den die eigene oft sehr negative Beurteilung kreist. Der Körper ist das Indiz für das Gelingen oder Scheitern, mit sich selbst »richtig« umgegangen zu sein. Und der Erfolg misst sich an der perfekten Figur. Und wer nun keine perfekte Figur hat, hat auf ganzer Linie verloren.

Das Mädchen stellt sich gewissermaßen selbst eine Falle. Mit dem Dicksein verschafft sie sich einen Schutz vor den unangenehmen sexuellen Erfahrungen. Und gleichzeitig verbaut sie sich damit die Erfüllung ihres Wunschs nach Bewunderung und Anerkennung.

Der Maßstab der anderen Mädchen, der Maßstab, der ihr durch die Mode, durch Models, die Medien vermittelt wird, wird zum eigenen verinnerlichten Maßstab, der das Dilemma verschärft. Die Wünsche und Bedürfnisse nach Zuwendung und Zärtlichkeit befriedigt sie mit etwas, was genau das Gegenteil von dem bewirkt, was sie sein will: schlank und schön.

Hier geschieht etwas, das auf ganz merkwürdige Weise widerspiegelt, was wahrscheinlich viele Menschen heute kennen: ein Sichunterordnen unter die allgemeinen Idealvorstellungen, dass nur ein schlanker Körper ein schöner Körper sein kann. Gleichzeitig tobt ein innerer Protest gegen diese Vorstellung.

Dazu kommt die Ambivalenz der Sexualität: Sex bietet einerseits eine Möglichkeit, sich angenommen zu fühlen; andererseits setzt dieses »Angenommenwerden« voraus, einen schönen Körper anbieten zu müssen, um überhaupt sexuell interessant für andere zu sein. Der Körper ist einerseits das Vorzeigeobjekt, das begehrt werden soll. Andererseits ist er das, was im Bett geschützt und mit Süßem genährt werden muss, um ein Minimum an Genuss zu erfahren. Er ist zugleich das, wofür man sich schämt und sich schuldig fühlt. Der Körper ist alles, was man anbieten kann, weil sonst nichts zählt. Die Mitarbeiter der Beratungsstellen für junge Mädchen und Frauen, die Bulimie haben, kennen diese Problematik zur Genüge. Ebenso die Therapeuten, die mit dem Thema »Körperakzeptanz und Selbstakzeptanz« bei ihren Patientinnen jeden Alters täglich zu tun haben. Das Drama spielt sich nicht nur im Inneren der Betroffenen ab, sondern auch im Außen, durch einen enormen Zeit- und Kraftaufwand, ein körperliches Problem irgendwie in den Griff zu kriegen und bewundert zu werden.

Die Enttäuschung und die Kunst, damit fertigzuwerden

»Ich schaue in den Spiegel und bin fast immer enttäuscht.«

Das ist, zusammengefasst, eine der wesentlichen Aussagen in den »inneren Monologen«, in denen die Menschen stumm vor dem Spiegel über sich urteilen.

Der unaufhörliche Versuch, mit dieser Enttäuschung fertig zu werden, ist teuer. Kleider, Kosmetika, Schönheitsoperationen, Fitness, Yoga, Wellness, Lebensmittel aus dem Bioladen – all das kostet Geld und Anstrengung. Das Ziel ist, den anderen Menschen zu zeigen, dass »man in Form ist«. Für viele Menschen ist dieser Versuch mit der Arbeit des Sisyphos zu vergleichen. Immer wieder wird der Stein hochgerollt, und kaum ist er oben, rollt er wieder herunter. Eine Diät nach der anderen wird ausprobiert, verschiedene Trainings werden absolviert. Doch die angestrebte Disziplin und die Wut darüber, dass man immer wieder in dem Bemühen versagt, erzeugen Stress und verstärken die sowieso schon vorhandenen Minderwertigkeitskomplexe.

Wir reden hier nicht über die Enttäuschung durch das eigene Versagen im Alltag und im Beruf. Hier ist vielmehr von der Enttäuschung die Rede, nicht einem Idealbild zu entsprechen. Wer von sich enttäuscht ist, kann dies nur sein, wenn er/sie ein Idealbild im Kopf hat, mit dem er/sie sich unbewusst oder bewusst vergleicht: Ich bin nicht so wie Heidi Klum. Ich bin nicht so wie Brad Pitt. Ich bin nicht so wie die Models auf den Titelseiten der Illustrierten und den Werbeplakaten, nicht so wie die Talkmoderatorinnen im Fernsehen. Und darum bin ich wütend auf mich!

Die Macht der inneren Bilder wirkt. Durch sie wird auch hier bestimmt, wie viel wert sich ein Mensch fühlen darf. Je mehr die äußere Erscheinung dem inneren Bild von einer perfekten Erscheinung entspricht, umso mehr können sich Menschen scheinbar selbst akzeptieren. Doch bleibt die Frage, wie weit diese Selbstakzeptanz reicht und wie weit sie einen Menschen trägt?

Wie ist diese Fokussierung auf den Körper und dessen Erscheinungsbild zu erklären? Versuchen wir eine Deutung, die vielleicht dazu verhilft, dieses weitverbreitete Phänomen noch besser zu verstehen. Heute entscheidet sich das »richtig oder falsch« an der äußeren Erscheinung. Früher ging es – ganz in der christlichen Tradition – um die Frage: Wie fühle, denke und handle ich »richtig«? Richtig hieß: gottgefällig und den Zehn Geboten entsprechend.

Der Maßstab für die »Richtigkeit« bezog sich auf ethische und religiöse Kriterien, die mit den christlichen Tugenden verknüpft und verinnerlicht waren: Bescheidenheit, Demut, Nächstenliebe, Frömmigkeit, Fleiß und Treue. Natürlich garantierten diese Maßstäbe keineswegs, dass sich die Männer und Frauen ethisch-moralisch »richtig« verhielten. Aber ihr Gewissen orientierte sich an diesen Werten. Und das Gewissen war gerichtet auf innere Einstellungen und soziale Verhaltensweisen und nicht auf Äußerlichkeiten.

Insofern hat sich die Blickrichtung verschoben, von Gewissensfragen hin zu einem Anpassungsdruck an Maßstäbe, welche die äußere Erscheinung betreffen.

Natürlich werden diese Maßstäbe unterlaufen. Vielen Bürgerinnen und Bürgern sind die Schönheits- und Perfektionsideale der Upperclass vollkommen egal. In vielen Peergroups spielen Kleidung und Aussehen keine Rolle. Viele Männer und Frauen haben weder die Mittel noch die Möglichkeiten, sich mit einer Selbstoptimierung zu befassen. Sie legen deshalb gar keinen Wert auf ihre äußere Erscheinung. Auch wenn dies der Fall ist, wird dennoch die eigene Person aufgrund dieser Ideale abgelehnt, wie im Fall des arbeitslosen Kalle. Auch wenn er nichts mehr zu verlieren hat, fragt er sich: Wie sehe ich denn heute wieder aus!

Diejenigen jedoch, die etwas »werden« wollen und die Wertmaßstäbe ihrer Bezugsgruppe nach der äußeren Erscheinung ausrichten, setzen diesen Perfektionsansprüchen nichts entgegen, weil sie sich selbst und anderen etwas »wert« sein wollen. Der Körper wird somit zum Schauplatz, auf dem sich jemand selbst etwas wert sein möchte und zu behaupten versucht. Die »Natur« ist dabei leider sehr ungerecht.

Die Mehrzahl der Menschen entspricht per se nicht dem gesellschaftlichen Ideal von Schönheit und Perfektion. Da sind die Beine zu kurz, der Hintern zu breit, der Busen zu klein, zu groß, die Schultern zu schmal, das Gesicht zu kantig, der Hals zu dick, die Augen stehen zu eng beieinander, die Lippen sind zu schmal, die Hüften zu breit, der Bauch ist zu groß. Betrachtet man das Aussehen der heutigen Durchschnittsmenschen, ließe sich feststellen, dass kaum ein Mann oder eine Frau dem standardisierten Idealbild wirklich entspricht. Und selbst auf Bildschirm, Leinwand oder Bühne finden wir keineswegs nur die Menschentypen, die einen Schönheitswettbewerb gewinnen könnten. Diese Diskrepanz zwischen dem »Verlangten« und »Vorhandenen« ist selbst für Menschen nicht gut auszuhalten, die sich dieser Problematik nicht bewusst sind oder ihr kritisch gegenüberstehen. Der soziale und verinnerlichte Anpassungsdruck wirkt. Viele sehen sich im Kreuzfeuer der Selbstkritik und plagen sich mit ihrer von ihnen selbst empfundenen Unvollkommenheit ab.

Vier Methoden werden verwendet, um mit dem Problem umzugehen:

1. Der Machbarkeitswahn: Ich arbeite so lange an mir – mit Diäten, Schönheitsoperationen, Fitnesstraining etc. –, bis ich dem Ideal entspreche oder ihm zumindest nahe komme.
2. Die Resignation: Ich habe aufgegeben, es ist mir egal, wie ich aussehe. Ich bin ja sowieso nicht viel wert und nicht attraktiv.
3. Die Selbstdarstellung – nach entsprechenden Bemühungen: Schaut her, wie gut ich bin. Das Aussehen wird zur Schau getragen und Bewertungen ausgesetzt.

4. Die Selbstbejahung: Ich akzeptiere mich so, wie ich bin – gleich, was andere über mich denken. Aber wer kann sich das in einer so konformistischen Gesellschaft wie heute erlauben, ohne an sich zu zweifeln oder de facto dann von anderen abgewertet, missachtet oder kritisiert zu werden?

Mein Körper auf dem Präsentierteller: Schaut her!

Eine Castingshow: »Sagt mir doch, wie perfekt mein Körper ist.«
Sich selbst zur Schau zu stellen ist heute ein zunehmend gängiger Weg, sich seines Selbstwerts zu vergewissern. Die Modelshows von Heidi Klum, die Sendung *Deutschland sucht den Superstar* bieten diese Chance. Vor allem Privatsender eröffnen jungen Menschen die Möglichkeit, sich darzustellen und bewerten zu lassen. Die Art und Weise, wie sie sich präsentieren, entscheidet darüber, ob sie etwas taugen, etwas »wert« sind – für die Jury, das Publikum, für sich selbst. Ein bezeichnendes Beispiel dafür ist eine Castingshow, in der sich Mädchen und Jungen zwischen fünfzehn und zwanzig Jahren in Bezug auf ihre körperliche und sexuelle Attraktivität zur Schau stellen.

Nachmittags, an einem Wochentag, in einem Privatsender. Hinter drei Tischen in einem kalten, grell ausgeleuchteten Fernsehstudio sitzen drei Jurymitglieder. Sie, nennen wir sie Sabine, ist Mitte dreißig, salopp gekleidet, blonder Pferdeschwanz. Sabine scheint vergnügt und »gut drauf« zu sein. Man kann nicht sagen, dass sie eine Schönheit und besonders gut gekleidet wäre. Eine Jeansbluse, ein etwas kantiges Gesicht und nachlässig hochgebundene Haare zeichnen sie aus. Er, nennen wir ihn Ralf, ist ebenfalls Mitte dreißig, hat einen glatt rasierten Schädel, ein kleines Bärtchen. In seinem roten bedruckten T-Shirt wirkt er ziemlich verschwitzt. Der dritte Mann in der Jury, nennen wir ihn Uwe, ist Ende zwanzig, hat schwarze Haare, einen mit Gel hochgekämmten Pony. Mit einem karierten Holzfällerhemd gibt er sich wie ein modischer Naturbursche.

Keines der hier sitzenden Jurymitglieder käme auch nur annähernd als Model für die *Vogue* infrage. Sie sind weder gut gekleidet noch besonders attraktiv oder übermäßig gepflegt und gestylt, wenn hier überhaupt von einem »Style« die Rede sein kann.

Sabine, Ralf und Uwe haben aber Urteile über die Jungen und Mädchen zu fällen, die sich gleich als Gäste der Show präsentieren werden. Piri, die Moderatorin, hat nicht selbst zu urteilen, sondern die Urteile lediglich zu vermitteln. Sie steht vor einer elektronischen Klapptafel, auf der die Bewertungspunkte angezeigt werden. Ihre Aufgabe ist es, die Bewertungspunkte der Jury durch einen Klick einzugeben, damit sie auf der Tafel erscheinen. Piri ist Ende zwanzig, mit blondem, verwuscheltem Lockenkopf, rotem Minirock mit Rüschen und einer rosafarbenen Bluse. Sie trägt goldene Ballerinas und ist sehr stark geschminkt.

»Der Nächste bitte«, haucht Piri ins Mikrofon.

Musik! Der Vorhang öffnet sich, und der Zuschauer ahnt dahinter einen langen Gang. Etwas schwerfällig und unsicher schreitet ein bodygebildeter Zwanzigjähriger herein. Braun gebrannt, mit gegelten blonden Haaren, in einer tigergemusterten Badehose. In einer Pose wie Tarzan betritt er nun mit geballter Kraft ein Podest, das etwa drei Meter entfernt vor der Jury aufgebaut ist. Er nimmt das Mikrofon in die Hand, hüstelt.

Bevor er zu sprechen anfängt, greift Piri ein. »Leute!«, ruft sie, »das ist Olli! Olli ist einundzwanzig! Gut gestylt und sexy, stimmt's Olli? Nun, Olli, sag was über dich!«

Olli räuspert sich. Klopft mit dem Zeigefinger auf dem Mikrofon herum und beginnt mit vor Aufregung heiserer Stimme: »Ich bin der Größte. Ich bin sexy, ich weiß, ihr wisst das. Ich bin Olli und deshalb bin ich hier!«

»Wow!«, sagt Sabine aus der Jury, »Olli dichtet. Klasse, was? Olli, schön, dass du da bist. Ich bin jetzt dran, um dir … na? Wie viele Punkte? Schau'n wir mal … zu geben. Ja, Olli, also ich finde erst mal – du gefällst mir.«

Klatschen. Kameraschwenk. Mir als Zuschauerin zu Hause vor dem Fernsehapparat wird klar: Nicht nur das Fernsehpublikum schaut zu, sondern auch Publikum in der Sendung – die Zuschauer live. Das Publikum setzt sich aus achtzehn- bis zwanzigjährigen Jungen und Mädchen zusammen. Bunt und locker, aufgeregt, mit glänzenden Nasen und glänzenden Augen. Es scheint, als wäre das Publikum mindestens so aufgeregt wie diejenigen, die einen Auftritt haben.

Wieder ein Tusch! Olli tritt verlegen von einem Bein auf das andere und hält sich am Mikrofon fest.

»Also Olli, ich finde … ich finde«, Sabine überlegt und lässt ihre Blicke an Ollis Körper nach unten gleiten, »ich finde, du bist ziemlich gut durchtrainiert. Aber ehrlich – ein bisschen zu gut. Der Body ist oben viel zu massiv. Also, also, was machen wir denn da: Wir sagen … ich sage … ich gebe dir dafür … sieben Punkte!«

Ollis Kinnlade klappt herunter.

Sabine fährt fort: »Aber, Olli, denk dir nix, dafür – wie soll ich's sagen, hast du ein Supergesicht. So fröhlich und sympathisch, so männlich und jungenhaft.«

Olli richtet sich etwas auf.

»Ich würde sagen: Gesicht acht Punkte.«

Auf der Klapptafel erscheinen digitale Zahlen, wie auf dem Bahnsteig. Also für Olli bis jetzt sieben Punkte für den zu sehr trainierten Body und acht Punkte für das sympathische Gesicht. »Neun Punkte sind die Höchstzahl«, ruft Piri, »mal sehen, Olli, ob du das in allen anderen Beurteilungskriterien schaffst.«

Olli guckt irritiert. Offensichtlich weiß er nicht, um welche »Kriterien« es hier geht.

»Nun kommen wir zu deinem Sex-Appeal. Also in der Hinsicht, Olli, bin ich bei dir mit neun Punkten! Sex-Appeal hast du irgendwie schon!« Sabine, die Jurorin, ist großzügig.

Jubel im Publikum. Die Kamera schwenkt herum. Die Mädchenaugen werden feucht vor Aufregung und Bewunderung. Die Mädels im Publikum finden Olli offensichtlich ganz toll.

Olli richtet sich noch mehr auf, tritt wieder von einem Fuß auf den anderen und strahlt.

Nun kommt Uwe mit seiner Beurteilung an die Reihe. Uwe grinst etwas hämisch. »Na Olli, mit der Ausstrahlung klappt es nicht, überzeugt mich nicht. Maximal sieben Punkte. Und das ist wirklich gut gemeint.«

Ralf wackelt auf seinem Stuhl hin und her, nimmt das Mikrofon in die Hände und erklärt mit sonorer Stimme: »Die Beine, Olli, die Beine. Sie sind zu krumm! Du hast wohl immer schon O-Beine gehabt. Na, ob man da was dran machen kann? Also Beine, na ich würde sagen: nicht mehr als sieben Punkte, ne, eigentlich nur sechs.«

Sabine sieht so aus, als wäre sie leicht empört: »Na ja, Ralf, wenn du meinst. Ich bin da nicht deiner Meinung. Von mir kriegt er auf jeden Fall sieben Punkte. Kommen wir nun zur Mimik.«

Uwe wirft ein: »Richtig, aber ich bin jetzt wieder dran. Die Mimik – steif und verkrampft, nicht mehr als sechs Punkte. Da kommt nichts rüber, wenn ihr meine Meinung wissen wollt.«

Olli steht – wie ich finde – wie am Pranger. Ich sehe in den Nahaufnahmen, wie er kaum zu atmen wagt, wie er nachgerade Blut und Wasser schwitzt.

Piri gibt ein Zeichen, ein Tusch erklingt.

»Olli, du hast leider nicht genug Punkte für die Endauswahl – und, tut mir leid, Olli, damit bist du aus dem Spiel. Aber Olli«, fügt sie tröstend hinzu, »vielleicht klappt es ja beim nächsten Mal.«

Olli hängt das Mikrofon in den Ständer, nickt der Jury und dem Publikum zu und zieht ab. Wie mag sich Olli nun fühlen, nach seinen zahllosen Trainingseinheiten, den vielen Besuchen im Sonnenstudio und der Suche nach einer passenden Badehose? Seine Körpersprache verrät es. Er wirkt wie ein begossener Pudel. Es war alles umsonst. Und wie soll er denn noch eine Chance haben? Noch mehr Bräune? Noch weniger Badehose? Noch mehr Training? Den Mängeln in der Mimik und in Bezug auf seine Ausstrahlung wird allein damit nicht beizukommen sein.

»Und nun«, der Anfang eines Schlagers erklingt, und Piri erhebt die Stimme: »Danny! Danny, unser neuer Star.«

Auf knallroten High Heels und mit wackelnden Hüften erscheint die Angekündigte. Danny hat lange Beine, langes, schwarz gefärbtes

Haar, trägt einen sehr knappen roten Bikini mit einer goldenen Schnalle über der Scham. Sie wirft ihre Locken zurück und stelzt auf das Podest. Alle klatschen.

»Hallo Danny, schön, dass du da bist. Wir freuen uns alle, nicht wahr?« Piri wirft einen Blick auf die Jury, und alle drei Jurymitglieder nicken einstimmig.

»Nun sag mal was über dich«, fordert Piri.

Danny nimmt das Mikrofon in die Hand.

Die Bewegung, wie sie schmeichelnd mit ihrer Hand das Mikrofon umklammert, wirkt fast obszön.

»Ich heiße Danny«, flüstert sie heiser und gewollt lüstern, »bin siebzehn Jahre alt, will Model werden und finde es super, hier zu sein.«

Applaus.

»Also Danny, etwas lauter bitte!«, beginnt Ralf.

Danny wiederholt, nun etwas verunsichert, ihren Satz.

»Dann wollen wir doch mal schauen, was wir so an dir alles sehen. Also ja, ich finde, du bist sehr hübsch!«, behauptet Uwe. Applaus. Tusch. »Aber!«, fährt Ralf fort, »mit deinen aufgespritzten Lippen bin ich nicht so einverstanden. Kannst du mir folgen?«

Danny beißt die Zähne zusammen und rührt sich nicht.

»Dein Busen ist gut, Hüfte und Taille sind okay. Ja, wirklich klasse, und deine Beine – sind ein Traum.«

Applaus. Sabine verzieht etwas den Mund. »Doch die Schuhe, das ist nur ein persönlicher Rat, die sehen zwar geil aus, aber ne, ne, Danny, mach das mal nicht.«

Danny steht starr und wartet.

»Nun kommen wir mal zu den Punkten: Gesicht und Haare, ihr wisst schon, sagen wir acht Punkte. Body, na auf jeden Fall neun Punkte. Und der Rest – Sex-Appeal – ich sage mal, sage mal … acht Punkte.«

Danny lächelt gequält. Applaus.

Piri fühlt mit. »Danny, mach dir nichts draus. Acht Punkte sind doch okay. Oder nicht? Ist wirklich ein sehr gutes Ergebnis. Du bist einfach gut. Und nun Sabine …«

Sabine gibt ihre Beurteilung ab. Und Piri verkündigt die Gesamtsumme. Sie ist hoch genug, damit Danny bleiben darf.

»Und damit, Danny, kommst du für heute in die engere Auswahl. Bitte stell dich auf das andere Podest, dort, dort unter die Zahlentafel.« Ralf macht nervös ein Zeichen, weil Danny nicht sofort kapiert, wo sie hingehen soll. Sie stelzt auf ihren Stöckelabsätzen mit wackelnden Hüften auf das Podest. Das Publikum klatscht. Musik. Aber Dannys Miene wirkt verdüstert.

Einen Moment lang entsteht eine seltsame Stille. Irgendetwas geschieht, was keiner merkt oder merken will. Ein Augenblick der Scham? Was geht in Danny vor? Sie hält inne, bevor sie auf das Podest unter der Zahlentafel steigt und wie ein preisgekröntes Schaustück posiert.

Die Show geht weiter. »Der Nächste bitte«, ruft Piri. Der Vorhang öffnet sich – und Frankie, zwanzig Jahre alt, begibt sich auf das Plateau der Beurteilungen. Und so geht das Bewertungsspiel weiter.

Die Zerteilung und Bewertung des Körpers

Als ich diese Sendung sah, hatte ich den Impuls einzugreifen. Nicht etwa, um die Bewertungen der Jury infrage zu stellen, sondern um mit Olli und Danny zu reden. Ich hätte Lust gehabt, sie zu fragen: Was machst du am liebsten? Welchen Beruf willst du ergreifen? Wovon träumst du? Was ist in dir vorgegangen, als du dich auf dem Präsentierteller diesen Urteilen ausgesetzt hast? Warum willst du dich öffentlich bewerten lassen, wenn du damit Gefahr läufst durchzufallen?

Was hätten die Betreffenden wohl geantwortet? Es sind junge Menschen mit einer Kindheitsgeschichte, mit Sehnsüchten und Träumen, mit einem Wissen und mit Fähigkeiten, nach denen womöglich noch niemand gefragt hat.

Vermutlich hätten sie sich über meine Fragen gewundert. Denn um diese Themen ging es ihnen gar nicht. Sie wollten einfach nur in die engere Wahl kommen. Ja, für was eigentlich? Ihr mehr oder weniger gut präparierter Körper ist Mittel und Zweck, um »ausgewählt« zu werden. Für eine Modelkarriere? Für Shows? Und dann? Diese Sendung ist ein Symptom. Sie bedient ein offensichtlich zunehmendes Bedürfnis von vielen Menschen, vor allem jungen, sich bewerten zu lassen, um sich etwas wert fühlen zu können. Solche Sendungen werden immer häufiger aus dem Boden gestampft und stoßen auf sichtliches Publikumsinteresse. Hier kann man wenigstens zusehen, wie jemand auf- und abgewertet wird. Es scheint mehr als genug Männer und Frauen zu geben, die nichts lieber wollen, als auf diese Weise bewertet zu werden und sich notgedrungen so preiszugeben. Der Prozess der Auswahl scheint einer Art »Einweihung« zu entsprechen. »Ich bin etwas ganz Besonderes. Ich gehöre jetzt dazu! Ich darf dabei sein, ich bin im Fernsehen.«

In der hier beschriebenen Sendung geht es »nur« um den Body, »nur« um sexuelle Attraktivität, nicht um irgendein Können.

Der Körper allein zählt – und die Leistungen, die an ihm vollbracht wurden.

Durch die Beurteilung wird der Körper *fragmentarisiert*. Er wird in »Einzelteile« zerlegt, die dann jeweils bewertet werden. Indirekt werden auch die Leistungen bewertet, durch die der Körper »in Form gebracht wurde«: die Aktionen, die unternommen wurden, um die Beine zu trainieren, das Gesicht zu schminken und die Haare zu stylen. Zum anderen wird in diesem Vorgang *reduziert*: Die Bewertung des Menschen bezieht sich einzig und allein auf seinen Körper. Alles andere spielt keine Rolle. Weder Begabungen noch Interessen oder soziale Verhaltensweisen, Tagträume und Fähigkeiten im Beruf. Die körperliche Attraktivität ist ein »Ding an sich«. Damit werden die Kandidaten *entindividualisiert*. Wer sie *sind*, ist vollkommen uninteressant.

Die Kandidaten Olli und Danny haben den Aufwand für ihre »Verschönerungen« nicht betrieben, um einem bestimmten Menschen zu gefallen, den sie begehren und verführen wollen. Es ging ihnen nur darum, eine ihnen völlig unbekannte Jury zu überzeugen.

Wie sieht das »perfekte Bild« aus, an dem sich die Kandidaten messen lassen müssen? Das ist nur indirekt und ex negativo klar: Der oder die Auserwählte darf keine O-Beine haben, keinen zu starken Brustkorb, nicht zu viel oder nicht zu wenig Busen. Die Hüfte soll nicht zu ausladend sein, starre Mimik ist unerwünscht, Ausstrahlung und Sex-Appeal werden gefordert, zu rote Schuhe, zu viel Schminke oder eine lächerlich wirkende Badehose sind kontraproduktiv. Dahinter steht eine Standardisierung von Schönheit, die seltsam asozial und abstrakt ist. In der Realität ist es ja keineswegs so, dass alle Männer und Frauen den gleichen Geschmack, die gleichen Vorlieben haben. Es gibt Männer, die finden kleine Busen toll, andere bevorzugen Frauen mit großem Busen. Manche mögen die Superschlanken, andere finden »Hungerhaken« unattraktiv. Viele Frauen mögen Männer mit Glatze nicht, andere finden Glatzen sexy. Die Jury jedoch scheint genau zu wissen, was »gilt« und was nicht, wenn auch nur über ein Ausschlussverfahren.

Ich will endlich mal beachtet werden

Warum tun sich junge Menschen so etwas an? Sie wollen im Trend sein. Sie machen mit, weil sie anerkannt werden wollen. Sie wollen etwas wert sein. Offensichtlich nehmen sie in dieser Show mehrerlei in Kauf, ohne dass sie Einspruch erheben und sich wehren können. Sie betreiben viel Aufwand, um »dabei« sein zu dürfen. Dass sie abgewertet und »rausgeschmissen« werden, damit müssen sie rechnen. Auch wenn die Urteile in dieser Castingshow nicht ganz so brutal und herabwürdigend sind wie bei Dieter Bohlen, verletzend sind die Bemerkungen der Jurymitglieder allemal. So stehen die Kandidaten – bildlich gesprochen – auf einer Auf- und Abwertungsschaukel. Als Kandidat an dieser Show teilnehmen zu dürfen kommt einer Aufwertung gleich. Die Abwertung folgt durch die jeweils immer mögliche Bemerkung: »Du kommst nicht infrage.« Das ist der Satz, der die Hoffnung, anerkannt zu werden, auf einen Schlag zerstört.

Zweifellos steht die Enttäuschung den nicht auserwählten Jungen und Mädchen ins Gesicht geschrieben. Sie haben sich vor eine Prüfungskommission begeben und fallen nun durch.

Diejenigen, die solche Sendungen konzipieren, greifen in der Tat ein heißes Thema auf, ohne es vielleicht zu wissen. Es ist das Thema »Selbstwert«. Sie sprechen diejenigen an, die den unbedingten Wunsch haben, etwas oder noch mehr »wert« zu sein. Auf dem Bildschirm zu erscheinen, scheint ein probates Mittel zu sein. Es entspricht einem Satz, der auch in Politikerkreisen kursiert: Wer nicht auf dem Bildschirm erscheint, existiert auch gar nicht. Ist das Selbstwertgefühl vieler junger Mädchen und Jungen heute so gering, dass sie sich freiwillig der Gefahr aussetzen, auf breiter Linie und öffentlich zu scheitern? Welche ziemlich unrealistischen Hoffnungen sind mit dieser »Selbstdarstellung« verbunden? Welche Rollen spielen die Eltern dabei? In der Sendung, in der Olli und Danny ihre Körper bewerten ließen, tauchten die Eltern nicht auf. In *Deutschland sucht den Superstar* dürfen die Verwandten dabei sein – und Dieter Bohlen auch mal die Hand drücken. Die Eltern sind genauso aufgeregt wie ihre Kinder. Sie strahlen vor Glück oder grämen sich, je nachdem, wie der Sprössling »bewertet« wird. Sie selbst sind »Teil des Systems«, in dem das öffentliche Bewertetwerden so ungeheuer reizvoll zu sein scheint und das Signum des Außergewöhnlichen in sich trägt. Entscheidend ist es, dabei zu sein, nicht unbedingt zu gewinnen. Viele kommen, doch nur die Allerwenigsten sind auserwählt. Und die, die auserwählt sind, können keineswegs mit einem dauerhaften Ruhm rechnen. Über die seelischen Folgen, die diejenigen erleben müssen, die ausscheiden und damit »durch den Rost« fallen, ist bisher wenig öffentlich diskutiert worden. Bleibt ein gekränktes »Ich«, das sich immerhin damit rühmen kann, »einmal wenigstens im Scheinwerferlicht gestanden zu haben.«[27]

Nicht nur in dieser Sendung zeigt sich, dass heute der »Körperkult« Hochkonjunktur hat. Körperkult gab es schon in der antiken Welt, zum Beispiel im alten Griechenland. Das Streben nach Schönheit ist allgemein menschlich und zeigt sich in den verschiedenen Epochen in sehr unterschiedlicher Weise.[28] Der Körper wurde über weite Strecken der Menschheitsgeschichte als ein Ausdruck, ein Ort, als ein Spiegel von Seele und Geist gesehen.

Davon ist heute nicht mehr die Rede.

Der heutige Körperkult kreist um den Body schlechthin und schlägt sich unter anderem in der Schönheitschirurgie nieder. Der Körper kann auf perfekte Maße zurechtgeschnitten werden, um den »Standards« zu entsprechen.

Waltraud Posch hat dies in ihrem bemerkenswerten Buch *Projekt Körper* thematisiert.[29]

Der perfekte Körper – die Optimierung durch Operation

Wer meint, nicht schön genug zu sein, will das ändern. Die Abwertung des eigenen Körpers wird zum Motiv, sich unter das Messer zu begeben. Als ich anfing, mich mit den Möglichkeiten der heutigen Schönheitsoperationen zu beschäftigen, lernte ich die Schönheitschirurgin Dr. F. kennen, die mir Fälle aus ihrer Praxis erzählte.[30]

Elisa B., Mitte zwanzig, sitzt in der Praxis der Schönheitschirurgin. Sie ist sehr schlank, sieht ganz hübsch aus, hat aber einen leicht vergrämten Gesichtsausdruck. Elisa arbeitet als Angestellte in einer Versicherung.

»Ich leide darunter, dass ich so einen kleinen Busen habe«, sagt sie. »Mein Freund schielt immer nach den Frauen mit Oberweite. Meine Mutter hat mich immer geneckt und gesagt: Na, Karl, du kannst ohne BH gehen! Sie nennt mich immer Karl, wegen meines nicht vorhandenen Busens. Ich glaube, sie ist nur neidisch. Ihr Busen ist groß. Also so ungefähr 90, mindestens. Kleidergröße 34 – geht bei ihr nicht. Aber bei mir!«

Dr. F. zieht leicht die Augenbrauen hoch. »Aber Größe 34 muss nicht sein. Das wissen Sie doch selbst.«

»Ja, sicher«, sagt Elisa B., »ich hab Größe 34. Und ich kann nicht leiden, wenn mich meine Mutter als Hungerhaken bezeichnet. Ich kann kaum noch schlafen. Ich muss immer daran denken, dass ich was ändern muss. Ich hab genug Geld gespart, damit ich mir die Operation leisten kann.«

»Ich verstehe nicht ganz«, erwidert die Chirurgin, »warum Sie einerseits stolz darauf sind, nur Größe 34 zu tragen, und andererseits einen größeren Busen haben wollen.« Elisa zuckt mit den Schultern.

Nach einigem Hin und Her – und vor allem, nachdem die Chirurgin Elisa auf die Risiken und Nachteile einer solchen Operation hingewiesen hat –, ist der Entschluss gefasst: Die OP findet statt.

Der Körper als zurechtgeschnittener Stoff

Das ist eine von vielen Szenen, die sich in der Praxis von Schönheitschirurgen abspielen. Mittlerweile ist die Lust und Qual, sich selbst zu verschönern, schon lange kein Privileg mehr für Frauen. Männer befinden sich ebenfalls ganz im Sog einer körperbezogenen Selbstverbesserungswelle. In der ästhetisch-plastischen Chirurgie ist mittlerweile jeder dritte Patient ein Mann, Tendenz steigend. Aus einer Studie der DGÄPC[31] geht hervor: Die Männer seien in der Regel zwischen vierzig und fünfzig Jahren alt, gebildet, anspruchsvoll, kritisch in der Auswahl ihrer Ärzte. Ihnen käme es vor allem auf Fettabsaugen, Korrekturen am Doppelkinn und an den Tränensäcken an. Bemerkenswert sei, dass immer mehr sehr junge Frauen sich einer Schönheitsoperation unterziehen. Das brächte das besondere Problem mit sich, dass die Wachstumsprozesse mitberücksichtigt werden müssen. Das führt dazu, dass immer wieder neue Korrekturen vorgenommen werden müssten.

»Der typische Patient gilt als extrovertiert, kontaktfreudig und sozial aktiv. Darüber hinaus ist er emotional empfindlich, äußerst selbstkritisch und ringt um Perfektion. In der Gesamtbevölkerung nimmt ein solches Persönlichkeitsprofil lediglich fünf Prozent ein. Meist beklagt dieser Personenkreis mangelndes Verständnis seitens der Mitmenschen. So wählen typische Patienten den direkten Weg zum Schönheitschirurgen und verschweigen ihre Operation. Auf diese Weise entfällt der Zwang zur Rechtfertigung.« So heißt es in einer Studie, die ein DGÄPC-Mitglied an hundertachtzehn seiner Patienten durchführte.[32]

»Natürlich gibt es immer wieder Menschen, die wie Barbie oder Nicole Kidman aussehen wollen. Aber kein verantwortungsbewusster plastischer Chirurg würde einem Patienten das komplette Gesicht operieren«, sagt DGÄPC-Präsident Prof. Albert K. Hofmann aus Ulm. »Schönheit ist nicht berechenbar. Sie ist ein ganz subjektives Gefühl. Schönheit lässt sich auch nicht einfach von einem Menschen auf den anderen kopieren. Denn letztlich sind es ja auch die kleinen individuellen Fehler, die wahre Schönheit erst zur Geltung bringen. Schönheitschirurgische Veränderungen sollten nur in dem Rahmen durchgeführt werden, dass sie dem Typ und der Persönlichkeit des Patienten entsprechen oder diese betonen.«[33] Diesen kritischen Einwänden gegenüber steht ein offensichtlich tief sitzendes Problem: Selbstwertdefizite, die am Körper »festgemacht« werden. Diese Selbstwertproblematik, den Körper betreffend, hat einen regelrechten »Schönheitsoperationsmarkt« geschaffen.[34] Nach Einschätzungen der Deutschen Gesellschaft für Ästhetisch-Plastische Chirurgie (DGÄPC) wurden im vergangenen Jahr vierhunderttausend ästhetisch-plastische Operationen in Deutschland durchgeführt. Zu den beliebtesten Eingriffen in Deutschland zählen Fettabsaugungen, Ohrenkorrekturen, Entfernung von Tränensäcken und Schlupflidern, Facelifting, Nasenkorrekturen, Oberschenkel-, Gesäß- und Bauchdeckenstraffung, Brustoperationen. Die Kosten, die dafür aufgebracht werden müssen, sind immens. Die Gefahr, dass die Operation nicht so ausfällt, wie der Patient es erwartet, ist ebenfalls nicht zu unterschätzen.

Richtig oder falsch leben: Der Körper als Indikator

Die bereits erwähnte Schönheitschirurgin Dr. F. erzählte mir, dass es in bestimmten sozialen Schichten als absolut unmöglich gilt, Falten zu haben oder fett zu sein. Wer zu einer Elite gehören will, kann es sich nicht leisten, unattraktiv und dick zu sein. Waltraud Posch bestätigt dies: »Heute ist ein dicker Bauch sichtbarer Ausdruck falschen Konsumverhaltens, falscher Lebensweise, falscher Entscheidungen, mangelnder Kontrollfähigkeit und damit mangelnder Managementfähigkeit. Schlanksein steht demnach nur allzu schnell für Wendigkeit, Fleiß und Flexibilität.«[35] Der »passende« Körper ist ein Indiz dafür, dass jemand »richtig« lebt und dazugehört. Posch macht darauf aufmerksam, dass der Auflösung von Schichten in der modernen Demokratie die körperliche Verfassung entgegensteht, über die entschieden wird, wer zu welcher Schicht gehört. Und wer »oben« sein will, hat entsprechend auszusehen. »Auch die starke mediale Sichtbarkeit der schönen Elite trägt dazu bei, dass aufstiegsorientierte Menschen die Darstellungskompetenz von Schönheit als Kriterium des Aufstiegs wahrnehmen.«[36] Der Körper ist wie ein Statussymbol, über das entschieden wird, wer dazugehören darf und wer nicht.

Das Ziel, über Schönheit »aufzusteigen«, wird jedoch keineswegs nur von Frauen und Männern angestrebt, die zur Elite gehören. Viele Mädchen und Frauen und immer mehr Jungen und Männer aus »normalen« Verhältnissen – das meint: nicht zur Upperclass gehörend – befassen sich mit ihrem Körper und dessen »Optimierung«. Wie die Schönheitschirurgin berichtete, erlebt sie bei ihren Patienten Angstzustände und Schuldgefühle, die aus den Bewertungen ihres Körpers resultieren: Angst, den Erwartungen von anderen nicht zu entsprechen und zu versagen, Schuldgefühle, in den Verdacht zu kommen, sich gehen zu lassen und zur Strafe hässlich zu werden. Diese Gefühle sind so mächtig, dass weder Geld, Schmerzen noch die Gefahren einer Operation eine Rolle spielen.

Es würde gespart und verzichtet, nur um sich eine solche Operation finanziell leisten zu können. Meist würden die Argumente des Arztes beiseitegeschoben, dass eine Operation, mit irreparablen Folgeschäden, schiefgehen könnte.

Als ich Dr. F. fragte, ob sie denn mit den Patienten auch über andere Aspekte des Lebens spräche, sah sie mich erstaunt an. Sie konnte sich aufgrund ihrer jahrelangen Erfahrung gar nicht vorstellen, dass es Menschen gibt, denen auch anderes im Leben wichtig ist, Menschen, denen ihr Aussehen entweder gleichgültig ist oder die ihr Aussehen so akzeptieren, wie es ist.

Nach diesem Interview sowie nach vielen Gesprächen mit Frauen wurde mir klar, dass etwas Weiteres, Seltsames in der Beurteilung des eigenen Körpers stattfindet. Der Körper wird, ohne dass dies ausgesprochen wird, nicht als ein Ausdruck des eigenen Seins betrachtet, sondern als etwas »Abgetrenntes«. Der Körper ist ein »Stück«, an dem man herumoperiert und manipuliert. Der Körper ist Objekt und nicht Ausdruck der eigenen Persönlichkeit.

Die Aufteilung der Menschen in Körper, Seele, Geist, die seit Jahrtausenden vollzogen wird, um die verschiedenen Aspekte des Menschen zu bezeichnen, radikalisiert sich. Da »nur« der Körper – und nicht die Seele und der Geist – sichtbar ist und das Sichtbare das ist, was einem »Sicherheit« verschafft, über die man nicht zu spekulieren braucht, wird der Körper der Dreh- und Angelpunkt, um den die Gedanken und Gefühle kreisen. Der Körper ist nicht der »Ort«, in dem Seele und Geist »wohnen«. Er ist eine bewegliche Masse von Haut, Fleisch und Knochen, die einer »Form«, einem Idealbild zu entsprechen hat.

Ohne hier auf das ganzheitliche Denken, eine psychosomatische Medizin oder gar spirituelle Deutungen über das Verhältnis Körper, Seele, Geist eingehen zu können, lässt sich sagen: Die überlieferte christliche Trennung des sichtbaren Körperlichen und des unsichtbaren Seelisch-Geistigen findet im modernen Leben einen besonderen Ausdruck. Der Body wird, wie ein Auto zum TÜV, zum Arzt gefahren, der checkt und repariert. Der Körper ist Stoff und Ware, die bearbeitet wird, um gut bewertet und verkauft zu werden. Und wer dies nicht schafft, hat Schuldgefühle und Angst, nichts mehr wert zu sein.

Resümee und Anregungen

Der Anspruch an einen Menschen, der für *wert erachtet* wird zu leben, konzentriert sich heute *auf die körperliche Unversehrtheit*. So wichtig und wünschenswert Gesundheit und Schönheit sind, so wenig sagt beides etwas über die gesamten Qualitäten eines Menschen aus.

Ohne dass dies ausgesprochen wird: Alle anderen menschlichen Eigenschaften, durch die ein Mensch sich als »wertvoll« fühlen kann, werden nicht erwogen. Es wäre ja keineswegs ausgeschlossen, dass ein Kind, das mit vier Daumen aufwächst, ein sehr kreatives und begabtes Kind werden könnte. Ein Kind mit Down-Syndrom kann fähig zu intensivem Mitgefühl sein. Ein verkrüppeltes Kind kann neugierig sein, originell denken, kann malen und zeichnen. (Wie zum Beispiel der Maler Henri Toulouse-Lautrec.) Ein körperlich gesunder Mensch kann sich glücklich schätzen. Jedoch garantiert die körperliche Gesundheit allein weder Erfolg noch Glück und schon gar nicht ein positives Selbstwertgefühl.

Wer körperlich unversehrt und gesund ist, ist deshalb ja nicht automatisch schon glücklich. Und ein Mensch, der krank und behindert ist, muss keineswegs immer und durchweg todunglücklich sein. Natürlich ist ein kranker Mensch in seinen Lebensäußerungen eingeschränkt und belastet, ebenso wie die Menschen, die ihn versorgen. Aber aus dem berechtigten Anspruch der einzelnen Kranken auf Gesundheit ein *abstrakt geltendes Ziel für den Wert des Menschen* abzuleiten bedeutet die *Diktatur der Gesundheit und Makellosigkeit*. So werden Krankheit und Behinderung als Mangel betrachtet und nicht zum selbstverständlichen Ausdruck menschlicher Existenz und zu einer Herausforderung, an der ein Mensch wachsen und sich weiterentwickeln kann. Mit dieser Reduzierung ist gleichsam auch eine Bewertung verbunden: gesund = etwas wert, krank = nicht so viel wert. Gesundsein heißt: funktionieren. In der Konzentration auf die Werte »Gesundheit« und »körperliche Makellosigkeit« wird die Krise einer Umbruchzeit deutlich. Der Mensch mit seinem schwankenden und irritierten Selbstwertgefühl, der nun weitgehend nicht mehr von Staat und Kirche »zurechtgewiesen und angeleitet« wird, sucht sich einen Ausweg aus dem Dilemma der scheinbaren Freiheit: Die Freiheit heißt, mit dem Körper das zu machen, was Anerkennung verspricht. Die Anerkennung wird erhofft auf der Basis von Gesundheit, Schönheit und Makellosigkeit. Die Wünsche, in diesem Sinn etwas wert zu sein, sind mehr als verständlich. Doch der Körper ist nicht ein Objekt, sondern ein Ausdruck der Identität, wie der Ort der Seele und des Geistes. Den eigenen Körper so zu akzeptieren, wie er ist, dem Körper Aufmerksamkeit zu schenken, ist ein Ausdruck von Selbstzuneigung. Jede Zelle des Körpers ist Teil von uns selbst. Und alles, was wir fühlen, denken und tun, speichern die Körperzellen. Unser Körper trägt unsere Erfahrungen. Ein Grund, ihn wertzuschätzen und nicht wie ein Objekt nach Idealbildern zurechtzuschustern, abzulehnen oder zu überschätzen.

10 Schauplatz Sex, Liebe und Ehe – Wer ist begehrenswert? Wer wird entwertet?

Ihrer Körperlichkeit können Menschen ebenso wenig ausweichen wie der Tatsache, dass sie sexuelle Wesen sind.

Sex ist ein heißes Thema. Nicht nur, weil Sexualität mit so vielen Wünschen verbunden ist, sondern für das eigene Selbstwertgefühl sehr vieles bedeuten kann: begehrt werden und begehren, sich gut fühlen, Lust empfinden, lieben und geliebt werden.

Der sexuelle Akt wird seit Menschengedenken »bewertet« und beurteilt, als notwendiges Übel, als das Einzige, was wirklich zählt, als wünschenswert, als notwendig, als verwerflich, als Gefahr und als etwas, was in Schach gehalten werden muss. Sex wird beurteilt und bestraft. Auch wenn die Vertreter von Kirche und Staat nicht in die Schlafzimmer schauen können und dort auch nichts zu suchen haben, wird seit jeher von verschiedenen Instanzen versucht, Sex zu kontrollieren und zu sanktionieren. Die Beziehungskonstellationen, in denen Sex stattfindet, werden beäugt und geahndet.

Das ist kein Wunder, wenn man sich bewusst macht, welche Macht und Triebkraft die Sexualität hat. Aus sexuell motivierter Leidenschaft wurden Kriege geführt, wurde gemordet, es wurden die schönsten Kunstwerke geschaffen, und es wurden »Berge versetzt«.

Wie wiederum sexuelle Beziehungen bewertet werden, hängt davon ab, wie das »Normale« und »Natürliche« in Sachen Sex definiert wird. Im alten Griechenland war die Knabenliebe geachtet, in vielen Jahrhunderten im christlichen Europa wurde sie hart bestraft. Sex mit

Kindern – heute eines der übelsten Vergehen – wurde jahrhundertelang nicht geahndet. Die Sexualität der Frau wurde in alten Zeiten in Asien als Quelle der Freude hochgeachtet, im Mittelalter in Europa verworfen, soweit Sex nicht in der Ehe stattfand und nicht der Erzeugung von Nachkommen diente.

Jede Person, die den jeweiligen Rahmen dessen verließ, was als »normal« angesehen wurde, wurde bestraft. Sie verletzte die als allgemeingültig angesehenen Maßstäbe. Das haben nicht nur Homosexuelle auf grausamste Weise erfahren und erfahren es in vielen Ländern noch immer.

Die sexuellen Wünsche, Begierden und Träume können übermächtig sein, so sehr, dass sie durch Erziehung, Regeln und Verbote weder steuer- noch letztlich kontrollierbar sind.

Welche Bedeutung hat Sex nun für das Selbstwertgefühl? Mit welchen Werten wird Sexualität verknüpft? Und in welcher Weise fühlen sich Männer und Frauen als sexuelle Wesen be- und entwertet?

Fragen wir, was Männer und Frauen von heute zu diesem Thema zu sagen haben.

Sex – der Weg zum Glück oder in die Enttäuschung? Persönliche Berichte[37]

Entwertung durch Veröffentlichung

Nina, siebzehn Jahre alt, Schülerin, die mit »Freunden« typische Erfahrungen macht.

»Ich bin in einer Gruppe von Mädels und Jungs, und wir machen viel zusammen. So richtig enge Freunde sind wir nicht. Eher Kumpels oder so … Tanzen gehen, an den Strand, Partys, na ja und miteinander rumhängen und ein bisschen Petting. Unsere Eltern sind nicht davon begeistert, dass wir so miteinander rumhängen, aber können nichts dagegen machen. Wir chillen, na und …? Irgendwann nach einer Party haben wir mit den Handys Fotos von uns gemacht, das heißt, wir Mädchen haben uns fotografiert. Also oben ohne, aber mit ’ner Hose oder einem Slip, also nicht ganz nackt. Wir fanden das lustig und haben uns totgelacht, na ja, und wir hatten schon einiges gekippt. Die Jungen fanden das auch geil. Dass Wally mit John ’ne Beziehung hat oder ich mit Fred, so echt ’ne Beziehung, ne, das haben wir nicht. Eines Tages gehe ich ins Internet. Und da finde ich die Fotos von mir, halb nackt. Und die Kommentare von Jungs … echt geil, die da und so weiter. Ich bin fast durchgedreht. Ich hab mich so wahnsinnig geschämt. Irgendeine aus unserer Gruppe war eifersüchtig auf mich und hat die Fotos von mir an einen Jungen einfach gepostet … Und der hat sie dann ins Netz gestellt. Ich habe solche Angst gekriegt, auch, dass meine Eltern das sehen. Nie wieder würde ich so was tun. Und dabei bin ich noch gar nicht mit einem Jungen intim gewesen, abgesehen von mal Petting. Mir ist restlos die Lust vergangen, und ich weiß nicht, wie ich dieses Foto wieder aus dem Netz kriege. Ich fühle mich entsetzlich.«

Wie das Beispiel von Nina zeigt, ging es in der Gruppe zwar locker zu, aber von engen Beziehungen kann hier keine Rede sein. Das »Öffentlichmachen« der kompromittierenden Fotos hat Nina verletzt, geschockt und zutiefst verunsichert. Nina zieht sich nicht nur von den Jungen und den Mädchen der Gruppe zurück, sie hat zudem Angst. Durch das Veröffentlichen ihrer Bilder im Internet wird in ihren »privaten Raum« eingebrochen. Der Mensch, der davon betroffen ist, wird entwertet, ohne dass dies bewusst beabsichtigt ist. Nina ist das Recht entzogen, über sich und die Fotos selbst zu entscheiden. Um die eigene Sexualität positiv zu erleben, zu bejahen und sich selbst in diesem Prozess etwas wert zu sein, braucht ein junger Mensch Geborgenheit und Intimität und vor allem Vertrauen. Durch das »Verfügen« über Nina, mittels dieses Fotos von ihr, entsteht ein Vertrauensbruch, ein Gefühl des Ausgeliefertseins und damit ein Gefühl von Ohnmacht und Verrat. Diese negativen seelischen Folgen sind ohne körperlichen Übergriff geschehen, allein durch das »Publizieren« intimer Fotos. Vielen jungen Menschen, die oft unvorbereitet und naiv im Internet miteinander kommunizieren, wäre zu empfehlen, sehr gut aufzupassen, was und wie sie sich digital präsentieren.

Iris G., eine Frau Mitte vierzig, die als Abteilungsleiterin in einem Dienstleistungsunternehmen tätig ist.

»Ich lebe seit Jahren allein und wünsche mir so sehr einen Partner. Seit vier Jahren hatte ich keinen Sex mehr. Ich habe auch das Gefühl, die Männer interessieren sich gar nicht für mich. Sie gucken überhaupt nicht hin. Neulich habe ich meiner Freundin mal in später Stunde gestanden: ›Ich wünsche mir einen Prinzen, der auf einem Pferd vorbeireitet, mich entdeckt und in Liebe entflammt.‹ Meine Freundin hat etwas spöttisch gegrinst und erwidert: ›Bist du eine Romantikerin! In welcher Welt lebst du eigentlich? Ich habe Rudolf, meinen Freund, übers Internet kennengelernt. Meine Suche hat lange gedauert, eine Menge Geld und Kraft gekostet. Und viele Arschtypen waren dabei, die nur das eine wollten: Sex.‹ Als ich sie so reden hörte, habe ich gedacht, was bin ich eigentlich als Frau wert, wenn ich mir auf diese Weise einen Mann angeln muss, um ja nicht allein zu bleiben? Übers Internet einen Partner finden! Das war das Letzte, was ich wollte. Na, schließlich hab ich es eingesehen. Ich hab's begriffen. Ich gehe jetzt auch ins Internet auf Partnersuche, statt am Küchenfenster in den Garten zu schauen und von der großen Liebe zu träumen. Kostet zwar was, ist aber besser, als nichts zu tun! Bis jetzt habe ich noch keinen Erfolg gehabt, denn die ersten vier Treffen waren eher peinlich für beide Seiten.«

Iris scheute sich davor, ihre romantischen Vorstellungen von Liebe und Partnerschaft zugunsten einer kostspieligen und zeitaufwendigen Suche nach einem Mann aufzugeben. Schließlich sieht sie keinen Ausweg mehr, als die Suche über das Internet zu starten. Hinter ihren Träumen stecken Ängste, der Begegnung mit einem potenziellen Partner seelisch nicht gewachsen zu sein. Die Gefahr, immer wieder zu scheitern, würde ihr labiles Selbstwertgefühl beeinträchtigen. Dieses Problem haben nicht nur Frauen, die allein leben und auf der Suche nach einem Partner sind, sondern auch Männer. Wie entmutigend die Erfahrungen auf diesem Weg sind, ist mittlerweile auch Thema von vielen Filmen. Bei jedem neuen Versuch, einen Partner zu finden, stehen möglicherweise Enttäuschungen und die Gefahr des Abgelehntwerdens ins Haus. Dabei wäre es Iris möglich, mit mehr Mut und wachsendem Selbstbewusstsein aus ihrem Schneckenhäuschentraum hinaus in die Welt zu gehen, sich zum Beispiel Interessensgemeinschaften anzuschließen – einer Theatergruppe beitreten, Tanzkurse besuchen, einen Literaturkreis, sich ehrenamtlich engagieren. Dort könnte sie Partner finden, die ihre Neigungen mit ihr teilen.

Kein Sex mehr, ich will dich nicht

Gregor K., ein fünfunddreißigjähriger Ehemann, Ingenieur, seit drei Jahren verheiratet.

»Seit einem Jahr haben meine Frau und ich kaum noch Sex miteinander. Sie verweigert sich mit zig Argumenten. Als sie damit anfing, sich mir zu entziehen, habe ich sie noch begehrt. Ja, ihr Widerstand war sogar reizvoll für mich. Schließlich hatten wir mal viel Sex miteinander, als wir uns kennenlernten. Das hat etwa ein Jahr gedauert. Und dann fingen die Probleme an. Sie war mit ihrer Ausbildung beschäftigt, hatte nie Zeit und Lust. Sie warf mir zwischendurch vor, ich würde nicht gut riechen und wäre nicht zärtlich genug. Ich dachte, die spinnt. Aber ich wusste leider nie, was sie eigentlich wirklich will. Für mich waren das nur Scheinargumente. Sie konnte mir einfach nicht sagen, warum sie mich immer wieder zurückstößt, und wollte mir nicht verraten, wie sie ›es‹ denn gern hätte. Wahrscheinlich genierte sie sich oder wusste es selbst nicht. Zu Hause, bei ihren Eltern, war Sex ein Tabuthema. Ihr Vater war öfter fremdgegangen, und ihre Mutter hat ihrer Tochter eingehämmert: ›Pass bloß auf, dass du dich nicht wegwirfst. Die Männer wollen nur Sex. Und wenn sie's dann haben, dann interessieren sie sich nicht mehr für dich.‹ Dabei hab ich mich Frauen gegenüber nie so verhalten. Wenn ich mit einer Frau guten Sex habe, dann laufe ich doch nicht weg. So ein Argument ist idiotisch. Ich könnte ja zu einer Nutte gehen, wenn meine Frau sich verweigert.

Aber das ist mir zu blöd. Die ist doch auch nur froh, wenn ich bezahlt habe und dann wieder weg bin.«

Gregor schildert eine Situation, die Ehe- und Sexualtherapeuten heute zur Genüge kennen. Selbst relativ kurz verheiratete Paare, die einst sehr verliebt waren, haben kaum noch Sex miteinander. Alltag, Gewohnheit und Langeweile haben sich eingeschlichen. Niemand hat den Betreffenden beigebracht, wie die erotische Neugier füreinander aufrechtzuerhalten wäre und wie Intimität, Begehren und Ehrlichkeit gleichzeitig möglich wären – zum Beispiel durch bewusst inszenierte Stunden der Zärtlichkeit, über ein über den Alltag hinausgehendes Gemeinschaftsgefühl und eine gemeinsame ideelle Aufgabe. Dieser unfreiwillige Verzicht auf Sex und Erotik in Beziehungen geht fast immer mit einer Kränkung einher. Wer sich nicht mehr begehrt fühlt, fühlt sich nicht so viel wert. Die Kränkung ist in einer Epoche, wo sexuelle Ausstrahlung und Attraktivität so einen hohen Stellenwert haben, umso stärker. Nicht selten sind es die Frauen, die sich ihrem Mann verweigern und ihn damit abwerten. Es ist für einen Mann zweifellos verletzend, wenn ihm vorgeworfen wird, er rieche nicht gut und sei nicht zärtlich genug. Diese Ablehnung geht unter die Haut. Der Mann muss damit irgendwie seelisch fertig werden. Sein Selbstwertgefühl ist dadurch natürlich beeinträchtigt. Seine sexuellen Wünsche werden negiert, sein Körper wird abgelehnt, sein Verhalten kritisiert. Wenn wir uns an die Auswirkungen von Entwertungen erinnern, die ich im ersten Teil beschrieben habe, würde es nicht wundern, wenn dieser Mann sich eines Tages eine Geliebte nimmt oder zu einer Prostituierten geht, verbittert und aggressiv wird und aufhört, seine Frau zu lieben und zu begehren. Natürlich hätte er die Chance, mit seiner Frau über seine verletzten Gefühle zu reden – aber das haben Männer selten gelernt. Gregor kann sich fragen, wie er seine Frau verführen könnte. Er hätte durchaus die Chance, sie zurückzugewinnen, wenn er sich selbstkritisch mit seinen Verhaltensweisen auseinandersetzt und den Mut hat, um die Liebe und um seine Frau zu kämpfen.

Sabine M., eine zweiundzwanzigjährige Frau, die als Angestellte in einer Parfümerie arbeitet.

»Mein Freund hat mir noch nie eine Liebeserklärung gemacht oder mir mal Blumen oder ein Geschenk mitgebracht. Dass er mich mal zum Abendessen eingeladen hat in ein schickes Restaurant oder so – ne, nie passiert. Er geht lieber zur Frittenbude, was ich hasse. Wir sind jetzt ein Jahr zusammen. Er will nicht mit mir zusammenziehen oder mich gar heiraten. Er windet sich immer wie ein Aal, wenn ich mal mit diesem Thema komme. Was ich überhaupt nicht leiden kann, ist, dass er immer bei Licht mit mir schlafen will. Ich kann es nicht leiden, wenn er mich beim Sex anstarrt und sich aufgeilt. Was bin ich eigentlich für ihn? Eine Sexpuppe? Andererseits ist er lustig und hat meist gute Laune. Und wenn er mit seinen Kumpels mal abends zu mir kommt, dann ist richtig was los. Manchmal denke ich, ich bin für ihn nur ein Stück Fleisch. Einmal hat er schon angedeutet, ob wir nicht mal zu dritt, also mit seinem Kumpel, Sex … na ja. Ich hab gedacht, der hat sie wohl nicht alle. Will er mich wie eine Hure an seinen Freund verscherbeln? Will er mit dem Freund Sex haben? Ist er etwa heimlich ein Homo? Ich blick da nicht durch. Für meine Themen interessiert er sich gar nicht. Also was ich so im Geschäft erlebe oder ob ich noch mal eine Zusatzausbildung machen soll. Das Wort Heirat ist für ihn ein rotes Tuch. Ich habe mich nie getraut, ihm mal zu sagen, wie ich mich fühle, wenn er mich so anstarrt und sich aufgeilt.«

Sabine hat nicht versucht, mit ihrem Freund offen über ihre unguten Gefühle, »nur als Sexpuppe« betrachtet zu werden, zu sprechen. Mit dieser Äußerung würde sie sich ihm gegenüber möglicherweise abwerten, ohne dass sich dadurch ihre Lage verbessern würde. In diesem Fall zeigt sich das, was Männern gern nachgesagt wird: Sex ja, Ehe nein. Liebe und Romantik – kein Thema. Wie schon angedeutet, ist die Reduktion, die ihr Freund hier vornimmt, vermutlich auf seine unbewusste Angst vor Intimität zurückzuführen. Intimität bedeutet Nähe, Vertrauen, sich auf den anderen einzulassen und sich zu binden.

Bindungswünsche wiederum sind sehr oft mit Angst vor unliebsamen Abhängigkeiten verbunden. Der Wunsch und die Angst zusammen erzeugen Abwehr, eine Ehe einzugehen oder von Liebe zu sprechen. Meist haben Männer mit Bindungsängsten zu heftige Bindungsansprüche von ihren Müttern erlebt und gehen deshalb jedem, auch nur vermuteten, Anspruch nach engen Beziehungen aus dem Weg. Sabine fühlt sich von ihrem Partner nicht verstanden und mit ihren Wünschen nicht wahrgenommen. Dass er sie zu einem »flotten Dreier« bewegen möchte, sieht sie nicht als ein interessantes Experiment, sondern als Bedrohung und Beleidigung. Sie fragt sich, was sich viele Frauen an ihrer Stelle auch fragen würden: Ist sie ihm so wenig wert, dass er sie ohne Weiteres mit einem anderen Mann teilen würde? Sie bräuchte Unterstützung von Freunden oder einem Coach oder Therapeuten, um mit ihrem Freund ein Gespräch zu beginnen, in dem sie ihm klarmacht, was sie sich von ihm wünscht und was sie ihm zu geben bereit wäre. Wenn er nicht willens wäre, sich auf diese Gespräche einzulassen, hätte es wenig Sinn für Sabine, diese Beziehung fortzusetzen, vorausgesetzt, sie bliebe bei ihrem Wunsch nach Bindung. Sie würde weiter ihr Selbstwertgefühl untergraben. Nicht nur durch das Gefühl, als »Sexpuppe« reduziert zu werden, sondern auch dadurch, dass sie seine Unverbindlichkeit hinnimmt.

Abwertung durch Spaltung: Sexy Girl contra anständiges Mädchen

Walter F., ein dreiundvierzigjähriger Junggeselle, Jurist.
»Als ich zwölf Jahre alt war, hat mir mein Bruder heimlich die Pornohefte gezeigt, die er sich gekauft hatte. Ich war geschockt. Aber ich habe es mir nicht anmerken lassen. Irgendwie sah es ekelhaft aus. Diese ineinander verhakten Geschlechtsteile, ohne dass man irgendein Gesicht dazu sah. Aber ich gebe zu, die Bilder haben mich trotzdem erregt. Weil ich nur mit Brüdern aufwuchs, hatte ich nie mit Mädchen zu tun und keine Ahnung, wie die da unten aussehen. Meine Mutter

hat mich nicht aufgeklärt. Sie war verklemmt und streng. Sie verlor nie ein Wort über Liebe oder Sex. Mein Vater sowieso nicht. Der redete selten mit mir. Ich habe mir dann auch solche Hefte besorgt. Die meist blonden Frauen, die da abgebildet waren, trugen aufreizende, zugegebenermaßen billig aussehende Unterwäsche, die ihnen halb heruntergerissen war, und dazu High Heels. Das hat mir sehr gefallen und mich angezogen. Ich habe keine Ahnung, warum. Als ich sechzehn war, habe ich mich in eine Klassenkameradin verliebt. Sie kam aus einer reichen Familie, war ganz hübsch, schnippisch und ziemlich eingebildet. Aber so furchtbar verklemmt, dass ich es nach einem misslungenen Versuch, sie zu berühren, nie wieder wagte, sie anzufassen. Neulich habe ich seit langer Zeit meinen Bruder auf einer Party wiedergesehen. Er schießt auf mich los und redet auf mich ein: ›Ich habe neulich unseren Studienfreund wieder gesehen, du weißt doch, Ewald. Ewald hat mir erzählt, er hätte dich mit zig verschiedenen Frauen auf der Straße und in Gesellschaften gesehen. Er sagte: Wie geht es denn Walter, deinem jüngeren Bruder? Anscheinend gut. Er hat ja wohl einen ganzen Harem. Entweder solche Sexpuppen wie die Sandra, oder Grit oder Liz, oder aber diese langweiligen Bürgertöchter wie die Adelheid, also die Mädels aus den guten Familien. Ist Ewald etwa neidisch auf dich?‹ Ich antwortete nicht, drehte mich um und dachte: Der soll mich bloß in Ruhe lassen. Kennt mein Bruder mich eigentlich? Seit Jahren suche ich eine Frau, die zu mir passt. Aber woher nehmen? Glaubt er wirklich, dass es mir nicht peinlich ist, mit Sandra, die wirklich etwas nuttenhaft aussieht, auf der Straße gesehen zu werden? Mit Sandra bin ich nicht befreundet. Ab und zu treffe ich mich wegen Sex mit ihr. Na und? Sie will's ja auch. Ohne Geld! Neben ihrem Job in einer Parfümerie arbeitet sie als Callgirl … In ihrem Job verdient sie einfach zu wenig, um sich all die Klamotten zu kaufen, mit denen sie sich aufbrezelt. Adelheid heirate ich ganz bestimmt nicht. Sie ist so langweilig, dass ich fast einschlafe, wenn sie anfängt zu reden. Meine Eltern fänden diese Partie natürlich gut, wagen es aber nicht, mich zu bedrängen. Ich will einfach eine Frau, mit der ich gut reden kann und guten Sex habe. Aber woher nehmen?«

Walter hat ein Problem, das er selbst nur teilweise mit verursacht hat. Seine erste Begegnung mit dem »Weiblichen« vollzog sich durch Frauenbilder aus der Pornowelt. Das hinterlässt zweifellos Spuren. In dieser Bilderwelt spielen die Frauen eine Rolle, die eher den männlichen Wunschvorstellungen entspricht als den realen Wünschen der heutigen Frauen. Die Frau, die immer will, die nie genug Sex kriegen kann, und wenn, dann am besten mit zwei, drei Männern gleichzeitig. Natürlich wollen Frauen, wenn sie mit einer positiven Einstellung zur Sexualität groß geworden sind oder sich diese angeeignet haben, gerne und häufig Sex. Aber nicht so, wie es in der Pornowelt dargestellt wird. Walter steht aufgrund dieser verinnerlichten Frauenbilder auch vor einem weiteren Dilemma: In seiner Vorstellung wie in Folge seiner Erfahrungen fehlt den Frauen jeweils etwas: dem anständigen Mädchen der Sex-Appeal, den *sexy girls* der Anstand. Diese Spaltung betrifft ihn selbst und ist mit einer unbewussten vorauseilenden Abwertung verknüpft. Jeder der beiden Frauentypen ist nur »halb so viel wert« und kommt deshalb für eine langfristige und vertrauensvolle Beziehung nicht für ihn infrage. Er schafft es nicht, seine sexuellen Wünsche mit seinen Bedürfnissen nach einer vertrauensvollen Partnerschaft zu vereinen. Auch hier wäre es sinnvoll, wenn Walter sich therapeutische Hilfe holen würde, um sich mit dieser inneren Zerrissenheit auseinanderzusetzen und sie zu heilen.

Seine Liebe ist nur so viel wert, wie ich zu zahlen bereit bin

Margarete D., eine Ärztin, achtundvierzig Jahre alt, geschieden, allein lebend.

»Ich kann alles alleine, ich hab mein Leben im Griff. Also um im Leben zurechtzukommen, brauche ich keinen Mann. Aber abends kommt die Einsamkeit. Einmal habe ich einen Mann, der mir sofort gefiel, im Café kennengelernt. Wir haben uns gleich gut verstanden. Es hat mich schon gestört, dass er sichtlich jünger war als ich. Ganz zu Anfang habe ich ihn mal auf ein Wochenende an die Ostsee in ein traumhaft schönes

Hotel eingeladen, und wir hatten tollen Sex. Wir haben bei Kerzenlicht und schöner Musik im Restaurant zu Abend gegessen – es war toll. Er war nett und immer hilfsbereit. Und hat für mich sogar mal ein Gedicht geschrieben. Welche Frau hat das nicht gern? Eine Weile ging es ganz gut, aber dann hatte ich eines Tages die Nase voll. Er hat sich immer, ohne mit der Wimper zu zucken, alles von mir bezahlen lassen: das Essen in Restaurants, das Jackett, das er unbedingt brauchte, damit wir mal schick ausgehen konnten, sein Rasierwasser … und und und. Er hatte eben nie Geld oder nie Geld dabei. Er lebt von Hartz IV, träumt in den Tag hinein und hat keinen Impuls, irgendetwas aus seinem Leben zu machen. ›Ich kann ja nichts‹, ist ein Spruch, mit dem er sich achselzuckend entschuldigt. Dabei hat er Abitur, hatte angefangen zu studieren und dann wieder aufgehört. Zwischendurch hatte er ein bisschen Geld geerbt. Und so kam er immer irgendwie durch. Er spielt manchmal Gitarre in einer Band. Aber auch dazu hat er manchmal keine Lust. Außerdem störte es mich sehr, wenn er in meiner Gegenwart dauernd anderen Frauen hinterhersieht und entsprechende Bemerkungen macht. ›Die hat einen tollen Hintern!‹ ›Meine Güte, diese langen Beine!‹ Einmal habe ich ihn gebeten, das zu lassen. Seine Antwort: ›Stell dich nicht so an. Ich gucke ja nur.‹ Und als ich ihm mal gesagt habe, jetzt sei Schluss damit, dass ich immerzu alles bezahle und er nicht zu Potte kommt, ist er einfach weggeblieben. Und so bin ich wieder allein.«

Margarete steht vor einem Problem, das viele alleinstehende, gut verdienende Frauen heute haben. Sie brauchen keinen Mann, um im Leben zurechtzukommen. Aber sie sehnen sich nach Zärtlichkeit, Nähe und Intimität – und haben damit ein sehr verständliches, menschliches Bedürfnis. Die Ehe als Versorgungsinstitution ist für sie nicht mehr notwendig. Doch welche Möglichkeiten und Motive gibt es, um sich in einer verbindlichen Beziehung zu einem Mann wohlzufühlen, in der die eheüblichen Verschränkungen wegfallen: Kinder großziehen und Geld heranschaffen für die Familie? Wie wirkt sich diese Freiheit auf die weibliche Gefühlswelt aus?

Man sagt so schön: Liebe ist wichtiger als Geld. Aber wie sich an diesem Beispiel zeigt, wird Geld zu einem Dreh- und Angelpunkt für ein Werteproblem in der Beziehung.[38] Margarete gibt, und ihr Liebhaber nimmt. Und – vermutlich – beide fühlen sich durch das Ungleichgewicht entwertet. Zumindest wissen wir aufgrund von Margaretes Äußerungen, dass sie sich abgewertet fühlt, weil sich ihr Liebhaber selbstverständlich und unreflektiert ihres Portemonnaies »bedient«. Ist sie nur so viel wert, wie ihr Portemonnaie für ihn gefüllt ist? Er verschwindet wahrscheinlich deshalb, weil er sich offensichtlich nicht entwerten lassen möchte als jemand, der es nur auf das Geld abgesehen hat. Das will er wohl nicht auf sich sitzen lassen.

Margarete fällt es zudem schwer hinzunehmen, dass ihr Liebhaber bei jeder Gelegenheit einer attraktiven Frau hinterherschielt und entsprechende Bemerkungen macht. Dass sie sich einen Mann, der selbst nichts zustande bringt, ausgesucht hat, hebt ebenfalls ihr Selbstwertgefühl nicht, im Gegenteil. Sie fragt sich, wie sie einen Partner findet, der auf gleicher Augenhöhe ist und genau das will, was sie sich auch wünscht: eine Beziehung, die nicht durch äußere Verpflichtungen wie in der Ehe bestimmt ist, sondern auf einer freien Vereinbarung und auf einem gleichberechtigten Geben und Nehmen beruht. Sie hat zudem verinnerlicht, dass Frauen über dreißig nicht mehr interessant sind für Männer. Diese inneren Wertzuschreibungen könnte sie reflektieren und aufgeben, um sich nicht selbst unfreiwillig abzuwerten. Denn es gibt ja durchaus Männer, die genauso allein sind wie sie und sich eine Partnerin wünschen.

Meine Werte sind nicht deine Werte

Ludwig W., ein erfolgreicher Manager, Anfang dreißig, allein lebend, mit wechselnden Freundinnen im Alter von fünfundzwanzig bis dreißig.
»Eigentlich hat es überhaupt keinen Sinn, Sex und Liebe und Ehe miteinander zu verbinden. Das geht fast immer nach hinten los. Bei mir sind mehrere Beziehungen aus diesem Grund gescheitert. Ich weiß nicht, was mit den Frauen heute los ist. Kaum haben sie ein Auge auf einen geworfen, wird gefleht, gefordert, geturtelt und gebettelt: ein

Sonnenuntergang am Meer, ein Dinner bei Kerzenlicht mit Kaviar, ein romantisches Wochenende im Schlosshotel. Jeden Abend Liebesgeflüster per Telefon. Ansprüche, Ansprüche. Und ein enormer emotionaler Druck, wenn es ums Heiraten geht. Alle wollen so schnell und sicher wie möglich unter die Haube. Wo leben wir eigentlich? Im 19. Jahrhundert? Will ich das alles? Vor allem, wenn ich mich nicht verstanden fühle und von den oberflächlichen Gesprächen nicht sehr angeregt bin? Manche Mädels, die ich ganz attraktiv finde, trauen sich überhaupt nicht, mal eine eigene Meinung zu haben und über ein Buch zu reden, das sie gelesen haben. Befürchten sie, sie würden dann als frigide Intellektuellentussi abgestempelt? Das wäre doch Blödsinn. Ich mag kluge Frauen. Aber wie viele sind denn wirklich klug und wirklich empathisch? Und wenn ich eine mal bitte, nach einer gemeinsam verbrachten Nacht, nach dem Frühstück die Marmelade in den Küchenschrank zurückzustellen, dann mault sie herum. ›Ich bin doch nicht deine Dienstmagd.‹ Wenn ich mich mal bei einer Frau ein bisschen mehr engagiere, dann schüre ich die Hoffnung auf Heirat und Kinder sofort so sehr, dass es nur noch krampfig wird. Sie geben sich im Bett Mühe, aber echt ist das meist nicht. Ich weiß auch nicht, wie … aber ich merke es immer, wenn sie nur spielen, wie erregt sie sind. Zu einer Dauerromantik habe ich weder Zeit noch Lust. Wo sind denn eigentlich die Frauen geblieben, mit denen man gut reden und Pferde stehlen kann und trotzdem guten Sex hat?«

Ludwig ist sichtlich ambivalent. Sosehr er sich eine Beziehung, ja auch eine Ehe wünscht, sosehr werden ihm die jungen fordernden Frauen zum Problem, die ihn »funktionalisieren« wollen: als zukünftigen Ehemann und Vater ihrer Kinder. Er schildert ein Phänomen, das erstaunlicherweise bis heute immer noch eine Rolle spielt – und früher ganz üblich war: Die Frauen wünschen sich einen zuverlässigen Versorger. Die Frauen heute sind jedoch weit anspruchsvoller als einst. Es geht ihnen, wie sich an diesem Fall zeigt, heute nicht nur darum, versorgt zu werden, sondern um eine Art Kontrolle über den Mann: An ihn werden Verbindlichkeitswünsche in Richtung Ehe gestellt. Aber die klassischen Ansprüche an die Frau – die helfen und dienen soll –, darf er nicht mehr stellen. Und wenn er keine »Romantik« liefert, dann wird dies von den Frauen als ein Zeichen von mangelnder Liebe interpretiert. Mit diesen Erfahrungen steht Ludwig nicht allein.[39]

Die Argumente aus der Emanzipationsecke stehen im krassen Gegensatz zu den überkommenen Versorgungswünschen. Ludwig wird klargemacht, er dürfe von der Frau keine »Dienstleistungen« verlangen. Die Zeit der Ausbeutung von Frauen sei doch nun endgültig vorbei. Und die Vorherrschaft des Mannes ebenso! So weit, so gut. Aber man könnte fragen – und das genau fragt sich Ludwig: Warum soll ich mich in das Ehegefängnis begeben, in dem ich nicht nur alles bezahlen, sondern neben meinem Beruf auch noch die Rolle des Hausmanns und Vaters übernehmen soll, ohne wirklich verstanden und geliebt zu werden? Genau das sind ja auch die Fragen, die sich Frauen seit Jahrhunderten gestellt haben, falls sie den Mut dazu hatten. Die Abwertung findet auch hier, wie im Kontext mit dem Körper, über das *Funktionalisieren* und *Reduzieren* statt. Ein Mann, der weder dauerhaft Liebe noch Geld in Aussicht stellt, ist den Frauen aus mehreren Gründen suspekt. Denn die seelische wie die materielle Sicherheit scheint bei ihm nicht gewährleistet zu sein. Die Erwartungen, die an Ludwig schon im Vorfeld der Ehe gestellt werden, lassen ihn ahnen, dass es gar nicht um seine Person geht, sondern um die Möglichkeiten, die er als gut verdienender und gut aussehender Mann bietet. Aber geht es um ihn als Mensch? Was ist er den Frauen wirklich wert, wenn er auf die Rolle des Versorgers reduziert wird oder dies jedenfalls so empfindet? Das sind ja die Fragen, die er sich stellt. Sex ist für die Frauen dabei ein Weg, ein Mittel, sich des Mannes zu vergewissern und ihn an sich zu binden. Gleichzeitig laufen sie Gefahr, dass der Mann aufgrund der sexuellen Erfahrungen, die er mit ihnen macht, sich gegen sie entscheidet. Wie Ludwig es formulierte: »Die gutbürgerlichen Mädels sind ja meistens so verklemmt. Sie strengen sich furchtbar an, sind aber nicht wirklich frei.« Das, was Ludwig wichtig und wertvoll ist, eine freie, gleichberechtigte Partnerschaft mit einer selbstbewussten und intelligenten Frau, steht im Kontrast zu dem, was den Frauen wichtig ist, die ihm begegnen: Ein Mann, der sie heiratet, liebt und verwöhnt, ohne dass er all die Ansprüche an sie stellt, unter denen die Frauen früher gelitten haben. Hier kann weniger ein Rat von außen helfen als vielmehr Ludwigs bewusste Auseinandersetzung mit den eigenen Werten und einer gezielten Suche nach einer Partnerin, die diese Werte teilt.

Warum gekränkt?

Die Männer und Frauen, die sich hier äußern, haben letztlich ein und dasselbe Anliegen: Sie suchen Anerkennung in ihren Beziehungen zum anderen Geschlecht. Aber diese Suche ist frustrierend, wenn etwas fehlt. Frauen sind verletzt, wenn in der Partnerschaft die Liebe fehlt, auf Romantik nicht zu hoffen ist oder ihnen Verbindlichkeit oder die Ehe verweigert wird. Männer sind gekränkt, wenn ihnen Sex verweigert wird, sie sich zurückgestoßen oder unverstanden fühlen. Hinter diesen Kränkungen stehen Idealvorstellungen und der heiße Wunsch, anerkannt zu werden. Dieser Wunsch scheint noch viel gravierender zu sein als der Antrieb, Sex zu haben. Die eigenen Wertsetzungen sind dabei oft unbewusst oder kommen nicht zur Sprache. Wer sagt schon offen: Ich will nur dann Sex, wenn ich auch geliebt werde, romantische Stunden verbringen kann und dann geheiratet werde; oder: Ich will nur Sex, wenn ich damit keine Verpflichtungen eingehen muss, die ich hasse?

Über das, was dem Mann und der Frau in einer Beziehung wirklich wertvoll ist, wird nicht gesprochen. Aus mehreren Gründen geschieht das: *Es fehlt eine Sprache für die Gefühle.* Wievielen Männern und Frauen fällt es schwer, selbst in intimen Partnerschaften zu sagen, was sie sich wünschen, was sie nicht wollen und welche Gefühle sie haben. Dazu kommt die Scheu, durch das Aussprechen und Preisgeben sich selbst bloßzustellen und dadurch möglicherweise abgewertet zu werden. Zudem sind den meisten Menschen die eigenen Werte so selbstverständlich, dass sie nicht kommuniziert werden. So entstehen natürlich Konflikte, wenn Menschen zusammenkommen, die unterschiedliche Werte, sprich: Tugenden und Ideale haben. Dem einen ist »Treue« wichtig, dem anderen weit weniger. Die einen haben das Ideal von großer »Liebe« und »Hingabe« im Kopf, den anderen ist dieses Ideal suspekt, weil sie enttäuscht wurden oder keine Vorbilder hatten. Für die einen ist die Tugend »Großzügigkeit« als Ausdruck von Zuneigung entscheidend, die anderen setzen diese Tugend selbstverständlich voraus. Sie erwarten generöse Gesten an romantischen Abenden und sind frustriert, wenn der andere die unausgesprochenen Erwartungen nicht erfüllt. Die einen setzen häufigen Sex mit Liebe gleich. Die anderen deuten die dauernden Wünsche nach Sex als Beleidigung. Sie erwarten vielmehr Zärtlichkeit und Zuwendung.

Nicht nur die Wertekonflikte sind in dieser Hinsicht ein Thema, sondern auch die noch viel tiefer liegenden Be-Wertungen von sich selbst und die Wertungen in Bezug auf das eigene Geschlecht.

Weiblich – männlich. Wer ist warum etwas wert?

Wie Frauen sich selbst bewerten

Wie weit leben Frauen heute ihre Sexualität aus, ohne sich selbst dafür zu verachten? Die Frage mag vielleicht merkwürdig klingen. Aber sie trifft ein Problem, das immer wieder auftaucht, wenn Frauen über Sex sprechen. Die bis heute aktuellen mütterlichen Warnungen »Wirf dich nicht weg!« oder die gesellschaftlich verbreiteten Äußerungen über eine sexuell aktive Frau sind bezeichnend: »Die treibt es ja mit jedem.«

Viele Mädchen wachsen auf zwischen »Preis dich an!«, damit du einen Mann abkriegst, und »Verweigere dich!«, damit du nicht verachtet wirst. Das sind die gängigen wie widersprüchlichen Empfehlungen, einen Mann für sich zu gewinnen. Das Hin und Her findet auch in den Mädchen und Frauen selbst statt. Es entspricht den Empfehlungen der Mütter und den Forderungen der sozialen Umgebung. Um sexuellen Lustgewinn für die Frau geht es hier nicht. Offensichtlich wird Sex als Lockmittel interpretiert, verbunden mit Selbstschutz-

und Sicherheitsmaßnahmen. Sinngemäß: Eine Frau kann sich selbst etwas wert sein, wenn sie aufpasst, wem sie sich wann hingibt, um dann auch eine Ehe oder eine verbindliche Partnerschaft einzugehen.

Wer dies tut, muss sich nicht schämen.

Gibt sich eine Frau Männern aus rein sexuellen Motiven hin, die sie weder eigentlich will noch liebt, wird sie nicht nur von anderen scheel angesehen. Sie wird sich wahrscheinlich und in der Regel selbst dabei nicht wohlfühlen. Das heißt, sie wird sich mehr oder weniger schämen und sich infrage stellen: »Musste das wirklich sein?« »Diesen Kerl will ich doch gar nicht!« »Was denkt der denn nun von mir?« Die Selbstabwertung korreliert mit einer bereuten Entscheidung. Das Gleiche gilt aber für die Verweigerung. Eine Frau mag einen Mann, ist sich unsicher, ob sie sich ihm »schon« hingeben soll und darf, um seine Achtung zu gewinnen oder dadurch eventuell auch zu verlieren. »Was bin ich als Frau wert, wenn ich mich – noch – nicht preisgebe und aus diesem Grund von Männern als ›frigide‹ oder ›zickig‹ angesehen werde?« »Vergebe ich mir dann eine Chance und stehe blöd da, wenn sich der Mann von mir abwendet?« Es gibt bis heute eigentlich für dieses Bewertungsdilemma keine Lösung, vor allem dann, wenn eine Beziehung beginnt und die Macht- und Werteverhältnisse noch unklar sind.

Den meisten jungen Frauen wird in dieser Hinsicht wenig oder gar keine Hilfe zuteil.[40] Beides scheint falsch zu sein: »sexy zu sein« und »nicht sexy zu sein«. Beides kann dazu führen, sich selbst abzuwerten.

Ich habe ja doch keine Chance! Frauen, die sich als unattraktiv oder als zu alt bewerten und damit selbst abwerten, resignieren sehr oft. Sie haben nicht den Mut, sich einen Partner zu suchen, und sind damit natürlich unglücklich. Eine der tiefsten Kränkungen für Menschen ist, als Sexualpartner/in abgelehnt zu werden. Die Frauen, die sich selbst in dieser Hinsicht ablehnen, haben oftmals so stark die gängigen »Ideale« von Jugend und Schönheit im Kopf, dass sie für sich keinen Weg mehr sehen, diesen Idealen zu entsprechen. In dieser Selbstabwertung übersehen sie, dass es viele Geschmäcker gibt und dass sie sich durch ihre Hoffnungslosigkeit selbst den Weg verbauen. Es ist ja keineswegs durchweg so, dass alle Männer auf der Welt sich ausschließlich junge, blonde Models zur Partnerin wünschen und als liebens- und begehrenswert erachten. Es gibt tatsächlich für Männer weit mehr Gründe, eine Frau zu lieben, als »nur« wegen ihrer Jugend und Attraktivität.

Sehr viele Frauen unternehmen alles Mögliche und Unmögliche, um von Männern begehrt zu werden – manchmal bis zur Selbstaufgabe der Identität. Der Körper wird zurechtgeschnitten und ab- und aufgepolstert, kein Aufwand wird gescheut, um auf jeden Fall äußerlich attraktiv zu wirken, wie es im Körperkapitel beispielhaft gezeigt wurde. Die Chance, allein durch das Aussehen für Männer anziehend zu sein, ist keineswegs so groß wie erhofft. Auch wenn Männer auf die sehr sexy aussehenden Frauen »abfahren«, kann man weder sagen, dass diese Frauen schon allein deshalb ein tolles Selbstwertgefühl haben und die Männer allein mit der weiblichen Attraktivität zufriedenzustellen wären.

Das weibliche Selbstbewusstsein ist sehr oft angekratzt, selbst bei gut aussehenden und erfolgreichen Frauen. Nicht sehr viele Frauen haben eine selbstbewusste Einstellung wie: »Es ist mir egal, für wie alt und attraktiv ich gehalten werde, ich finde immer einen Mann, weil ich einfach interessant bin!«

Wie Frauen von Männern – in sexueller Hinsicht – bewertet werden

»Egal, was sie macht, sie macht es falsch!«

Frauen, die sehr attraktiv und sexuell sehr aktiv sind, laufen Gefahr, von Männern abgeurteilt zu werden. »Die ist mir zu sexy und zu schön! Die will ja jeder haben! Da lasse ich lieber die Finger davon.« Oder: »Die hat wahrscheinlich nichts in der Birne, wenn sie so schön ist. Die ist ja vor allem damit beschäftigt, sich herzurichten.« Oder es heißt dann: »Eine, die sich allen hingibt, will ich nicht!« »Ach, die kann ja jeder haben, also nehme ich sie auch mal.« »Die ist ja Nymphomanin, die hat's wohl nötig, mit jedem Kerl ins Bett zu gehen!«

Ein Mann hat in Bezug auf sein Aussehen und auf das Ausleben seiner Sexualität weit weniger Probleme. Seine Attraktivität wird nicht mit Dummheit gleichgesetzt. Und er wird in der Regel nicht verachtet, weil er viele Affären hat. Eher gilt er als »toller Hecht« und potent, denn als ein armer, vom Sex getriebener Teufel. Nun stelle man sich zudem vor, eine Frau bezahlt Männer dafür, dass sie mit ihr schlafen. Man kann davon ausgehen, dass sie weder in der Öffentlichkeit noch von Männern als anständige Frau angesehen wird, trotz aller vermeintlichen Freizügigkeit heute.

Die Achtung, die einer Frau vom Mann entgegengebracht wird, wird sehr häufig davon abhängig gemacht, wie sie sich zu ihrer Sexualität verhält oder verhalten soll: Lebt sie ihre Sexualität aus und ist deshalb begehrenswert? Oder verweigert sie sich und wird deshalb zugleich begehrt und geachtet? Wobei beides, Ausleben wie Verweigern, auch jeweils »falsch« sein kann, wie wir schon gesehen haben.

Diese ambivalente Einstellung wird auch sichtbar in Stammtischgesprächen, in denen Männer herabwürdigend über Frauen herziehen. »Die muss ich mal richtig rannehmen, dann weiß sie, wohin der Hase läuft.« »Die sieht ja aus wie ein Flittchen.« »Schau dir die mal an, die könntest du mir auf den Bauch binden, und nichts liefe da.« Auch das ist ein Akt des Abwertens, der sich vor allem auf die weibliche Sexualität bezieht.

Hauptsache, sie funktioniert! Ich sage und mache, was ich will!

Oft haben Männer keine rechte Vorstellung davon, wie verletzend es für Frauen ist, wenn sie sich benutzt statt geliebt fühlen. Frauen werden auf bestimmte Funktionen in der Beziehung reduziert und damit abgewertet: als Sexpuppe, als Haushälterin und Hausfrau, als Mutter der Kinder – aber nicht mehr als Geliebte –, als Geldquelle und als Ruhekissen. Die Frau als ganzheitliches Wesen ist oft nicht im männlichen Blickfeld. Das hat Tradition. Die Frau wird wie ein Instrument gebraucht. Wie viele Frauen sind bis heute aus diesem Grund gekränkt. Und fragen sich: Habe ich denn kein Recht darauf, mehr zu sein als jemand, der zu funktionieren hat?

Auch wenn es anscheinend zur tradierten männlichen Freiheit gehört, ist es unangenehm für Frauen, wenn Männer in ihrer Gegenwart anderen Frauen hinterherpfeifen, anzügliche Bemerkungen über andere Frauen machen und dergleichen. Es ist zudem beleidigend, wenn Männer in Gegenwart ihrer Partnerin eine andere Frau über den grünen Klee loben. Ziemlich sicher wären viele Männer düpiert, wenn die Frau an ihrer Seite sich für den schönen Hintern eines jungen Mannes begeistern oder für seine vermeintliche sexuelle Potenz schwärmen würde. Natürlich können sich Männer und Frauen über die Attraktivität anderer Menschen austauschen, es fragt sich nur, wie!

Dabei wäre es so einfach: Frauen wie Männer sind sexuelle Wesen und könnten glücklich sein, wenn sie ihre Sexualität gleichwertig und gleichberechtigt leben und ausleben würden. Dass es das gab und möglich ist, werde ich am Ende dieses Kapitels zeigen. Warum Frauen in sexueller Hinsicht so schnell abgewertet werden, hat viele Gründe, die mit unserer Kulturgeschichte und der christlichen Erziehung zu tun haben.

Eva, Maria und die Pornowelt

Wir kennen alle die Bilder von der unbefleckten Jungfrau Maria. Ihr gebührte die Ehre, Gottes Sohn zur Welt gebracht zu haben, ohne durch einen sexuellen Akt der Sünde anheimgefallen zu sein. Seit über zweitausend Jahren haftet dieses Bild in den Herzen und Köpfen von Männern und Frauen, auch wenn es längst kein Thema des alltäglichen Nachdenkens mehr sein mag.

Das Frauenbild, das durch die heilige Mutter Maria definiert wird, hat bis heute einen enorm hohen Wert. Es ist verinnerlicht wie unbewusst. Maria ist frei von jedem Verdacht, den Mann zu einer Sünde verführt zu haben. Maria verkörpert *das* weibliche Reinheitsideal schlechthin. Und wer rein ist, ist nicht gefährlich. Das Gegenstück dazu ist Eva. Sie ist die Verführerin und damit eine Sünderin per se. Zugespitzt heißt das: Eine Frau, die keinen Sex hat, ist heilig und zu verehren, eine Frau, die sexuell aktiv ist, ist eine Hure und zu verdammen. Das war nicht nur eine fixe Idee, sondern Fakt: Frauen wurden jahrhundertelang unter diesem Diktum von Männern beurteilt.

Nach vielen Jahrhunderten der christlichen Prüderie und der Doppelmoral »schwappte« Mitte des 20. Jahrhunderts, ausgelöst durch die Achtundsechzigerbewegung und die Hippiekultur, eine Befreiungswelle in Sachen Sex über die Gesellschaft. Nicht nur durch die Studentenbewegung, Oswald Kolle, Beate Uhse und andere entstand ein Klima, in dem – Männern wie Frauen – sexuell alles erlaubt zu sein schien. Dieser Befreiungsakt schlug sich unter anderem in der Bilderwelt der Pornos nieder, in der – mehr oder weniger drastisch – alles das gezeigt wurde, was sexuell möglich ist. Jede/jeder kann daran teilnehmen, indem er oder sie »zuschaut«. Wobei erwiesenermaßen weit mehr Männer diese sexuelle Bilderwelt goutieren als Frauen. Die Pornoindustrie boomt und ist mittlerweile das »stillste Big Business der Welt«.[41]

Der Frauentypus, der in den Pornos gezeigt wird, ist das ganze Gegenteil zur Heiligen Jungfrau Maria und selbst zu der sündenbehafteten Eva. Eva wurde mit Adam aus dem Paradies vertrieben und musste unter Schmerzen Kinder gebären. In der Pornowelt hingegen gibt es weder Sünde noch Vertreibung! Wie ich schon am Fallbeispiel *Ludwig* beschrieb, sind die Frauen in der Pornobilderwelt sexy, willig, gierig und wollen immer mehr. Nicht ein Mann, mehrere Männer, am besten gleichzeitig – das will die Frau. Nicht eine Stellung, sondern mindestens vier verschiedene werden von den Frauen verlangt. Sie wollen den Orgasmus nicht nur einmal erleben, sondern am besten mehrfach. Sex als Höchstleistung, für Männer wie für Frauen.

Die Frauen werden hier weit mehr als Herrscherinnen denn als Dienerinnen gezeigt. Zeigen sie das, was Männer wünschen? Der Mann hat zwar solche Fantasien, die in der Pornobilderwelt bedient werden. Aber spiegelt diese Bilderwelt die Wirklichkeit? Auf dem Papier oder auf dem Bildschirm sind solche Frauen nicht gefährlich. Hier rückt keine Frau dem Mann zu nahe. In diesem Pornoreich gibt es keine Liebe, keine Intimität, sondern nur Sex.

Die Wirklichkeit sieht anders aus – und das kann frustrieren. Die Ehefrau und Freundin will keineswegs immer, und der Ehemann oder Freund kann und will auch nicht immer. Sie will nicht unbedingt von zwei oder drei Männern beschlafen werden und hat auch nicht dauernd Lust dazu, alle sexuell möglichen Stellungen auszuprobieren. Nicht etwa, weil sie frigide ist oder Probleme hat, sondern weil es ganz natürlich ist, nicht alles und ewig und immer zu wollen. Wir essen und trinken ja auch nicht den ganzen Tag, nur weil Essen und Trinken notwendig und genussvoll ist. Die Bilderwelt der Pornografie spiegelt etwas, was real keineswegs so funktioniert und funktionieren kann. Wenn sich nun Männer häufig und gern, ja womöglich wie besessen in dieser Bilderwelt aufhalten, laufen sie Gefahr, in den realen sexuellen Begegnungen mit ihren Partnerinnen enttäuscht zu sein und zu werden. Das kann zur Folge haben, dass die Partnerin abgewertet wird, weil sie nicht so funktioniert wie die Girls aus der Pornowelt.

Frauen wiederum, die als Pornodarstellerinnen oder als Prostituierte auf der Straße oder in Klubs die Männer in ihren Wunschwelten bedienen, erfahren in der Realität keineswegs deshalb Anerkennung. Sie entsprechen zwar vielleicht den Maßstäben von »jung« und sexy«, aber das heißt keineswegs, dass sie als Frauen ernst genommen und geachtet werden. In letzter Konsequenz haben – in Anbetracht von Prostitution und Pornografie – sowohl die sogenannten »anständigen« als auch die »nicht anständigen« Frauen das Nachsehen. In diesen Abwertungen nach beiden Richtungen spielt es keine Rolle, was sich sehr viele Frauen wünschen, nämlich genau das, was Männer auch wollen: eine erfüllte Sexualität, die nicht eingezwängt ist durch Regeln und Verbote, die krank und traurig machen.

Die durch Vergewaltigung entwertete Frau

Das krasseste Beispiel für Entwertung ist die Vergewaltigung. Die Statistik ist erschreckend, die Dunkelziffer hoch: Es gibt weit mehr Frauen, die vergewaltigt und missbraucht wurden und werden, als Frauen, die davon verschont bleiben. Ein verbreitetes Argument ist, die Frauen hätten selbst Schuld daran, weil sie den Mann, willentlich oder unwillentlich, aufreizen. Hier haben wir ein fast biblisch wirkendes Argument vorliegen: Nicht der Mann ist verantwortlich zu machen für eine sexuelle Missetat, sondern die Frau, die ihn dazu verführt hat. In diesem Fall findet eine doppelte Entwertung statt: die Frau als Schuldige und die Frau als Opfer. Dass Männer seit eh und je Frauen vergewaltigt haben, ist nicht nur eine historische Tatsache, ein Fakt in Kriegen und Konflikten, sondern eine weitverbreitete Realität. Die vergewaltigte Frau wird zu einem ohnmächtigen Objekt, ihre originären Bedürfnisse werden missachtet: das zutiefst menschliche Bedürfnis nach Anerkennung, Respekt, Zuneigung, Schutz, Sicherheit, Empathie und Rücksichtnahme.

Durch den Zwang, der ausgeübt wird, wird die Frau sich selbst entfremdet. Sie ist ausgeliefert, oft in Lebensgefahr, ist ohnmächtig und fremdbestimmt. All das, was Selbstwertgefühl vermittelt, wie Selbstbestimmtheit, Mut, Gestaltungsmöglichkeiten, ist außer Kraft gesetzt. Traumatisierung, innere Unsicherheit, Misstrauen und Angst sowie die Schwierigkeit oder Unmöglichkeit, sich auf Beziehungen einzulassen, sind die Folgen. Diese Kränkungen sitzen sehr tief und wirken lebenslang nach.

Bei genauerer Betrachtung wird die Frau nicht nur im Moment der Vergewaltigung entwertet. Weit vor dem Vergewaltigungsakt hat bei vielen Männern, die dazu fähig sind, die Entwertung der Frau schlechthin stattgefunden. Frauen sind es nicht wert, geliebt und geachtet zu sein. Sie gelten als Objekte der Lust, mehr nicht.

Wie stark die unbewusste Entwertung von Frauen in der männlichen Seele bereits vor einer Vergewaltigung stattgefunden hat, ist schwer auszumachen. Aber ohne diese psychisch-emotionale und unbewusst bleibende Vorgeschichte ist eine Vergewaltigung schwer möglich.

Dass der Sexualtrieb so stark ist, dass alle inneren Kontrollmechanismen, Regeln und Gesetze keine Rolle mehr spielen, ist zwar ein weiterer Grund für Vergewaltigungen, aber mit Sicherheit nicht der allein ausschlaggebende. Dies lässt sich gut an einem Vergleich verdeutlichen: Jeder Mensch hat aggressive Anteile in sich. Aggression ist ein Ausdruck des Selbsterhaltungstriebs. Aggression kann zerstörerische Ausmaße jenseits von Gesetzen annehmen. Das bedeutet jedoch nicht gleichzeitig, dass der Mensch durch den auch aggressiv konnotierten Selbsterhaltungstrieb dauernd etwas zerstören muss, um sich selbst zu erhalten.

Emotionale Aspekte sind weit eher Anlass für Vergewaltigung als der Sexualtrieb selbst. Gewalttätigkeit ist gewiss ein Aspekt des sexuellen Aktes, aber nicht per se im Sexualtrieb selbst zu sehen. Der Sexualtrieb des Mannes ist auch nicht automatisch mit der Entwertung der Frau verbunden. Also muss es noch tiefer liegende Gründe für die Vergewaltigung geben, zu der ein Mann fähig ist.

Der Vergewaltigung kann eine vom Mann selbst erlebte Entwertung vorausgehen, die ihm nicht bewusst ist. Die Entwertung könnte durch eine frühe mangelnde Zuwendung von Frauen und durch fehlende Anerkennung geschehen sein. Durch beides entsteht in bestimmten Situationen und durch Rachegefühle ein enormer Druck, Stress und eine große Anspannung, verknüpft mit einer unterdrückten, womöglich ungeheuren Wut auf die Frauen. Haben sie einst den Mann, den kleinen Jungen, missachtet, vergessen, misshandelt, abhängig gemacht und – entwertet?

Diese Ab- und Entwertung eines Jungen, eines Mannes auf der emotionalen Ebene geschieht vonseiten der Frauen nicht mit Absicht, sondern aufgrund eigener Bedürftigkeit, selbst erlebter Misshandlungen, die Frauen ja über Jahrhunderte erfahren haben. Mit diesem Hinweis ist in keiner Weise etwas zu entschuldigen oder zu rechtfertigen, sondern ein Aspekt in Betracht zu ziehen, der beide Geschlechter betrifft: Durch Entwertung geschieht Entwertung.

Ich stütze mich, die Vergewaltigung betreffend, nicht auf Untersuchungen, sondern auf eine seelische Logik, die Männer mir in Gesprächen und Interviews im Umkehrschluss bestätigt haben. Männer, die echte Mutterliebe erlebten, die eine herzliche Beziehung zu ihren Schwestern, zu ihren Tanten, Nichten und Großmüttern haben, können sich nicht vorstellen, je eine Frau zu vergewaltigen. Es wäre dann so, als ob sie ihren geliebten weiblichen Verwandten etwas Schreckliches antäten. Ob damit auch ausgeschlossen ist, dass solche Männer in der Lage sind, in Wutanfällen eine Frau zu schlagen, sei dahingestellt.

»Wir bestimmen, was Frauen dürfen oder nicht dürfen!«

Bei den Recherchen zu diesem Thema fiel mir auf, dass über Frauen und deren Sexualität viel mehr geredet und geurteilt wird als über den Sex von Männern. Die männliche Sexualität wird als sehr viel »selbstverständlicher« bewertet als die weibliche Sexualität und scheint offensichtlich deshalb auch weniger diskussionswürdig. Oder versteckt sich hinter dieser Tatsache etwas ganz anderes – nämlich die immer noch vorherrschende Definitionsmacht der Männer, die nicht diskutiert werden muss?

»Maria« und »Eva« sind nicht nur biblische Figuren, sondern auch Frauenleitbilder des Patriarchats. Nicht die Frau selbst, der Mann, das Patriarchat, macht die Frau zur Heiligen oder zur Sünderin. Dieses Verfügungsrecht über die Frau hat das männliche Selbstwertgefühl außerordentlich gestärkt. Wer die Macht hat, definiert, wer wie zu sein hat.

Die Aufteilung der Frau in Heilige und Hure beeinträchtigt hingegen sowohl die Männer wie die Frauen in ihrer sexuellen Erlebniswelt. Auch wenn diese Zuschreibungen heute nicht mehr die Rolle spielen wie einst, haben die modernen Männer ebenfalls ihre Probleme mit dem Thema Sex und Liebe.

»Wenn sie mich verachtet, was tun?«

Auch Männer befinden sich in dem Dilemma zwischen dem Wunsch nach sexueller Freiheit und dem Bedürfnis nach Nähe und Verständnis zu und von Frauen. Nicht selten berichten Männer, dass die Frauen ihnen sowohl Nähe, Sex und Freiheit verweigern. Die Männer werfen den Frauen vor: Es fehle ihnen an Empathie und Verständnis für den Mann.

Die Frauen nähmen die Warnungen ihrer Mütter à la »Pass nur auf, die Männer wollen nur das eine und sonst nichts« viel zu ernst.

Die Frauen würden Machtspiele spielen und sie erpressen: »Wenn du mir nicht sagst, dass du mich liebst, dann schlafe ich nicht mit dir.«

Oder: »Wenn du das und das nicht tust oder einsiehst, dann verweigere ich mich.« Sex zu geben oder zu verweigern, wird zu einer weiblichen Taktik, um den Mann in Schach zu halten. In diesem Machtspiel, das die Frauen teilweise gut beherrschen, zieht der Mann durchaus den Kürzeren, so er nicht durch Geld, Macht oder Gewalt seine Wünsche durchsetzen kann oder will. Wie Paartherapeuten berichten, haben es die Männer heute in dieser Hinsicht weitaus schwerer als früher. Dabei sind die jeweiligen Partnerinnen nicht allein die Ursache für die Konflikte.

»Ich fühle mich eingeengt. Und ich verstehe die Frauen nicht!«

Auch wenn *Sex* für Männer meist weit positiver besetzt ist als für Frauen, haben sie deshalb keineswegs eine bessere und sicherere Position. Männer kommen in die Klemme, wenn sie sich mittels Sex zu weit mehr als zu Sex verpflichtet sehen: zur Ehe oder anderen Verbindlichkeiten. Wenn sich die Männer auch Liebe und Verständnis wünschen, ohne gleich heiraten zu wollen, wird das Dilemma noch virulenter. Und wenn sich dann die *Sehnsucht* nach Beziehung mit der *Angst* vor derselben vermengt, scheint das Problem kaum noch lösbar. Hier stoßen dieselben Gefühle, die *Angst* und die *Sehnsucht* mit unterschiedlichen Bewertungen aufeinander. Die *Angst des Mannes*, in eine Freiheitsfalle zu geraten, korrespondiert mit der *Angst der Frau*, nicht rechtzeitig einen Mann abzukriegen. Die *Sehnsucht des Mannes*, als ganzer Mensch geliebt und anerkannt, das heißt auch verstanden und nicht nur als Ehemann »funktionalisiert« zu werden, steht im Kontrast zur *Sehnsucht der Frau*, Ehefrau und Mutter zu werden und nicht allein für die Familie aufkommen zu müssen. Die *Angst des Mannes*, unliebsame Verpflichtungen auf der Basis der Intimität einzugehen, entspricht der *Angst der Frau*, sich durch die Pflichten in Ehe und Familie nicht genügend selbst verwirklichen zu können.

Was einmal war, wirkt lange nach

Die Männer, die eine komplizierte Beziehung zu ihrer Mutter haben und vielleicht nicht mit Schwestern groß geworden sind, haben entweder ein problembehaftetes Frauenbild verinnerlicht und/oder keine rechte Vorstellung davon, wie Frauen sind, wie Frauen »ticken«, was Frauen sich wünschen. Das »Weibliche« ist in diesen beiden Fällen emotional besetzt mit dem Gefühl der »Bedrohung« – durch mütterliche Übergriffe und/oder verbunden mit einer Ratlosigkeit. Das sind Sätze, die Männer sehr oft in diesem Zusammenhang formulieren: »Was wollen die Frauen eigentlich? Ich verstehe sie nicht!« »Mal wollen sie, mal nicht, die Gründe sind mir schleierhaft.« »Frauen sind so irrational!« »Eigentlich kann ich mit Frauen – außer beim Sex – nicht viel anfangen. Sie bedrängen einen immer so, und ich weiß gar nicht, was sie immer wollen.«

Die Beziehung zur Frau wie der Umgang mit eigenen sexuellen Wünschen ist für Männer aus diesem Grund immer wieder neu zu definieren, was ziemlich anstrengend sein kann. Oder gibt es andere Wege der Selbstbehauptung? Ist es dann für die Männer nicht viel einfacher, ihren sexuellen Wünschen nachzugehen, ohne Debatten führen zu müssen: etwa durch – scheinbar – klare Geschäftsbedingungen wie beim Gang zu Prostituierten? Das werden wir noch sehen.

»Männer taugen sowieso nichts!«

Es ist »modern« geworden, den Mann von heute abzustempeln: als schwach, lächerlich, chauvinistisch, vertrottelt, zurückgeblieben, sexbesessen mit wenig Hirn in der Birne, seelisch unterentwickelt.[42] In dieser Art von Debatten ist wenig Mitgefühl und Verständnis für die Männer herauszuhören. Frauen nutzen die berechtigten Argumente gegen das überholte Patriarchat, um die Männer von heute herunterzumachen. Das ist einerseits verständlich, weil dies auf die vielen Enttäuschungen und Entwertungen der Frau zurückzuführen ist. Andererseits ist die Abwertung des Mannes heute einer der Gründe für viele unbefriedigende Paarbeziehungen. Auch wenn es auf den ersten Blick zynisch klingen mag, ist ein Argument bei manchen Frauen virulent: »Weil die Männer nicht viel taugen, muss ich wenigstens das aus ihnen herausholen, was möglich ist.« Natürlich spüren es Männer, wenn sie auf diese Weise beurteilt und funktionalisiert – und damit abgewertet werden. Dabei haben die Frauen oft nicht im Blick, dass Männer genauso verstanden, anerkannt und geliebt werden wollen, wie es sich die Frauen für sich selbst wünschen.

Warum alles so gekommen ist

Ein nüchterner Blick in die Vergangenheit

Zu früheren Zeiten wurden in unserer Kultur Liebe, Sex und Ehe weit nüchterner gesehen und anders bewertet als heute.

Liebe war bis zum 18./19. Jahrhundert fast durchweg kein Motiv für eine Eheschließung. Liebe war ein Thema von Dichtung und Gesang, wurde aber nicht gekoppelt an die Idee, aus Liebe eine Ehe schließen zu wollen oder zu müssen.

Die Ehe wurde als ein Machtinstrument gesehen, mittels dessen die Frauen und ihre Sexualität kontrolliert wurden und mittels dessen sich die Männer einen Territoriumszuwachs sicherten.[43]

Vom Mann wurde in der Regel die Ehe seit jeher weit eher als ein Gefängnis und eine mühevolle Pflicht interpretiert als ein Modus für Glück. Für die Frau hingegen war die Ehe ein »sicherer Hafen« und die einzige Möglichkeit überhaupt, Sex zu erleben. Frauen blieb über Jahrhunderte hinweg nichts anderes übrig, als die Ehe als das Nonplusultra der ihr zur Verfügung stehenden Lebensform zu akzeptieren – so sie sich nicht für ein Klosterleben entschieden oder in ein Kloster gesteckt wurden.

Sex vor der Ehe war in der christlichen Welt jahrhundertelang verpönt, natürlich durchweg für Frauen. Ihnen wurde nicht zugestanden, unabhängig von einer Ehe ihre sexuellen Wünsche auszuleben, falls ihr diese nicht schon durch strenge Erziehung längst vorher ausgetrieben wurden.

Im Zeitalter der Aufklärung, im 18. Jahrhundert, wurden Ehen und Sex ebenfalls ziemlich nüchtern gesehen. Man amüsierte sich, überhöhte meist nichts und niemanden, vor allem zur Zeit Voltaires in

Frankreich. Da war es an der Tagesordnung und gesellschaftlich akzeptiert, dass die höhergestellten Frauen sexuell tun und lassen konnten, was sie wollten, wenn sie reich, gebildet und geistreich waren. Und man brachte sich schon gar nicht aus Liebe um. Dies war eine bemerkenswerte Phase in der europäischen Geschichte – vornehmlich in Frankreich, in der die Schönheit und der Geist der Frauen hochgeschätzt wurden. Ehe, Liebe und Sex wurden als dreierlei »Dinge« bewertet, die nicht notwendig zusammen erhofft und erlebt wurden.[44] Das wurde erst akut in der Zeit des »Sturm und Drang«, wie wir an der damals sehr populären Geschichte *Die Leiden des jungen Werthers* von Goethe sehen können.

Romantik war Ende des 18., Anfang des 19. Jahrhunderts eine Gefühls- und Lebenshaltung, die ihren poetischen Ausdruck fand. Doch diese Lebenshaltung wurde nicht mit Erwartungen an die Ehe verknüpft. Die romantische Sichtweise sensibilisierte die Männer und Frauen für die Schönheit der Natur, für die eigenen Gefühle, für hingebungsvolle Momente. Der verstandesmäßigen Orientierung in der Welt wurde die Gefühlsbeziehung zur Welt hinzugefügt oder Erstere durch Letztere gar ersetzt. Etwas, wonach wir uns bis heute sehnen?

Ein kritischer Blick in die Gegenwart

Heute hingegen wird Romantik zum Qualitätskriterium für Beziehung gemacht, vor allem von Frauen. Großartige, erotische Augenblicke, bei Sonnenuntergang oder in einem Luxusrestaurant, Liebesgeflüster, Schwüre von ewiger Liebe. Diese Sehnsucht, alles miteinander verknüpfen und leben zu können, ist sehr verständlich. Denn wer will schon wirklich nur Sex ohne Gefühle, ohne Liebe? Liebe ohne Verbindlichkeit, sprich: Ehe? Und wer gibt sich heute mit Liebe, Sex und Ehe ab, ohne sich davon einen Hauch von Romantik zu erhoffen? Liebe, Sex, Ehe und Romantik – alles inklusive – werden heute als Garant für das eigene Selbstwertgefühl erachtet, vor allem für Frauen. Sinngemäß bedeutet das: »Werde ich auf romantische Weise umworben, geliebt, sexuell begehrt und dann auch noch geheiratet – dann bin ich viel wert. Ist dies nicht der Fall, dann empfinde ich mich als nur halb so viel wert.«[45] Das wird so nicht ausgesprochen, aber gefühlt und erhofft.

Das Empfinden von Wertlosigkeit stellt sich flugs ein, wenn beim Sex die Liebe, bei der Liebe die Romantik und das Eheversprechen fehlen oder die Ehe nicht mit Romantik, Liebe und Sex verbunden ist. Dass weitaus mehr Frauen diese Sehnsucht haben und weit mehr betroffen sind, wenn ihre Wünsche nicht erfüllt werden, ist nicht verwunderlich. Ihre Existenzberechtigung, ihre Sexualität wurde jahrhundertelang an Ehe und Mutterschaft geknüpft, ohne dass die Frau darüber hinaus Ansprüche geltend machen durfte.

Das *Verheiratetsein* wurde früher und wird bis heute ebenfalls unterschiedlich bewertet. Ein unverheirateter junger wie älterer Mann ist, früher wie heute, für Frauen sehr interessant. Eine unverheiratete Frau ist für Männer nicht unbedingt sehr begehrenswert, vor allem, wenn sie älter als vierzig Jahre alt ist. Unverheiratet zu sein wird also, je nach Geschlecht, bis heute unterschiedlich bewertet. Argumente wie: die Frau sei ab einem bestimmten Alter nicht mehr gebärfähig und deshalb nicht mehr begehrenswert, sind sehr biologistisch. Denn eine Beziehung zwischen Mann und Frau wird von weit mehr Faktoren bestimmt als nur durch die sexuelle Beziehung zum Erzeugen von Kindern.

So nimmt es nicht wunder, dass heute, wo über eine Eheschließung frei entschieden werden kann, die Probleme in Beziehungen nicht ab-, sondern eher zunehmen.

Trügerische Hoffnungen und verletzte Gefühle

Die Vorstellung, dass Liebe, Sex und Romantik in einer Beziehung zu haben sind, wenn man sich nur recht anstrengt, erweist sich meist als trügerisch und frustrierend. Von diesen Stolpersteinen war bereits die Rede. Die negative Erfahrung, dass Liebe, Sex, Ehe und Romantik eben nicht zusammen funktionieren, auch wenn man sich noch so anstrengt, kratzt – bei Frauen wie im Übrigen auch bei Männern, wenn auch anders – am Selbstwertgefühl.

Vor welchem Hintergrund entsteht diese Diskrepanz zwischen Ideal und Wirklichkeit? Sie ist, wie bereits angedeutet, der Tatsache geschuldet, dass in unserer offenen Gesellschaft heute alles erlaubt, alles denkbar, wünschbar und scheinbar alles möglich ist. Jede/jeder kann eine Beziehung eingehen, wie und mit wem er/sie will. Alle Fantasien können im Prinzip – ohne Bestrafung zu befürchten – ausgelebt werden. Jeder kann um jeden werben. Jede/r kann mit jeder/m schlafen. Die Eltern mischen sich kaum oder gar nicht in die Wahl der Partner ein. Sex ist kein Tabuthema, sondern überall gegenwärtig. Alle reden über Sex, bis in die Details ihrer sexuellen Vorlieben. Bücher wie *Feuchtgebiete* und *Shades of Grey* erzielen Millionenauflagen. Sie spiegeln auf unterschiedliche Weise wider, dass vor allem Frauen aufbrechen, sich zu ihren sexuellen Vorlieben und Entdeckungsreisen zu bekennen. Und trotzdem bleiben die Gefühle in intimen Beziehungen oft ohne Sprache, und die Hoffnung auf Liebe bleibt auf der Strecke.

Doch garantiert diese grenzenlos scheinende sexuelle Freiheit ein gutes Selbstwertgefühl des Mannes und der Frau?

Ich fürchte: nein. Mit dieser Freiheit, mit diesen Liebesidealen geht die Gefahr einher, enttäuscht zu werden. Die hochgehängten Ideale werden zum Problem, weil sie eigentlich fast unerreichbar sind. Das Gelingen oder Scheitern von Beziehungen ist heute nicht mehr einer Ursache von außen geschuldet, sondern auf das eigene Unvermögen zurückzuführen. Und das Risiko des Scheiterns trägt jede/jeder für sich allein. Es ist ja niemand mehr da, dem man die Schuld zuschieben könnte. Denn der Staat, die Kirche oder die Eltern geben nicht mehr vor, was »man« darf oder nicht darf. Und das Risiko, dass eine Beziehung scheitert, trägt jeder/jede selbst.

Die Soziologin Eva Illouz sieht es so: In der heutigen Zeit der Unsicherheit seien in Sachen Sex und Liebe große Irritationen aufzuspüren.[46] Daraus folgen Fragen: Welche Wertmaßstäbe sind heute wichtig? Wie entsteht ein gutes Selbstwertgefühl, wenn nicht klar ist, was in Sachen Sex, Liebe und Romantik »geht« oder »nicht geht«, ohne verletzt und enttäuscht zu werden? Wie ist herauszufinden, wer zu wem eigentlich wirklich passt? Welche unterschiedlichen Wertvorstellungen und Bewertungen werden in Liebes- und Sexbeziehungen zum Anlass für Konflikte? Wer bestimmt, was romantisch ist, wie Sex praktiziert, wie Liebe gelebt und die Ehe geführt werden soll? Da steht jeder Mensch mit seinen Entscheidungen allein da und muss sich arrangieren.

Sex sells – Wer wird hier abgewertet?

Ein viel beschrittener Weg, aus diesen emotionalen Verstrickungen herauszukommen, besteht darin, sich Sex zu kaufen. Die Geschäftsbedingungen werden vorher ausgehandelt, ohne weitere Verpflichtungen oder gar Gefühlsbeziehungen eingehen zu müssen. Auf Intimität und Nähe braucht »man« sich nicht einzulassen. Jederzeit kann »man« sich aus dem Staub machen, ohne Vorwürfe und Ansprüche. Das ist bis heute eine Lösung für Männer – für Frauen weit weniger oder gar nicht.

Frauen bezahlen nicht für Sex. Sie lassen sich bezahlen, vor allem, wenn sie als Prostituierte tätig sind. Doch nicht nur das: Wie viele Frauen haben sich auf Ehen mit reichen Männern eingelassen, ohne die Männer zu lieben. Nicht Gefühle sind dann ausschlaggebend, sondern das Geld.

Eine Frau, die einen Mann dafür bezahlt, dass er mit ihr Sex hat, ist ein Sonderfall und passt nicht in die herkömmlichen Wertevorstellungen. Dies ist heute letztlich genauso der Fall wie früher. Es gab und gibt bis heute kaum Möglichkeiten für Frauen, sich den Sex – außerhalb von Partnerschaft und Ehe – zu holen, den sie sich wünschen, wenn sie sich *nicht* auf Emotionen und Intimität einlassen wollen. Eine Frau, die Sex nur um des Sex willen möchte, passt bis heute nicht ins Bild von erwünschter Weiblichkeit. Natürlich erlauben es sich Frauen heute, sich verschiedene Partner »zu gönnen« oder sich eines Callboys zu bedienen. Aber man kann nicht davon reden, dass dies weitverbreitet sei. Diese Tatsache ist mit dem tief verinnerlichten Argument verbunden, Frauen würden Sex naturgemäß weit mehr mit Gefühl und Bindungswünschen verknüpfen als Männer. Aber stimmt dies in toto wirklich – wäre kritisch zu fragen –, sieht man von der »naturgegebenen« Versorgerrolle der Frau als Mutter mal ab, die Sexualität immer im Kontext von Mutterschaft erscheinen lässt?

Männer können sich Frauen – oder auch Männer – kaufen, so oft sie es wollen und es sich leisten können. Dabei ist es ziemlich gleichgültig, ob der Mann ledig, verheiratet, bisexuell oder homosexuell ist oder in einer Paarbeziehung lebt.

Und daran hatte bislang niemand etwas auszusetzen, sieht man vom Prostitutionsverbot ab, das Alice Schwarzer fordert und das etwa in Frankreich und Schweden vollzogen wird.

Auch wenn Ehefrauen, Freundinnen und Partnerinnen es als sehr unangenehm finden, es nicht wissen wollen oder darunter leiden, wenn ihr Mann, Freund, Liebhaber auf den Straßenstrich oder in den Puff geht: Die Tatsache, dass Männer dies angeblich schon immer getan haben und immer tun werden, wird bis heute weitgehend hingenommen.

Das angeblich älteste Gewerbe der Welt zeigt ein Machtgefälle. Der Mann bezahlt und bestimmt – und die Frau liefert und wird benutzt. Herrschen und Dienen in Sachen Sex wird in diesem Fall durch Geld definiert. Brauchen Männer Huren, um sich gut zu fühlen? Was bewegt Frauen, ihren Körper zu verkaufen? Ist ein Freier wirklich »frei« und hat durch den Geldtransfer Macht? Und ist die Prostituierte ohnmächtig, unfrei und ein »Opfer«? Kann eine Prostituierte ihren Beruf selbstbewusst und mit einem guten Selbstwertgefühl ausüben? Es gibt selbstverständlich Frauen, die sich bewusst für diesen Beruf entschieden haben und ihn selbstbewusst ausüben. Wie eine Prostituierte es sinngemäß so formulierte: Warum soll ich in einer Drogerie herumstehen, für ein lächerliches Gehalt? Wenn ich als Callgirl arbeite, geht es mir doch viel besser.«[47]

Auch hier geht es mir nicht um ein moralisches Problem, sondern um die Frage: In welchem Verhältnis steht der gekaufte und verkaufte Sex zu dem Selbstwertgefühl der beteiligten Personen? Wie bewerten sich Frauen, die ihren Körper verkaufen oder verkaufen müssen? Welches Selbstwertgefühl haben Männer, die Frauen für Sex bezahlen? Dazu ein Blick in die Welt der Prostitution.

Männliche Freiheiten und die weibliche Unterordnung

Die Lustfabrik in Bangkok[48]

In einem modernen Gebäude, genannt *fish tank*, nachts. Vier junge Frauen mit langen schwarzen Haaren, in Miniröcken und High Heels steigen, nachdem sie ihre Lochkarten in den Automaten gesteckt haben, kichernd in einen Fahrstuhl. Im richtigen Stockwerk angekommen erhalten sie an der Tür eine Nummer und gehen hinter ein großes Schaufenster, wo zwanzig andere junge Frauen in einer ähnlichen Aufmachung auf Treppchen sitzen. Das Neonlicht strahlt erbarmungslos in die stark geschminkten Gesichter. Die ankommenden Mädchen ziehen ihre High Heels aus und setzen sich zu den anderen Mädchen. Dann reden sie ein bisschen, kichern und warten. Vor dem langen Schaufenster sitzen Männer im Dämmerlicht an Tischen, trinken und unterhalten sich. Sie taxieren die Frauen wie ein Stück lebendige Ware. »Wie findest du die?« »Zu dünn.« »Aber die kann's. Die nehm ich heute vielleicht.« »Die will ich nicht wieder. Kenn ich schon. Brauch mal was Neues.«

Der Chef des Hauses geht an den Tischen vorbei und preist die Mädchen, sprich die Nummern an: »Da, schauen Sie, die Nummer 231, die ist echt super, mit großen Titten. Oder die Nummer 134, die kann gut blasen. Auch gut ist die 215, sehr zu empfehlen.« Ein Mann rafft sich auf und entscheidet sich für ein Mädchen, respektive eine Nummer. Die Nummer, also das entsprechende Mädchen, wird per Mikrofon gerufen. Der Freier und sie gehen an der Kasse vorbei, der Freier zahlt. Die Kassiererin gibt dem Mädchen den Satz auf den Weg: »Mach's ihm gut. Sei nett zu ihm.«

Einige Männer werden vom Filmemacher gefragt, warum sie denn hierhergehen.[49] Die Antworten fallen so aus: »Meine Frau ist totes

Fleisch.« »Ohne die Mädchen hier wäre alles noch viel schlimmer.« »Ich will nur gucken, mehr nicht.« »Ein bisschen Spaß haben.« »Die haben hier kein Mitleid mit mir und geben mir nicht einmal Rabatt.«

Auf die Frage des Filmemachers, warum die Mädchen sich für diesen Beruf entscheiden, kommen Antworten wie diese: »In der Familie mit vier Kindern ist es zu eng.« »Ich will selbstständig sein, mein eigenes Geld verdienen und Spaß haben.« Der Job hier würde zwar nicht immer Spaß machen, aber das sei überall so. Auch in der normalen Arbeitswelt. Außerdem sei die Konkurrenz groß. »Da müsse man durch.« »Aber wir sind ja keine Maschinen.« »Irgendwann will ich auch mal 'nen richtigen Partner.«

Jedoch fallen auch kritische Bemerkungen zum Thema Ehe: »Hier im *fish tank* ist es viel einfacher als zu Hause. Da geben die Kerle nie Ruhe.«

Wenn ihr Dienst beendet ist, gehen die Mädchen in eine Bar mit Animateuren. Das sind junge Männer, die sich für Flirts und Sex von Frauen anheuern lassen. Das Spiel wird nun umgedreht. Die Mädchen bewerten die Männer und entscheiden dann, wen sie auswählen und bezahlen.

In den *fish tanks* wirken die Mädchen erschöpft, aber nicht gedemütigt. Wie es scheint, koppeln sie emotional die Tatsache, dass sie Verkaufsobjekte sind, von ihrem Selbstwertgefühl ab. Ihr Selbstwertgefühl stärken sie durch ihre finanzielle Unabhängigkeit, ihre Möglichkeit, sich in den Animationsbars die Männer zu holen, die sie wollen.

Wir wissen nicht, wie tragfähig diese selbst gemachte Konstruktion ist. Die Mädchen sitzen als »Nummer im Angebot« auf der Treppe, bis ein Freier zugreift. Die Männer verwenden nicht direkt abwertende Worte den Huren gegenüber, sondern verhalten sich wie auf dem Viehmarkt: Welches Fleisch bekomme ich für den Preis, den ich zahle?

Einer der Gründe, warum sie in den *fish tank* gehen: Ihre Ehefrauen und Partnerinnen bieten nicht das, was ihnen die Huren bieten – die Befriedigung spezieller sexueller Wünsche nach Maßgabe des Mannes, ohne dass die Frau selbst Ansprüche stellt.

Der Ausverkauf des Weiblichen in Faridpur (Bangladesch)

In Ananda Nagar – »Stadt der Freude« – arbeiten sechs- bis achthundert Mädchen. In engen Gassen stehen sie vor schmalen Türen oder hocken in dunklen, engen Zimmerchen. Es ist so wenig Platz in den Gassen, dass kaum zwei Menschen aneinander vorbeikommen, ohne sich zu berühren. Es ist staubig, die Gasse ist schlecht beleuchtet. Die Männer drücken sich an den Wänden entlang, Geschrei, Geschimpfe, Weinen.

Ein Mann hat ein mit einem Kopftuch verhülltes Mädchen, etwa zehn, elf Jahre alt, an der Hand. Er betritt ein mit Teppichen verhängtes Zimmer, in dem ihn eine Frau mittleren Alters empfängt. Es ist offensichtlich ein Vater, der um den Preis für seine Tochter feilscht. Sie hätte bereits als Prostituierte gearbeitet, behauptet er. Kaum ist der Handel abgeschlossen, wird das Mädchen von der Chefin eingewiesen: »Wasch dir die Füße, kämm dir die Haare, sei nett zu den Männern. Wenn du nicht nett bist zu denen, dann gibt's kein Geld. Mit dem Mund machst du es ihnen nicht. Hörst du? Der Mund ist heilig. Sag das den Männern.«

Das Kind spricht kaum. Es wird gesäubert, gekämmt, bekommt neue Kleider und wird eingesetzt. Es wirkt verstört, traumatisiert. Es stellt sich kurz danach heraus, dass dieses Mädchen bei den Kunden nicht gut ankommt. Die Chefin ist sauer und macht dem Mädchen Vorwürfe. Die Männer wollen dieses verstockte Mädchen offensichtlich nicht. Die Chefin behauptet, sie liebe ihre Mädchen wie eine Mutter. Aber wenn die nicht begriffen, worum es hier geht, müsse sie sie herauswerfen. Das gelte wohl auch für die Neue. Sie sei leider bockig, dreckig und kapiere nichts.

Hier wird nicht gekichert wie in Bangkok, hier wird geweint. Aber nur, wenn keiner zusieht. Manchmal lachen die Mädchen ein bisschen, wenn sie genug Geld eingenommen haben. Das weiß die Chefin und sagt: »Wir lachen, weil wir dahinter unsere Traurigkeit verstecken.«

Die jungen Prostituierten bekennen: »Die Männer ekeln sich vor uns. Und kommen dann heimlich doch.« »Es ist egal, ob die Männer gebildet oder nicht gebildet sind. Es ist immer das Gleiche.« »Wir müssen unsere Scham opfern. Aber darüber können wir nicht groß nachdenken.« »Wenn ich nicht genug Freier habe, dann wird die Mutter – sprich Puffmutter – wütend. Und ich bin traurig. Heute hatte ich schon fünf, das geht gerade.« »Ich sage zum Mann: Meinen Körper verkaufe ich dir, aber nicht meine Seele.«

»Sind alle Frauen so unglücklich wie wir?«, fragt eines der jungen Mädchen. »Oder gibt es auch Frauen, die glücklich sind?«

Die Mädchen, die in diesem Hurendorf arbeiten, vollziehen aufwendige Reinigungsrituale unter erschwerten Bedingungen, das heißt ohne fließendes Wasser, ohne ein Badezimmer oder dergleichen. Sogar die Schuhe und Strümpfe werden ausgeräuchert, wie auch der Raum, die Türschwelle und die Kleider. Diese Reinigungsrituale werden mit großer Ernsthaftigkeit und Sorgfalt durchgeführt. Sie wirken auf mich wie ein Akt der Selbstaufwertung: Durch die Reinigung wird die Beschmutzung weggewischt, und dadurch können sich die Frauen und Mädchen wieder wie ein »reiner Mensch« fühlen. Das zumindest sagen sie. Reinlichkeit scheint als eine weibliche Tugend nicht nur im Zusammenhang mit Sex gefordert und gewollt zu sein.

Einige der Männer geben Auskunft, warum sie in das Hurendorf kommen: »Ich gehe zweimal am Tag hin. Ich brauch das einfach.« »Wenn es das Hurendorf nicht gäbe, könnten die anständigen Frauen sich hier nicht auf der Straße sehen lassen.« »Erst gehe ich einmal am Tag in das Hurendorf und dann nach Hause. Dann hab ich meine Ruhe.« »Ich kann es nicht leiden, wenn die Mädchen so geschminkt sind. Ich sag dann, mach's ab.« Die Frau, das Mädchen ist ausschließlich Mittel zum Zweck. Die Männer, die hierherkommen, haben vermutlich keinen Schimmer, was eine Frau ist, will und wünscht. Die Welten zwischen Mann und Frau sind im Alltag so getrennt, dass keiner eine Vorstellung vom anderen Geschlecht zu haben scheint. Die Männer wissen jedoch noch weniger, was eine Frau ist, als die Frauen wissen, was Männer wollen. Scham ist das vorherrschende Gefühl der Frauen. Wer sich schämt, ist sich selbst wertlos geworden, entspricht nicht den eigenen Vorstellungen von Würde und Anstand. Der extensive Reinigungsprozess ist ein Versuch, mit den Schamgefühlen und den Entwertungen fertig zu werden.

Wer hat hier die Macht? In Reynosa (Mexiko)

Wir befinden uns an einem legalen Ort. Als *zonas de tolerancia* – Toleranzzonen – werden die Bezirke bezeichnet, in denen Prostitution erlaubt ist. Die Einfahrt ist mit Schranken gesichert und wird von der Polizei überwacht. Vor den Türen, die wie Verschläge zu einem Stall aussehen, stehen üppige Frauen zwischen zwanzig und vierzig in aufreizender Kleidung: hochhackige Stiefel, kurze Röcke, lange Haare. Es ist Nacht. Die Straße ist weit und leer, unter trüben Laternen kurven Autos herum, in denen jeweils mehrere Männer sitzen. Mit schonungsloser Offenheit beantworten sie aus heruntergelassenen Autofenstern die Fragen des Filmemachers, was sie wollen und warum sie hier sind. Keine drastische Beschreibung über Sexualpraktiken wird ausgelassen. So direkt haben sich weder die Männer in Bangkok noch in Bangladesch über ihre Vorlieben geäußert.

Die Äußerungen der Männer bewegen sich krass zwischen Abwertung und Aufwertung. Sinngemäß: »Die ätzenden Weiber. Diese Huren, die Luder, diese Schlampen, diese dreckigen. Ich liebe diese Mädchen. Ich kann alle haben für Geld.« »Diese Mädels hier sind nicht so verkrampft wie unsere Freundinnen.« »Sie sind geil, sie sind super.«

Auch die Prostituierten äußern sich über ihre Erfahrungen und Praktiken, bis in die kleinsten Details. Eine gesteht freimütig, dass ihr der Beruf »liege«. Sie selbst bekäme immer wieder einen Orgasmus und würde dafür auch noch bezahlt. Ist sie die Ausnahme? Wir wissen es nicht.

Es fallen jedoch auch Sätze wie diese: »Die Männer kommen hierher und denken nur an sich selbst. Die Frau spielt überhaupt keine Rolle.« »Wir sind die Verlierer. Machen wir uns nichts vor.« »Ich habe meinen Stolz und will nicht vor anderen weinen. Aber mein Herz weint.« Auch wenn die mexikanischen Prostituierten einen weitaus selbstbewussteren Eindruck machen als die Mädchen in Bangladesch, scheinen sie sich keinen Illusionen hinzugeben, dass sie für ihr Leben schlechte Karten gezogen haben.

Diese Huren sind davon überzeugt, dass die Männer magische Praktiken anwenden, um die Frauen abhängig zu machen. Nicht nur aus diesem Grund greifen sie zur Gegenwehr. Sie suchen schamanische Heiler auf, um sich von dem »Bösen« zu reinigen. In aufwendigen Ritualen finden Säuberungsprozesse statt, in dem ausgetrieben wird, was abgelehnt wird: das Gefühl, sexuell besetzt zu sein durch die männliche Gier.

Auch die Muttergottes und Gott werden angerufen, um einen Schutz- und Reinigungsraum zu schaffen. Einige der Frauen beschwören diese göttliche Hilfe, bevor sie auf die Straße gehen. Durch Reinigung und Religiosität versuchen sie, die Scham und das Gefühl der Entwertung zu bewältigen. »Dein Verstand ist dein Gefängnis«. Mit diesem Satz befreien sie sich von der Definition ihrer Rollen. Sinngemäß: Auch wenn ich verstandesmäßig weiß, dass ich eine Hure bin, bin ich viel mehr als das.

Aber auch solche Szenen werden gezeigt: Die Machtverhältnisse kehren sich um, wenn die Prostituierte Grenzen setzt, nachdem der Freier bezahlt hat. Der Mann ist noch längst nicht befriedigt, will mehr. Sie denkt überhaupt nicht daran, ihm »mehr« zu liefern. Er wird gnadenlos von ihr herausgeworfen. Sie macht ihm unmissverständlich klar: Die Zeit ist um, und mehr ist nicht zu kriegen. Der Freier wehrt sich nicht. Er muss sich wieder ankleiden und das ärmliche Zimmer verlassen, in dem er Lust wollte und Zurechtweisung erfährt.

In Köln, Geestemünderstraße

»Unzählige Männer werden sich hier jeden Tag bis in die frühen Morgenstunden mit vierzig bis fünfzig Frauen einig, die sich in der ›Anbahnungszone‹ in ausgedienten Bushaltestellen oder auf Klappstühlen feilbieten. Ist der Preis ausgehandelt, zieht man sich gemeinsam im Auto des Freiers in eine der acht ›Verrichtungsboxen‹ in einer alten Scheune zurück.« Für die Sicherheit der Frauen scheint gesorgt zu sein: »In den Boxen müssen die Freier so nahe an der linken Wand parken, dass sie die

Fahrertür nicht öffnen können. Auf der Beifahrerseite bleibt ein Fluchtweg für die Prostituierten. Für Freier, die zu Fuß oder mit dem Motorrad zum schnellen Sex kommen, sind zwei ›Stehboxen‹ vorhanden, nicht größer als Umkleidekabinen im Freibad. Die Wände am Eingang sind rosafarben. Im Inneren steht eine Plastikparkbank auf nacktem Betonboden. In jeder ›Verrichtungs-‹ und ›Stehbox‹ ist ein roter Panikknopf installiert.«[50] Die nüchterne Beschreibung dieser Orte lässt die Frage aufkommen, welche Art von Lust die Männer hier eigentlich erfahren. Sex hat hier rein gar nichts mit Sinnlichkeit und Schönheit zu tun. Sex ist reduziert auf das Erleben eines Kicks und einer Triebabfuhr. Alles, was Sexualität und Erotik ausmacht, wie Verzauberung, Sinnlichkeit, Hingabe, Schönheit und Intimität, fehlt. In der Geestemünderstraße erinnert nichts an die Bordelle vergangener Zeiten, mit Plüschsofas, Kristalllüstern und schummrigem Licht. Das Wort »ungemütlich« reicht bei Weitem nicht aus, um die brachiale Trostlosigkeit auf einen Begriff zu bringen.

In diesem oben zitierten Bericht kommen die Männer nicht zu Wort. Sie bleiben gesichts- und wortlos. Wie erleben sie sich im Sex mit diesen Frauen und Mädchen, die sich zu einem Niedrigpreis verkaufen? Welche sexuelle Not, welche Bedürfnisse treibt Männer dazu an, sich unter solchen Umständen befriedigen zu lassen?

Gekaufter Sex aus Not, aus Lust, als Aufwertung des Mannes?

Sex ausleben: Männer ja, Frauen nein?

Die Männer, die zu Prostituierten gehen, ganz gleich wo, fühlen sich meist in keiner Weise abgewertet.[51] Sie sehen es als ihr gutes Recht an. Warum ist das so? Diese Frage ist umso virulenter in einer »aufgeklärten« westlichen Gesellschaft, in der Männer und Frauen, anders als in Bangladesch, zusammen aufwachsen und jederzeit ohne Strafandrohung von Eltern, Kirche und Staat sexuell miteinander verkehren können, ohne dafür bezahlen zu müssen. Viele Frauen in den westlichen Ländern können ihre Sexualität ausleben, ohne dass ihnen »Sanktionen« drohen. Warum geben diese Ehefrauen, Freundinnen und Partnerinnen offensichtlich nicht hinreichend das, was Männer angeblich dauernd wollen: Sex? Warum müssen sich Männer heute, etwa unter solchen Umständen wie in Köln, Sex beschaffen?

Ich bezweifle, dass der Grund dafür allein darin liegt, dass Männer sexuelle Abwechslung brauchen und Frauen angeblich nicht. Weder physisch noch psychisch spricht etwas dagegen, dass Frauen nicht genauso wie ein Mann Lust auf wechselnde Sexualpartner haben.

»Ich zahle und krieg was! Ich zahle nicht, ich jage!«

In Bezug auf die Thematik Prostitution begegnete ich in meinen Gesprächen zwei verschiedenen Männertypen: die »Jäger« und die »Einkäufer«. Das Jagen und das Einkaufen sind auch mit einem Be- und Entwerten der Frau und der eigenen Person verbunden.

Die »Jäger« sind Männer, denen es unangenehm ist, eine ihnen fremde Frau für Sex zu bezahlen und mit ihr zu verkehren. Sie »jagen« eine Frau, aber kaufen sie nicht. Auf meine Frage, warum, zucken sie mit den Schultern und sagen: »Das habe ich nicht nötig!« Oder: »Es ist mir unangenehm, mit einer Frau zu schlafen, die außer an meinem Portemonnaie kein Interesse an mir hat und mir ihre Geilheit nur vorheuchelt.« Ein Mann formulierte es so: »Ich jage, ich bezahle nicht.« Er würde sich als Mann »minderwertig« fühlen, wenn er es nötig hätte, eine Frau für Sex zu kaufen. Er habe nie Probleme gehabt, eine Frau zu finden, die gern mit ihm ins Bett geht. Weitere Argumente von Männern, die nicht zu Prostituierten gehen, sind: »Ich habe mich zwar mal mit Nutten unterhalten, weil mich interessiert, was die so machen und wie es denen geht. Aber mit denen zu schlafen – nein!« Oder: »Wer bin ich denn, dass ich zu einer Hure gehen muss, um Sex zu haben!? Ein armes, zu kurz gekommenes Würstchen?«

Natürlich könnte man einwenden, hier würden Männer einer Frau – also mir gegenüber – nicht ehrlich sein, um gut dazustehen. Aber mir schienen die Argumente überzeugend zu sein: Sich mit einer Frau zusammenzutun, die einem fremd ist, die unentwegt mit anderen Männern schläft, erscheint diesen Männern – so ein Wort, das fiel –

»unappetitlich«. Sie selbst finden es unter ihrer Würde, sich Sex zu kaufen, wo sie doch so viele Möglichkeiten haben, Sex mit gleichberechtigten Frauen zu betreiben. Sie empfinden es als »Entfremdung« von sich selbst, wenn sie zu Huren gingen.

Männer, die so denken, verurteilen ihre Geschlechtsgenossen dabei meist nicht. Sie finden es allenfalls pubertär. So wie ein Mann es formulierte: »Dass ein Junge mit siebzehn, achtzehn Jahren vielleicht einen Puff aufregend findet, kann ich verstehen. Das ging mir auch mal so. Aber heute? Ein erwachsener Mann müsste doch eigentlich aus der Pubertät herausgewachsen sein und es nicht mehr aufregend finden, Sex auf diese Weise zu erleben.« Oder: »Es gibt doch mehr als genug Frauen, die es prima finden, mit mir zu schlafen.«

Die Einkäufer sind Männer, die ohne Scheu zugeben, dass sie gern zu Huren gehen, und auch erklären, warum. »Das ist eine Abwechslung.« »Die Huren machen kein Theater.« »Mit denen kann man manchmal sogar besser reden als mit der oft frustrierten Partnerin.« Weitere Argumente kommen: Es sei ein Nervenkitzel, das Verbotene reize sie, ihren Wünschen würde von den Mädchen, die bezahlt werden, entsprochen. Die Mädchen seien süß und wollten nichts von den Freiern außer Geld, ganz im Gegensatz zu den Partnerinnen und Ehefrauen, die dauernd Ansprüche stellen.

Wer ist in diesem Spiel eigentlich der Starke und wer der Schwache?

Warum die starke Frau schwach gemacht wird: durch Kaufen, Verachten und Gewalt

Sich von einer Frau abhängig und sich ihr unterlegen zu fühlen, ist für einen Mann kein angenehmes Gefühl. Auch dauernd weiblichen Ansprüchen gerecht zu werden, macht vielen Männern wenig Freude.

Viele Männer haben wahrscheinlich eine weibliche Übermacht sehr zu spüren bekommen. Etwa als kleiner Junge, der keine Alternative hatte, sich gegen mütterliche Übergriffe zu wehren. Oft fehlte der Vater, der dem Jungen hätte helfen können, sich von der Mutter zu lösen und ein Mann zu werden.

Wenn Männer Frauen beherrschen, sie entwerten, sie kaufen, sie vergewaltigen, üben sie zweifelsohne Macht aus. Macht über das einst als mächtig empfundene Wesen – die Mutter?

Aber ist die Frau wirklich so übermächtig? Eigentlich handelt es hier doch um das »schwache Geschlecht«.

So gesehen wäre es gar nicht notwendig, die »schwache« Frau zu bekämpfen, weil sie ja wirklich nur schwach ist und schon deshalb einem Mann nicht gefährlich werden kann.

Das ist, genau gesehen, paradox: Weil die Frau als so stark und übermächtig empfunden wird – als Mutter, als Weib, als sexuelles Wesen, das neues Leben zur Welt bringt, als orgasmusfähig in großem Ausmaß –, wird sie als »schwach« bezeichnet und abgewertet. Natürlich heißt das nicht, dass alle Frauen wirklich so mächtig sind, sich so mächtig fühlen oder so orgasmusfähig sind.

Falls Havelock Ellis, einem Kulturanthropologen aus dem vorletzten Jahrhundert, recht zu geben wäre, dass Männer unbewusst Angst vor der »Potenz« der Frau haben, leuchtet diese »Umkehrung« ein: Die als stark empfundenen Frauen werden durch die Entwertung des Mannes geschwächt, damit sich der Mann stark fühlen kann. Diese unbewussten Ängste des Mannes und die daraus folgende Machtausübung über die Frau wurden über Jahrhunderte ideologisiert und zu einem Diktum gemacht. Die unbewusst als übermächtig empfundene Frau muss kontrolliert und beherrscht werden. Aus diesem Diktum resultieren die vielen Verbote und Gebote, welche die Männer im Namen der Kirche und staatlicher Instanzen zur Einschränkung weiblicher Sexualität festlegten.

So merkwürdig es klingt: Heute wirken diese »Instanzen« nicht mehr wie früher, aber die Probleme sind damit keineswegs gelöst. So ist etwa der Geschlechterkampf, der auf beiden Seiten mit unterschiedlichen Mitteln ausgefochten wird, bei Weitem nicht ausgestanden. Und so wie Männer Angst vor Frauen haben und dieser Angst auf unterschiedliche Weise begegnen, so haben Frauen Angst vor Männern, die ihnen jahrhundertelang viele Rechte abgesprochen haben und sie demütigten.

Die Entwertung von Kindern durch sexuellen Missbrauch

Der Geschlechterkampf, in dem sich Männer und Frauen gegenseitig in sexuellen Beziehungen entwerten, hat weitere traurige Ursachen. Die Entwertungen in dieser Hinsicht hängen möglicherweise auch mit einer Tatsache zusammen, von der Männer wie Frauen gleichsam betroffen sind: Kindesmissbrauch. Immer mehr Meldungen kommen ans Tageslicht über eine besonders tragisch wirkende Ent-Wertung.[52] Alles, was ein Kind erlebt, hinterlässt, wie wir wissen, psychische und physische Spuren. Der Missbrauch hat Traumatisierungen zur Folge, die im schlimmsten Fall ein ganzes Leben lang nachwirken. Die Entwertung, die die Erwachsenen Kindern in dieser Hinsicht zumuten, hat so vielschichtige Ursachen, auf die ich hier in ihrem Ausmaß gar nicht eingehen kann. Häufig ist der Missbrauchende selbst missbraucht worden, hat bestimmte Reifungsprozesse nicht durchgemacht, hat psychische Störungen und ist mit Sicherheit selbst entwertet worden. Und so schließt sich hier ein Teufelskreis.

Die amtliche Definition

»Sexueller Missbrauch von Kindern ist eine Form der Kindesmisshandlung. Sie geschieht zumeist nicht in der Öffentlichkeit, sondern in der Familie, in der Verwandtschaft oder im engeren Bekanntenkreis.

Je enger die Beziehung zwischen Opfer und Täter, desto höher auch die Wahrscheinlichkeit, dass der Missbrauch über eine längere Zeit, intensiv und mit mehr (psychischer) Gewalt ausgeübt wird.

Verbale Belästigungen, sexuelle Berührungen, exhibitionistische Handlungen, Masturbation sowie orale, vaginale und anale Vergewaltigungen sind die häufigsten Formen des sexuellen Missbrauchs. Außerdem ist in diesem Zusammenhang auch die Kinderpornografie zu nennen, die gerade durch das Medium ›Internet‹ erschreckende Dimensionen der Verbreitung erfährt.

Klischee und Wirklichkeit: Während Kinder auch heute immer noch vorwiegend vor dem ›fremden Mann‹ gewarnt werden, tritt sexueller Missbrauch durch Fremde vergleichsweise selten auf. Fremden Tätern sind in der ersten Linie exhibitionistische und damit die eher harmlosen Formen des Missbrauchs zuzurechnen. Allerdings begehen (zumeist) fremde Täter auch die – sehr seltenen – Extremtaten (Entführung, Missbrauch, Misshandlung und schließlich sogar Tötung). Einen totalen Schutz vor solchen Gewalttaten gibt es nicht; dennoch sind eine fortwährende Angst oder gar Panik weder angebracht noch hilfreich. Denn: Nicht verängstigte, in ihrer Bewegungsfreiheit eingeschränkte Kinder, sondern mutige, starke und selbstbewusste Kinder sind am wirksamsten vor sexuellem Missbrauch geschützt.«[53]

Dieser polizeilichen Definition füge ich Erlebnisberichte von Männern und Frauen hinzu, um die Perspektive der Betroffenen zu zeigen. Hier zeigt sich, dass Missbrauch in allen Schichten vorkommt und auch Väter und Mütter aus der sogenannten Bildungsschicht zu Tätern werden oder Täter rechtfertigen.

Persönliche Berichte: Was ich einst erlebt habe, vergesse ich nicht

Ein junges Mädchen aus einer Kleinstadt, siebzehn Jahre alt.
»Ich wurde mit sechs Jahren sexuell missbraucht. Aber davon rede ich in der Therapie nicht. Ich bringe es nicht fertig. Die Therapeutin hat nie gefragt. Meine Eltern wissen nicht, dass ich bei der Therapeutin bin. Gottlob. Dann kämen nur quälende Fragen. Seit Kurzem habe ich einen Freund. Hätte ich nie gedacht, dass das geht. Es war das erste Mal, dass ich endlich mal Glück habe. Mein Freund drängt mich zu nichts. Mir macht es nichts aus, wenn er mich am Körper anfasst, außer es kommt zum Intimbereich. Das hat er jedoch noch nicht versucht. Ich denke, ich brauche sehr viel Vertrauen. Ich werde wahrscheinlich irgendwann mit ihm schlafen, ich will es auch, nur habe ich sehr viel Angst. Ich traue mich nicht, darüber mit meiner Therapeutin

zu sprechen. Ich habe aber einen Termin für den Frauenarzt ausgemacht, weil ich mich untersuchen lassen will und er mir die Pille verschreiben soll. Ich kann über den Missbrauch nicht reden, nur irgendwie fühlen, was da passiert ist.«

Eine fünfunddreißigjährige Sozialarbeiterin aus Süddeutschland über ihre Kindheit.

»Ich wuchs in einem kleinen Familienbetrieb auf, in der mein strenggläubiger, pietistischer Großvater das Sagen hatte. Meine Mutter und ihr Bruder, also mein Onkel, arbeiteten mit im Betrieb. Auf einem Tanzfest lernte meine Mutter einen netten Mann kennen, in den sie sich verliebte und von ihm schwanger wurde. Er war jedoch verheiratet und konnte und wollte meine Mutter nicht heiraten. Das war ein Skandal. Ich kam unehelich zur Welt. Mein Großvater schnitt mich, meine Großmutter war alles andere als herzlich, aber dafür sehr fromm. Nur mein Onkel war nett. Er sammelte in seiner Freizeit Briefmarken aus aller Herren Länder. Ich durfte oft auf seinem Schoß sitzen und zusehen, wie er die Briefmarken ordnete. Er erzählte mir schöne Geschichten von den Ländern, aus denen die Briefmarken kamen. Einerseits hatte ich es natürlich gern, dass er sich mit mir beschäftigte. Andererseits war es mir peinlich, dass er mich betatschte und an sich drückte. Doch nicht nur das: Er kam mir sehr nahe, in einer Art, der ich mich nicht erwehren konnte. Diese Mischung aus Zuneigung und Missbrauch zog sich über Jahre hin. Weder meine Mutter noch meine anderen Verwandten nahmen Notiz davon. Und als ich zaghafte Versuche unternahm, mich dem Onkel zu entziehen, verstand das kein Mensch. ›Er ist doch immer so nett und lieb zu dir und fördert dich, wo er kann.‹ Das war die Antwort. Ich bin sicher, dass mein Großvater ahnte, was geschah. Aber da ich ja ein Kind der Sünde war, kümmerte er sich nicht um mich und verschloss die Augen. Jahrelang ging es so mit meinem Onkel. Die Briefmarken waren nur ein Vorwand, um sich an mir zu vergehen. Ich wusste keinen Ausweg. Und natürlich wollte ich auch nicht die einzige Zuwendung in der Familie, die ich durch meinen Onkel erfuhr, verlieren. Es war furchtbar. Und irgendwann bin ich ziemlich krank geworden und hab erst durch die Krankheit kapiert, was mit mir geschehen war.«

Eine vierzigjährige Personalleiterin aus Baden-Württemberg.
»Meine Mutter hatte, als ich vierzehn Jahre alt war, wieder geheiratet. Sie war schwanger geworden von einer Urlaubsbekanntschaft und meinte, als geschiedene Frau und erfolgreiche Ärztin auf dem Dorf könne sie nicht ein uneheliches Kind zur Welt bringen. Also heiratete sie den Mann, den ich offen gestanden vom ersten Augenblick an nicht leiden konnte. Ich bewunderte meinen Vater, der ein sehr schöner Mann war. Leider sah ich ihn viel zu selten. So hatte ich mir die Sehnsucht nach ihm irgendwie abgewöhnt. Der neue Mann meiner Mutter war unattraktiv, stumm und verklemmt. Warum sie sich mit ihm eingelassen hatte, war für mich als junges Mädchen überhaupt nicht nachvollziehbar. Mein jüngerer Bruder und ich hatten die Angewohnheit, sonntagmorgens mit Mutter zu kuscheln. Diese Gewohnheit setzten wir auch nach der Eheschließung meiner Mutter fort. Der neue Mann, der zwar im gleichen Zimmer, aber nicht im Bett meiner Mutter schlief, beklagte sich, dass niemand in sein Bett käme. Ich weiß nicht, warum ich mich diesem Ansinnen nicht sofort widersetzte, zumal ich ihn ja reichlich unsympathisch fand. Also legte ich mich mit einem Gefühl des Ekels in sein Bett. Und er begann sofort damit, unter der Bettdecke an mir herumzufummeln. Und zwar im Beisein meiner Mutter und meines Bruders, die davon gar nichts mitkriegten. Ich bin so entsetzt gewesen, dass ich mich erst mal nicht wehren konnte. Er zischte mich an: ›Stell dich nicht so an, ist doch schön!‹ Bis heute ist der Hass auf ihn geblieben. Meine Mutter, der ich einige Jahre danach von diesem Vorfall erzählte, meinte nur ungerührt: ›Das ist doch nicht weiter schlimm. Das tun fast alle Väter und Stiefväter.‹ Ich war verletzt und erschrocken über diese Antwort und habe seitdem nicht mehr mit ihr darüber gesprochen. Ich vermute, dass sie aus Schuld, Scham und schlechtem Gewissen abgewehrt und verdrängt hat – und auch deshalb unfähig war, mit mir mitzufühlen.«

Ein zweiundfünfzigjähriger Chef einer mittelständischen Firma aus Hessen.
»Ich war Halbwaise. Mein Vater war Angestellter in einem Elektrogeschäft, hatte eine neue Frau, die mich nicht mochte. Meine Geschwister waren alle schon aus dem Haus. Ich kam in ein katholisches Internat und wurde Messdiener in der Kirche, die zum Internat gehörte. Der Pfarrer holte mich nicht nur zum Gottesdienst, sondern zu allen möglichen kleinen ›Verrichtungen‹. Er war liebevoll, und es gefiel mir, dass ich von ihm auserwählt wurde. In der Kirche, wo ja oft kein Mensch außer uns war, gab er mir ein Zeichen, dass ich ihm ›einen runterholen sollte‹. Ich tat es, ohne groß zu überlegen. Es war mir auch nicht direkt unangenehm. Er streichelte mich, kümmerte sich um mein ›Seelenheil‹. Er war eigentlich bis zu meiner Pubertät und sogar noch darüber hinaus der einzige Mensch, der freundlich zu mir war. Und natürlich mochte ich ihn auch deshalb. Das ging mehrere Jahre lang so. Irgendwann kam heraus, dass ich nicht der Einzige gewesen war, an dem er sich vergriffen hatte. Irgendwann verschwand er spurlos von der Bildfläche, und ich habe nie wieder etwas von ihm gehört. Es war ein irres Erlebnis, dass er sich erst von mir, dem kleinen Jungen, befriedigen ließ und mich anschließend in den Beichtstuhl holte, damit ich ihm gestand, was ich getan hatte.«

Eine Oberstudienrätin, fünfundfünfzigjährig, aus Süddeutschland.
»Meine Mutter starb, als ich sieben Jahre alt war. Mein Vater war eigentlich ein ganz fröhlicher Mann. Er war Direktor eines großen chemischen Labors. Den Haushalt führte eine Haushälterin. Mein Vater war davon überzeugt, dass ich mich immer nützlich machen sollte, statt herumzusitzen und meine Zeit mit Lesen zu vergeuden. Ich schlief mit ihm in einem Bett. Es ging Jahre so. Und natürlich machte er alles Mögliche mit mir. Ich kann mich merkwürdigerweise nicht genau daran erinnern, was es im Einzelnen war. Aber ich fand das ganz normal. Ich kannte ja nichts anderes. Mein Vater war mehr oder weniger meine einzige Bezugsperson. Ich habe Jahre gebraucht, um irgendetwas zu machen, was *nicht* von mir erwartet wurde. Das war

auch so, als ich es geschafft hatte, den Mann zu heiraten, in den ich mich verliebt hatte. Aber unsere Ehe war nach zwei Jahren zu Ende. Ich hatte gar kein Gefühl, dass ich *etwas* oder *wer* bin. Erst viele Jahre nachdem ich beruflich schon lange als Studienrätin erfolgreich war, wurde mir klar, dass ich aus dem ›Nichts‹, was ich bin, herausgewachsen war. Es waren viele Gespräche mit einer Therapeutin und ein Retreat in Indien, die mich haben begreifen lassen, was mit mir gemacht worden war. Aber da war ich bereits Ende vierzig.«

Warum ein Kind entwertet wird

Die Kinder, die Missbrauch erleben, haben meist niemanden, dem sie ihre Erlebnisse anvertrauen wollen oder können. Die vertrauten Personen sind zum Teil identisch mit den Personen, die missbrauchen oder den Missbrauch nicht wahrhaben wollen. Missbrauch von Erwachsenen Kindern gegenüber beruht auf Unreife, Mangelerfahrung und fehlendem Selbstwert der Erwachsenen. Sie holen sich Bestätigung und Zuwendung von den Kindern, die ihnen unterlegen und deshalb verfügbar sind. Missbrauch findet schichtenunabhängig statt und führt zu einer teilweise lebenslangen emotionalen Verunsicherung, zu Identitätsproblemen bei den Opfern. Mit den Übergriffen kompensieren die Täter eigene, ungelöste Probleme, über die sie nicht reflektieren. Ein Unrechtsbewusstsein scheint zu fehlen sowie ein Verantwortungsgefühl für die Kinder. Die Scham der Opfer wiederum über die erlebte Entwertung ist so groß, dass selbst nach Jahren und sogar in einer Therapie die Auseinandersetzung mit der erlittenen Schmach nicht sofort oder gar nicht stattfindet. Die Hauptursache ist eben eine vorausgegangene unbewusste emotionale Entwertung, die auf allen Ebenen stattfindet. Eine Ursache der Scham ist, dass das Opfer Zuneigung zu dem Täter hatte. So entsteht ein furchtbarer innerer Konflikt: Der Mensch, der mich missbraucht hat, war freundlich zu mir, meist viel freundlicher als andere Menschen. Muss ich ihn oder mich hassen? Die Entwertung findet dementsprechend auf zwei Ebenen statt: durch den Missbrauch und die Selbstentwertung, die durch Scham und Schuldgefühle entsteht.

Sexualität als Kunstwerk: Tao und Tantra

Es könnte auch alles ganz anders sein, wenn Sexualität über Jahrtausende nicht so verdammt worden wäre.

»Es war einmal …« So beginnen Märchen. Aber hier will ich kein Märchen erzählen, sondern berichten, was einst mal Wirklichkeit war:[54] Unter einem Baldachin, umrankt von Blüten, sitzt ein Königspaar einander gegenüber, sexuell vereint, ihre Blicke sind ineinander versenkt. Mann und Frau sind auf gleicher Augenhöhe. Über dem Kopf der Frau leuchtet der Mond, über dem des Mannes scheint die Sonne. Ein Bild des Friedens und des tiefen Glücks. Die sexuelle Liebe beschränkt sich nicht auf bloße Befriedigung eines unvermeidlichen Triebes, sondern scheint ein Ausdruck des Lebens schlechthin zu sein.

Dieses glückliche Paar ist abgebildet auf einer zentralindischen Miniaturmalerei aus dem späten 18. Jahrhundert. So lange ist es also noch gar nicht her, dass in China, Japan, Indien und Tibet Sexualität als Kunst, die es zu meistern gilt, angesehen und gelebt wurde. In China war es der Taoismus, der in Japan und Tibet aufgegriffen wurde. In Indien entwickelte sich zeitparallel der Tantrismus.

Die Werte des Tantra und Tao

Der Urgrund aller menschlichen Kreativität liegt in der Lebenskraft, die der Sexualität innewohnt.[55] Im Tao und Tantra sind die Lehren enthalten, die es dem Menschen ermöglichen, mittels Übungen verschiedenster Art, durch bewusst gelebte und ritualisierte Sexualität, ihre Lebenskraft zu stärken. Die Taoisten und Tantriker gehen davon aus, dass sich die Lebensenergie – *prana, chi* – in und durch die Sexualität offenbart. Sexualität ist demgemäß nicht nur dazu da, damit sich Menschen fortpflanzen und Nachkommen erzeugen. Sexualität bedeutet Ekstase, Lust, das Erleben einer tiefen emotionalen Beziehung und die Erfahrung eines höheren Lebenssinns, eines Schöpfungsakts. Es ist nicht im Sinne des Tantra und des Tao, dass der Mann als »Herrscher« auf seine »Kosten« kommt und der Frau als »Dienerin« und »Sünderin« kein Lusterlebnis zugestanden wird, so wie es im christlich-europäischen Kontext jahrhundertelang der Fall war. Ganz im Gegenteil: In der bewussten Inszenierung des sexuellen Akts zielt der Mann darauf, der Frau die höchsten Wonnen zu bereiten. Das ist sein Ausdruck von Wertschätzung. Da die Frau viel länger und intensiver als der Mann Lust erleben kann, ist es die Aufgabe des Mannes, die Frau vollkommen zu befriedigen. Ein Mann, der dazu fähig ist, kann dadurch nicht nur die Frau, sondern auch sich selbst glücklich machen. Die Tantriker und Taoisten empfehlen den Männern, Orgasmus und Samenerguss voneinander zu trennen, um ihre Lebenskräfte zu schonen und selbst die sexuellen Höhepunkte viel intensiver zu erleben. Das bedeutet, der tantrisch geschulte Mann übt sich darin, zum sexuellen Höhepunkt zu kommen, ohne einen Samenerguss zu haben. Er stärke dadurch seine Manneskraft, beglücke seine Frau, die ihm wiederum aufgrund ihrer vollkommenen sexuellen Befriedigung das Leben angenehm mache. Tantra und Tao lehren, wie Menschen liebesfähig, weise und stark werden. Die umfassende Kenntnis der körperlichen Funktionen, der seelischen Bedürfnisse, die Hingabe und Vervollkommnung des sexuellen Akts in einer ritualisierten Form sind die Wege und Mittel, dies zu erreichen. In den taoistischen und tantrischen Texten werden zahlreiche Techniken beschrieben, wie Mann und Frau diesen Weg zur vollkommenen Ekstase erfahren können.[56] Die sexuelle Energie wird genutzt, um nicht nur die körperliche und seelische Vereinigung, sondern das Göttliche – in sich – zu erfahren.

Verbote und Grenzen – und ein Weg in die Wertschätzung von Sex

Über Jahrhunderte hinweg waren in der südostasiatischen Welt Tantra und Tao in der Elite selbstverständlich. Die Herrscher und Herrscherinnen betrachteten es als ihre Aufgabe, ihre Sexualität zu leben, nicht nur um der persönlichen Lust willen, sondern auch, um ihr Land klug zu führen. Denn – so die Argumente – wer sexuell erfüllt ist, sei liebesfähig. Und wer liebesfähig sei, könne weise handeln.

Dieses Denken, in dem die mystische und sexuelle Erfahrung als Schlüssel zur Weisheit zusammengeführt wird, war nicht nur in Asien präsent, sondern tauchte auch in arabischen, in ägyptischen und griechischen Schriften auf. Sogar bis in das europäische Mittelalter hinein wurden die tantrischen und taoistischen Texte rezipiert. Erst die Inquisition setzte alles daran, Mystik und Eros in das Reich des Teufels und der Hexen zu verbannen.

Das tantrische und taoistische Wissen war allerdings immer einer Elite vorbehalten, den Mächtigen und Eingeweihten, die sich einem langen Schulungsweg unterzogen. Dementsprechend war es kein »Volksgut«. Die tantrische, taoistische Lebensweise kostet Zeit, Bildung und Schulung, die nicht jedermann zur Verfügung standen. Im krassen Gegensatz zu den christlich konnotierten Zuschreibungen und Bewertungen steht, wie wir gesehen haben, die weiblichkeitsorientierte und körperbejahende Tradition des Tantra und Tao. Der Körper wird hier nicht als Last und als Gefahr für das Seelenheil gewertet. Der Körper ist der heilige Ort der Seele und der Göttlichkeit. Männer und Frauen sind vollkommen gleichberechtigt.

In den letzten zwanzig bis dreißig Jahren, einhergehend mit dem sinkenden Einfluss der christlichen Kirche, gibt es eine weltweite »Renaissance« von Tantra und Tao, vor allem in den spirituell interessierten und ganzheitlich orientierten Kreisen der Männer und Frauen, die Sexualität anders als gehabt erleben und ihre Lebensenergie steigern wollen.[57] Öfter taucht in diesem Zusammenhang die Frage auf, ob diese asiatische Tradition so einfach auf die westlich-christlich erzogenen Menschen »übertragen« werden könne. Meine Ansicht dazu ist: Da alle Menschen auf der Welt über Körper, Seele und Geist verfügen, gleich, wo und wann sie zur Welt gekommen sind, dürfte es prinzipiell kein Problem für westliche Männer und Frauen sein, Tao und Tantra zu praktizieren, soweit sie sich die Zeit dafür nehmen und die tantrischen Regeln beherzigen. Die Schwierigkeiten, die durch die Adaption asiatischer Praktiken in die westlich-christlich geprägte Welt entstehen könnten, sind vor allem psychischer und kultureller Natur. Welche inneren Hemmnisse haben christlich erzogene Menschen zu überwinden, um sich sexuell frei im Tantra zu entfalten? Das ist dann die Frage.

Resümee und Anregungen

Kaum ein menschliches Potenzial ist so sagen- und gefühlsumwoben und auch problembehaftet wie die Sexualität. Konträre Gefühle sind mit Sex verbunden, die mit Auf- und Ab- wie auch Entwertungen einhergehen: Hass und Liebe, Schuld und Scham, Kontrolle und Strafe, Lust und Angst, Verdammnis und Erlösung. Sex ist eine Lebensenergie, die, je nachdem, wie sie eingesetzt wird, aufbaut und zerstört.

Was bin ich wert als sexuelles Wesen? Das ist eine Frage, die mehr oder minder bewusst sehr viele Männer und Frauen bewegt. Das Selbstwertgefühl steigert sich um ein Vielfaches, wenn sich ein Mensch begehrt fühlt. Es sinkt in den tiefsten Keller, wenn sie oder er sich nicht begehrt fühlt.

Die Frustration in Sachen Sex und die damit verbundene, gefühlte Abwertung ist nicht selten ein Grund dafür, dass Männer wie Frauen Macht und Kontrolle über andere ausüben wollen, in ihren Beziehungen oder auf gesellschaftlicher Ebene. Das ist mit dem Ziel verkettet, über diesen Weg die gefährdete Selbstachtung zurückzugewinnen.

Wenn wir noch einmal einen Blick auf das taoistische Idyll werfen, wird deutlich, dass die Akzeptanz der Sexualität nicht nur dem Einzelnen Freude und Glück beschert, sondern friedfertige Menschen hervorbringen kann. Ein Mensch, der lieben kann und geliebt wird und Sexualität positiv erlebt, wird kaum dazu neigen, einen anderen Menschen, womöglich ein Kind, zu missbrauchen.

Wir sind noch weit davon entfernt, dass Sex nicht Krieg in uns, zwischen uns und auf der Welt verursacht.

Wichtige Schritte dahin wären, dass Männer und Frauen sich ihrer Prägungen bewusst werden und akzeptieren, dass trotz aller Unterschiede eines sie vereint: der Wunsch, geliebt zu werden und erfüllten, aufregenden Sex zu haben.

Der tantrische Weg kann dies durchaus ermöglichen, allerdings mit einer sehr genauen Überprüfung, wer einen auf diesem Weg begleitet.

11 Schauplatz Arbeit – Entwertung durch Reduktion und Funktionalisierung

Langsam rudert ein alter Fischer auf das offene Meer. Er hat ein von Wind und Sonne gegerbtes Gesicht. Es ist Sommer, noch früh am Morgen, in der Südalgarve in Portugal. Der Mann zeigt auf alte Tonkrüge, die am Boot befestigt im Wasser schwimmen. »Die Tonkrüge sind für die Tintenfische. Sie haben es gern warm und dunkel. So fange ich sie. Und dann verkaufe ich sie auf dem Markt.« Er rudert kraftvoll weiter. »Ich bin gerade achtzig geworden«, sagt der Fischer, »aber meine Arbeit macht mir Freude. Für ein Motorboot habe ich kein Geld, das Benzin ist zu teuer. Aber es geht auch so, das hält mich fit.«[58]

Diese Szene zeigt ein Arbeitsleben, das im krassen Gegensatz steht zu dem heute üblichen: Der Fischer verkauft seine Fische, aber nicht seine Arbeitskraft. Keiner bestimmt über ihn. Sein Arbeitsweg führt in kein Büro, in keine Fabrik. Seine Arbeitszeit wird nicht mit der Stechuhr bemessen. Er lebt vom direkten Verkauf der Fische, kein Zwischenhändler ist im Spiel. Er scheint zufrieden zu sein mit seinem Leben, auch wenn es mit körperlich harter Arbeit und geringem Verdienst bis ins hohe Alter verbunden ist.

So haben viele Menschen seit Menschengedenken gelebt.

Von dieser Arbeitswelt sind die Arbeitstätigen heute in der westlich-kapitalistischen Welt weit entfernt. Arbeiten bedeutet heute zum Großteil, die eigene Arbeitskraft zu verkaufen, gestresst und fremdbestimmt zu sein, unter Arbeitsdruck und Kontrolle zu stehen, unentwegt von anderen bewertet zu werden, sich anpassen und befürchten zu müssen, gemobbt oder arbeitslos zu werden. Das sind lauter Faktoren, die mit Angst und Ohnmacht verbunden sind.

Eine verzwickte Struktur – Angst und Macht in den Arbeitsverhältnissen

Ein böses Spiel, eine Tragikomödie und ein Lehrstück? Ein Film. Der über ein Jahr lang arbeitslose Journalist François Perrin hat endlich eine Stelle in einem großen Zeitungskonzern bekommen. Er ist heilfroh! Der Chefredakteur empfängt Perrin in seinem Büro und erklärt gleich zu Beginn mehr als bestimmt: »Wenn Sie sich den Bart abrasieren lassen, können wir den Vertrag auf Probezeit unterschreiben. Sonst nicht!« Perrin kann es kaum glauben. Doch der Chefredakteur besteht darauf: »Entweder Bart ab oder kein Vertrag! Der Chef des Hauses wünscht keine Bärte.«

Was soll Perrin machen? Er kommt am nächsten Tag mit glatt rasiertem Gesicht in die Zeitungsredaktion.

In weiteren Szenen wird Perrin sehr schnell klar, dass der Eigentümer des Verlagskonzerns, ein Multimillionär, der zudem Kaufhäuser und Industrieanlagen besitzt, mehr als ruppig mit seinen Mitarbeitern umgeht.

Perrin bekommt den Auftrag, eine Reportage über die neu eröffnete Spielzeugausstellung eines Kaufhauses – auch Eigentum des Zeitungsmagnaten – zu schreiben. Mit dem Fotografen macht er sich auf den Weg zu diesem Kaufhaus. In großen lichtdurchfluteten Hallen stehen die absonderlichsten Spielzeuge herum: Automaten, Apparate, menschengroße Puppen und dergleichen mehr. Perrin schlendert zwischen den Puppen herum, als ein kleiner Junge, begleitet von einem Konvoi sorgfältig gekleideter Herren, auftaucht. Es ist Eric, der verwöhnte Sohn des Zeitungsmagnaten. Die Herren sind die höheren Angestellten seines Vaters. Eric ist elf Jahre alt, außerordentlich selbstbewusst und eigensinnig und darf sich nun ein Geschenk aussuchen. Zielsicher zeigt der Knabe auf den blond gelockten und lustig aussehenden François. Den will er haben! Die Herren sind erschrocken! Der Junge spinnt wohl! Der Boss des Konvois versucht, Eric klarzumachen, dass man einen Menschen nicht kaufen könne. Der Junge bleibt jedoch stur. Da die Herren allesamt eine Riesenangst haben, fristlos entlassen zu werden, bitten sie den Journalisten inständig, dem Wunsch des Jungen zu entsprechen: Es sei doch nur ein Spiel, mehr nicht. Und ließe sich Perrin nicht darauf ein, nun ja, dann müsse er auch damit rechnen, gekündigt zu werden. Widerwillig und selbstironisch willigt der Journalist ein. Der Gipfel der Frechheit ist, dass Eric den Journalisten nicht einfach so mit nach Hause nehmen will, sondern wie ein Geschenk in einer Kiste verpackt.

Perrin wehrt sich natürlich, hat aber keine Chance! Also wird er in eine große Holzkiste gesteckt und in die luxuriöse Riesenvilla des Chefs geliefert. Eric, intelligent, einsam, herrschsüchtig und mitleidlos, will nun natürlich Spiele mit seinem neuen »Spielzeug« spielen. Tischfußball, Autorennen und dergleichen. Eric befiehlt Perrin, in einen Gokart neben ihm zu steigen. Nun fahren beide, Eric am Steuer, in einem Affentempo durch die Gänge des Hauses. Eric rempelt nicht nur große Blumentöpfe um, sondern auch einen Diener an, der gerade das Essen servieren will. Ergeben hebt der Diener das zerbrochene Geschirr und das Essen vom Fußboden auf. Eric befiehlt François Perrin nun, eine Polizistenmütze aufzusetzen und den strengen Polizisten zu spielen, der den »Unfall« aufnimmt und dem Diener eine »Strafe« verpasst. Perrin gehorcht widerstrebend, der Diener spielt mit. Eric, hochzufrieden, will nun das Spiel beenden. Doch François entscheidet blitzschnell, in der Rolle des Polizisten zu bleiben! Er schnauzt Eric an, was ihm einfiele, einen Polizisten zu duzen und dazu noch mit abgefahrenen Rädern und einem unkenntlichen Nummernschild zu fahren! Eric fällt aus allen Wolken: Jemand leistet ihm gegenüber Widerstand! Es kommt zu einem Eklat, in dem Perrin aber siegt.

Man fängt an zu ahnen, dass der Sohn, gefühlskalt und skrupellos, die Manipulationen seines Vaters nachahmt, der genauso mit seinen Mitarbeitern umgeht. Jede Willkür ist erlaubt, weil es die Macht der

Mächtigen und die Angst der Ohnmächtigen möglich macht. Niemand will seine Stelle verlieren.

Der Chef hat die Angestellten eingekauft, und sie haben sich so zu verhalten, wie der Chef es will. So hat sich auch Eric François »eingekauft«, mit dem er meint, all das machen zu können, was ihm gerade passt.

Perrin ärgert sich natürlich über diesen unverschämten Knaben. Aber er weiß nur zu gut, es bleibt ihm nichts anderes übrig, als mitzuspielen. Er spürt, dass dieser Junge sich letztlich nicht ein Spielzeug, sondern ein mutiges Gegenüber wünscht. Eric will also das, was er weder von seinem Vater noch von den Untergebenen bekommt.

François ist in einer heiklen Lage. Verweigert er sich den Wünschen des Jungen, verliert er seine Arbeitsstelle sofort, ordnet er sich unter, verliert er seine Würde und seine Freiheit. Ihm fällt eine raffinierte Strategie ein, mit der es ihm gelingt, mehreres gleichzeitig zu erreichen: im Spiel zu bleiben, in Beziehung zu Eric gehen, sich unentbehrlich zu machen und auf subversive Art die Oberhand zu behalten. François erfüllt dem Jungen die Wünsche und führt sie ad absurdum. Zum Beispiel: Die Gouvernante sagt Eric, er solle ein Bad nehmen. Eric besteht darauf, dass François, dem er den Namen »Julien« gegeben hat, wie man es eben mit Puppen macht, mit in die Badewanne kommt. Die Gouvernante ist entsetzt! »Kommt überhaupt nicht infrage!« Eric lenkt diesmal ausnahmsweise ein. Aber Perrin schaltet sofort. Er steigt mit seinem schicken blauen Anzug in die Wanne und fordert den noch angekleideten Eric auf, das Gleiche zu tun. Eric ist verblüfft und hat seinen Spaß!

Mittlerweile ist einigen Mitarbeitern aus der Redaktion gekündigt worden. Die Arbeitslosen wenden sich an die Gewerkschaft und starten eine Protestaktion. Eine kleine Gruppe versammelt sich vor dem Tor der Prachtvilla des Chefs und fordert ihr Recht. Die herbeigerufene Polizei schlägt den Protest nieder. Im Konzern herrscht nun verstärkt eine Atmosphäre der Angst vor. Eric wiederum klammert sich an Francois Perrin und versucht, ihn zu beherrschen.

Perrin muss sich nun weitere Tricks einfallen lassen, um sich nicht demütigen zu lassen. So schlägt er Eric ein Spiel vor: Wir geben zusammen eine Zeitung heraus! So wie der Vater es tut. Die Zeitung soll heißen: *Das Spielzeug – Le Jouet*.

Eric willigt sofort ein. Kein Wunder, das erste Mal wird der Junge aufgefordert, etwas selbst zu tun, und nicht nur dazu, etwas zu verlangen. François und Eric suchen die gekündigten Mitarbeiter auf. Eric fotografiert, und François schreibt die Porträts. Eric erlebt nun erstmals, was es für einen Menschen bedeutet, ohnmächtig und abhängig zu sein. François merkt, dass Eric sich verändert.

Eines Morgens kommt der Chefredakteur in das elegante Büro des Zeitungsmagnaten. Mit Themenvorschlägen für die neue Ausgabe: Ein Ball mit der Fürstin X, die Gründung eines Gartenvereins und ein Bericht über die Nudistenbewegung. Die Reportage über die Nudisten, so der Chefredakteur, könnte doch für die Leser ausgesprochen lustig und interessant sein. Der Chef verzieht angewidert das Gesicht. Dann schlägt er, nach wenigen Augenblicken des Schweigens, dem Chefredakteur mit unbewegter Miene vor, sich doch bitte jetzt mal splitternackt auszuziehen und so durch das Verlagsgebäude zu laufen. Er solle doch mal testen, *wie* lustig die Mitarbeiter einen Nudisten fänden. Entsetzlich verlegen, aber artig, beginnt der Chefredakteur, sich langsam zu entkleiden. Bis der Chef die peinliche Situation stoppt, mit einer Frage, die als Motto für die ganze Geschichte stehen könnte: »Wer ist eigentlich das größere Monster? Diejenigen, die die Befehle erteilen, oder diejenigen, die sie ausführen?«

François und Eric stellen eine kleine Auflage ihrer Zeitung her, die, nun im Konzern verteilt, kursiert und aufgeregt gelesen wird. *Le Jouet* landet natürlich auch auf dem Schreibtisch des Magnaten. Endlich wird dem Vater klar, dass er es mit seiner Nachsicht seinem Sohn gegenüber zu weit getrieben hat.

Perrin wird fristlos entlassen, und Eric soll vorzeitig zu seiner Mutter zurückgeschickt werden. Doch bevor der Knabe in das Privatflugzeug steigen soll, rennt er davon. Wohin? Die Antwort liegt nahe. Er läuft – wie um sein Leben – zu dem einzigen Menschen, der sich ihm nicht nur unterworfen, sondern zugewendet hat: zu François Perrin.

Entwertung durch Unterwerfung?

Manchmal lässt sich durch einen Film – und um einen solchen handelt es sich hier – sehr viel mehr sichtbar machen als durch abstrakte Begriffserklärungen.

Natürlich sind in *Das Spielzeug* die Macht- und Abhängigkeitsverhältnisse auf die Spitze getrieben und zum Lachen und zum Weinen zugleich.[59]

Der Mangel an Arbeitsplätzen und die Macht des Chefs erzeugen Angst und Abhängigkeit und schaffen die Voraussetzung dafür, dass sich niemand widersetzt. Die Untergebenen unterwerfen sich, wagen nicht mehr, eigene Standpunkte zu vertreten, passen sich an, lassen sich auf unwürdige Situationen ein, sehen sich zu Handlungen gezwungen, die sie selbst als unmoralisch und widerwärtig empfinden. Die Angst vor dem sozialen Tod und der Armut schwächt das Selbstwertgefühl der Mitarbeiter. Die Entwertung des sogenannten »Arbeitnehmers« geschieht hier durch den »Arbeitgeber«.

Und die sprachliche Konstruktion von »Nehmer und Geber« täuscht völlig über die Tatsache hinweg, dass es streng genommen umgekehrt ist, respektive die ganze Konstruktion nicht stimmt. Der Angestellte gibt seine Arbeitskraft, der Unternehmer nimmt sie. Ohne Mitarbeiter kann ein Unternehmen gar nicht existieren, selbst wenn die Arbeit immer mehr durch Maschinen ersetzt werden würde.

Es geschieht jedoch noch mehr. In diesem Vorgang werden die Arbeitenden aufgesplittet: in Arbeitskräfte, die eingekauft wurden und ärgerlicherweise Personalkosten verursachen, und in zu vernachlässigende Menschen mit einer Lebensgeschichte. Mit dem »Einkauf« des Mitarbeiters wird über ihn verfügt.

»Viele Arbeitnehmer«, so formulierte es kürzlich ein Freund von mir, »geben ihren freien Willen am Eingang des Unternehmens ab und wundern sich darüber, dass es ihnen schlecht geht.« Dass in der derzeitigen Arbeitswelt viele Arbeitnehmer nicht nur unfrei, sondern auch unglücklich sind, wird hier nicht nur behauptet, sondern ist leider eine Tatsache.

Jemand, der sich durch Arbeit und Angst unfrei und unglücklich fühlt, ist sich nicht viel wert. Selbstbestimmtheit und Selbstbewusstsein sind hier außer Kraft gesetzt.

Diese negativen Erscheinungsformen sind sehr real – wie nicht nur Studien zeigen, sondern auch die Erfahrungen sehr vieler Arbeitender. Burnout nimmt zu, die Selbstmordrate aus Verzweiflung über zu viel oder fehlende Arbeit steigt, psychosomatische Störungen nehmen überhand. Arbeit macht krank, macht keine Freude und ist weit eher eine Belastung als ein Ausdruck schöpferischen Tuns. Es scheint, als wäre ein System geschaffen, in dem Zwänge wirken, unter denen alle mehr oder weniger leiden. Es ist ein System, das den modernen Menschen anscheinend über den Kopf gewachsen ist, selbst denen, die ganz oben sitzen und die Macht haben. Es ist ja keineswegs so, dass Unternehmer heute nicht genauso unter den hier genannten Symptomen leiden wie ihre Mitarbeiter. Viele Mittelstands- und Familienunternehmer, die Säulen der prosperierenden Wirtschaft, stecken in Zwangsstrukturen. In steuerlicher Hinsicht, in Bezug auf die weltweite Marktlage, in der Verantwortung für die Mitarbeiter. Sie stehen unter dauerndem wirtschaftlichen Druck.

Letztlich sitzen alle im selben Boot, in einem marktorientierten Kapitalmechanismus, in dem es nicht um Menschen geht, sondern ausschließlich um Profit.

Wer sich davon abkoppeln will, gleicht jemandem, der aus diesem Boot herausspringt und in einem endlosen Meer zu schwimmen beginnt, um ein neues Ufer zu finden. Nur wo? Vielleicht in Portugal, an der Algarve, als Fischer, mit einem Boot ohne Motor?

Es gibt trotzdem keinen Grund, hoffnungslos zu sein. Und das zeigt, in all seinen Verrücktheiten, auch der Film: Im Laufe der Vorkommnisse wird deutlich, dass François sich nicht nur als Arbeitskraft verhält. Er tut keineswegs alles, was von ihm verlangt wird. Trotz aller Angst, wieder arbeitslos zu werden, gibt François sich nicht auf. Ängstlich und verunsichert ist er zweifellos. Aber er rettet sich auf eine fantasievolle und subversive Weise. Ihm fällt immer etwas ein, um sich zu behaupten. Eine ihn im Grunde entwürdigende Situation zieht er ins Absurde, wehrt sich verbal heftig, wenn er bloßgestellt wird, und dreht eine eigentlich untragbare Situation zu seinen Gunsten um. Er hält Eric wie auch dessen Vater einen Spiegel vor.

Insofern ist dieser Film, der sich zwischen tiefem Ernst und Absurdität hin und her bewegt, eine Art Lehrstück. Mit dem Motto: Lasst euch nichts gefallen, denn ohne euch geht es nicht! Habt Fantasie und Mut, denn nichts ist so, dass es so bleiben müsste.

Meine Arbeit – ein Traum oder ein Albtraum?

Nach der Fiktion nun ein Blick in die Realität. Im Folgenden berichten Männer und Frauen aus ihrer Arbeitswelt. Wir werden sehen, wie sie sich selbst bewerten, von anderen entwertet werden und welche Werte, sprich Tugenden, von ihnen gefordert sind.

Wohin mit mir? Arbeit als Pflicht und der Traum vom Ausstieg

Die Situation und die Vorgeschichte

Adrian ist ein schöner und sensibler siebzehnjähriger Junge. Er geht auf das Gymnasium und hasst die Schule. Nicht etwa, weil er nicht intelligent ist, sondern weil er sich zum Lernen nicht aufraffen kann. Er weiß nicht, wozu er was lernen soll. Die Quälerei nimmt ein Ende, als Adrian sich im Einverständnis mit seiner Mutter entscheidet, die Schule nach der mittleren Reife abzubrechen. Was nun? Durch Zufall bietet es sich an, dass er eine Ausbildung zu einem Restaurantfachmann beginnt. Er ist nicht sehr begeistert, aber dies ist besser als nichts.

Er hatte schon immer ein Faible für schöne Orte und Eleganz. Mit seinem Charme kommt er sehr gut an. In dem teuren Restaurant, in dem er bedient, verkehren Gäste, die diesen jungen Ober schätzen. Es ist für Adrian auch kein Problem, in der Berufsschule einen guten Abschluss zu machen. Durch gute Beziehungen bekommt er eine Anstellung in einem der teuersten Hotels in München.

Unterschiedliche Wertungen werden bewusst

Nun hat er verstärkt mit der Jeunesse dorée zu tun, junge Männer und Frauen, die an einem Abend wie selbstverständlich zwanzigtausend Euro für Essen und teure alkoholische Getränke ausgeben. Adrian hat sich mit knapp tausend Euro Gehalt und Trinkgeldern zufriedenzugeben. Der Kontrast ist schmerzlich: Die einen haben alles, die anderen schuften und haben wenig bis nichts. Adrian behält die Nerven, verhält sich professionell. Und weil er selbstkritisch ist, spürt er, wie er sich selbst in einem »Wertedilemma« befindet. Einerseits verachtet er das »großkotzige Gehabe« seiner Gäste, andererseits bleibt er von der Ästhetik der Schönen und Reichen, die im Überfluss leben, ohne etwas dafür tun zu müssen – Papa zahlt ja –, nicht unberührt. Und irgendwie hängt die Frage unausgesprochen im Raum: Wer bin ich eigentlich, dass ich hart arbeiten muss, wenig verdiene, mich in der Luxuswelt bewege, ohne am Luxus teilhaben zu können?

Was bin ich eigentlich wert? Und welche »Werte«, sprich: Geld, verschleudern die jungen Reichen für was? Adrian beobachtet und bedient sie. Ansonsten hat er nichts mit ihnen zu tun.

Ihm wird klar, dass er diesen Beruf nicht sein Leben lang ausüben will. Schließlich stand einmal an, dass er Medizin studiert, Germanistik oder Theaterwissenschaft.

Aber wie aus dieser Welt entkommen? Und würde sich seine Unlust zu büffeln nicht wieder einstellen? Ist es nicht doch angenehmer, in einem eleganten Hotel zu arbeiten, als sich in einer Studierstube oder in überfüllten Vorlesungssälen herumzuquälen mit einem Stoff, der ihn langweilt?

Eine akademische Laufbahn würde ihm durchaus gefallen. Aber reicht sein Selbstwertgefühl aus, um diesen Weg zu gehen und durchzuhalten?

Der persönliche Hintergrund

Adrians Dilemma beginnt früh, ohne dass er es hätte selbst überblicken können. Seine Mutter, Ina K., ist eine erfolgreiche Chirurgin in einem Krankenhaus am Starnberger See. Sie ist bei den Patienten sehr angesehen. Ihren Sohn liebt sie und will ihn deshalb auch nicht zu etwas zwingen, was er hinterher bereuen müsste. Sein Vater, Ferdinand K. hingegen, der einst Patient in diesem Krankenhaus war und sich in die Ärztin verliebte, lebt weitaus weniger komfortabel. Er war Elektrotechniker und nicht sehr ehrgeizig in seinem Beruf. So nahm er den Unfall, der Anlass für den Krankenhausaufenthalt war, auch als Gelegenheit, sich mal auszuruhen. Und überhaupt: Musik in einer Band zu spielen, war ihm weit wichtiger, als beruflichen Fortschritt anzustreben. Die Verspieltheit, die Unbeschwertheit Ferdinands hatten der Ärztin sehr gefallen, sodass ihr weder der Altersunterschied noch das unterschiedliche Lebensniveau zu schaffen machten. Ferdinand ist sieben Jahre jünger und lebte weitaus bescheidener als sie. Sie hingegen besaß zu der Zeit der Bekanntschaft bereits ein großes Haus mit Garten und Pool. Nachdem die Ehe der Eltern geschieden wurde, ging es mit Ferdinand bergab. Er fing an zu trinken, rauchte am Tag mehrere Haschzigaretten, gab sich keine Mühe, sich einen Job zu suchen. Nicht etwa, weil er dazu nicht fähig war, sondern den »Drive« nicht kriegte. Seit Jahren ist er arbeitslos und hat nun in seinem Beruf keine Chancen mehr. Er kümmert sich liebevoll um seinen Sohn, ohne ihm ein Vorbild sein zu können.

Die Sinnfrage als Bewertungsfrage

Zwei Welten, zwei Wertewelten. Und wer bin ich, und was soll ich mit meinem Leben anfangen? Mit schlechtem Gehalt und fester Stelle schuften, aber am Luxus nicht teilhaben können? Oder lustlos büffeln und dann womöglich als Akademiker arbeitslos sein?

Adrians Vater lebt seinem Sohn eine Art von Freiheit und Selbstbestimmtheit vor, die allerdings mit finanziellen Einbußen einhergeht. Die Mutter lebt ihm ein zielgerichtetes und arbeitsreiches Leben vor. Mit wem identifiziert sich Adrian? Er weiß nur zu gut, dass er sich entweder in seinem Beruf weiter profilieren muss, um etwa Hotelchef oder Restaurantchef zu werden. Oder er muss seinen Beruf aufgeben und sich für ein Studium oder eine andere Ausbildung entscheiden. Beides klingt verlockend und bedrohlich zugleich, weil es nicht nur mit Verheißungen, sondern mit Mühen und Anstrengungen verbunden ist. Ist es denn für Adrian überhaupt möglich, sich noch mehr anzustrengen? Er arbeitet bis in die Nächte, Überstunden werden nicht bezahlt. Der Job ist kräftezehrend und aufreibend, vor allem, weil die erwarteten Tugenden und Ideale im Restaurantbereich sehr hoch liegen: Perfektion und Höflichkeit, in jeder Sekunde.

Die Doppelgesichtigkeit dieses Berufs ist ihm bewusst: in einem eleganten Ambiente mit einem mickrigen Gehalt darben und so überarbeitet zu sein, dass die Kraft zum Auf- und Ausbruch fehlt. Der innere Zweifel kommt erschwerend hinzu: »Bin ich überhaupt gut genug und fähig, ein Studium zu schaffen?«

Was könnte ein Ausweg sein? Eine wirkliche Krise könnte ein Umdenken hervorrufen. Aber wer wollte Adrian eine Krise wünschen, wenn er bereits in einer solchen steckt?

Seine Eltern könnten ihn zu einer Auszeit ermutigen, damit Adrian Zeit und Ruhe hat, zu sich zu kommen. Eine Reise in eine ganz andere Welt wäre ein Weg. Ein Aufenthalt in einem Kloster, in einer sozialen Lebensgemeinschaft irgendwo auf dem Land, ein Eintauchen in eine andere Kultur – all das könnte Impulse für einen bewussten Neuanfang geben. Doch dies kann nur einer bestimmen und wollen: Adrian selbst, der sich seines Wertes bewusst werden sollte: Das, was ich vorhabe, schaffe ich auch! Wenn ich Sinnvolles tue, bin ich mir mehr wert, als wenn ich ständig zwischen mehreren »Lebenswelten« unentschieden bleibe und das Gefühl habe, alles ist sinnlos und ohne Zukunft.

Was bin ich eigentlich meiner Arbeitgeberin wert?

Die Arbeitssituation

Irene K. ist siebenunddreißig Jahre alt. Sie arbeitet als Chefassistentin in einer Anwaltskanzlei in Hamburg an der Außenalster.

Die Chefin, knapp zehn Jahre jünger, stammt aus wohlhabendem Hause, ist das, was man *tough* nennt. Sie hat nicht nur in Deutschland, sondern an einer renommierten Universität in den USA studiert und durch die Beziehungen ihrer Eltern Kontakte in aller Welt.

Im Büro arbeiten fünf weitere Anwälte. Irene hat Jura studiert, aber ihre zweite Prüfung nicht abgeschlossen. Sie war bis jetzt nicht in ihrem Fachgebiet berufstätig. Nach ihrem Studium ist sie viel gereist, hatte verschiedene Jobs, war in der Kosmetikbranche tätig. Irgendwann wurde ihr klar, dass sie eine feste Stelle brauchte, um »irgendwie« im Leben anzukommen. Da auf die Schnelle kein ihrem Abschluss adäquater Job zu finden war, reagierte sie auf eine Zeitungsannonce, bewarb sich und bekam die Stelle. Seit vier Jahren ist sie nun die »rechte Hand der Chefin«. Es gibt keinen Wunsch der Chefin, den sie nicht erfüllt, auch wenn dieser nicht zum normalen Alltagsgeschäft gehört. Doch Irene ist frustriert und gestresst. Sie weiß, dass sie durch ihr Studium für eine anspruchsvollere Tätigkeit qualifiziert wäre. Doch ist ihr Job etwa nicht anspruchsvoll? Sie hat mit sehr reichen Klienten zu tun, hat eine Chefin, die in den »besten« Kreisen verkehrt. Irene hat einen Firmenwagen und Extravergütungen. Aber selten hört sie ein freundliches Wort, schon gar nicht von der Chefin. Im Lauf der Jahre verschärft sich die Lage: Die Arbeit nimmt zu. Der Leistungsdruck wird immer größer. Das Gehalt wird nicht erhöht. Irene ist unglücklich. Im Büro fährt sie schnell aus der Haut, ist beleidigt und nicht nur für sich, sondern auch, wie sie es selbst merkt, für die anderen Angestellten schwer zu ertragen. Doch die Chefin will trotzdem nicht, dass Irene kündigt. Irene ist unersetzlich. Sie hat den Überblick, man kann sich vollkommen auf sie verlassen. Sie ist sich für keine Arbeit zu schade. Sie erfüllt somit viele Tugenden, die in der Arbeitswelt verlangt werden: Sie ist perfekt, schnell, genau, verantwortlich. Aber der Beruf hat mit Irenes eigenen Idealen von Gerechtigkeit, Gleichberechtigung und Lebensfreude schon lange nichts mehr zu tun. Irenc ist erschöpft. Sie hat an den Wochenenden und am Feierabend keine Kraft mehr, um etwas zu unternehmen. Sie lernt niemanden kennen und hat keine Anregungen. Sie verkriecht sich in ihrer schönen großen Wohnung und will niemanden sehen.

Es sind nicht primär die Leistungen, die sie erschöpfen. Was zermürbt, ist die Einsamkeit, nicht nur zu Hause, sondern auch in ihrem schicken Büro mit Blick auf die Alster. Irene ist nicht mit »im Boot«. Mit ihrer barschen Art geht sie den anderen auf die Nerven. Ein Grund, warum sie zu den kleinen Kaffeepausen nicht dazugeholt wird. Ihr werden Befehle und Bitten erteilt. Es kommt so gut wie nie vor, dass ihr irgendjemand eine Anerkennung oder ein Lob ausspricht.

Immer häufiger überkommt sie die Wut und gleichzeitig die Angst, und sie will weglaufen. Doch was dann? Wie eine neue Stelle finden? In ihrem Alter? In welchem Bereich? Hat ihr Hochschulabschluss überhaupt noch einen Wert? Sie meint, nichts oder nicht viel anzubieten zu haben. Und der Arbeitsmarkt sieht nicht rosig aus für Frauen und Männer, die über vierzig sind.

Die Vorgeschichte

Warum lässt sich ein Mensch so etwas bieten? Und zwar nicht nur von anderen, sondern auch von sich selbst? Irene K. wuchs nicht bei ihren Eltern, sondern bei einer alten, lieblosen Tante auf. Intelligent, sensibel und fantasievoll hatte Irene als Kind kaum einen »Ansprechpartner«. Sie sieht ihre Eltern allenfalls am Wochenende. Ihrer jüngeren Schwester, die in ein Internat gesteckt wurde, begegnet sie nur in den Ferien. Eine emotionale Beziehung zwischen den Schwestern kommt deshalb nicht zustande. Und so entfällt für Irene die Möglichkeit, wenigstens durch ein Geschwisterkind einen emotionalen Rückhalt zu haben. Das Studium, das sie unbedingt absolvieren wollte, verdiente sie sich selbst. Fleißig sein, den Mund halten und keine Ansprüche stellen – das waren die »Tugenden«, die nicht nur ihre Eltern verlangten, sondern auch die Tante. Das Kind Irene war immer »irgendwie« zu viel. Und nicht nur aus diesem Grund hatte es »zu funktionieren« – um der Tante und den Eltern nicht noch mehr zur Last zu fallen.

Wie sich gesellschaftliche und familiäre »Tugenden« entsprechen

Die familiären Prägungen schaffen die Voraussetzung dafür, dass sich die Fremderwartungen und Selbsterwartungen im Beruf so perfekt decken. Auch im Büro wird verlangt: fleißig sein, den Mund halten und funktionieren. Wer sich weigert, diesen Tugenden zu entsprechen, dem droht die Kündigung und damit im schlimmsten Fall das soziale »Aus«.

In vielen Firmen greifen die Chefinnen und Chefs – ohne dies bewusst zu tun – auf diese »Tugenden« zurück. Was die Eltern einst verlangten, verlangt nun der Chef.

Das entwertende Kommunizieren im Berufsalltag

Die Atmosphäre im Büro ist latent oder sogar sichtlich aggressiv. Alle Beteiligten stehen immer unter Druck. Hektik bestimmt den Alltag. Es wird nichts unternommen, um eine Gemeinschaft herzustellen und die Kommunikation untereinander zu verbessern. Selbst kleine, unbedeutende Fehler der an sich perfekt funktionierenden Irene geben Anlass zu dramatischen Auseinandersetzungen, die, genau betrachtet, einfach, ohne großen Aufwand und ohne Trara hätten korrigiert werden können. Doch wer Angst hat, verteidigt sich nicht. Und wer sich aus Angst nicht verteidigen kann, fühlt sich immer minderwertiger, weil er sich selbst nicht als Gestaltender eines sozialen Prozesses erlebt. Irene fühlt sich hilflos und kompensiert genau diese Gefühle mit Äußerungen und Verhaltensweisen, die als »zickig«, »schwierig« und dergleichen bewertet werden.

Ihr Selbstwertgefühl sinkt immer weiter in den Keller. Sie wird »immer schwieriger«, und ihr Verhalten ist nicht förderlich für die Anerkennung, die sie sich so wünscht. Im Gegenteil – obwohl sie sich dauernd anstrengt, alles richtig und perfekt zu machen, wird sie abgelehnt und ausgeschlossen. Keiner merkt es, und sie sagt es nicht: Weit wichtiger als materielle Zuwendungen wäre ihr ein nettes, anerkennendes Wort. Irene ist eigentlich andauernd gekränkt. Durch das Gefühl des eigenen Versagens, durch Selbstvorwürfe, ihr Leben nicht eigenständig zu gestalten, durch die Kritik der Chefin, durch das Gefühl, aus Angst und Wut nichts verändern zu können und zu wollen. Ihr selbst ist nur vage bewusst, dass sie sich weit mehr emotionale Zuwendung wünscht als äußerliche Belohnungen. Sie ist im wahrsten

Sinne des Wortes »auf der Suche nach Anerkennung«. Nun könnte man einwenden, dies sei ein Einzelfall. Wir wissen jedoch aus diversen persönlichen Erfahrungen wie aus zahlreichen Untersuchungen, dass in vielen Firmen Ähnliches abläuft.

Wenn Irene sich nicht entscheidet, etwas zu ändern, wird sich dieser Teufelskreis wiederholen: gute Leistung, keine Anerkennung, Abhängigkeiten, Stress und Konflikte. Sie könnte darüber nachdenken, welche Art der Arbeit ihr Freude machen würde. Ihre Fähigkeiten und ihre Abschlüsse sind eine gute Voraussetzung dafür, sich grundsätzlich neu zu orientieren, Zusatzausbildungen zu machen und möglicherweise in eine ganz andere Berufssparte zu wechseln. Um den Mut aufzubringen, bräuchte sie Unterstützung von Freunden und Verwandten, die ihr helfen, weniger ängstlich zu sein. Ein Weg wäre, falls sie nicht aufgeben will, die Chefin um ein persönliches Gespräch zu bitten und ihr ganz offen zu sagen, wie sehr sie unter den Arbeits- und Kommunikationsverhältnissen im Büro leidet. Ein offenes Gespräch kann manchmal eine Menge bewirken.

Keiner kann mich leiden, und ich weiß nicht, warum

Die Lage

Elsa G., neunundzwanzig Jahre alt, ist seit knapp zwei Jahren in der Firma. Sie hat eine interessante Aufgabe im Bereich Produktentwicklung und verdient das erste Mal in ihrem Leben richtig viel Geld. Elsa ist groß, schlank, hübsch, hat lange blonde Haare, ist fröhlich und sehr kreativ. Ihr Chef schätzt sie sehr, ja man könnte durchaus sagen, er hat ein Faible für sie. Nicht nur, weil sie eine attraktive Frau ist, sondern auch, weil sie klug, herzlich und kompetent ist.

Elsa hat als »Kreative« viele Freiheiten, jenseits von Hierarchien.

Seit einiger Zeit fühlt sie sich aber nicht mehr richtig wohl in der Firma. Wenn sie morgens in das Haus kommt, sagt ihr nicht einmal die Sekretärin des Chefs »Guten Morgen«. Dabei hatte sie sich am Anfang ganz gut mit ihr verstanden und sich manches Mal sogar mit ihr zum Mittagessen getroffen. Nicht nur die Chefsekretärin verhält sich seit einiger Zeit sehr seltsam. Auch ihr Kollege Tim B., der zwar eine andere Aufgabe hat als sie, mit dem sie aber stellenweise zusammenarbeiten muss, sagt kaum noch ein freundliches »Hallo«.

Tim macht spöttische Bemerkungen über ihren kurzen Rock – »mal wieder sehr schön kurz, was?« –, über ihren Lippenstift – »sehr rot heute, finden Sie nicht?«. Außerdem macht er noch anzügliche Bemerkungen. Elsa empfindet dies nicht als Kompliment, sondern als unverschämt. Auch die Mitarbeiter aus dem Vertrieb verhalten sich anders als am Anfang. Kaum betritt Elsa die Kantine und will sich zu ihnen gesellen, um ihr Mittagessen einzunehmen, behaupten die am Tisch Sitzenden, es gäbe keinen Platz mehr, weil gleich noch Herr M. und Frau K. kämen. Doch dieser Einwand ist vorgeschoben. Man will Elsa nicht am Tisch sitzen haben. Der Chef ist oft auf Reisen. Elsa würde so gern mal mit ihm darüber sprechen, wie »man« mit ihr umgeht. Aber er hat keine Zeit und kein Ohr für sie.

Elsa weiß nicht, was los ist. Sie macht ihre Arbeit gut, ist nett und fröhlich – und keiner will mehr etwas mit ihr zu tun haben? Eines Tages zitiert der Chef sie in sein Büro.

Mit ernster Miene zeigt er auf ihre neuesten Entwürfe. »Herr B. hat starke Einwände gegen das, was Sie da abgeliefert haben.« Elsa kann es nicht fassen. Vor drei Wochen hatte sie mit ihrem Chef genau diese Entwürfe abgesprochen, weiter ausgefeilt – und er war begeistert. »Ich weiß nicht, was Herr B. mit meinen Entwürfen zu tun hat. Er ist doch in einem ganz anderen Projekt«, wendet Elsa ein. Das Gespräch mit dem Chef verläuft unerfreulich. Als sie das Zimmer ihres Chefs verlässt, hat Elsa das Gefühl, dass er ihr nicht mehr vertraut und ihr kritisch gegenübersteht. Aber er hat keinen wirklichen Grund für seine Unzufriedenheit genannt. Welche Gründe könnte es denn geben? Elsa grübelt und findet keine. Mit einem diffusen Angstgefühl geht sie an diesem Tag nach Hause.

In den nächsten Monaten verschlimmert sich ihre Situation, sowohl in der Firma als auch in ihr selbst. Ihre Fröhlichkeit ist dahin, ihre Kreativität beeinträchtigt. Sie ist verunsichert. Selbst morgens vor dem

Spiegel: Sie weiß nicht, was sie anziehen soll, um nicht wieder und weiter mit abschätzigen Bemerkungen von Tim B. rechnen zu müssen.

Die Gründe und Hintergründe

Elsa ist, ohne dass sie es ahnt, eine Provokation. Als sie in die Firma kam, war für alle unübersehbar, wie begabt und attraktiv sie ist. Und natürlich schienen diese Attribute ein sicherer Weg zum Erfolg zu sein. Doch der Schein trügt. Genau diese Attribute sind es, die die Kollegen nicht ertragen können. Tim B. fühlt sich durch die neue Mitarbeiterin bedroht. Ist sie etwa besser als er? Wird er, der seit über zehn Jahren gute Arbeit macht, womöglich eines Tages entlassen? Er selbst hat Probleme mit seiner Frau, die ihn dauernd anstachelt, endlich in der Firma um eine besser dotierte Position zu kämpfen. Er hat aber keine Lust zu kämpfen, er will einfach in Ruhe arbeiten, mehr nicht.

Die Sekretärin des Chefs, eine Frau Mitte vierzig, lebt allein, lebt nur für den Chef und kämpft seit Jahren erfolglos um seine Anerkennung. Sie ist eher ein Mauerblümchen, wie sie sich selbst einmal Elsa gegenüber bezeichnet hat. Und Elsa, die in ihrer freundlichen Art sofort protestierte, kam nicht weit mit ihren Argumenten. Die Sekretärin empfand diese gut gemeinten Bemerkungen von der blonden Schönheit Elsa als Hohn.

Eine Reihe von zufälligen Begebenheiten und Zusammentreffen der Mitarbeiter aus dem unmittelbaren Umfeld von Elsa bewirken eine Art »Zusammenschluss«. Alle stellen fest, dass Elsa eigentlich »unmöglich« ist. Die Motive von Elsas »Kritikern« sind unterschiedlich, aber das Ziel ist ähnlich, nämlich Elsa fertigzumachen und sie wegzubeißen.

Kleine peinliche Gerüchte und Urteile über sie werden in Umlauf gebracht. Wahrscheinlich habe sie etwas mit dem Chef. Sie wäre ja gar nicht so gut, wie man immer von ihr behaupten würde. Sie habe wieder einmal das Protokoll nicht gelesen. Sie würde wie eine Modepuppe, aber nicht wie eine anständig arbeitende Frau herumlaufen.

Der Chef merkt kaum, was in seinem Team geschieht. Er greift nicht nur deshalb nicht ein, sondern auch, weil er Konflikte nicht ausstehen kann. Er ist im Dauerstress und hat keine Zeit, sich um die Zänkereien seiner Mitarbeiter zu kümmern. Tim B. ist es sichtlich gelungen, mit scheinbar logischen Argumenten, die Begeisterung seines Chefs für Elsa ins Wanken zu bringen. Der Chef fragt nicht nach, hört auch nicht richtig zu. Und um seine Ruhe zu haben, stimmt er Tim B. zu. So entsteht eine ungute Atmosphäre aus Intrige, Hinterhältigkeit und Verlogenheit mit fatalen Auswirkungen. Man nennt es heute: Mobbing.

Die Lebensgeschichte von Elsa G.

Elsa ist mit ihrer Familie viel herumgekommen. Ihr Vater war im Vorstand eines weltweiten Konzerns. So wuchs Elsa in Schweden, in Brasilien, Italien und Spanien auf.

Auch wenn das Leben im Ausland nicht immer einfach war, hat Elsa gelernt, sich überall einzufinden. Durch den Zusammenhalt in der Familie hatte sie auch den Mut, in der Fremde sofort mit Gleichaltrigen Kontakt aufzunehmen und das »Fremde« nicht als bedrohlich zu empfinden. Elsa ist es wichtig, offen zu sein, die Dinge positiv zu sehen, andere gelten zu lassen, auch wenn sie anders sind, fröhlich der Arbeit nachzugehen und nicht alles so verbissen zu sehen. Das sind ihre Tugenden und Ideale – ihre Werte, nach denen sie lebt, ohne sie sich direkt bewusst zu machen.

Als sie als Achtzehnjährige mit ihren Eltern wieder nach Deutschland zurückkam, fällt Elsa auf, »wie grau und arbeitsam« hier alle sind. Fleiß zähle hier in Deutschland mehr als Frohsinn, Egozentrismus mehr als Gemeinschaft, Abgrenzen scheine erfolgreicher als Offenheit füreinander. So zumindest schildert sie ihren Eltern ihre ersten Eindrücke in diesem Land.

Sie beginnt eine Ausbildung und macht einen sehr guten Abschluss. Sie ist beliebt bei ihren Kommilitonen, weil sie unkompliziert und fröhlich ist – und man ihr nichts Negatives nachsagen kann. Sie ist nicht arrogant, sie ist solidarisch und weltoffen.

Als sie in dieser Firma landet, freut sie sich aus mehreren Gründen. Sie steht auf eigenen Beinen und kann zeigen, was sie kann.

Es ist für sie ein Schock, im Lauf der Zeit zu spüren, wie wenig ihre Qualitäten und ihr soziales Verhalten geachtet werden. Im Gegenteil – sie kann noch so gut aussehen, noch so fleißig, noch so fair sein: Es nützt nichts. Die Anerkennung der Kollegen bleibt immer mehr aus. Und noch schlimmer: Sie wird gemieden und sichtlich entwertet. Nach tränenreichen Wochen und schlaflosen Nächten entschließt sie sich zu kündigen. Bemerkenswert dabei ist, dass nicht einmal der Chef sie von ihrer Kündigung abhält.

Die Dynamik von Bewertungen

In diesem Fall der Entwertung kommen mehrere Aspekte zusammen, die typisch für Mobbing sind. Hier handelt es sich um ein Phänomen, das im Laufe der letzten Jahrzehnte in Betrieben massiv zugenommen hat und enorme Kosten verursacht.

Die zum Teil schikanöse Entwertung eines Mitarbeiters durch Chefs und/oder Kollegen, ohne dass ein sachlicher Grund vorliegt, hat nachhaltige Folgen: Zeit und Kraft, die für ein gelungenes Miteinander notwendig wäre, wird für Getuschel und Getratsche verwendet. Die Entwertung verunsichert den Betroffenen und wirkt sich negativ auf seine Leistungen aus. Oftmals ist diese emotionale Verunsicherung mit zunehmenden Krankheitssymptomen verbunden. Die Krankheit bewirkt Arbeitsausfall, der Kosten verursacht. Wenn der Betroffene die Firma verlässt, muss jemand Neues eingearbeitet werden, was wiederum Zeit und Geld kostet.[60]

Der Prozessverlauf ist in diesem Fall wie folgt:

Elsa fällt auf, durch ihr Aussehen und ihre Qualitäten. Somit ist sie für einige Mitarbeiter ein Ärgernis. Elsa macht, ohne dass sie es will, den anderen ihre Mängel klar. Dabei geht es überhaupt nicht um objektive Mängel, sondern um rein subjektiv empfundene Mängel derjenigen, die es nicht ertragen können, dass sie es selbst sind, die Elsa besser finden als sich selbst. Ein unerträgliches Gefühl: Die ist toll, und ich bin blöd.

Tim B. fühlt sich durch Elsas Qualitäten infrage gestellt und sieht sich provoziert durch die attraktive Frau. Elsa könnte ihm die Position, die er hat, streitig machen; die Chefsekretärin nimmt durch Elsas Erscheinen verstärkt wahr, wie unscheinbar und uninteressant sie sich selbst empfindet; die anderen Mitarbeiter stört Elsas Fröhlichkeit, die sie fast als eine Unverschämtheit empfinden. Sie erleben selbst, wie wenig fröhlich sie sind. Jeder erlebt seine Nachteile, verstärkt durch die sichtbaren Vorteile von Elsa, die durch ihre Auslandserfahrungen anders »gepolt« ist. Da nun keiner an diese selbst empfundenen Mängel erinnert werden will, wird die anfangs allseits Bewunderte zum Zielobjekt der Häme.

Dieser Prozess beruht auf einer einfachen Formel, die auch andere Konflikte erklärt: »Wenn ich mich entwertet fühle durch die offensichtliche Kompetenz und Attraktivität eines anderen, dann tue ich alles, um den anderen zu entwerten. Ich bekämpfe den anderen, weil er – oder sie – mich dauernd daran erinnert, dass ich meinen eigenen Idealvorstellungen nicht entspreche.« Das sagt natürlich so niemand, aber genau das geschieht. Und dahinter steckt kein böser Wille, sondern ein tief sitzender Minderwertigkeitskomplex. Unbewusste Ängste, Selbstvorwürfe und Infragestellungen der eigenen Person treiben zu diesen Intrigen an. Und diese Intrigen sind wirksam und machtvoll. Jeder Mensch braucht Anerkennung in einer Gemeinschaft. Das gilt am Arbeitsplatz wie in der Familie oder in der Freizeit mit Freunden. Bleibt diese Anerkennung aus, gerät das Selbstbild ins Wanken. Wer bin ich denn, wenn mir keiner sagt, was ich kann? Wer bin ich, dass ich nicht ehrlich und offen sein darf, mich nicht wehren darf?

Selbst Elsa, mit ihrem intakten Selbstbewusstsein durch stabile familiäre Verhältnisse, ist nicht gefeit vor solchen Problemen. Aber sie ist selbstbewusst genug, um von sich aus festzustellen: Hier bin ich nicht willkommen. Da kündige ich lieber.

Nun hätte ja der Chef eingreifen können. Warum hat er es nicht getan? Schließlich hat er Elsa eingestellt und war von Anfang an von ihren Qualitäten überzeugt. Er zieht sich aus der Affäre, statt zu Elsa und seiner Entscheidung zu stehen, sie eingestellt zu haben. Der Chef ist, streng genommen, keine Führungspersönlichkeit, die die notwendige Autoritätsposition einnimmt.

Ein Chef, der führt, würde eingreifen. Er würde alle Mitarbeiter zu einem Gespräch bitten und versuchen herauszufinden, was los ist. Er würde die Argumente von Tim B. gegen Elsas Entwürfe überprüfen und nicht einfach weghören und den Dingen ihren Lauf lassen.

Ein Symptom – analytisch gedeutet: Von der vaterlosen zur entgrenzten Gesellschaft[61]

All das tut der Chef nicht. Er ist passiv, handelt nicht, nimmt hin, dass eine seiner besten Mitarbeiterinnen die Firma verlässt. Das bedeutet für ihn: Zeitverlust und zusätzliche Kosten.

Hier spielen wiederum Faktoren eine Rolle, die auch in der Mobbingdebatte oft nicht gesehen werden. Der Chef und sein Verhalten spiegeln ein weitverbreitetes Symptom wider: die modernen Männer, die es – auch durch mangelnde Vorbilder – nicht gelernt haben, auf eine gute Weise Autorität auszuüben. Der Grund dafür liegt nicht in einer persönlich verursachten Unfähigkeit.

Warum ist das so? Der Kommunikationsforscher Dieter Flader hat in seinen Arbeiten dafür eine Antwort geliefert.[62] Einer der vielen Aspekte seiner Untersuchungen: Viele Kinder, die nach dem Krieg geboren wurden, haben in ihren Familien etwas erlebt, was bis heute symptomatisch ist. Viele Mädchen und Jungen wachsen ohne Vater auf. Der Vater ist entweder real abwesend, das heißt viele Kinder wuchsen oder wachsen bei ihren Müttern auf, sehen den Vater gar nicht oder nur selten. Oder der Vater ist zwar vorhanden, aber nicht wirklich psychisch anwesend. Das bedeutet: Er übernimmt gar nicht oder nur sehr begrenzt das, was ein Vater zu tun hätte, um seinen Kindern eine gesunde psychische Entwicklung zu ermöglichen: In Liebe Grenzen setzen, bei Konflikten eingreifen, Position beziehen und Lösungen herbeiführen.

Vor allem Jungen, die keine positive väterliche Autorität erlebt haben, werden es schwer haben, selbst eine Autorität zu werden. Wie auch sollten sie dies gelernt haben – ohne Vorbild? In der Schule lernt man nicht, wie man ein Vorbild wird. Man lernt es nur durch Erfahrung und Nachahmung, so Vorbilder vorhanden sind. Und wenn beides fehlt, zeigen diese Männer, erwachsen geworden, dass sie nicht in der Lage sind einzugreifen.

Mit einem positiven und mutigen Eingreifen und Handeln wäre dieser Mobbingfall am Arbeitsplatz zu beheben gewesen. Eine weitere Möglichkeit hätte darin bestanden, sich Berater zu holen, die dazu verhelfen, die Strukturdynamik zu erkennen und positiv zu beeinflussen. Doch wie die Erfahrung von Mobbingberatern zeigt, fällt es den Führungskräften nicht nur schwer, Mobbing in ihrer Firma zu erkennen, sondern überhaupt zu akzeptieren, dass es vorhanden ist.

Ich arbeite nicht. Was bin ich eigentlich wert?

Die Situation

Dr. Maria V. ist Anfang fünfzig. Sie ist Augenärztin. Seit einiger Zeit aber geht sie nicht mehr in die Klinik. Mit ihrem Mann, einem Juristen, lebt sie in der Nähe von Düsseldorf. Nach einer schweren Erkrankung vor zwei Jahren ist sie aus dem Beruf ausgestiegen. Nun hat sie die Krankheit überstanden und denkt darüber nach, wie ihr Leben weitergehen soll.

Aus verschiedenen Gründen hat sie sich dazu entschlossen, nicht wieder in das Krankenhaus zurückzukehren. Die Arbeit im Krankenhaus war stressig, zu viele Patienten, zu wenig Personal, zu viel Druck und zu wenig Zeit, um sich wirklich um die Patienten zu kümmern. Und, kurz gesagt: Sie war es überdrüssig, in diesem kranken System »Krankenhaus« weiter tätig zu sein.

Als sie sich gegen einen Berufswiedereinstieg entschied, fühlte sie sich gut. Endlich hat sie wieder Zeit zum Lesen, Museen zu besuchen, Reisen zu unternehmen und weiter ihrer Leidenschaft zu frönen, kostbare Teetassen zu sammeln. Nicht mehr gestresst und ganz selbstbestimmt. Um die Finanzen braucht sie sich keine Sorgen zu machen. Ihr Mann arbeitet als Anwalt in einer Kanzlei und verdient gut. Sie hat geerbt. Die Kinder sind aus dem Haus und mit ihrem Studium fast fertig. Maria meint, sich glücklich schätzen zu können.

Nach einem halben Jahr der Freiheit zeichnet sich ein erstes Unbehagen ab – aus verschiedenen Gründen.

Die Freunde sagen Verabredungen ab. Alle haben immer viel zu viel zu tun. Das ärgert Maria, aber sie kann nichts dagegen einwenden.

Sie steht morgens spät auf, lässt sich mit allem Zeit. Sie merkt immer mehr, wie die verinnerlichten Pflichtvorstellungen, was man alles tun muss, um dazuzugehören, von ihr »abfallen«. Muss man immerzu aufgebrezelt, perfekt angezogen und geschminkt aussehen? Nein. Ist es wichtig, unentwegt Gäste zu bewirten, um Geschäftskontakte zu pflegen? Nein. Spielt es für das eigene Wohlbefinden eine Rolle, auf Partys herumzustehen? Nein, auf keinen Fall. Das hat sie eigentlich immer schon angeödet. Wozu soll sie sich heute noch auf den neuesten Stand in der Forschung bringen? Für wen?

Wenn all das nun nicht mehr wichtig ist, fragt sich Maria, was ist dann wertvoll und wichtig? Ihr Mann geht ihr mittlerweile mit seinen vielen Terminen und gesellschaftlichen Verpflichtungen auf die Nerven. Er spiegelt ihr das, was sie nicht will und vielleicht doch will: gefragt zu sein. Er treibt sie an, ihn zu Einladungen zu begleiten, sich sehen zu lassen, auch, damit sie zu Hause nicht versauere. Je mehr er drängt und drängelt, umso weniger will sie.

Das, was am Anfang ihres Berufsausstieges gar kein Problem war, wird nun zu einem Anlass von Streitereien. Er ist busy, und sie tut nichts. Sie hat weder Lust, sich um den Haushalt zu kümmern und die Hausfrau zu spielen, noch sich ehrenamtlich zu betätigen. Auch wenn ihr Mann sie dazu drängt. Aber sie will nicht! Schließlich hat sie sich ihre Emanzipation hart erkämpft. Sie will nicht das tun, was ihr Mann ihr vorschreibt. Sie wollte nie nur Mutter und Hausfrau sein wie ihre Mutter, die sich als Frau eines reichen Mannes irgendwann völlig überflüssig fühlte und depressiv wurde.

Maria V. fühlt sich nun auch völlig überflüssig. Aber das spricht sie nicht aus. Sie weiß nicht mehr, was sie mit sich anfangen soll. Das Lesen wird langweilig. Das Alleinsein zu Hause ist langweilig. Ihr fehlt die Kraft, sich aufzuraffen, um etwas zu unternehmen. Die oberflächlichen Gespräche der Society gehen ihr auf die Nerven.

In den nachfolgenden Wochen spitzt sich die Lage zu. Ihr Mann fordert von ihr, überhaupt und irgendetwas zu tun, Hauptsache, nicht Tag für Tag herumzusitzen und alles der Haushälterin zu überlassen. Er droht sogar damit, die Haushälterin zu entlassen, damit seine Frau endlich wieder eine Aufgabe hat: nämlich sich wenigstens um das Haus und den Haushalt zu kümmern. Das Leben scheint immer enger und dunkler für Maria zu werden. Dem Paar ist klar, dass dieser Zustand nicht lange haltbar ist. Aber eine Lösung ist noch nicht in Sicht.

Der persönliche Lebenshintergrund

Maria V. wuchs im Norden Deutschlands auf. Ihr Vater war Apotheker und im Besitz mehrerer Filialen. Ihre Mutter hatte ein angenehmes Leben und war mit vielen gesellschaftlichen Verpflichtungen gut beschäftigt. Ihre Mutter hatte wenig Zeit für sie.

Maria war eigentlich ein verträumtes und intelligentes Kind. Und ihr Klassenlehrer empfahl der Mutter dringend, das Kind auf ein Elitegymnasium zu schicken. Ohne dass die Mutter sich besonders für die Schullaufbahn ihrer Tochter interessierte, stimmte sie dem Vorschlag zu. Maria war eine sehr gute Schülerin. Ihren Vater sah sie kaum. Der Direktor des Gymnasiums unterrichtete in der Klasse von Maria Latein und Griechisch. Er hatte eine besondere Vorliebe für sie. Er kümmerte sich um sie und ermutigte sie. Da Maria gerne las, lag es nahe für sie, Germanistik zu studieren. Ihrer Mutter schien dies »unangemessen«. Ihr Argument war: »Willst du damit Geld verdienen? Das ist doch brotlose Kunst. Oder willst du etwa Lehrerin werden? Das kann ja wohl nicht dein Ernst sein!«

Der Vater eines Schulkameraden, mit dem Maria sich gern zum Tennisspielen traf, war Grundschullehrer. Und Maria, die ab und zu in die große Familie eingeladen wurde, bewunderte den Vater ihres Jugendfreundes. Ihr wurde schmerzhaft bewusst, was »Familienleben« heißen kann. Zusammenhalt, Liebe, Interesse füreinander. All das, was sie in ihrer Familie vermisste.

Maria entschied sich, Medizin zu studieren. Ihre Karriere als Ärztin verlief glatt und problemlos. Sie heiratete, ein Sohn kam zur Welt, dann noch ein zweiter Sohn. Ein Wunsch schien in Erfüllung gegangen zu sein: so zu leben, wie sie es einst in der Familie ihres Schulfreundes erfahren hatte. Aber hatte sie wirklich eine Familie? Hatte sie überhaupt Zeit dazu, sich genügend um ihre Kinder zu kümmern? Sie musste sich eingestehen, dass dies eigentlich nicht der Fall war. Eine gewisse Grundunsicherheit begleitete sie auch in ihrem Beruf, eigentlich in allem, was sie tat. Sollte sie wirklich um den Chefarztposten kämpfen? Ist sie als Ärztin auch wirklich gut genug? Maria weiß, dass sie eigentlich keine Kämpferin und Ellbogenfrau ist. Insofern war die Erkrankung für sie nicht nur mit einem Schock verbunden, sondern auch mit einer merkwürdigen Art von Erleichterung. Sie muss nichts mehr leisten müssen. Die Vorteile dieses Rückzugs aus dem Leben zeigen jedoch ihre Schattenseiten.

Der Selbstwert, die Arbeit und das Tätigsein

Ein Mensch ohne Arbeit ist nichts wert. So denken viele, und so wird gewertet. Dabei wird oft übersehen, dass Arbeit keineswegs »automatisch« glücklich macht und die Anerkennung verschafft, die sich alle Menschen wünschen. Hier liegt das Problem für manche Menschen, die freiwillig oder unfreiwillig arbeitslos sind. Sie haben keine Ahnung, mit welchen Tätigkeiten sie sich glücklich machen können. Im Fall Maria V. verketten sich mehrere Ursachen: eine gewisse Lebensmüdigkeit, die überstandene Krankheit, die ihre Spuren hinterlässt, die Lustlosigkeit und Kritik an sich selbst und dem ehemaligen Beruf gegenüber, das Drängen ihres Mannes. Zudem hat sie in ihrer anstrengenden Arbeit nie Zeit gehabt, darüber nachzudenken, welche Tätigkeiten ihr Freude machen würden.

Am Beispiel von Maria wird sichtbar, dass der Selbstwert nicht nur allein durch bezahlte Arbeit respektive durch das Fehlen der bezahlten Arbeit beeinflusst wird. Die Ratlosigkeit gegenüber der Frage, was mit dem Leben und den Fähigkeiten sinnvoll anzufangen wäre, vermindert den eigenen Selbstwert erheblich. Es ist eine Frage der Zeit, bis sich bei Maria von selbst der Wunsch einstellt, sich mit einer Tätigkeit zu beschäftigen, die sie erfüllt.

Mich stellt ja doch keiner ein!

Die Situation

Hartwig F. hat eine abgeschlossene Ausbildung als Programmierer. Er ist zweiunddreißig Jahre alt und hatte nach seiner Ausbildung in der Hoch-Zeit der IT-Branche gute Jobs. Allerdings hielt er es nie länger als maximal zwei Jahre an einem Arbeitsplatz aus. Es gab verschiedene Gründe für den relativ häufigen Wechsel. Zu Beginn war es ihm zu langweilig, in einer Firma zu bleiben. Dann war es eine Freundin, um derentwillen er in eine andere Stadt umzog. In seiner nächsten Arbeitsstelle kam er mit einem Kollegen nicht gut zurecht, der andauernd Streit suchte.

Hartwig ist seit drei Jahren ohne Job. Und auch wenn Frau D. vom Jobcenter sich redlich Mühe gibt, es klappt nichts. Die Gründe sind auch hier vielfältig. Und sie liegen vor allem in Hartwig selbst. Er lehnte mehr als einmal ein Stellenangebot ab, weil ihm der Job nicht gut genug war: zu schlecht bezahlt, zu kleine Firma, langweilige Aufgabe, falsches Stadtviertel. Es ist ein Wunder, dass Frau D. ihm nicht schon Hartz IV gestrichen beziehungsweise gekürzt hat.

Hartwig sitzt die meiste Zeit zu Hause. Er fummelt an seinem Computer herum, spielt Games und trinkt mehr als eine Flasche Bier am Tag. Abends geht er manchmal in den nahe gelegenen Park, um im Freien mit seinem alten Freund Uli Schach zu spielen. Hartwig läuft in einem alten Pullover und einer ramponierten Jeans herum und rasiert sich tagelang nicht. Wozu auch? Als ihm Uli eines Tages sagt, er solle sich doch endlich mal zusammennehmen, sich richtig anziehen, rasieren und um ein Gespräch bei seinem vorvorletzen Chef bitten, wird Hartwig wütend. Warum solle er das alles tun? Das hätte doch sowieso keinen Zweck mehr. Uli wird klar, dass Hartwig ein hoffnungsloser Fall zu werden scheint. Uli war selbst Lehrer in einer Hauptschule und hat seinen Beruf gerne ausgeübt. Bis er eines Tages nach einem Herzinfarkt mit fünfundfünfzig nicht mehr konnte. Seine Bemühungen scheinen bei Hartwig nicht viel zu bewirken. Im Gegenteil: Je mehr er auf ihn einredet, umso mehr verweigert dieser sich.

Hartwigs Selbstwertgefühl ist auf dem Nullpunkt. Das Einzige, was ihm hilft, dies zu verdrängen, ist, sich einzuigeln. Er lässt sich immer weniger auf Gespräche ein, denn diese Gespräche beunruhigen oder langweilen ihn. Mehrere Fragen bleiben offen: Wer könnte ihm helfen? Welche Argumente erreichen ihn noch?

Die Lebensgeschichte von Hartwig

Er wurde in einem hessischen Dorf geboren. Seine Eltern hatten einen kleinen Kramladen, in dem man fast alles kaufen konnte: vom Bindfaden bis zur Margarine. Da seine Mutter im Geschäft tätig war, hatte sie wenig Zeit, sich um Hartwig zu kümmern. Der Vater war zudem Hobbyförster und trieb sich Wochenende für Wochenende im Wald herum. Als Hartwig in der nächsten Kleinstadt mit ordentlichen Zeugnissen seinen Realschulabschluss bestand, waren die Eltern stolz. Hartwig hatte sich schon als Kind für Technik interessiert. Stundenlang konnte er an Maschinen herumfummeln, um Fehler zu beheben. Manchmal machte sich die Mutter Sorgen. Ihr Junge entpuppte sich als Stubenhocker und war so gar nicht wie sein Vater – ein vitaler Naturbursche. Der Vater, groß, stark und unbeherrscht, hatte sich eigentlich mit seinem introvertierten Sohn nicht viel zu sagen. Der vorsichtig geäußerte Wunsch von Hartwig, auf das Gymnasium gehen zu dürfen, Abitur zu machen und dann Mathematik zu studieren, wurde sofort von den Eltern abgelehnt. So viel Denkerei sei überflüssig, war das Argument des Vaters.

Hartwig schaffte es mühelos, eine IT-Ausbildung zu absolvieren und sofort eine gut bezahlte Anstellung zu bekommen. Es war ein junges Team, das wie eine Familie den ganzen Tag im gleichen Raum arbeitete und auch den Feierabend miteinander verbrachte. Hartwig war beliebt, weil er gut und schnell Probleme lösen konnte, hilfsbereit war und den Mädchen in seiner Zurückhaltung auch begehrenswert erschien. Doch er schien etwas zu zurückhaltend zu sein. Hartwig mochte es nicht, wenn ihm jemand zu nahe kam oder ihn mit emotionalen Ansprüchen bedrängte. In seiner eigenen Gefühlswelt war er nicht zu Hause. Er nahm seine Gefühle gar nicht bewusst wahr. Er fühlte sich am wohlsten an seinem Computer und weit weniger wohl unter Menschen. Eine Kette von ungünstigen Bedingungen und Zufällen ließ ihn in die anfangs geschilderte Lage kommen.

Der Selbstwert und die Einsamkeit des Programmierens

Hartwig fühlte sich als Kind am sichersten aufgehoben, wenn er sich allein mit etwas beschäftigen konnte: an Geräten und Apparaten herumzuoperieren. Er musste dazu nicht reden, brauchte nichts zu erklären. Man freute sich einfach, wenn Hartwig den Toaster reparierte und das alte Fahrrad seiner Mutter in Schuss brachte. Die einsame Beschäftigung entspricht seinem Naturell. Und sein Naturell sucht sich die einsame Beschäftigung.

Er erlebte zweifellos die Glücksgefühle, die der ungarische Glücksforscher Mihaly Czikszentmihaly bei den Menschen gefunden hat, die sich gut allein mit einer Tätigkeit befassen, die sie als sinnvoll und glücksbringend empfinden.[63]

Doch Hartwig, der diese Fähigkeit im Job zu seinem Nutzen und als Erfolg erlebte, fällt in die einsame Sinnleere, wenn er zu Hause für nichts und wieder nichts am Computer Spiele spielt. Der Spielerfolg reicht nicht aus, um zufrieden mit sich zu sein. Hartwig fühlt sich wertlos, weil er weder bezahlt noch gebraucht wird und weil er nicht mehr, wenigstens lose, eingebunden ist in eine Gemeinschaft, die ihn schätzt. Das sagt er nicht, aber er zeigt es, indem er sich allen Versuchen verweigert, etwas an seiner Lage zu verändern. Es habe ja doch alles keinen Sinn. Er hat ein ähnliches Problem wie Maria, die Augenärztin.

Die Freude an der Einsamkeit des Tüftelns wird ihm nun zum Verhängnis. Denn für wen und für was »tüftelt« er nun? Hartwig bräuchte Hilfe. Durch seine Neigung, sich einzukapseln, ist es eher unwahrscheinlich, dass er sich selbst auf den Weg macht. Vielleicht gelänge es, dass ihn sein Freund überzeugt, sich ehrenamtlich zu engagieren, Computerberatung anzubieten, Sport zu treiben. All das wären Aktivitäten, die dazu beitragen könnten, dass selbst der menschenscheue Hartwig »in Kontakt geht«, Beziehungen aufbaut und sich bestätigt fühlt.

Die individuellen Gründe für Entwertungen

Sprachlosigkeit

Selbstbewertungen werden selten direkt kommuniziert. Man sagt nicht mal eben zu einem Freund oder zum Partner, geschweige denn zu einem Kollegen: Ich fühle mich wertlos, weil ich nie gelobt werde, weil ich nichts zu tun habe oder weil ich nicht bezahlt werde.

Diejenigen, die jemanden entwerten, tun dies meist unwissentlich und nicht unbedingt aus böser Absicht – abgesehen vom Mobbing. Es liegt so nahe und ist so selbstverständlich, eine beleidigende Bemerkung loszuwerden über jemanden, der irgendwie nicht funktioniert. Es ist zudem kein Wunder, dass sich jemand in dieser sehr leistungsorientierten Gesellschaft schämt, nicht genug zu sein oder gar nichts zu leisten. Insofern stößt eine berechtigte oder unberechtigte Kritik immer in eine »Wunde«. Kritik wird häufig ausgesprochen, Lob selten. Am Arbeitsplatz ist man eben ein Leistungsträger und kein Privatmensch, der den Anspruch stellen darf, sich wohlzufühlen. Die Wünsche sind da, sind aber kein Thema. Was nicht ausgesprochen wird, wird auch nicht ganz bewusst. Und ohne Bewusstsein über das, was quält, verändert sich auch nichts.

Selbstzweifel

Die mangelnde Wertschätzung am Arbeitsplatz korrespondiert mit einer bereits wankenden und schwankenden Selbsteinschätzung. So fragt Irene: Wer bin ich überhaupt? Was kann ich denn schon? Ich kann doch froh sein, dass mir überhaupt jemand einen Arbeitsplatz gibt. Der Teufelskreis zwischen der Selbstentwertung und der Reduktion eines Menschen auf die Leistungsträgerfunktion wird hier täglich reproduziert.

Ist das, was ich mache, eigentlich wirklich sinnvoll? Die Frage nach dem Sinn der Arbeit resultiert aus bestimmten eigenen Wertvorstellungen, was im Leben wichtig ist und was nicht. Diese Frage stellte sich Adrian. Die Gefahr, dass Adrian nach und nach abstumpft und sich durch Routine emotional aus der Affäre zieht, ist groß. Und wer sich anstrengt, kaum noch Kraft hat, an Alternativen zu denken, zweifelt nicht nur an sich selbst, sondern ist entmutigt.

Entwertung durch Mobbing

Durch die Mobbingakte entsteht eine eigentlich irrwitzige Situation: Alle Qualitäten einer Person werden entweder gegen sie verwendet oder geleugnet. Dass in solchen Fällen das Selbstwertgefühl, so es vorhanden ist, ins Wanken gerät oder gar massiv zerstört wird, liegt auf der Hand. Meist ist die Lage ausweglos. Je mehr zum Beispiel Elsa ihre Kollegen von ihrer Qualität überzeugen will, umso mehr stößt sie auf Widerstand und Ablehnung.

Dieses Mobbingphänomen hat besorgniserregend zugenommen. Es fällt jedoch auf, dass, abgesehen von verschiedenen Forschungen zu dem Thema und zahlreichen Beratungsangeboten, die Einsicht vieler Firmen, etwas gegen Mobbing zu unternehmen, sich sehr in Grenzen hält. Man will es nicht gern wahrhaben, dass in der Firma gemobbt wird, das heißt Mitarbeiter systematisch entwertet werden – und unternimmt deshalb auch nichts dagegen. Mit der Folge, dass die Perfektionsansprüche in der Firma konterkariert werden. Denn die Mitarbeiter sind demotiviert, beschäftigt mit Tratsch und Klatsch statt mit ihrer Arbeit. Die Gemobbten werden oftmals krank und fallen aus. Die Ignoranz vieler Unternehmen dem Mobbing gegenüber erklärt sich aus einer überkommenen Sicht des Arbeitsmarkts: Man kümmert sich um Perfektionierung der Produkte und Dienstleistungen, aber nicht um die Verfassung von Menschen, die die Voraussetzung dafür sind, dass alles läuft.

Hier wird deutlich, dass der Selbstwert eines Menschen eng verbunden sein kann mit einem Tätigsein, das er oder sie selbst als sinnvoll bewertet. Dabei spielt es keine Rolle, ob die Tätigkeit bezahlt wird oder nicht. Der Wert liegt in dem erfahrenen Sinn und nicht im Leistungsäquivalent Geld. Viele Arbeitnehmer, Angestellte, Selbstständige oder Beamte haben im Laufe ihres Arbeitslebens das gleiche Problem. Was sollen sie tun, wie sollen sie sich selbst bewerten, wenn sie nichts mehr zu tun haben? Die Norm, die durch die Regel »arbeite und verdiene« gesetzt ist, ist so verinnerlicht, dass man sich gar nicht mehr vorstellen kann, an einer frei gewählten Tätigkeit Freude zu haben. Die Bewertung der eigenen Person ist gekoppelt an eine *Forderung*, nicht an eine *selbstbestimmte Förderung* der eigenen Interessen. Das trifft sowohl auf Maria als auch auf Hartwig zu. Durch schwankende Konjunkturentwicklung, durch die Mechanisierung der Arbeitswelt erhöht sich zunehmend die Gefahr für Arbeitnehmer in vielen Berufszweigen, arbeitslos zu werden.

Die wirtschaftspolitischen Gründe für Ab- und Entwertungen der menschlichen Arbeit

Die inhumane Arbeitswelt

»Noch nie in den letzten zweihundert Jahren hat es um Bemühungen, einen emanzipatorischen, humanen Begriff der Arbeit zu verteidigen, so schlecht gestanden wie heute. Die faktische Entwicklung in der Organisation von Industrie- und Dienstleistungsarbeit scheint allen Versuchen, die Qualität der Arbeit zu verbessern, den Boden entzogen zu haben: Ein wachsender Teil der Bevölkerung kämpft nur noch um den Zugang zu Chancen subsistenzsichernder Beschäftigung, ein anderer Teil arbeitet unter rechtlich kaum mehr geschützten Verhältnissen, ein dritter Teil schließlich erfährt im Augenblick die rapide Entberuflichung und Entbetrieblichung ihrer vormals noch statusmäßig gesicherten Arbeitsplätze.

Trotz aller Prognosen eines Endes der Arbeitsgesellschaft ist es nicht zu einem Relevanzverlust der Arbeit in der gesellschaftlichen Lebenswelt gekommen: Nach wie vor macht die Mehrheit der Bevölkerung die eigene soziale Identität primär von der Rolle im organisierten Arbeitsprozess abhängig. Von einem Bedeutungsverlust der Arbeit kann aber nicht nur in einem lebensweltlichen Sinn, sondern auch in einem normativen Sinn nicht die Rede sein: Arbeitslosigkeit wird weiterhin als soziales Stigma und individueller Makel erfahren, prekäre Beschäftigungsverhältnisse werden als belastend empfunden, die Flexibilisierung des Arbeitsmarkts stößt in weiten Kreisen der Bevölkerung auf Unbehagen. Die Sehnsucht nach einem nicht nur subsistenzsichernden, sondern auch individuell befriedigenden Arbeitsplatz ist keinesfalls verschwunden, nur bestimmt sie nicht mehr die öffentlichen Diskussionen und die Arenen der politischen Auseinandersetzung; aber aus der eigentümlichen, beklemmenden Sprachlosigkeit zu schließen, dass Forderungen nach einer Umgestaltung der Arbeitsverhältnisse endgültig der Geschichte angehören, wäre empirisch falsch und nahezu zynisch.«[64]

Nicht nur die Menge an bezahlter Arbeit nehme rapide ab, gesamtgesellschaftlich gesehen. Es handele sich dabei um einen Sättigungseffekt der Bedürfnisse und eine hochgradige Arbeitsteilung.

Diese Aussagen des Philosophen und Wissenschaftlers Axel Honneth scheinen im Kontrast zu den Bemühungen von Unternehmern zu stehen, durch Weiterbildung und Beratung im Bereich Human Resources personelle Probleme im Betrieb zu lösen. Der Beratungsmarkt prosperiert, und die Angebote sind kaum überschaubar. Doch bei diesen Versuchen von Unternehmen, etwas für ihre Mitarbeiter zu tun, bleibt eine Frage offen: Um was geht es hier eigentlich?

In den meisten Fällen handelt es sich darum, die Mitarbeiter zu »schulen«, mit dem Ziel, dass sie noch besser funktionieren. Die Unternehmensberatungsbranche baut logischerweise auf diesen Zielprämissen auf. Sowohl die Beratungs- als auch die Werbebranche ist geprägt durch psychologisch geschulte Trainer, deren Aufgabe darin besteht, die »Arbeitsmaschine Mensch« noch effektiver zu nutzen. Dies ist dem System inhärent. Ein Unternehmen – wie natürlich auch ein Beratungsunternehmen – muss Profit machen, die Mitarbeiter haben sich an dieser Profitmaximierung zu messen und sich entsprechend zu verhalten. Das liegt in der Logik eines kapitalorientierten Systems. Insofern folgen sowohl die Unternehmen als auch die Berater der Unternehmen den gleichen Zielen.

Das Korrodieren von Familienunternehmen

Tom Rüsen und andere Wissenschaftler[65], die sich mit dem Thema Familienunternehmen im Wandel der Zeit befassen, stellen fest, dass die traditionellen mittelständischen Familienunternehmen mit vielen »neuartigen« Konflikten zu kämpfen haben: Alte, traditionsreiche Unternehmen, einst die Säulen der sozialen Marktwirtschaft, lösen sich auf. Die Nachfolgegeneration will oft nicht mehr mitspielen. Viele Söhne und Töchter steigen aus und sind nicht mehr bereit, sich den enormen Anstrengungen auszusetzen, die notwendig sind, das Unternehmen ihrer Väter und Großväter fortzuführen. Es ist genug Geld da, das es der jüngeren Generation erlaubt, eigene und andere Wege zu gehen, als sich in die Knochenmühle einer Unternehmensführung zu begeben.

Ein Ergebnis von Rüsens Studien ist unter anderem, dass der Niedergang großer Familienunternehmen hauptsächlich durch nicht gelöste emotionale Konflikte in der Unternehmerfamilie, sprich durch Wertekonflikte begründet sei. Der Gründergeneration seien andere Werte wichtig als der Nachfolgegeneration.

Durch diese Untersuchungen wird deutlich, wie sehr bislang unterschätzt worden ist: Nicht der Markt und dessen Zwänge allein steuern ein Unternehmen, sondern Menschen mit Gefühlen. Man könnte hier zu dem Schluss kommen, dass die Nichtbeachtung des Menschen, der Natur und der ökologischen Notwendigkeiten der Gesellschaft langfristig teuer zu stehen kommt.

Jeder steht für sich allein – Großkonzerne als System

In vielen Großunternehmen, im Finanzdienstleistungsbereich oder in staatlichen Institutionen gibt es oft niemanden, der als Verantwortlicher für seine Mitarbeiter zuständig ist. Der Betrieb ist ein System, in dem Verantwortliche gar nicht mehr auszumachen sind. Jeder ist ein Rädchen im Getriebe, hat wenig persönlichen Einfluss, keinen Überblick, keine Gestaltungsmöglichkeiten, um irgendetwas an seiner Arbeitssituation zu ändern. Was bleibt für Mitarbeiter in solch einer Lage übrig, als sich dreinzufinden, die Selbstverwirklichungswünsche mit den Konzerninteressen gleichzusetzen und das Geldverdienen vom Wunsch nach Selbstverwirklichung zu trennen? Das erzeugt bei vielen Arbeitnehmern das Gefühl, ausgeliefert zu sein. Niemand ist zu fassen. Die flachen Hierarchien bereiten den Boden für eine gnadenlose Konkurrenz, in der »jeder gegen jeden« kämpft.

Die ideologischen Gründe für Abwertungen

Der Profit als zentrale Idee der Marktwirtschaft

Wirft man einen Blick auf die öffentlichen Diskussionen und die Publikationen über die Themen der Arbeitswelt, fällt eines auf: Die Tatsache, dass Menschen diese Arbeitswelt geschaffen haben und in ihr agieren, ist kein Thema. Man könnte zu dem Schluss kommen, es gibt Systeme und Zwänge, aber den Menschen gibt es gar nicht.[66]

Alles scheint zu funktionieren, ohne dass die Verursacher und die Betroffenen im Blickfeld sind. Es geht um die Ausrichtung auf Profit, Maximierung und Wirtschaftswachstum.

Hinter dieser Ausrichtung verbergen sich Bewertungen. Profit wird hoch bewertet, der »menschliche Faktor« unterbewertet, meist vernachlässigt. Er spielt allenfalls unter dem Aspekt »Humankapital« eine Rolle. Menschen sind das Kapital, mit dem man Kapital macht und die bedauerlicherweise Personalkosten verursachen. Auch hier (wie im Zusammenhang mit dem Körper und dem Sex) findet Funktionalisierung und Reduktion statt.

Das heißt in diesem Fall: Nur das, was Gewinn bringt, ist von Interesse. Leistung in einem vordefinierten Kontext durch Normierung.

Eine weitere neue Entwicklung, die die Arbeitswelt betrifft, hängt mit der Digitalisierung zusammen und mit völlig neuen Herausforderungen für das Management. Profit entsteht unter anderen Bedingungen als zuvor. Ohne dass ich auf dieses Thema eingehen kann, will ich zumindest auf die »Veränderungen durch Vernetzung« verweisen, die P. Kruse in seinem Buch *Erfolgreiches Management von Instabilität* thematisiert.[67]

Die Mittel zur Maximierung: Norm und Normierung

Normiert werden Leistungen, durch Normierung entsteht Qualitätssicherung von Produkten und Dienstleistungen. In der Normierung werden Maßstäbe festgelegt, denen entsprochen werden muss. Die Normierung garantiert ein gewünschtes, gleichbleibendes Niveau von Dienstleistungen und Produkten, das für den ökonomischen Erfolg eines Unternehmens entscheidend ist.

Normieren bedeutet hier »vereinheitlichen«, je nachdem, in welchem Kontext wir uns befinden. Normierungen in der Arbeitswelt werden für die Qualitätssicherung und Angleichung geschaffen, wie die ISO-Norm.[68] In der *psychologischen Diagnostik* liefern Tests ein normatives Bezugssystem. Die einzelnen Testergebnisse werden mit repräsentativen Stichproben verglichen und eingeordnet. Getestet werden Arbeitnehmer und ihre Arbeitsleistungen. Überprüft wird auf diese Weise, in welchem Verhältnis die Fähigkeiten eines Mitarbeiters zu den Leistungsanforderungen stehen. Es gibt Firmen, die sich auf solche Tests spezialisiert haben und diese den Unternehmen anbieten. Normierung bedeutet die Bemessung von Leistungsgraden.[69]

Die Bemessung von menschlichen Leistungen wurde bereits Ende des 19. Jahrhunderts erforscht. Man stellte fest, dass einzelne Arbeiter eine Tätigkeit schneller als andere ausführten. Um eine Angleichung der Arbeitsleistungen herzustellen, wurden bestimmte Verfahren entwickelt, deren Ansatz man als Taylorismus bezeichnet, zurückgehend auf F. W. Taylor (1856 – 1915). Die wichtigsten Aspekte sind:

- detaillierte Vorgabe der Arbeitsmethode – »one best way«,
- exakte Fixierung des Leistungsortes und des Leistungszeitpunktes,
- extrem detaillierte und zerlegte Arbeitsaufgaben,
- Einwegkommunikation mit festgelegten und engen Inhalten,
- detaillierte Zielvorgaben bei für den Einzelnen nicht erkennbarem Zusammenhang zum Unternehmungsziel sowie externe (Qualitäts-)Kontrolle.[70]

Die Tendenz, einen Menschen maschinengleich einzutakten, von ihm nach vorgegebenen Standards (Normierungen) Arbeit abzuverlangen, sind zeitgeschichtlich ein Ausdruck der Industrialisierung und heute der Technologisierung. Dass menschliche Leistungen reglementiert und kontrolliert werden, wird nicht nur ideologisch vertreten, sondern ist mit einem bestimmten Menschenbild verbunden: Der Mensch wird einer Maschine gleichgesetzt, die ein normiertes Leistungssoll zu erfüllen hat. Dieses Menschenbild impliziert logischerweise Reduktion und Funktionalisierung.

Funktionalisierung und Reduktion als unverzichtbare Prinzipien?

Normierungen entstehen aus den Interessen der Wirtschaft und der Politik. Aus politischer wie wirtschaftlicher Perspektive sind Normierungen für das Alltagsleben und die Funktionsfähigkeit der Wirtschaft logischerweise von Bedeutung. Sie gewährleisten Rationalisierung und Qualitätssicherung und führen zu einem volkswirtschaftlichen Nutzen. Demgegenüber stehen hohe wirtschaftliche Verluste durch Mobbing, schlechtes Arbeitsklima und eine Unternehmenskultur, die für die Arbeitsmotivation kontraproduktiv ist. Die Gründe für diese

Verluste sind einfach. Ein Unternehmen, das sich erklärtermaßen auf Profit ausrichtet, ohne die menschlichen Bedürfnisse und Interessen der Mitarbeiter zu beachten, wird in diese Wertefalle laufen: Profit hat Wert, die Menschen haben keinen Wert, sie sind Leistungsträger und nicht mehr. Längst ist bekannt, dass eine solche Einstellung eine Firmenleitung à la longue teuer zu stehen kommt. Demotivierung, Burnout, Mobbing, Stress beeinträchtigen die Arbeitsleistungen. Diese Verluste stehen im Widerspruch zum Profitdenken.

Wo und wie ist die Grenze zu ziehen zwischen einer notwendigen Normierung und einer sinnlosen Gleichschaltung menschlicher Leistungen, die »nach hinten losgeht«? Auf Normierung kann die Wirtschaft nicht verzichten. Doch kann sie es sich leisten, auf die Berücksichtigung der Menschen zu verzichten? Menschen sind lebendige Wesen und keine Sozialautomaten. Wenn ein Mitarbeiter nur nach seiner Funktionalität beurteilt wird, fühlt er sich verständlicherweise reduziert. Allein dieser Reduktionsprozess kann dazu führen, dass Mitarbeiter entwertet werden. Diese Entwertung am Arbeitsplatz verbindet sich mit einer oft schon vorhandenen individuellen Selbstwertproblematik auf unglückselige Weise. Die Aussagen der Betroffenen sind dann: »Ich fühle mich austauschbar. Ich bin nur ein Rädchen im Getriebe. Viele meiner Fähigkeiten werden gar nicht abgefragt oder überhaupt nicht gesehen. Mein Einfluss, etwas zu verändern oder zu bewirken, ist gleich null. Ich entspreche nicht den Maßstäben, die heute verlangt werden. Ich weiß nicht, was ich noch tun kann, um weiterzukommen. Egal, wie ich mich anstrenge, es ist nie genug.«

Wer sich hingegen auf den Arbeitstag freut, weil er nette Kollegen trifft, sich positiv auf eine neue Aufgabe einstellt, dem Chef seine Ideen vorträgt und auf Verständnis stößt, wird so nicht reden, fühlen und denken. Warum Normierung und Werte bis heute als Gegensatz gesehen werden können, erklärt sich unter anderem aus einem überalterten Arbeitsbegriff und Menschenbild.

Ein interessantes Beispiel gibt dafür der Kurzbericht der TK, »Krankheitsstand und ›Eisberg-Modell‹«, den ich hier etwas ausführlicher zitieren möchte:

»Als angebliches Zeichen dafür, dass in der Vergangenheit zu viele Arbeitnehmer öfter mal krankfeierten, ohne wirklich krank zu sein, wird immer wieder der niedrige Krankenstand der letzten Jahre angeführt. Nach einer Statistik des Bundesministeriums für Gesundheit und Soziales sank in den alten Bundesländern die Zahl der Krankmeldungen mit ärztlicher Bescheinigung von 5,21 % im Jahre 1991 auf 3,3 % 2008. Das heißt, an 3,3 % der maximal möglichen Arbeitstage wurde krankheitsbedingt nicht gearbeitet.

Nach dem ›Eisberg-Modell‹ ist dies aber nur der Teil an Produktivitätsverlust, den man von außen erkennen kann. So wie 9/10 eines Eisbergs unter der Wasseroberfläche liegen und nicht zu sehen sind, gibt es auch unsichtbare Produktivitätsverluste dadurch, dass Mitarbeiter zwar formell anwesend sind und keine Fehlzeiten verursachen, faktisch aber krank sind und sich besser zu Hause auskurieren sollten. Gründe dafür sind vor allem:

- die Angst davor, negativ aufzufallen und deshalb bei nächster Gelegenheit gekündigt zu werden, dies ist insbesondere in Zeiten wie der aktuellen Wirtschaftskrise der Fall,
- ein übersteigertes Pflichtgefühl beziehungsweise der Ehrgeiz, keine Schwäche zu zeigen, um so den Konkurrenten und Vorgesetzten keine Angriffspunkte zu liefern,
- das Verdrängen von Krankheitssymptomen vor sich selbst.

Dies kann dazu führen, dass die nicht auskurierten Krankheiten sich verschlimmern und zu schwerwiegenden gesundheitlichen Folgen führen.

Daneben gibt es aber auch Arbeitnehmer, die zwar nicht krank sind, aber trotzdem weniger leisten, als sie eigentlich könnten. Dies liegt häufig an betriebsinternen Gründen, nämlich:

- an einem schlechten Arbeitsklima in der Abteilung oder im gesamten Unternehmen,
- an einer Unter- oder Überforderung des Betreffenden,
- an einer Tätigkeit, die ihnen keine Freude macht, sie nicht ausfüllt oder deren Sinn sie nicht erkennen können,
- dass sie innerlich bereits gekündigt haben, aber im Unternehmen bleiben müssen, weil sie noch keinen neuen Arbeitsplatz gefunden haben. Beide Varianten führen dazu, dass die Produktivität sinkt und das Unternehmen geschwächt wird.«[71]

Die hier aufgeführte Negativliste verdeutlicht: Es gibt keinen Raum für persönliche Entfaltung sowie keine Zeit für Kontinuität. Es wird nicht gefragt, was der Mitarbeiter kann, sondern nur, was er tun soll. Die Arbeit ist angstbesetzt. Angst steigert nicht das Leistungsvermögen, sondern blockiert es. Jede ehrliche Äußerung eines Mitarbeiters, wie es ihm wirklich geht und was er sich am Arbeitsplatz wünschen würde, kommt einer Existenzbedrohung gleich. So ist ein »Arbeitssystem« als ein kaltes und menschenunfreundliches Gegeneinander entstanden, in dem Menschen miteinander nicht ehrlich sein können und dürfen und in dem die Suche nach Anerkennung vergeblich zu sein scheint.

Resümee und Anregungen

Die Entwertung des Menschen in der Arbeitswelt hat in der Regel ökonomische Verluste zur Folge. Die Tatsache, dass der Mensch als »Faktor« nicht hinreichend oder gar nicht in Betracht gezogen wird, zahlt sich langfristig nicht aus.

Das zeigen Krankenstände, zunehmend das Mobbingphänomen und das weltweit ungelöste Problem der Arbeitslosigkeit. Ein Mensch, unabhängig davon, in welcher Position und in welchem Arbeitsfeld er tätig ist, ist für seine seelische, geistige und körperliche Gesundheit darauf angewiesen, anerkannt zu werden. Bleibt diese so lebensnotwendige Anerkennung aus, wirkt dies nachteilig: Menschen sind frustriert, aggressiv, demotiviert, lassen ihren Ärger an anderen aus, versuchen, sich auf unterschiedliche Weise einen persönlichen Vorteil zu verschaffen, zum Beispiel durch Machtausübung und Kontrolle, durch Statussicherung, durch Konkurrenzverhalten.

Zunehmende und kostspielige Phänomene in dieser Richtung sind Mobbing und Korruption. Beide kosten die Unternehmen viel Geld.[72] Und die ausgeklügelten Methoden der Corporate Governance lösen das Grundproblem überhaupt nicht.[73] Mit dem Aufstellen von Regeln kann man das verletzte Selbstwertgefühl der Mitarbeiter, gleich, in welcher Position sie sind, nicht lösen. Man kann auch nicht durch Regeln einen Vorgesetzten dazu bringen, Mobbing zu verhindern. Der Vorgesetzte kann es aber lernen wahrzunehmen, was unter seinen Mitarbeitern geschieht, und sich dafür entscheiden zu handeln.

Wenn am Arbeitsplatz Wertschätzung praktiziert wird, die auch Kritik einschließt, sind die Mitarbeiter weit weniger krank, besser motiviert. Sie haben Freude an der Arbeit und identifizieren sich mit den Zielen des Unternehmens. Der Effekt solcher Wertschätzung ist nachweisbar. Umso erstaunlicher ist es, dass diese Tatsache offensichtlich nicht zu den Selbstverständlichkeiten in einem Unternehmen gehört und immer noch nicht allgemein bekannt ist. Unternehmer hingegen, die sich um ihre Mitarbeiter kümmern, sich verantwortlich fühlen, auf eine gute Atmosphäre und Unternehmenskultur Wert legen, haben letztendlich nur Vorteile. Wertschätzung kann gelernt und praktiziert werden durch regelmäßige Teammeetings, in denen es nicht nur um Dienstleistungsthemen geht, sondern um einen Austausch über den Stand der Dinge und die Einschätzungen.

Eine Form der Anerkennung ist es, wenn Mitarbeiter und Chefs in Beziehung zueinander gehen und miteinander reden. Die fehlende oder die reduzierte Kommunikation in Unternehmen ist oft die Ursache dafür, dass Menschen sich nicht wahrgenommen fühlen, dass Probleme nicht gelöst werden, sich anstauen und verselbstständigen. All diejenigen, die in Führungspositionen für Mitarbeiter verantwortlich sind, können hier kreativ werden und sich Formen und Formate ausdenken, durch die sachbezogene, wertschätzende und beziehungsorientierte Kommunikation möglich wird.

Das Entscheidende dabei ist, sich von den alten, überkommenen Menschenbildern »Der Mensch als Maschine«, »Der Mensch als Rädchen im Getriebe«, »Der Mensch als Leistungsträger« zu lösen, mit der Frage: Was brauchen wir, damit Arbeit Freude macht und nicht zu Entwertungen führt, die krank und unglücklich machen?

Dazu gehört, zu fühlen und zu begreifen, dass Menschen lebendige Wesen mit einer Lebensgeschichte sind und nicht automatisierbare Leistungsträger.

12 Schauplatz Wissenschaft – Die Überwindung von Krankheit und menschlichem Makel

Wie gefährdet und makelbehaftet ist doch der Mensch! Der Tod ist unausweichlich. Unsterblich sein! Nie krank werden! Der Körper als Inbegriff von Schönheit und Vollkommenheit. Ärzte, die das Wunder vollbringen, kaum oder schwer heilbare Krankheiten zu besiegen. Das ist der Traum der Träume! Über diesen unvermeidlichen Tatsachen des makelbehafteten menschlichen Seins schwebt das Ideal des gesunden Menschen. Das pragmatische Handeln wie der Heilungswille der Ärzte und Forscher dienen diesem Ideal. Ohne dieses Ideal wäre es gar nicht erklärbar, warum seit eh und je versucht wird, den kranken Menschen zu heilen und ihn körperlich zu »optimieren«. Warum auch sollte es mit zunehmendem Fortschritt nicht menschenmöglich sein, der Krankheit, dem Alter und der Behinderung die Stirn zu bieten? Mit der ehrenwerten Absicht, das menschliche Leiden zu verringern, und mit dem ehrgeizigen Ziel, das Unmögliche möglich zu machen?

Dieser Optimierungswille liegt in der Natur des Menschen und treibt die Forschung an.

Werfen wir einen Blick in die Labore der Genforscher, die daran arbeiten, bisher kaum heilbare Krankheiten, wie zum Beispiel Parkinson, in den Griff zu kriegen. Den Einblick in ein solches Labor habe ich Prof. Dr. F., einem Arzt und Forscher[74] zu verdanken, den ich auf einem Kongress kennengelernt hatte. In unseren sehr spannenden Diskussionen stellte sich heraus, dass er einerseits von seiner Arbeit und den Möglichkeiten, schwer kranken Menschen zu helfen, fasziniert war und gleichzeitig kritisch die Grenzen und die ungelösten Probleme in der Genforschung sah. Es stellte sich heraus, dass er nicht nur Naturwissenschaftler, Forscher und Arzt ist, sondern ein bekennender Christ. Vor diesem Hintergrund erklärt sich auch, wie und warum er seine Arbeit und die Genforschung kritisch reflektierte. Über die Wertefragen der Genforschung, über die ich einen Vortrag gehalten hatte, fanden wir zusammen. Uns interessierte: Wie wird was im Forschungsvorgang bewertet und warum? Welche unbewussten Aspekte spielen sich im rationalen Vorgang des Forschens ab? Was wird aufgrund von nichtbewussten Vorannahmen vorausgesetzt und nicht hinreichend reflektiert?

Diese Fragen implizieren eine einfache Grundfrage, die wir uns stellten: Wie gehen Forscher mit den Genen, dem Bauplan des Menschen um, und welche Folgen hat dies für die Entwicklung neuer Therapien? In der Genforschung geht es um die menschliche Grundsubstanz, über die bis jetzt noch weit mehr unbekannt als bekannt ist.

Das Genlabor als Schatzkammer der Perfektionierung

Die Ziele und die Werte

Wie Phönix aus der Asche steigt der Kranke gesund »aus dem Labor«. Der Schlüssel für diese *Schatzkammern der Vollkommenheit* liegt im Genom, in der Erbsubstanz. In der Erbsubstanz stecken die Fehler, die es zu beheben gilt. Vereinfacht gesagt: Das »kranke« Gen wird entdeckt, ausgeschnitten und durch ein gesundes ersetzt.

In den Laboren und mit den Datenbanken wird ein Beitrag zur Erforschung des menschlichen Erbguts geleistet.

Die Entschlüsselung allein reicht gewiss nicht, um Krankheiten zu beseitigen. Aber die Interpretation der Daten kann Auskunft über Krankheiten, Behinderungen, über Geschlecht, Eigenschaften und Fähigkeiten geben. Die Gene sind Information und Kapital zugleich, mit denen man »arbeitet«.

Faktisch und primär geht es a) um die Entschlüsselung des Genoms und b) um die Entwicklung von Gentherapien.

Dreierlei soll damit bewerkstelligt werden: erstens die Diagnose; zweitens die Heilung schwerer Krankheiten, möglichst ohne Nebenwirkungen; sowie drittens der Forschungsfortschritt.

Seit einigen Jahren wird in dieser Hinsicht geforscht, mit unterschiedlichen Ergebnissen. Die ganz großen Hoffnungen erfüllten sich noch nicht ganz, wie aus den aktuellen Berichten, zum Beispiel aus dem Ärzteblatt, erkennbar wird. Nach einigen positiven Ergebnissen wie auch Rückschlägen werden nun, wie aus den neuesten Berichten zu ersehen ist, neue Wege gegangen.[75]

Hier der Bericht aus den Erklärungen von Prof. Dr. F., aus dem ich das Wesentliche zusammenfasse:

Betreten wir das Labor eines Instituts für Zellmedizin.[76]

Dort arbeiten ein Virologe, ein Genetiker und ein Zellmediziner an der Optimierung von Gentherapien, um so effektiv wie möglich Krankheiten ohne Nebenwirkungen heilen zu können, wie etwa bei Parkinson. Die herkömmlichen Medikamente gehen durch Magen/Darm oder durch die Blutbahn und treffen erst nach Umwegen den Krankheitsherd.

Das Ziel des Virologen, Genetikers und Zellmediziners ist: Viren als Transporteure für Erbinformationen einzusetzen. Sie werden genau an der Stelle in der Zelle ins Gehirn gebracht, an der ohne Umwege und Nebenwirkungen der Heilungsprozess in Gang kommen kann.

Dazu müssen Zellen in Zellkulturen gezüchtet, mit den Viren manipuliert und wieder in den Organismus zurückgebracht werden.

Die Gene sind die Programmhefte der Zellen, die Zellen sind die Fabrik, in der Konstruktionen entstehen, das Virus ist das Transportmittel, mit dem die Information an die richtige Zelle – Fabrik – übermittelt wird.

Der Weg klingt einfach, doch den Weg zu gehen, ist schwer. Er findet auf verschiedenen Ebenen statt: Zum einen geht es um das Koordinieren von verschiedenen Aktivitäten: des Virologen, des Genetikers und des Zellmediziners. Zum zweiten handelt es sich um den

Weg des Eindringens in die DNA, in die Zelle als Fabrik. Zum dritten ist es der Weg in das Gehirn, wo die manipulierte Zelle eingesetzt wird.

Die Landkarte hat weiße Flecken, die Wanderer, die Forscher, sprechen nicht genau die gleiche Sprache, die Transporteure beziehungsweise Vektoren – Viren –, die eingesetzt werden sollen, so wie die gesamte Fabrik, die auf dem Weg in ihrem Produktionsprozess beobachtet wird, unterstehen notwendig der Kontrolle und dürfen kein Eigenleben führen.

Der Genetiker zeichnet die Baupläne für die neue »Maschine«, auf der Basis des Wissens, die ihm der Virologe geliefert hat.

Der Zellmediziner überprüft und verfolgt, ob die »Maschine« auch richtig gebaut und an der richtigen Stelle eingesetzt wird, also nicht gegen die Wand fährt mit falscher Steuerung. Er untersucht, wie die Zellen aufeinander reagieren und miteinander Kontakt aufnehmen.

Der Forschungsvorgang

Um das Geschehen anschaulich und ohne Fachtermini zu beschreiben, werde ich den Prozess mit Metaphern erklären, die Prof. Dr. F. verwendete.

Die Forscher machen sich, gleich einem Reparaturteam, auf den Weg, um den Organismus eines Menschen – eine Maschinenfabrik –, der nicht funktioniert, in Ordnung zu bringen. Die Landkarte, die für den Weg benötigt wird, hat aber weiße Flecken, das heißt, die Strecke bis dorthin ist teilweise unwägbar. Das Team kennt die Strecke zur Maschinenfabrik nicht genau und irrt zwischendurch umher, obgleich es keine Zeit verlieren darf. Dazu kommen Verständigungsschwierigkeiten. Die Mitarbeiter des Teams sprechen nicht die gleiche »Sprache«. Der Virologe hat andere Fachbegriffe als der Genetiker und dieser wiederum andere als der Zellmediziner. Sie denken und analysieren auch auf verschiedenen Ebenen. Sie müssen sich gegenseitig übersetzen, wovon die Rede ist. Auch wenn sie sich nicht ganz genau verstehen, sind sie aufeinander angewiesen und müssen sich notgedrungen vertrauen.

Die »Transporteure« – Viren –, die für die Vermittlung von Informationen zum Bau neuer Maschinen in der Maschinenfabrik eingesetzt werden sollen, müssen kontrolliert werden und dürfen keine anderen Informationen transportieren als die, die man ihnen »aufgetragen« hat. Diese Informationen müssen dazu verwendet werden, dass die neuen »Maschinen« richtig entworfen, richtig gebaut und eingesetzt werden. Damit die »Maschinenfabrik« – der Organismus – wieder ihre Funktion erfüllt, darf niemand aus dem »Rettungsteam« – weder die Wissenschaftler noch die Viren – ein »Eigenleben« führen, weil sonst der gesamte Prozess außer Kontrolle gerät. Das Team, das sich auf den Weg gemacht hat, steht unter Zeit- und Konkurrenzdruck, weil andere Wissenschaftler, denen es zuvorkommen will, ähnliche Ziele verfolgen. Außerdem will es so schnell und erfolgreich wie möglich den »Ruin« verhindern – der Patient soll ja nicht sterben. Das Team kann sich nur um die »Reparatur« kümmern, um nichts anderes. Wie Prof. Dr. F. mir berichtete, hat das Team meist keine Zeit, Fragen zu stellen wie: Um welchen Menschen handelt es sich, der hier geheilt werden soll? Wie lebt er? Welche Vorgeschichte hat zu seiner Krankheit geführt? Ist die Reparaturarbeit sinnvoll? Oder hat der Patient auch das Recht zu sterben? Was und wem nützt es, wenn er gesund wird, aber in die Verhältnisse zurückkehrt, die ihn krank machen?

Wertekonflikte durch Optimierung

Die Zeit läuft, und der Druck wächst. Das Team braucht viel Geld, um seine Ziele zu erreichen und um sich im internationalen Forschungswettbewerb zu behaupten.

Das *Motiv* des Teams ist, in einen Vorgang einzugreifen und ihn zu beeinflussen. Seine *Methode* ist empirisch, analytisch, deduktiv, positivistisch. *Ziel* und *Zweck* sind, eine Krankheit zu beseitigen. Die *Mittel* sind Transfektion und Transplantation. Die Forschenden sind »Entdecker«, »Heiler« und »Retter« zugleich, das heißt, sie entdecken, um heilen und retten zu können, wie es mir Prof. Dr. F. erklärte:

Ihre *soziale Situation* ist bestimmt durch Kooperation und Kontrolle. Motiv, Zweck, Mittel, Methode, Selbstbild und die soziale Situation sind die widersprüchlichen Konstituenten dieses Forschungsprozesses.

Das *Motiv* ist verbunden mit dem *Selbstbild* des Forschers und Arztes, der es als seine Pflicht ansieht, zu forschen und zu heilen.

Motive, Methoden und Mittel, die mit dem Forschen, Entdecken, Heilen und Retten im Labor einhergehen, kommen sich dann in die Quere, wenn der Forscher etwas entdeckt, was angewendet gefährlich werden könnte. Die soziale Situation ist dann möglicherweise nicht mehr durch den Willen zu kooperieren bestimmt und gerät außer Kontrolle. Die Macht des Teams hat aber tendenziell Grenzen, weil der Erfolg der Arbeit nicht garantiert werden kann und die Forscher Schiffbruch erleiden können: Die erwarteten Ergebnisse könnten nicht erzielt werden, weitere Forschungsmittel werden nicht bewilligt, der Patient stirbt eventuell doch.

Der *Zweck* scheint unanfechtbar, auch wenn ethische und moralische Fragen offen sind und mit möglichen Gefahren – etwa dem Entweichen von Viren aus dem Labor trotz schärfster Kontrolle – zu rechnen ist.

Prof. Dr. F. sah es folgendermaßen:

Durch die *Methoden* würde das »Problem« notwendigerweise in diesem Fall isoliert: Erstens würde der Mensch von der Gesellschaft, in der er lebt, isoliert gesehen; zweitens würde die Krankheit vom Kontext isoliert, in dem sie entstanden ist; drittens würde die Zelle aus dem Gesamtorganismus isoliert. Der gesamte Vorgang, der mit der Methode einhergeht, sei verbunden mit Isolationsvorgängen, in denen größere Zusammenhänge keine Rolle spielen, respektive spielen können. Die »Maschinen« – die Zellen – werden neu »eingebaut«, aber das muss noch lange nicht heißen, dass die »Fabrik« – der Organismus des kranken Menschen – wieder richtig »in Gang kommt«. Vielleicht lebt der Kranke dann weiter, aber möglicherweise immer noch oder wieder ungesund: Er ernährt sich nicht richtig, lebt weiterhin in Verhältnissen, die ihn seelisch krank machen. Das heißt, er schafft im schlechtesten Fall ungünstige Bedingungen für seine weitere Gesundung oder ist Einflüssen ausgesetzt, die kein Wissenschaftler ändern oder beeinflussen kann. – Bei Erbkrankheiten ist die Ausgangssituation natürlich eine andere. – Diese Tatsache relativiert ebenfalls die Macht der Forscher. Das ist in der Medizin natürlich nicht neu.

Die *soziale Situation* der Forscher sei geprägt von Zwängen: Zeitzwang, Geldzwang, Kontrollzwang und Kooperationszwang. Konkret: Die Zeit sei knapp, die Forschungsgelder seien begrenzt, die Kontrolle sei unabdingbar notwendig, die Kooperation unvermeidlich und unausweichlich.

Diese Zwänge begrenzen partiell die Möglichkeiten der Forschung, mindern die Macht, die Freiheit und das Denken und rufen Anspannung und Stress hervor. Davon war in unserem Gespräch auch die Rede.

Der Forscher als Teil des Problems[77]

Je mehr ich anfing zu verstehen, was sich in den Laboren abspielt, desto präziser konnte ich Prof. Dr. F. fragen: Was schließen die Forscher in ihrem Forschungsalltag in ihrem Denken *ein* beziehungsweise *aus*? Mit welchen Fragen und Themen befassen sie sich und mit welchen – und warum? – nicht? Welche Folgen hat es für die Ergebnisse der Forschung, wenn die Forscher im Forschungsprozess das rationale Denken und Handeln von ihren persönlichen Gedanken und Gefühlen abstrahieren müssen? Wenn sie sich selbst nicht fragen können oder wollen, worum geht es hier, und welche Rolle spiele ich? Diese Fragen sind natürlich außerordentlich schwierig zu beantworten. Prof. Dr. F. stellte sie sich. Aber solche Fragen können nicht jeden Tag wieder neu gestellt werden, wie er anmerkte, und möglicherweise müssen sie unbeantwortet bleiben – aus den verschiedensten Gründen. Ist es im alltäglichen Forschungsprozess überhaupt möglich, dauernd zu fragen: Wie wirken sich unsere Entscheidungen in Krankenhäusern, in der Pharmazie, in der Gesellschaft aus? Welche kollektiven Gefühle, Wünsche und Erwartungen liegen hinter unseren Motiven? Wie reflektieren wir uns und unsere Arbeit selbst? Wer überblickt den Prozessablauf und übernimmt die Verantwortung für den gesamten Prozess? Wie antizipieren die Forscher die Folgen ihres Handelns? Wer setzt mit welcher Begründung welche Grenzen, ohne den Forschungsprozess zu behindern, unabhängig von juristischen Regelungen? Von welchem verinnerlichten oder/und bewussten Bild vom Menschen wird ihr Handeln gesteuert?

Es war beabsichtigt, dass Prof. Dr. F. und ich diese Fragen in einem Forschungsprojekt ausarbeiten sollten. Es war ins Auge gefasst, in einem Labor durch teilnehmende Beobachtung sowie durch Leitfadeninterviews diese oben genannten Fragen und Themen so weit wie möglich zu erforschen.

Aus verschiedenen Gründen kam es zu diesem gemeinsamen Projekt nicht. So blieb übrig, sich auf unsere Gespräche sowie Publikationen zu fokussieren, ohne eine empirische Untersuchung vor Ort.

Die Bewertungshintergründe im Forschungsprozess

Reduktion, Rationalisierung, Funktionalisierung

In den einschlägigen Veröffentlichungen über Genforschung spielt die »Ratio« die entscheidende Rolle – ganz in der Tradition des naturwissenschaftlichen Arbeitens. Gefühle der Forscher wie Angst, Freude, Trauer, Empathie, Macht und Ohnmacht stehen in der alltäglichen Routine aus verständlichen Gründen nicht zur Debatte.

Prof. Dr. F. war klar, dass er den naturwissenschaftlichen und medizinischen Maßstäben entsprechend handelt und handeln muss, ohne dass er sich mit seinen Gefühlen und Fragen befassen kann, die sich nicht direkt auf seine praktische Arbeit beziehen. Die Bedingungen dafür wären im Forschungsalltag fast nicht herzustellen.

Objektivierung und Mechanisierung

Aus unseren Gesprächen resultierten diese weiteren Aspekte: Das menschliche Subjekt als Patient wird in gewisser Weise »verobjektiviert« als »Träger« seiner Zellen und Genome. Der Mensch wird beschrieben, als sei er selbst eine Maschine, aus der Teile herausgenommen und ersetzt werden, so, als würden jedes Organ und jede Zelle für sich allein wirken und nicht in einem Gesamtorganismus. Das Sichtbare – die Zellen – wird erforscht, das Unsichtbare – Seele und Geist – steht nicht in Betracht. Es geht vor allem darum, die Krankheit in den Griff zu kriegen.

»Der gesunde Patient« und der »rettende Forscher und Arzt«, und der »wieder gesunde Patient«, das sind die Menschenbilder, die dem Forschungshandeln implizit sind.

Die moderne Medizin hat nicht nur die Maschinensprache in Bezug auf den Menschen übernommen. Auch Diagnose und Therapie seien mechanisiert, das heißt, das ärztliche Handeln selbst sei partiell Maschinen überantwortet worden. Verantwortung, Mitgefühl, Entscheidungen, selbstbestimmtes Nachdenken und Handeln kann von Maschinen nicht abgefordert werden. Werden Maschinen zur Diagnose und Heilung eingesetzt, muss sich niemand eine direkte Verantwortung aufbürden. Das ist eine Kritik am System, die nicht nur von Prof. Dr. F. in unseren Gesprächen thematisiert wurde, sondern auch in anderen Kontexten laut wird.

Entsubjektivierung

Im Weiteren: Nicht nur der Arzt und Forscher werde ungewollt entsubjektiviert, sondern auch der Patient. So zumindest stellt sich dies in den Sprach-, Symbol- und Kommunikationsstrukturen der Genforschung dar. In diesen Strukturen würden nur teilweise die psychologischen Probleme der Patienten in Betracht gezogen. Vor allem deshalb, weil die Forscher dafür nicht ausgebildet wären, weil diese Themen nicht im Fokus sind und alle Beteiligten unter Zeit- und Entscheidungsdruck stehen.

Die Forscher sind selbst Menschen, ohne selbst als Menschen mit ihren Gefühlen, Ängsten, ihrer Neugier, ihren Bedenken zur Debatte zu stehen. Dies merkte Prof. Dr. F. in unseren Diskussionen öfter an.

Der Forschungsprozess sei auf diese Weise abgekoppelt von den komplexen Individuen, die ihn betreiben. Lediglich das »Funktionieren« als Forscher werde gefordert. Das ist nicht nur in der Genforschung der Fall, sondern im heutigen naturwissenschaftlichen Kontext des Forschungsbetriebs die Regel. Der ganzheitliche Mensch als Handelnder, in der Wissenschaft und Forschung, oder als Betroffener, als Patient, ist nur sekundär im Blickfeld.

Dies sei nicht etwa auf irgendein Versagen von jemandem, sondern auf das System selbst zurückzuführen, in dem Forschung und Heilung stattfinden.

Orientierungssuche und Spezialisierung

Genforscher befassen sich mit dem Erbgut des Menschen. Sie dringen also in dieses Terrain Erbgut ein, sind ausgerüstet unter anderem mit *Detail- und Spezialistenwissen, Mikroskopen, Reagenzgläsern, Lasern und Computern …*

Wie Prof. Dr. F. erklärte, gäbe es für dieses Terrain noch keine »Landkarte« und keinen »Kompass« dafür, wie mit dem neuen Wissen umgegangen werden soll. Oder doch? Auch dies ist niemandem »anzulasten«, sondern eine logische Folge eines Neuanfangs in der Genforschung und die Konsequenz einer naturwissenschaftlichen Tradition, auf deren Grundlage sich immer weitere Spezialisierungen vollziehen.

Die öffentlich erklärten Ziele und Fakten der Genforschung klingen vernünftig, gelten global und werden als sinnvoll und zukunftsträchtig angesehen.

Die internen Forschungsthemen und -konflikte sind, wie wir feststellten, mit Grundsatzfragen verbunden, die gar nicht oder nur selten gestellt werden: Die Forscher erforschen das menschliche Erbgut, ohne dass damit von selbst klar ist, was *Menschsein* bedeutet. In einer auf Fachwissen und Spezialgebiete konzentrierten Wissenschaft kann man schwerlich von einem Naturwissenschaftler verlangen, dass er sich tagtäglich über die »philosophischen Grundsatzfragen« des Menschseins Gedanken macht.

Der Forscher sieht unter dem Mikroskop *nur* Gene, die winzigsten Bestandteile des Menschen. Diese »Bestandteile« des Menschen unter dem Mikroskop sind nicht der »komplexe Mensch an sich«. Denn das Ganze ist bekanntlich mehr als die Summe seiner Teile. Dazu kommt, dass das »Ganze«, der komplexe Mensch, wiederum ein Teil eines größeren Zusammenhangs ist, etwa der Familie, der Gesellschaft, des Landes, des Volkes, einer Nationalität und des Globus und Kosmos. All diese Aspekte und Einflussfaktoren spielen im konkreten Vorgang der Wissenschaft keine Rolle. Nicht etwa, weil man es nicht will oder könnte, sondern weil durch Zeitdruck, Hochspezialisierung, positivistische Wissenschaft weder Anlass noch Zeit noch die Kraft vorhanden sind, solche grundsätzlichen Fragen zu stellen.[78]

Obgleich es in der Forschung indirekt immer um Bewertungen geht, also um die Entscheidung, was als gesund oder krank, was als richtig oder falsch zu bewerten sei, wird der Bewertungsprozess auf einer Metaebene in der Regel nicht thematisiert. Das ist, soweit ich es aus Forschungskreisen erfahren habe, nicht nur Prof. Dr. F., sondern auch anderen kritischen und selbstkritischen Genforschern bewusst.

Doch besser keine kritischen Fragen? Eine wahre Geschichte

Nachdem ich mich eine Zeit lang mit Prof. Dr. F. ausgetauscht und mir Wissen angeeignet hatte, wurde ich eingeladen zu einem weiteren Vortrag über das Thema: »Der Wert des Menschen in der Genforschung«. Da ich ja die Chance gehabt hatte, mich mit einem Spezialisten über Grundfragen zu verständigen, und einen kleinen Einblick in das Fachwissen bekam, konnte ich mich auf diesen Vortrag entsprechend vorbereiten – aus einer philosophischen Perspektive. Mit gutem Glauben an die Bereitschaft von Wissenschaftlern, sich auch für nichtfachspezifische Fragen zu interessieren, und mit der positiven Erfahrung mit Prof. Dr. F. begann ich meinen Vortrag.

Ich schlug vor, die Genforschung unter drei Aspekten zu beleuchten:

1. Welche medizinischen Utopien sind im Forschungshandeln indirekt enthalten? Mit Rückgriff auf die medizinischen Utopien von Ernst Bloch im dritten Band seines Werks *Das Prinzip Hoffnung*: »Heilen ist ein Wachtraum, dem nur durch die Wiederherstellung der alten Gesundheit ein Ende gesetzt ist … Das Lager, von dem der Kranke aufsteht, wäre erst vollkommen, wenn er erfrischt statt nur geflickt wäre … Schmerzloses, langes, bis ins höchste Alter, bis in einen lebenssatten Tod aufsteigendes Leben steht aus, wurde stets geplant. Wie neu geboren: das meinen die Grundrisse einer besseren Welt, was den Leib angeht. Die Menschen aber haben keinen aufrechten Gang, wenn das gesellschaftliche Leben selber noch schief liegt.«[79]
2. Welches Gewissen leitet das Forschungshandeln? Mit Rückgriff auf einen Kerngedanken Immanuel Kants: »Zwei Dinge erfüllen das Gemüt mit immer neuer und zunehmender Bewunderung und Ehrfurcht, je öfter und anhaltender sich das Nachdenken damit beschäftigt: Der bestirnte Himmel über mir, und das moralische Gesetz in mir. Beide darf ich nicht als in Dunkelheiten verhüllt, oder

im Überschwenglichen, außerhalb meinem Gesichtskreise, suchen und bloß vermuten; ich sehe sie vor mir und verknüpfe sie unmittelbar mit dem Bewusstsein meiner Existenz.«[80]

3. Welche Irrationalität liegt in der Ratio? Mit Rückgriff auf Sigmund Freud: »Wir haben … die Überzeugung gewonnen, daß es gewisse latente Gedanken gibt, die nicht in das Bewusstsein eindringen, wie stark sie auch sein mögen … Durch die Auseinanderhaltung vorbewusster und unbewusster Gedanken werden wir dazu veranlasst, das Gebiet der Klassifikation zu verlassen und uns über die funktionalen und dynamischen Relationen in der Tätigkeit der Psyche eine Meinung zu bilden. Wir fanden ein wirksames Vorbewusstes, das ohne Schwierigkeit ins Bewusstsein übergeht und ein wirksames Unbewusstes, das unbewusst bleibt und vom Bewusstsein abgeschnitten zu sein scheint … Das Unbewusste ist eine regelmäßige und unvermeidliche Phase in den Vorgängen, die unsere psychische Tätigkeit begründen; jeder psychische Akt beginnt unbewusst und kann entweder so bleiben oder sich weiterentwickelnd zum Bewusstsein fortschreiten, je nachdem, ob er auf Widerstand trifft oder nicht. Die Unterscheidung zwischen vorbewusster und unbewusster Tätigkeit ist keine primäre, sondern wird erst hergestellt, nachdem die ›Abwehr‹ ins Spiel gekommen ist.«[81]

Ernst Bloch bringt Beispiele dafür, wie Utopien seit jeher den Menschen angetrieben haben, die Welt, den Menschen, die Gesellschaft – oder was auch immer – zu verbessern. In Utopien werden Idealzustände beschrieben, die Menschen durch Denken und Handeln in der Realität herstellen wollen.

Bloch hat die Doppeldeutigkeiten der medizinischen Utopien in Augenschein genommen. Einerseits ist in den medizinischen Utopien der Fortschritt in der Medizin vorgedacht: Forschern und Ärzten gelingt es, Krankheit und Tod »in den Griff zu kriegen«. Andererseits sind diese Utopien mit teilweise unrealistischen Allmachtsfantasien über die Machbarkeit verknüpft. Krankheit und Tod gehören zum Leben und sind niemals und vollständig »in den Griff zu kriegen«. Der realistische Blick – so Bloch – gehört zu einer Utopie, die real werden kann und ernst zu nehmen ist.

Die Idealbilder vom »gesunden Menschen« sowie die von einem »gelingenden Rettungs- und Heilungsakt« sind – in der medizinischen Forschung wie in der Heilungspraxis – handlungsleitend. Ohne die in diesen Bildern liegende Hoffnung würde ein wichtiges Motiv für Forscher und Ärzte fehlen.

Immanuel Kants berühmter Satz, »Der bestirnte Himmel über mir und das moralische Gesetz in mir«, hat meines Erachtens mehrere Implikationen, die hier von Interesse sind: Da der Mensch Teil der Natur und des Kosmos ist, entspricht er auch deren Gesetzen. Da der Mensch zur Vernunft fähig ist, ist er auch fähig, diese Gesetze zu erkennen. Durch die Vernunft ist der Mensch in der Lage, auch zu erkennen, was ihn und andere schädigt. Diese Vernunft ist verknüpft mit einem Selbsterhaltungstrieb, der darauf abzielt, menschliches Leben zu schützen, sowie mit einer Selbstbewertung, die aufgrund der göttlichen Abstammung des Menschen den Menschen als »wertvoll« anerkennt – und ihn wiederum dazu berechtigt, zu heilen und geheilt zu werden.

Sigmund Freud hat die Irrationalität in der Rationalität analysiert. Die Irrationalität liegt auch und paradoxerweise in der vermeintlichen, rational begründeten wissenschaftlichen Sicherheit, ausschließlich vernünftig zu handeln. Es ist unvermeidbar, so Freud, dass in ein rational bestimmtes Handeln immer irrationale, das heißt nicht bewusst reflektierte, wahrgenommene Gefühlsimpulse hineinwirken. Ganz einfach deshalb, weil jeder Mensch, auch ein Forscher, ein komplexes Subjekt ist. Ein menschliches Subjekt handelt nun keineswegs nur »rational«, das heißt vernunftgeleitet. Es hat Gefühle, Triebe, Launen, die durchaus »unvernünftig« sein können und sind. Unvernünftig, weil sie zum Beispiel nicht den Zielen dienen, die als vernünftig angesehen werden.[82]

Ehrgeiz, Machtwille, Durchsetzungsvermögen, Neugier sind mit Gefühlen und Handlungen verbunden, die zu jedem Forschungsprozess gehören. Ob die von Ehrgeiz, Machtwillen, Durchsetzungsvermögen und Neugier geleiteten Handlungen sich nun »vernünftig«

oder »unvernünftig« auswirken, zeigt sich oft erst im Nachhinein. So kann es passieren, wie Freud beschreibt, dass unter dem Aspekt des rein rationalen Handelns irrationale und unbewusste Prozesse ablaufen, die unerkannt bleiben und wirken und deshalb auch mit unbewussten Ab- und Entwertungen verbunden sind.

Die Wissenschaftsgeschichte gibt beredte Beispiele dafür.

Nachdem ich diese Überlegungen vorgetragen hatte, war die Empörung groß – vonseiten der Genforscher, nicht etwa vonseiten des Publikums, das sich positiv und interessiert auf meine Ausführungen einließ. Die Perspektive, die ich einnahm, wurde von einem der anwesenden Genforscher als »abstrus« bezeichnet. Er argumentierte aber nicht wissenschaftlich, sondern emotional und persönlich. Ohne mich angegriffen zu fühlen, fragte ich den Genforscher im Anschluss der Veranstaltung, warum er denn so heftig und so wenig rational reagiert hätte? Es kam die Antwort: »Sie wollen wohl die Genforscher auf die Couch legen.«

Der »Vorwurf« traf etwas Richtiges, betraf aber gleichzeitig etwas, was gar nicht in meinem Sinn lag. Ich finde es wichtig, die blinden Flecken ausfindig zu machen, in der eigenen Sichtweise, in Bezug auf alles, was Menschen in Politik, Gesellschaft und Wissenschaft tun. Die blinden Flecken sind natürlich unvermeidbar; bleiben sie jedoch unerkannt, hindern sie daran, Probleme zu lösen. Meine Absicht war es nicht, mich mit den rein persönlichen Motiven der Genforscher zu befassen. Vielmehr wollte ich, auch aufgrund meiner Informationen von Prof. Dr. F., wissen: Wie wird der Mensch in der Genforschung nach welchen Werten bewertet? Diese Frage betrifft nicht etwas Abstraktes, sondern eine Haltung und ein Handeln. Beides wirkt sich auf das ärztliche und forschende Verhalten und Entscheiden aus.

Was tun wir, wenn wir nicht wissen, was wir tun? Was können wir denken und wissen, ohne uns dessen bewusst zu sein? Ein schönes Paradoxon. Es betrifft uns alle. Oder wie eine außerordentlich lebenskluge Freundin von mir es neulich auf den Punkt brachte: Gescheitheit heißt noch lange nicht Bewusstheit.

Das war auch die Frage, die den Naturwissenschaftler und Erfinder der Psychoanalyse, Sigmund Freud, bewegte.

Von der Beantwortung der oben gestellten Frage ist meiner Meinung nach abhängig, wie Menschen mit »Menschen« umgehen – nicht nur privat, sondern in ihren Berufen, sprich hier: in ihrer Forschung. Das Ausblenden des Menschen in seiner gesamten Bedingtheit findet in allen Bereichen unserer Gesellschaft statt – wie man sieht, auch in der Wissenschaft.

Resümee und Anregungen

Heute verfügt die Wissenschaft über eine Vielzahl von Möglichkeiten, die *Vervollkommnung* des Menschen anzustreben und schwere Krankheiten zu heilen.

In der Genforschung geht es um die wissenschaftlich erforschten Möglichkeiten, mit dem Erbgut des Menschen umzugehen.

Im Interessensfeld dieser Forschung steht nicht das »unsichtbare« Unbewusste der Seele im Mittelpunkt, sondern das – für den normalen Menschen – »unsichtbare« Erbgut.

Sowohl die Erforschung des Unbewussten wie auch die Erforschung der Gene sind mit der Absicht verbunden, den Menschen zu verstehen – und zu seiner Gesunderhaltung beizutragen.

Doch damit sind auch bisher ungelöste Probleme verbunden.

Mit den wachsenden Möglichkeiten, über Leben und Tod zu entscheiden, wächst auch die Entscheidungsnot. Was gilt als lebenswert beziehungsweise todeswürdig?

Ist Krankheit ausschließlich als Makel zu betrachten? Können wir Krankheit nicht auch als Chance sehen, als eine Herausforderung, etwas über uns zu begreifen? Etwas zu lernen über den Zusammenhang von Körper, Seele und Geist?

Viele Fragen bleiben unbeantwortet und spiegeln einen modernen Konflikt. Das ist der Preis der Freiheit und ergibt sich aus der Tatsache, dass sich bei Weitem nicht mehr wie früher der Staat oder gar die

Kirche in die Wissenschaft – ideologisch oder theologisch begründet – einmischen. Ob man diese Freiheit begrüßt und darin Chancen für neue Entwicklungen sieht oder diese Freiheit als Problem an sich einschätzt, ist zu diesem Zeitpunkt nicht nur ein ethisches Problem, sondern wirft neue Fragen der wissenschaftlichen Selbstbestimmung auf. Was machen Menschen mit sich und ihrer Erbsubstanz hier und heute? Und welche Folgen hat dies für alle?

Auf welche ethischen Referenzrahmen beziehen sich Genforscher? Auf das Gesetz? Auf welche wie begründete Ethik? Auf Gott? Die Wissenschaft war von Beginn an im Widerstreit mit der Kirche und den von ihr verlangten Eingrenzungen. Doch Ethik im besten Sinne sollte nicht eingrenzen, sondern eine Basis dafür schaffen, verantwortlich zu handeln. Allerdings ist Ethik – als ein Aspekt der Philosophie – sehr abstrakt und impliziert nicht die inneren und äußeren Widersprüche, die einen Menschen daran hindern, sich entsprechend den ethischen Forderungen zu verhalten. Dazu gesellt sich die Frage, in wessen Interesse und in welchem Namen welche Art von Ethik gefordert wird. Eventuell doch im Namen Gottes? Oder spielt Gott keine Rolle mehr? Sind Ärzte und Forscher deshalb pragmatisch orientiert und mit ihren Gewissensfragen allein?

13 Schauplatz Gott und Religiosität – Selbsterhöhung oder Selbsterniedrigung?

Sonntagmorgen. Stille über der Stadt. Langsam beginnen die Kirchenglocken zu läuten. Das klingt so vertraut. Die Gläubigen versammeln sich, beten, singen und hören die Predigt. Gottesdienste sind ein Gegenprogramm des Alltags.

Obgleich ich der Kirche als Institution seit jeher skeptisch gegenüberstehe, kommen jedes Mal diese Gefühle auf, wenn ich die Sonntagsglocken läuten höre. Sie erinnern mich auch an meine Konfirmandenzeit, wo ich eher aus Protest als aus Frömmigkeit in den Gottesdienst gegangen bin, um die Predigt des Pfarrers »auseinanderzunehmen«. Neugier auf die mögliche Existenz einer »höheren Instanz« vereinte sich bei mir mit einer scharfen Kritik an der Kirche. Sie hatte ja nicht nur großes Heil, sondern mindestens so viel Unheil im Namen Gottes verursacht.

In fast allen Epochen der Menschheitsgeschichte glaubten Menschen an Götter oder einen Gott und hatten Wissen über die »höheren Welten«. Sicher reicht diese unübersehbare Tatsache nicht aus, um einen Atheisten zu überzeugen, dass an der Annahme, es gibt Gott, vielleicht doch mehr dran ist als gedacht. Denn können sich so viele Menschen über Jahrtausende und über alle Grenzen hinweg irren?

So hat es streng genommen wenig Sinn, sich über die Existenz Gottes zu streiten. Ob es ihn gibt oder nicht, ob er nur als Projektion menschlicher Wünsche gesehen wird, spielt für die Wirkung, die der Glaube an ihn hat, keine Rolle.

Gott oder kein Gott?

Das Selbstwertgefühl im Verhältnis zu Gott

Was bedeutet es für das Selbstwertgefühl eines Menschen, an Gott, an eine höhere Macht zu glauben – oder eben nicht zu glauben? Dies hängt vom verinnerlichten Gottesbild ab. Ist Gott der strafende Vater, der zürnende Richter oder eine höhere Macht, die Gnade spendet? Tröstet und segnet Gott und hilft über Krisen hinweg? Ist Gott eine Instanz, die dem Menschen gegenübersteht? Oder ist das Göttliche ein Aspekt des menschlichen Seins? Welchen Wert misst sich ein Mensch bei, der von sich mit gutem Gewissen sagen kann: »Ich habe das Göttliche erfahren!«?

Von diesen biblischen oder anders definierten Gottesvorstellungen hängt es ab, wie ein Mensch sich in Beziehung zu Gott fühlt: klein oder groß, schwach oder stark, erniedrigt oder erhöht. Das sind nun keine sich ausschließende Gefühle, sondern ebenso gleichzeitig wirkende.

Und natürlich ist die Frage interessant, wie Atheisten, Menschen, die die Existenz Gottes ablehnen und/oder Gott als Projektion oder menschliches Wunschgebilde ansehen, sich fühlen. Stehen sie vor einem Nichts? Welchen Referenzrahmen haben sie für ihr Gewissen? Auch hier variieren die Wirkungen. Ein Atheist kann sich selbst mächtig fühlen, denn es ist ja niemand da, vor dem er sich rechtfertigen müsste. An Gott nicht glauben zu können, kann jemanden verzweifeln lassen. »Wer bin ich nur, dass ich keinen Zugang zu Gott finde?«

Gott wird geleugnet, infrage gestellt, angebetet, angefleht, bewundert, verehrt, verflucht – lauter Aspekte von Bewertungen, mit Auswirkungen auf das Selbstwertgefühl. In der modernen westlichen Gesellschaft spielen Gott und die Kirche längst nicht mehr die Rolle wie einst. Aus diesem Grund könnte ich auf dieses Kapitel eigentlich verzichten. Es ist jedoch unter zwei Aspekten von großem Interesse.

Zum einen: Das Christentum mit seinen Maximen wirkt bis heute in den Herzen und Köpfen nach. Von Generation zu Generation wurden christliche Menschenbilder, wie etwa der arme Sünder, der barmherzige Helfer, die heilige Maria, die schuldhafte Eva weitergegeben. Die christlichen Kernsätze sind: »Du hast dich schuldig gemacht!« »Du musst dein letztes Hemd teilen.« »Du musst rein bleiben.« »Du darfst dich nicht in Versuchung führen lassen.« Diese Orientierungen, die über Jahrhunderte in den christlichen Familien vermittelt und verinnerlicht wurden, verschwinden ja nicht einfach von heute auf morgen. So muss man kein Christ sein, um nicht mit diesen verinnerlichten Zuschreibungen zu kämpfen zu haben.

Zum anderen: Immer mehr Männer und Frauen suchen heute nach dem Göttlichen. Das zeigt sich in einem weltweit zunehmenden Interesse an Spiritualität. Christliche Traditionen werden mit spirituellen Wegen aus anderen Kulturen vermischt. Man rekurriert auf den Schamanismus, den Buddhismus, Hinduismus, auf indigene Spiritualität, auf ost-asiatische und die mystischen Lehren des Islam. Spirituelle Schulen, die initiiert wurden von Gurus und Meisterinnen und Meistern, sind in fast jedem Land der Welt zu finden. Zu ihnen strömen die Menschen über die nationalen Grenzen hinaus und versammeln sich. Das ist ein Phänomen, das von der Öffentlichkeit nicht wahrgenommen, belächelt oder gar zynisch abgehandelt wird.

Ich sehe es als ein Symptom. Weit mehr als angenommen machen sich Männer wie Frauen auf einen spirituellen Weg, um Krisen konstruktiv zu überstehen, um sich weiterzuentwickeln, mit Stress, Beziehungsproblemen und Krankheiten besser umgehen zu können – und vor allem: um sich zu orientieren.

Die Selbstaufwertung und die Selbstabwertung durch Gott

Durch die Beziehung zu Gott, zu Göttern oder »etwas Höherem« haben Menschen sich seit jeher durch die Teilhabe am Göttlichen »aufgewertet«. Sich als ein Kind Gottes zu verstehen, wirkt weit beruhigender, als sich vor Gott oder den Göttern zu fürchten.

Doch mit dieser Aufwertung, die der mangelhafte Mensch durch die Gotteskindschaft erfährt, sind zwei gegensätzliche Bewertungsaspekte verknüpft: die Selbstermächtigung wie die Selbstentmächtigung. »Ich bin mehr als nur ein schwacher Mensch, weil ich ein Kind Gottes bin.« »Ich bin weit weniger als Gott, der hoch über mir steht.«

In der Selbstaufwertung als *Selbstermächtigung* wiederum findet Widersprüchliches statt: einerseits die Gleichheit aller Menschen vor Gott, andererseits die Ausübung von Macht im Namen Gottes.

Die Gleichheit nivelliert alle Standesunterschiede und jedes Machtgefälle. Man könnte sagen, die Gotteskindschaft für alle ist hochdemokratisch. Das war zu Beginn des Christentums revolutionär. Diese »Aufwertung des Menschen«, unabhängig von Alter, Geschlecht und Stand, hat eine wesentliche Rolle bei der Verbreitung des Christentums gespielt.

Die Ausübung von Macht im Namen Gottes hingegen findet statt, wenn Menschen sich als Stellvertreter von Gott, dem Höheren, definieren. Für die Selbstermächtigung liefert die Geschichte des Christentums zahllose Beispiele. Päpste und Herrscher haben im Namen Gottes die Macht ergriffen und über Menschenleben verfügt. Der Kulturhistoriker Will Durant bietet in seinem über dreißig Bände umfassenden Werk *Kulturgeschichte der Menschheit* ein Panoptikum dieser Herrschaft im Namen Gottes.[83] Durant schildert, wie Päpste und Herrscher in den letzten tausend Jahren in Europa Macht ausübten und im Namen Gottes die Welt veränderten. Mit den Machtbefugnissen der Kirche geschahen die Kreuzzüge, die Inquisition, die Hexenverbrennung, die Religionskriege, die Eroberung und Vernichtung anderer Kulturen. In diesen hochpolitischen und geschichtsprägenden Aktivitäten wurden Menschen anderer Glaubensrichtungen und Kulturen, Häretiker, Frauen, Freigeister und Vordenker nicht nur entwertet, sondern getötet, gehängt, verbrannt, gefoltert und gequält. Diese Selbstermächtigung im Namen des Christentums war allerdings fast ausschließlich den Männern vorbehalten.

Nicht zu vergessen ist, dass das kapitalistische System auf diese »christlichen Tugenden« aufbaute. Nicht nur Max Weber, sondern auch andere Wissenschaftler haben den Erfolg des Kapitalismus auf den Puritanismus und Calvinismus zurückgeführt. Das wirtschaftliche

Handeln im Namen Gottes garantierte wirtschaftlichen Erfolg. So wurde im Namen Gottes mit Fleiß und Gottesfurcht Gewinn gemacht.

Mit der Selbstentwertung, der *Selbstentmächtigung* können ebenfalls zwei widersprüchliche seelische Bewegungen verknüpft sein. Einerseits wird damit eingestanden, dass der Mensch unvollkommen und begrenzt ist, im Gegensatz zu Gott. Andererseits kann genau dieses Eingeständnis zu einer Souveränität führen. »Ich bin zwar begrenzt, aber Gott ist immer für mich da.« Davon erzählen die Männer und Frauen, die Krisen durch Gottvertrauen durchstehen. »Ich bin zwar schwach und hilflos, aber Gott ist immer bei mir.«

Der *Diener Gottes* ordnet sich unter. Der *Sünder* und *Büßer* lebt in Schuld, in Anbetracht der Erbsünde. Der *schamhafte Mensch* verleugnet seine Körperlichkeit als Ort der Sünde und Verführung, wie Adam und Eva, als sie aus dem Paradies verstoßen wurden. Der *gewissenhafte Christ* hat sich vor Gott und dem Priester zu rechtfertigen. Der Mensch ist in diesen Bewertungsstrukturen »unten«, und Gott ist »oben«.

Mit diesen Selbstabwertungen sind nicht nur Werte verknüpft, sondern auch Gefühle wie Schuld und Scham, Gewissensbisse, Selbstzweifel. Andererseits gibt der Glaube an Gott den Menschen Trost, Halt. Doch im Christentum ist es nicht der Mensch selbst, der sich Gnade und Vergebung erteilt. Es ist Gott respektive seine selbst ernannten Stellvertreter, die Priester und Pfarrer. Diese Gemengelage an Gefühlen beeinflusst naturgemäß das Selbstwertgefühl: Was bin ich wert, wenn ich Schuld auf mich lade? Wenn ich mich wegen meines Körpers, meiner Wünsche und Gedanken schämen muss? Wenn ich etwas tue, was mit meinem Gewissen nicht vereinbar ist? Was soll ich tun, wenn ich aus den verschiedensten Gründen nicht wirklich Vergebung und Gnade erfahre? Das sind die Fragen, die der dänische Philosoph Søren Kierkegaard zeit seines Lebens mit sich herumgetragen hat.

Ermöglicht der spirituelle Weg einen Ausweg aus diesem Ab- und Aufwertungsdilemma?

Der spirituelle Weg als Alternative

Führt der spirituelle, moderne Weg aus der christlichen Kirche hinaus oder eventuell wieder in sie hinein?

Die häufigsten Austritte aus der evangelischen wie der katholischen Kirche sind 1992 verzeichnet worden. Danach nahmen die Austritte bis 2011 ab, nur die Austritte aus der katholischen Kirche nahmen 2011 leicht wieder zu.[84]

In Deutschland interessieren sich mehr als siebzig Prozent der Frauen und mehr als fünfzig Prozent der Männer für spirituelle Themen und Fragen, praktizieren »Spiritualität« und glauben an ein »höheres Wesen«.[85] Spiritualität ist dabei ein Begriff, der einerseits oft mit Esoterik in Verbindung gebracht wird und andererseits eine Vielzahl von Schulungen und Praktiken aus anderen Kulturen wie neu entwickelte Formen umfasst. Verschiedene Autoren haben sich mit Begriffsdefinitionen und Untersuchungen zum Thema »Spiritualität« befasst, zum Beispiel Arndt Büssing. »Mit dem Begriff Spiritualität wird eine nach Sinn und Bedeutung suchende Lebenseinstellung bezeichnet, bei der sich die Suchenden ihres ›göttlichen‹ Ursprungs bewusst sind (wobei sowohl ein transzendentes als auch ein immanentes göttliches Sein gemeint sein kann, zum Beispiel Gott, Allah, JHWH, Tao, Brahman, Prajna, All-Eines u. a.), eine Verbundenheit mit anderen, mit der Natur, mit dem Göttlichen spüren. Aus diesem Bewusstsein heraus bemüht er/sie sich um die konkrete Verwirklichung der Lehren, Erfahrungen oder Einsichten im Sinne einer individuell gelebten Spiritualität, die durchaus auch nichtkonfessionell sein kann. Dies hat unmittelbare Auswirkungen auf die Lebensführung und die ethischen Vorstellungen.«[86] Andere Autoren, wie A. Bucher[87] und R. Sponsel[88], führen den Begriff in Beziehung zu verschiedenen Religionen und Traditionen aus und differenzieren ihn – zum Beispiel: Spiritualität und Buddhismus, Taoismus, Schamanismus, Hinduismus. Spiritualität ist bestimmt durch einen weltanschaulichen Kontext, gibt Orientierung im alltäglichen Leben. Sie ist bezogen auf eine nicht sichtbare geistige Realität, die durch Übung und Schulung erfahrbar werden kann. Büssing hat mittels Fragebogen sieben Ausdrucksformen von Spiritualität herauskristallisiert: »1. Gebet, Gottvertrauen und Geborgenheit; 2. Erkenntnis, Weisheit und Einsicht; 3. Transzendenz-Überzeugung; 4. Mitgefühl, Großzügigkeit und Toleranz; 5. Bewusster Umgang mit anderen, sich selbst und der Umwelt; 6. Ehrfurcht und Dankbarkeit; 7. Gleichmut und Meditation.«[89]

Das sind Ausdrucksformen, die ich auch hier unter dem Begriff »Spiritualität« verwenden werde. Der Begriff »Esoterik«, heute oft abwertend mit »Spinnerei« abgetan, heißt in der langen philosophischen Tradition nicht mehr und nicht weniger als »das innere Wissen«. Dieses Wissen wird – in dieser ursprünglichen Definition – gleichgesetzt mit Mystik, mit einem höheren Wissen, mit spirituellen und okkulten Lehren. Dieses esoterische Wissen ist nicht jedem zugänglich, im Gegensatz zu dem exoterischen, öffentlich gemachten Wissen. Die beiden Begriffe Spiritualität und Esoterik werden oft synonym verwendet, und die unterschiedlichen Bedeutungen werden verwischt. Da der Begriff »Spiritualität« umfassender ist, werde ich ihn hier verwenden.

Die Praktiken und der Markt – Der spirituelle Weg zum »Höheren«

Das Praktizieren in einem spirituellen Kontext erstreckt sich auf Meditationstechniken aus verschiedenen Kulturen. Dazu zählen etwa Yoga, Sufismus, Schamanismus, Transzendentale Mediationen, Vipassana-Meditationen. Dazu kommen Rituale, die ebenfalls aus verschiedenen – oft außereuropäischen – spirituellen Traditionen stammen, sowie Schulungswege in spirituellen Gemeinschaften und Kurse in Geistigem Heilen.

Der Markt, man nennt ihn interessanterweise Esoterikmarkt und nicht Spiritualitätsmarkt, boomt. Auf großen Esoterikmessen werden Bücher, Schriften, Schulungs- und Heilungswege, Ritualgegenstände und dergleichen präsentiert und angeboten. Spirituelle Ratgeberbücher, neuerdings verknüpft mit Aspekten aus der Quantenphysik und den Neurowissenschaften, erreichen hohe Verkaufszahlen.

In unübersehbarer Menge werden in Deutschland, Österreich, der Schweiz und anderen europäischen Ländern wie auch in den USA spirituelle Schulungen und Kurse durchgeführt. Zurückgegriffen wird auf spirituelle Praktiken anderer Kulturen, zum Beispiel aus Indien, China, Japan, der Türkei und den arabischen Ländern, aus Amerika auf die indianische Kultur und aus dem Judentum zum Beispiel auf die Kabbala. Diese Praktiken, wie sie der Tantrismus und Taoismus, Hinduismus und Buddhismus, Schamanismus und Sufismus, die Lehren der Kabbala aus den überlieferten Traditionen bieten, werden in der westlichen, christlich geprägten Welt aufgegriffen, adaptiert und praktiziert. Gurus, spirituelle Lehrer und Lehrerinnen werden aufgesucht, um Transzendenzerfahrungen zu machen und sich selbst zu entwickeln. Heiler und Heilerinnen sind gefragt, mit neuen Heilmethoden die Kranken zu behandeln, welche die Hoffnung auf die Schulmedizin aufgegeben haben. Wahrsager, Kartenlegerinnen und Astrologen werden gefragt, was die Zukunft bringt und was in der »Luft liegt«. Man meditiert, geht zu Geistheilern, besucht Tantrakurse, nimmt teil an schamanischen Zeremonien, dreht sich, wie die Derwische im Sufismus, übt sich in holotropem Atmen, steigert die Heilenergie durch geistiges Heilen, aktiviert die Chakren, singt und spricht Mantren, nimmt an Retreats teil, an buddhistischen Sessions. Und noch viel mehr. Nachlesen kann man diese zahllosen Angebote in Anzeigen einschlägiger Zeitschriften. Es gibt regelmäßig erscheinende – auch kostenlose – Schriften[90], die über die spirituellen/esoterischen Angebote informieren. Sie liegen in einschlägigen Buchgeschäften oder in Praxen aus und sind jedermann zugänglich.

Wer kauft und liest diese Publikationen? Wer nimmt an spirituellen Schulungswegen teil und warum? Wie wirken die spirituellen Erfahrungen auf die Wahrnehmung des eigenen Selbstwerts? Es liegt nahe, Männer und Frauen, die solche Wege gehen, zu befragen. Das Ziel ist herauszufinden, welchen Einfluss die spirituelle Praxis auf das Selbstwertgefühl und eine eigene Werteorientierung im Beruf und Privatleben hat.

Aufwertung und Werte durch Spiritualität? Eine Studie

In einer Studie haben wir Männer und Frauen in verantwortlichen Positionen dazu befragt, warum und wie sie sich auf einen spirituellen Weg begeben haben.[91]

Bestimmte Voraussetzungen sind nötig, damit eine solche Befragung sinnvolle Ergebnisse bringt. Dies ist in diesem Fall aus mehreren Gründen besonders wichtig. Der Markt für spirituelle Schulungswege ist unübersichtlich. Viele zweifelhafte Angebote werden gemacht, mit unrealistischen Heilsversprechen. Für viele spirituell Suchende ist diese unüberschaubare Fülle ein Problem, ganz einfach deshalb, weil es keine allgemein anerkannten Kriterien dafür gibt, welche Lehren und Heilungsmethoden fundiert sind und verantwortlich vermittelt werden und welche nicht. Aus diesem Grund haben wir Kriterien formuliert, welche die Auswahl der Lehrer/innen und der spirituell Praktizierenden begründen und definieren.

Die Kriterien: Es wurden nur solche spirituellen Lehrer und Gemeinschaften in Betracht gezogen, die definitiv nicht unter Sektenverdacht stehen. Ausgeschlossen war, dass wir uns zum Beispiel mit Scientologen befassten. Bevorzugt waren Lehrerinnen und Lehrer, die sich auf allgemein anerkannte spirituelle Traditionen berufen wie Buddhismus, Hinduismus, Schamanismus, Tantrismus und Taoismus, Sufismus, Geistiges Heilen, die Kabbala oder die Huna-Lehre aus Hawaii. Jeder dieser Lehrer hatte eine Ausbildung und langjährige spirituelle Praxiserfahrung.

Die Überprüfung: Um auszuschließen, dass es sich um eine Sekte handelt, haben wir bestimmte Tatsachen abgefragt respektive im Vorfeld überprüft[92]: Werden auch Menschen in die Schulung einbezogen, die wenig oder kein Geld haben? Lässt der Lehrer/die Lehrerin einen offenen und kritischen Diskurs zu? Stellen die Leiter Regeln auf, die erklärt und begründet werden? Werden die Probanden verantwortungsvoll begleitet, wenn sie in Krisen kommen? Findet definitiv keine Gehirnwäsche statt, sondern ein liebevoll begleiteter Transformationsprozess?

Nachdem wir festgestellt hatten, dass diese Fragen positiv beantworten werden konnten, konnten wir einigermaßen sicher davon ausgehen, dass wir nur solche Interviewpartner befragen würden, die weder eine Gehirnwäsche erlebt haben noch finanziell ausgenommen und/oder manipuliert wurden, Formen der Entwertung.

Verarbeiten und nicht konsumieren. Nur solche Interviewpartner wurden ausgewählt, die ihre spirituellen Erfahrungen so weit wie möglich bewusst verarbeitet haben. Die spirituellen Lehrer spielen hierbei eine wesentliche Rolle. Sie wissen, dass jemand auf diesem Weg etwas *erfahren und erkennen* muss, wenn ein Wachstumsprozess stattfinden soll. Beides zusammen ist jedoch nur dann möglich, wenn stabile emotionale Beziehungen und Vertrauen vorhanden sind. Gute spirituelle Lehrer empfehlen zudem jedem, der einen spirituellen Weg gehen will, eine vorangehende Psychotherapie, damit die individuellen Probleme nicht durch die spirituelle Praxis kompensiert und verdeckt werden.[93] Es kommt durchaus vor, dass spirituell Interessierte, die ein Selbstwertproblem lösen wollen, statt bei einem guten Therapeuten bei einem Guru landen und damit die Ebene verwechseln. Ein therapeutischer Heilungsprozess ist etwas anderes als ein spiritueller Erfahrungsprozess.

Auf »Spiri-Hopper«, die von einem zum anderen Workshop zu verschiedenen Gurus eilen, haben wir aus diesem Grund verzichtet. Denn in diesem Fall werden die Erlebnisse oft nur »konsumiert«. Sie verschaffen für Momente zwar Hochgefühle, aber die Wirkung verpufft. Persönlichkeitsentwicklung findet eben nicht an einem einzigen Wochenende statt.

Wichtige Voraussetzungen für authentische Aussagen: Nur durch eine vertrauensvolle Beziehung zwischen uns, den Interviewern und den Interviewten war es möglich, über diese sehr persönlichen Themen zu sprechen. Für die Vertrauensbildung war es entscheidend, den Interviewpartnern zu zeigen, dass wir, dic Interviewer, über die spirituellen Schulungswege gut informiert waren. Über das gemeinsame Wissen wurde eine gemeinsame Verständigungs- und Vertrauensebene geschaffen. Außerdem waren wir, die Interviewleiter, nicht nur im

Kontakt mit spirituellen Lehrerinnen und Lehrern, sondern nahmen auch an Schulungen teil, um die Interviewten besser verstehen zu können und den Hintergrund ihrer Lernprozesse nachzuvollziehen.

Das Vertrauen war auch deshalb wichtig, weil die Interviewpartner über sehr intime Vorgänge berichten würden. Denn im spirituellen Prozess tauchen Phasen der Desorientierung und Umorientierung auf, die am Selbstgefühl »kratzen«. »Wer bin ich denn noch, wenn ich durch den spirituellen Weg erlebe, dass meine Denkmuster sich auflösen und sich meine Vorstellungen von mir und der Welt radikal verändern?« Solche Erfahrungen erzählt man niemandem, zu dem man kein Vertrauen hat.

Die Auswahl der Interviewten: Sie kam ausschließlich über Empfehlung und persönliche Kontakte zustande. Alle Befragten waren und sind über mehrere Jahre in einem spirituellen Prozess, in einer Gemeinschaft und mit einem spirituellen Lehrer verankert. Jede/r der Interviewten ist in Führungspositionen. Auffallend ist, dass sie ziemlich selbstkritisch sind und ebenso auch einen kritischen Blick auf unser System haben. Einige von ihnen haben hohe Positionen aufgegeben, um sich nicht korrupten Machenschaften unterwerfen zu müssen. Die Unternehmensinhaber gehen weit selbstbewusster und offener mit ihrer spirituellen Orientierung um als die Manager, die angestellt sind. Diese sind auf der Hut und reden in ihrer Firma nicht über ihre spirituellen Wege. Sie wollen nicht als »Spinner« abgewertet werden.

Die generellen Ausgangsfragen: Welche Werte vertritt eine spirituell orientierte Persönlichkeit? Wie erlebt sie sich in ihrem Selbstwertgefühl?

Das Vorgehen: Die Interviews wurden als qualitative Tiefeninterviews über zwei Stunden anhand von Leitfragen durchgeführt. Dadurch entstand die Möglichkeit nachzufragen, Vertrauen aufzubauen und nicht wie bei Fragebogenuntersuchungen mit vorgegebenen Multiple-Choice-Antworten nur an der Oberfläche zu bleiben.

Der spirituelle Weg zum Selbstwert und den Werten – Persönliche Berichte

Die Befragung steht hier nicht insgesamt, sondern nur unter drei Aspekten zur Diskussion: 1. Welche Gottesvorstellungen und -erfahrungen haben die Interviewpartner? 2. Welches Selbstwertgefühl entwickelt sich durch den spirituellen Weg? 3. Welche Werte resultieren aus den spirituellen Erfahrungen für den Beruf und das Privatleben?

Ich fasse in eigenen Worten zusammen, was die Interviewpartner zu bestimmten Fragen gesagt haben.[94]

1. Welche Gottesvorstellungen und -erfahrungen haben die Interviewpartner?

Herr Z., ein Unternehmer, der ein mittelständisches Unternehmen im Schwarzwald führt, berichtet: »Eigentlich habe ich nie eine wirkliche Vorstellung von Gott gehabt. Mir war schon als junger Mensch klar, dass Gott keine Person sein kann. Aber ich habe mich in der Kirchengemeinde in meinem Dorf wohlgefühlt. Diese Erfahrung hat mich wahrscheinlich auch später dazu bewogen, mich einer spirituellen Gemeinschaft anzuschließen.«

Herr W., ein Manager in einem großen Unternehmen, beschäftigt die Frage nach Gott von früher Kindheit an. Wie er erklärte, spielte der Glaube in seiner Familie keine große Rolle. Fast philosophisch nähert er sich dem Thema: »Warum bin ich auf der Welt? Was ist meine Aufgabe? Das sind Fragen, die mich schon lange beschäftigen. Mir ist es überhaupt nicht wichtig, wie sich die Religionen voneinander abgrenzen. Es geht um Menschheitsfragen und nicht um eine enge Sicht, wer Gott wie definiert. Mir wurde schon als junger Mensch bewusst, dass ich mein Leben verfehlen würde, wenn ich mir diese Fragen nicht stellen würde. Neben dieser zentralen Suche nach einer religiösen Anbindung war mir sehr wichtig, dass ich es nicht mit Ideologien, sondern mit Wahrheiten zu tun habe. Alles, was ich erlebe, sollte einen Bezug zu dieser Anbindung haben, alles, was ich erlebe und beobachte, wollte ich im Zusammenhang mit der spirituellen Welt sehen und begreifen. Das allgemein Menschliche in einer ›spirituellen Theorie‹, so würde ich es nennen, ist mir weit wichtiger als irgendein begrenzter Religionsbegriff. Durch diese Suche nach spirituellen Erfahrungen und Erkenntnissen ist mein Leben stark geprägt.«

Herr O., Chef eines mittelständischen Unternehmens, erzählt von ganz frühen, religiösen Erfahrungen: »Schon als Kind hatte ich das Gefühl, dass es einen offenen Kanal zum Himmel gibt und dass dort jemand ist, mit dem man reden kann. Es war nicht etwa so, dass ich ein Bild von Gott hatte. Ich nahm es sehr ernst, was ich aus der Bibel wusste. ›Du sollst dir kein Bildnis, noch irgendein Gleichnis machen.‹ Trotzdem war ich sicher, dass ich einen Ansprechpartner hatte, ohne zu wissen und auch wissen zu wollen, wie der aussieht. Das hat mir sehr geholfen, mich nicht allein zu fühlen. Vielleicht haben wir, die wir in der christlichen Tradition aufgewachsen sind, dies den asiatischen Religionen voraus, dass wir nicht in die Leere, in das Nichts schauen, sondern einen Dialog mit Gott führen können, ja überhaupt offen zu sein für das Göttliche.«

Dass es ihm nicht nur um das Nachdenken geht, sondern eine Schlüsselerfahrung einen Erkenntnisweg fortsetzt oder gar eröffnet, wird hier deutlich: »Die Frage: Wer bin ich eigentlich?, hat mich jahrelang gequält. Ich hatte das Gefühl, ich sitze fest, ich bekomme keine Antwort. Ich habe keinen Zugang. Mit Drogen und mit Alkohol habe ich versucht, dieses Gefühl von Begrenzung und Verschlossensein aufzubrechen. Aber es ging nicht, es war unmöglich. Auch in Beziehungen versuchte ich es, in Meditationen … Aber was ich erreichte, war irgendwie Stückwerk. Eines Tages aber, ich nahm an einer Selbsterfahrungsgruppe teil, an einem Ort ganz abseits, in der Nähe eines Bergs, zog ich mich zurück und ging auf den Berg, mit einem Buch, das ich mir aus der Bibliothek des Seminarzentrums ausgeliehen hatte. Es war ein Buch über den Hinduismus. Ich las die ersten Seiten und ging vollkommen in diesen Worten auf, die ich da las. Da lag die Welt zu meinen Füßen, und gleichzeitig ging etwas tief in mein Herz hinein. Diese Verbindung aus Einsamkeit, in der Natur sein, auf der Bergeshöhe sein und Worte zu lesen, die in mich eindrangen, all das erzeugte eine Öffnung in mir, einen Moment der Gesamtschau. Ein Gefühl, eine Wahrnehmung von Ganzheit, die mit Worten kaum zu beschreiben ist, weil es letztlich keine Worte dafür gibt. Es war unwirklich und gleichzeitig vollkommen da und spürbar. Ein Zugang zu einer Wirklichkeit, die mir vorher verschlossen war. Dieses Ganzheits- und Transzendenzerlebnis war folgenreich für mich. Ein Raum hatte sich für mich geöffnet. Es heißt ja in manchen spirituellen Schulen: ›Ich bin nichts.‹ Ich konnte mir bis dahin darunter gar nichts vorstellen, bis auf diesen Moment. Ich spürte eine totale Des-Identifikation, ein Auflösen aller Vorstellungen von mir selbst. Das kann einem niemand beibringen. Das ist eigentlich auch nicht vermittelbar. Es ist wie ein Sein an sich, das Erleben einer Essenz, jenseits aller Begriffe.«

Hier spielt das Wort »Gott« keine Rolle. In diesem hier beschriebenen Erlebnis ging es um die Öffnung in dem Betreffenden selbst, zu der Welt, die er suchte, ohne einen Namen für sie zu haben. Hier wird eindrucksvoll geschildert, dass die spontane und beglückende Erfahrung eines Einheitserlebnisses mit dem »Höheren« nicht einfach jederzeit wiederholbar ist.

2. *Welches Selbstwertgefühl entwickelt sich durch den spirituellen Weg?*

Herr B., ein Unternehmer aus Süddeutschland, berichtet, wie ihn seine Lebensangst motiviert hatte, sich auf einen spirituellen Weg zu begeben. »Den Krieg habe ich als kleines Kind erlebt. In einer einfachen Familie wuchs ich auf, auf dem Land. Meine Mutter war sehr ängstlich, und sicher hat sich dies auf mich übertragen. Sie hatte vor allem materielle Ängste, aber auch Lebensangst. Ich merkte schon in meiner Jugend, wie mich diese Angst immer wieder behindert hat. Aber sie hat mich auch initiiert, so merkwürdig das klingt. Durch Angst bin ich kreativ geworden. In Meditationen habe ich versucht, mich mit dem Angstthema zu befassen, die Angst aufzulösen. Ich begriff, dass der spirituelle Weg mit dem Versuch verbunden ist, mich zu verankern, mich zu orten. Und mich nicht einem Gefühl ausgeliefert zu sehen, das mich klein und begrenzt macht. Ich habe gemerkt, dass ich auf diesem Weg auch ohne Angst kreativ sein kann und mir weit mehr zutraue und riskiere. Es ist ein langer Weg, aber wenn ich merke, dass ich immer mehr in das eigene Selbstvertrauen hineinwachse, weiß ich, jeder Schritt und auch jeder Rückschritt lohnt sich und ist wichtig.«

Wie Angst nicht nur sehr früh erlebt, sondern auch durch eine christliche Gemeinschaft erzeugt wird, davon berichtet ein anderer Interviewpartner.

Herr F., ein Manager, der streng katholisch erzogen wurde, berichtet: »Das war ein sehr ambivalentes Erlebnis: Auf der einen Seite fühlte ich mich in der Gemeinde aufgehoben, war froh, dabei zu sein und auch irgendwie Liebe zu spüren; auf der anderen Seite stand immer Kontrolle und Zwang im Raum: ›Du musst immer beten! Gott sieht alles! Pass auf, was du tust!‹ Natürlich haben mir diese Warnungen Angst gemacht und mich eingeschüchtert. Andererseits hatte ich diese innere Gewissheit: Irgendetwas und irgendwer ist da, der mir hilft, der in der Not zu mir steht. Das war keine Einbildung, das habe ich konkret erlebt, als ich in Prüfungssituationen war und das Gefühl hatte, das schaffe ich nie. Und da kam die Gewissheit: ›Es‹ oder ›er‹ ist immer da, ich gehe nicht verloren, ich ertrinke nicht, weil ich gehalten werde oder einen Kanal zu Gott habe. Nicht ›er‹ oder ›es‹ setzt mir Schranken und kontrolliert mich, ich bin es vielmehr selbst. Als ich anfing, dies zu begreifen, hat sich mein Leben, ja mein Verhältnis zu mir selbst verändert.«

Es ist bezeichnend, dass auch andere Interviewpartner die Angst, etwa zu versagen, nicht gut genug zu sein, thematisierten und in Beziehung zu ihren spirituellen Erfahrungen und ihrem Selbstwert setzten.

Herr V., ein Topmanager, beschreibt: »Die Angst gehört zum Leben, zu unserem menschlichen Dasein. Schon in der Schöpfungsgeschichte ist davon die Rede. Das will nur niemand wirklich wahrhaben; die Angst wird zwar gespürt, aber verdrängt, weil sie so schwer auszuhalten ist. Als ich anfing, die Angst einfach anzunehmen und trotzdem das Vertrauen in mich und in das Höhere nicht zu verlieren, war ein großer Schritt für mich getan.«

Dieses Angst- und Schwächegefühl wird von den Geistlichen eher unterstützt als aufgehoben, wie er uns erklärte: »Der Priester hat uns mehr als einmal vermittelt, dass wir Menschen nichts sind, nicht mehr als Staub. Gott braucht uns nicht. Aber wir bräuchten Gott. Er hat aber vergessen zu sagen, dass wir in Gott einen Raum haben, eine himmlische Wohnung. Ich wollte aus dieser Hilflosigkeit ausbrechen, um zu erfahren, dass wir als Ganzes in einem großen Kosmos miteinander verbunden sind und die Trennung zwischen Gott und Mensch oder dem Göttlich-Großen und Menschlich-Kleinen ein künstliches Konstrukt ist.«

Herr S., ebenfalls Unternehmer, berichtet, wie er dieser Angst entkommen ist. Er stand vor einer beruflich entscheidenden Situation, die ihn belastete und ängstigte. Wie Mantren wirken können, hatte er auf seinem spirituellen Weg gelernt. »Was habe ich in dieser Lage getan? Ich habe mir Mantren gesucht, die meinem Anliegen entsprachen und mit denen ich meine Angst überwinden wollte. Viermal am Tag habe ich vier Wochen lang diese Mantren gesprochen, konsequent. Und dann kam plötzlich ein Anruf. Man bot mir eine hoch dotierte Position im Unternehmen an. Ich nahm an, weil ich sicher war, dass ich es schaffen und der Verantwortung gewachsen sein würde.«

Etwas Ähnliches geht aus einem anderen Bericht hervor.

Herr P., ein Unternehmer aus dem Mittelstand, erzählt: »In einer geführten Meditation, an der ich schon mehrfach teilgenommen hatte, geschah etwas, was mich überwältigte. Ich war versunken in die Vorstellung, dass Licht in mich einströmt. Ich sah es nicht nur, ich spürte es mit jeder Faser. Auf dem Höhepunkt – oder wie soll ich diesen Augenblick bezeichnen – wurde ich von einem Gefühl der Liebe überwältigt. Es strömte durch mich hindurch wie in einer Welle der Energie, die eine Blockade in mir auflöste. Mit dieser Liebe ging ein Empfinden von einem Aufgehobensein einher, das ich so vorher noch nie erlebt hatte. Dieses Erlebnis wirkt bis heute nach, und ich mache es mir immer wieder bewusst, wenn ich in Momente der Angst und Unsicherheit zurückfalle.«

Dieses Einüben in die Offenheit für den »göttlichen Funken«, die zur Stärkung des Vertrauens und Selbstvertrauens führt, ist offensichtlich ein wichtiger Schritt in einem spirituellen Erfahrungszusammenhang.

Frau H., in leitender Position, erklärt in diesem Kontext: »Ich weiß, dass es diese geistige Führung nicht nur gibt, sondern ich erlebe sie und vertraue auf sie. Das hat nichts mit einer Vorstellung von einem personifizierten Gott zu tun, sondern mit einer Verbindung von mir zu einer höheren Welt. Um diese Verbindung herzustellen, muss ich mich nicht bemühen, sie ist eigentlich immer da, wenn ich mir ihrer bewusst bin. So muss ich nichts – auch nicht in meiner beruflichen Position – erzwingen, sondern kann darauf vertrauen, dass das ›Richtige‹ geschieht. Eigentlich habe ich das schon immer geahnt, aber durch den spirituellen Weg habe ich mir dieses Vertrauen bewusst machen können.«

Nicht nur die Erfahrungen auf einem solchen Weg spielen für das Vertrauen in sich und andere eine große Rolle, sondern auch das Wissen. Die meisten der Interviewten haben sich mit dem Wissen aus den alten spirituellen Traditionen befasst und bereichern auch dadurch ihre Erfahrungen. Wie der hier bereits erwähnte Unternehmer Herr O. sagt: »Ich weiß, dass wir im Herzzentrum per se die unbedingte Liebe haben. Das Herzchakra, ein Energiezentrum im Körper, hat verschiedene Qualitäten, nicht nur positive. Wenn wir nun von einem Reinigungsprozess der Chakren sprechen, dann meinen wir nicht, dass wir hier etwas Negatives beseitigen müssen. Vielmehr geht es darum, das, was uns Schmerzen bereitet, auf einer höheren Ebene zu transformieren und nicht etwa auszulöschen. Mir wurde klar, wie durch die Chakrenarbeit das Beleben meiner Liebe zu mir selbst möglich wurde, das, was mir jahrelang so schwergefallen war. Und natürlich ist die Liebe zu mir selbst auch der Schlüssel zu der Liebe an sich und zu anderen. Ich hatte mich viele Jahre so sehr danach gesehnt, das zu erleben und nicht nur zu lesen und behauptet zu bekommen. Und ich habe mich über meine Geduld, die endlose Geduld gewundert, die es mir ermöglicht hat, durch so viele schmerzhafte Momente hindurch die Sehnsucht danach nicht aufzugeben.«

3. Welche Werte resultieren aus den spirituellen Erfahrungen für den Beruf und das Privatleben?

Eigene Werte in der Wirtschaftswelt? In den Firmen geht es alles andere als zimperlich zu. Und es wird mit harten Bandagen gekämpft. Das, was dort gefordert wird, steht im krassen Gegensatz zu der zunehmenden Sensibilität, die sich auf einem spirituellen Weg entwickeln kann. Oder kann man sagen, dass gerade auf diesem Weg das Ich gestärkt wird und ein zunehmendes Selbstbewusstsein evident wird?

Herr V. bekennt: »Es ist außerordentlich anstrengend, jeden Tag zu kämpfen. Alles und alle zerren an einem. Man schlägt sich wie auf einem Turnierplatz und kommt abends völlig erschöpft nach Hause. Zwischen der spirituellen Welt und der Geschäftswelt ist eine riesengroße Diskrepanz. In der einen Welt wächst die Empfindsamkeit, die Wachheit nimmt zu, die Liebe und das Selbstvertrauen. In der anderen Welt muss man sich herumschlagen, um durchzukommen, ohne auf sich und die anderen Rücksicht nehmen zu können. Aber der Weg, den ich gegangen bin, die Meditationen und vieles mehr, haben mir die Kraft gegeben, mich meinen Mitarbeitern gegenüber anders zu verhalten, verständnisvoller, strenger und auch liebevoller zu sein. Das hat weder mir noch den Mitarbeitern oder der Firma geschadet, ganz im Gegenteil. Ich habe, ohne dass ich je über meinen Weg gesprochen habe, viele positive Rückmeldungen bekommen.«

Herr L., ein Unternehmer, verdeutlicht dies: »Natürlich ist es so, dass sich jemand in einer Führungsposition einen Panzer anlegen muss, um nicht dauernd einzuknicken oder zu verzweifeln. Aber wenn ich mich der Herausforderung stelle, dies zu tun und gleichzeitig eben nicht zu verhärten, dann kann ich mich vergleichen mit einem Bildhauer, der ständig an einem Marmorblock herummeißelt, um die schönste und vollkommenste Form zu finden.«

Aus spirituellen Erfahrungen heraus können wichtige Entscheidungen getroffen werden. Wie *Herr K.* erzählt: »An einem Pfingsttag, es war ein unvergesslicher Moment für mich, legte ich für mich selbst ein Bekenntnis ab: Ich möchte mitwirken, dass dieser kranke Geist in der ökonomischen Welt transformiert wird. Dass wir neue und andere Wirtschaftsmodelle finden, durch die Menschen nicht kaputt gehen und sich gegenseitig kaputtmachen, sondern aus Freude arbeiten und Wohlstand für alle möglich wird. Natürlich war und bin ich mir über meine begrenzten Möglichkeiten bewusst, ich weiß, dass ich höchstens ein kleines Mosaiksteinchen dazu beitragen kann, aber immerhin das will ich tun. Dann habe ich auch nicht das Gefühl, diesem System ohnmächtig und gleichzeitig nur angepasst und funktionierend gegenüberzustehen und ihm nur so zu dienen.«

Dieser Unternehmer erzählt, wie er seine Erkenntnisse auch den Mitarbeitern vermittelt: Er stößt auf Erstaunen, bekommt aber viele positive Rückmeldungen. Er wirkt als Vorbild, indem er Werte, neue Ideen jenseits von der Profitnotwendigkeit thematisiert und neue Formen des Miteinanders im Unternehmen vorschlägt.

Werte – im Sinne von Moral und Ethik – werden aus einer spirituellen Erfahrung anders als in einem konventionellen Sinn gesehen. So wie es der hier bereits erwähnte *Herr P.* verdeutlicht: »Es hat keinen Sinn, Ethik und Moral und dergleichen mehr verschreiben, vorschreiben und verordnen zu wollen. Entweder eine ›Ethik‹ ist im Herzen, oder sie ist nirgendwo sonst. Ich würde sogar noch weiter gehen. Wir brauchen keine zehn Gebote, denn die Grundgesetze haben das viel besser und klarer geregelt. Aber diese Regelungen haben streng genommen und meiner Ansicht nach mit ›Ethik‹ wenig zu tun. Mit diesen Regeln organisiert und regelt man das menschliche Zusammenleben. Wenn ich aber tief in meinem Herzen verankert bin, brauche ich weder eine ›Ethik‹ noch Gesetze. Denn das Herz weiß, was richtig und falsch ist. Und wenn ich das spüre, desto unabhängiger bin ich von diesen Dingen.«

Dies klingt wie ein Aufruf, an die eigenen Herzensqualitäten zu glauben und sich daran zu orientieren.

Auf dem spirituellen Weg werden Menschen kritischer gegenüber den üblichen, heutigen Denkmustern. Auch denen gegenüber, die in Firmen und Unternehmen gängig sind. Das bedeutet, dass die herkömmlichen Vorstellungen, wie man in Unternehmen denken und handeln sollte, über Bord geworfen oder zumindest deutlich hinterfragt werden. *Herr H.* erklärt es so: »Wir bilden uns immer wieder ein, dass wir Konzepte brauchen. Und wenn wir sie dann haben, dann meinen wir, auf der sicheren Seite zu sein. Dann meint man, sich nicht mehr um die eigene Entwicklung, die Arbeit an sich selbst kümmern zu müssen. Das Konzept wird als eine Art Garant benutzt. Aber diese Denkweise führt nicht zu wirklichen Entwicklungen. Weder dazu, dass sich ein Mensch weiterentwickelt, noch ein System. So finden keine wirklichen Begegnungen und Prozesse statt, sondern es werden Konzepte ›abgearbeitet‹. In diesem Vorgang wird natürlich dann auch bewertet: Bist du für mein Konzept, dann gehörst du dazu, bist du dagegen, bleibst du am besten außen vor.«

Von diesen Bewertungen in der Arbeitswelt und den daraus entstehenden Problemen war im Kapitel über die Arbeit bereits die Rede. Das beschreibt *Herr V.* in Bezug auf seine eigenen Wertvorstellungen: »Mir ist bewusst, dass ich immer wieder auf mich zurückgeworfen bin. Wo ich auch nicht weiterkomme. Es ist gut, mir dies einzugestehen und nicht wie wild dieses Gefühl von Verunsicherung auszuagieren. Ich kann dieses Gefühl aushalten, weil ich auf eine innere Führung vertraue. Auf eine umfassende Liebe. Aufgrund meines spirituellen Wegs wie auch des unternehmerischen Wegs bin ich nicht mehr davon überzeugt, dass es in der Wirtschaft nur einen Weg zum Erfolg gibt, der von außen vorgegeben wird! Diesen Weg zum Erfolg muss man sich von Augenblick zu Augenblick suchen! Das bedeutet, sehr wach und aufmerksam zu sein, um mitzubekommen, wann der richtige Moment für die richtige Entscheidung gekommen ist.«

Hier ist von einer Selbstbesinnung und -bestimmung die Rede und auch von dem Mut, sich eben nicht an die üblichen Denkmuster im Berufsleben »anzulehnen«. Wenn eine Führungspersönlichkeit in diese Richtung denkt und arbeitet, ist die Chance, auch erfolgreich neue Wege zu gehen, relativ groß. Sie können, wie ein Interviewter berichtet, zum Vorbild für Mitarbeiter werden, kreativ arbeiten und Lösungen finden, die nicht in den zahlreichen Ratgeberbüchern für Manager stehen. Ihre Kraftquellen sind anderer Art, als nur den Ratschlägen aus der Wirtschaft zu folgen. So hat zum Beispiel ein Interviewpartner

Folgendes erlebt und berichtet: »Ich erlebe es immer wieder, dass Lösungen nicht in meinem Kopf entstehen, also mehr oder weniger ausgedacht sind. Es waren Einfälle, die mir plötzlich kamen. Vor allem in den Nächten haben solche Kräfte gewirkt. Das ist nicht einfach zu beschreiben. Ich habe nicht geschlafen, war einerseits in einem hellwachen Zustand und gleichzeitig auf einer anderen Ebene der Wahrnehmung. Deshalb war ich offen für das, was notwendig und naheliegend war, vermittelt von einer höheren Ebene als der meiner eigenen Vernunft. Es war das höhere Selbst, das mit entschieden hat.«

Ich-Ermächtigung und -Entmächtigung auf dem spirituellen Weg

Unter zwei Fragen werde ich zusammenfassen, wie in diesen beispielhaften Aussagen die Interviewten sich selbst bewerten und in Beziehung zu Gott oder einem »Höheren« setzen.[95]

Wie bewerten sie sich selbst im Verhältnis zu Gott oder einer transzendenten Welt?

Man kann sagen, dass alle Befragten sich ihrer selbst bewusster geworden sind und deshalb mehr Selbstvertrauen haben. Die christliche Erziehung wirkt nach, wird aber reflektiert. Die Betreffenden erleben sich durchaus auch als klein, ohnmächtig und hilflos. Sie sprechen zum einen von ihrer existenziellen Angst, aber auch von der Angst, die durch spirituelle Erfahrungen ausgelöst wurde. Zum anderen beschreiben sie, dass durch plötzlich eintretende blitzartige Erleuchtungen respektive Gotteserfahrungen in ihnen ein Vertrauen wachgerufen wird. Dieses Vertrauen entsteht durch die Erfahrung, dass es etwas Höheres gibt als »mich selbst«, was mich trägt und leitet.

Einige Begriffe tauchten immer wieder auf: Von »umfassender Liebe« ist die Rede. Das Wort wird verwendet, um besonders starke Einheitserlebnisse zu beschreiben, in dem die Beteiligten Lichterscheinungen mit überflutenden Gefühlen der Freude haben. Sie werden durchströmt von einer Energie, sie erleben ein »Sichauflösen« in ein neues Energiefeld. Diese Erfahrung kann man als ein »Evidenzerlebnis« deuten. Das Höhere wird evident.

Die Interviewten erwähnen immer wieder, dass sie an die Existenz des Höheren nicht »glauben«, sondern darum »wissen«. Gott ist nicht abstrakt, sondern das Göttliche wird *erfahren*. Es ist nicht einfach, darüber sind sich alle einig, diese Erlebnisse in Worte zu fassen. Davon war bereits die Rede. Eine Sprache für Transzendenzerlebnisse gibt es nicht. »Licht«, »Überflutung von positiven Glücksgefühlen«, »Erschütterung«, »Energiezuwachs« sind die Metaphern dafür. Die damit einhergehenden Gefühle sind ebenso glückhaft wie schmerzhaft. Doch in der Regel werden die Schmerzen als »Symptom für eine Umorganisation des eigenen inneren Feldes« definiert und gedeutet.[96] Mit dem Begriff »umorganisiert« ist gemeint, dass sich alte Glaubenssätze und -muster auflösen und an deren Stelle etwas anderes tritt: die Gewissheit, in einem sinnvollen kosmischen Kontext zu stehen und mit allem verbunden zu sein. Vorherrschend jedoch ist nicht das Gefühl von Schmerz, sondern das von überströmender Freude. Sie werden sich gewiss, dass in diesem »erlebten Einheitsfeld« die Gegensätze aufgehoben sind. Gleichzeitig wird erkannt, dass gut und böse zusammengehören.[97] Die Akzeptanz dieser Polarität wird als »erlösend« beschrieben. Das Böse wird dabei als ein Schatten des Ichs und des Lebens definiert. Diese Schatten werden bewusst wahrgenommen, akzeptiert und integriert und müssen nicht abgespalten und verdammt werden. Das bedeutet, dass diese Menschen die Polarität in sich akzeptieren und sich deshalb selbst anders bewerten. Sie fühlen sich nicht mehr beschämt und schuldig, wenn sie sich mit den Schattenseiten konfrontiert sehen, sondern sehen sich herausgefordert, diese Schatten zu erkennen und negative Einstellungen und Handlungen zu verändern. Verbunden zu sein mit dem Göttlichen bedeutet für einige der Interviewten, »angekommen« zu sein. Ein Mensch, der solche Erfahrungen einmal gemacht hat, ahnt und spürt, was *menschliche Würde* heißt. Die Würde wird erfahren durch die Teilhaftigkeit am Höheren.

Solche Erlebnisse geben, so die Interviewten, Kraft und Mut, sich den zunächst als »unzumutbar« empfundenen Anforderungen des

Wirtschaftslebens gewachsen zu fühlen und das Selbstvertrauen zu behalten. Zusammengefasst bedeutet das: »Da soll ich wohl etwas lernen, und das schaffe ich auch. Und daraus werde ich die Konsequenzen ziehen und mich für eine positive Entwicklung einsetzen, wo ich kann und wo ich bin.« Das heißt, dass die Widerstände im Alltag, die Krisen im Beruf oder in Beziehungen leichter verarbeitet und bewältigt werden. Sie werden als Aspekt des Lebens interpretiert. Krisen fordern auf diese Weise heraus, innerlich zu wachsen, und werden nicht als Ausdruck persönlichen Scheiterns interpretiert. Wer sich auf diese Weise selbst wahrnimmt, hat ein weitaus besseres Selbstwertgefühl und wird gelassener. Zwei scheinbar widersprüchliche Tendenzen – sich zu relativieren und des eigenen Wertes gewiss sein – spielen gleichermaßen eine Rolle: Einerseits eine positiv wirkende Selbstermächtigung: »Ich bin Teil des Göttlichen. Ich bin ein unverwechselbares göttliches Wesen und verfüge über Kräfte und Möglichkeiten, mein Leben zu gestalten.« Andererseits eine positiv definierte Selbstentmächtigung: »Ich bin und kann nicht alles, weil ich ein Mensch mit Polaritäten, das heißt mit Widersprüchen bin. Aber das kann ich akzeptieren, weil alles Lebendige widersprüchlich ist. Ich bin nicht so wichtig, es gibt etwas Höheres als mich.« Das Leben erscheint so als lebenswert, weil es inneres Wachstum ermöglicht. Das eigene Ich ist sich dadurch seines Wertes gewiss.

Welche Wertekonflikte haben sie aufgrund ihrer spirituellen Ausrichtung im Beruf?
Die spirituellen Erfahrungen sensibilisieren und tragen dazu bei, die Wertedifferenzen zu erkennen. »Hier sind meine Werte, und da sind die Werte, die von mir verlangt werden.« Dieser Wertekonflikt wird von allen Befragten als mehr oder weniger schmerzhaft erlebt. Nur durch persönliches Engagement, mit dem man durchaus scheitern kann, ist es möglich, sich zumindest im eigenen Wirkungskreis selbst treu zu bleiben. Integrität ist dabei ein wichtiges Thema. Einige Interviewpartner verzichten auf gewinnbringende Aktionen, wenn diese sich unsozial und schädigend auswirken könnten. Sie wollen »inte-

ger« bleiben, auch wenn es ökonomische Nachteile mit sich bringt. Sie berichten jedoch auch, dass sich Integrität fast immer positiv auswirkt: durch überraschend positive Wendungen und Anerkennung anderer. Das Ergebnis ist, dass der Betreffende weitgehend gestärkt aus den Konflikten hervorgeht.

Durch die spirituelle Erfahrung gewinnen die Betreffenden einen Kraftzuwachs für Herausforderungen im Beruf. Das erhöht verständlicherweise auch das Gefühl, etwas Positives zu leisten und den Widersprüchen gewachsen zu sein. Zugegeben wird, dass diese Kraftquelle durch äußere und innere Hemmnisse auch »verschwinden kann«. Dann tritt an die Stelle der Stärke die altbekannte Hilflosigkeit. Doch einige Interviewte berichten, dass durch langjährige spirituelle Praxis selbst in diesen Fällen durch bestimmte Übungen und Praktiken diese Kraftquelle wieder reaktiviert werden konnte.

Es bleibt offensichtlich ein Problem, dass die Tugend »Integrität« nicht automatisch den beruflichen Erfolg sichert. Die im Wirtschaftsleben geltenden »Werte« konzentrieren sich knallhart auf »Profitmaximierung«. Diese Tatsache wird von den meisten der Interviewten kritisiert. Dabei machen sie deutlich, dass ein Einzelner an diesem System sui generis nicht viel und vor allem nicht sofort etwas ändern kann. Sehr wohl aber gäbe es individuelle Spielräume, eine menschenfreundliche Unternehmenskultur zu pflegen, mit den Mitarbeitern fair umzugehen und sich auf Kompromisse, die die eigene Integrität infrage stellen, nicht einzulassen und sich ökologisch verantwortlich zu verhalten.

Die Anerkennung von Mitarbeitern, Kunden und Klienten, die auf integres unternehmerisches Handeln folgt, wirkt sich durchweg positiv auf das Selbstwertgefühl der Unternehmer aus. Da sie ihr eigenes Unternehmen führen, fällt es ihnen naturgegeben viel leichter, mit ihren persönlichen spirituellen Anliegen auch im Unternehmen offen umzugehen. Die Unternehmer, die wir interviewten, haben weit weniger Scheu, mit ihren Mitarbeitern zu meditieren, ihnen Yogakurse anzubieten oder sogar für eine Zeit lang einen spiritueller Lehrer in ihr Unternehmen einzuladen, der mit den Mitarbeitern kommuniziert, als ein angestellter Manager. Der Handlungsspielraum für angestellte Manager ist sehr viel begrenzter.

Sowohl Manager als auch Unternehmer versuchen, aufgrund ihrer spirituellen Selbsterfahrungen mit Mitarbeitern und Kunden fair umzugehen und eine gute Arbeitsatmosphäre zu schaffen. Soweit das Datenmaterial dies zulässt, kann man zusammenfassend sagen: Jemand, der eine verantwortliche Position innehat und einen spirituellen Weg geht, bemüht sich um werteorientiertes Handeln, ringt um Selbsterkenntnis und versucht, konstruktiv mit Konflikten umzugehen. Wertekonflikte im Beruf treten bei einer spirituell orientierten Führungskraft aus diesem Grund wahrscheinlich häufiger und eher auf als bei Führungskräften, die mit dem System identifiziert sind. Doch in keinem der hier erwähnten Fälle ist eine der Führungspersönlichkeiten aufgrund der spirituellen Orientierung gescheitert. Eher im Gegenteil: Durch die Arbeit an sich selbst steigt die Kompetenz, die Kraft und das Selbstvertrauen, Konflikte und Widerstände auch zu überwinden. Allerdings gibt es hier keinerlei Garantien, dem Sinne nach: Wer einen spirituellen Weg geht, wird siegen. Die Chancen, wacher und bewusster mit den vielen ungelösten Problemen in der Wirtschaft, im Privatleben und mit sich selbst umzugehen, sind dafür durchaus gegeben.

Resümee und Anregungen

Die modernen spirituellen Bestrebungen finden nicht nur in Europa, sondern weltweit statt. Immer mehr Menschen, die den konventionellen christlichen Kirchen kritisch gegenüberstehen, glauben an eine göttliche Existenz, die nicht identisch ist mit dem strafenden und vergebenden christlichen Vatergott.

Diese spirituelle Bewegung ist nur teilweise statistisch erfasst, wenig untersucht und analysiert worden. Indizien für die weltweite Bewegung sind ein zunehmender esoterischer Markt, eine wachsende Anzahl von einschlägigen Büchern und spirituellen Heil- und Schulungsangeboten, vor allem in den Großstädten. In vielen Ländern finden einschlägige Kongresse, Tagungen und Schulungen statt.

Aus den Interviews lässt sich der Schluss ziehen: Die Menschen, die unter bestimmten Bedingungen Transzendenzerfahrungen machen, scheinen weniger anfällig für Selbstentwertung zu sein. Das heißt jedoch nicht, dass sie frei von Selbstzweifeln sind und nicht auch durch Krisen gehen.

Die hier zitierten Interviewpartner erleben sich unter einer geistigen Führung, der sie mehr vertrauen als dem eigenen Verstand. Auch wenn sie die Anerkennung von anderen Menschen brauchen, sind sie in der Regel etwas unabhängiger vom Wohlwollen anderer.

Gnostische Aspekte spielen dabei eine Rolle: *Gott* ist nicht fern und ein Gegenüber, sondern »ich selbst« bin ein Teil Gottes.

Der Weg zu einer spirituell orientierten Selbsterfahrung kann niemandem einfach so empfohlen oder gar verordnet werden. Wer selbst nicht aufbrechen will und kann, würde nur verärgert über solche Empfehlungen sein. Sehr oft sind es Krisen und scheinbar ausweglose Situationen, die jemanden dazu antreiben, nach sich und nach Gott zu fragen. In diesem positivistisch, materialistisch und atheistisch orientierten Zeitalter scheint vielleicht nun eine Zeit angebrochen zu sein, in der viele Menschen nicht mehr nur an das »Beweisbare« glauben, materielle Güter anhäufen und Gott für ein Fantasiegebilde halten.

Das sind auch Menschen, die sich nicht mehr damit abfinden, nur ein leistungsstarkes, perfektes Rädchen im Getriebe zu sein.

Nicht nur viele Frauen, sondern auch immer mehr Männer beginnen, nach Mitteln und Wegen zu suchen, ein erfüllteres Leben zu leben, etwas Sinnvolles für die Gesellschaft zu tun und sich selbst etwas wert zu fühlen. Diesen Weg gehen nicht nur spirituell orientierte Führungspersönlichkeiten, sondern natürlich auch viele Menschen, die sich in christlichen Gemeinden sozial engagieren. Wer einen Blick in die Aktivitäten von evangelischen und katholischen Gemeinden wirft, wird feststellen, dass hier sehr viel soziales Engagement vorhanden ist.

Gleich wie und warum jemand aufbricht, um etwas Sinnvolles für sich und andere Menschen zu tun: Jeder, der sich auf diesen Weg begibt, erlebt Anerkennung und ist glücklich darüber, etwas gestalten zu können. Dass es dafür Beispiele gibt, werde ich im letzten und vierten Teil des Buches zeigen. Nicht nur Philosophen geben uns Beispiele dafür, durch eine andere geistige Einstellung das Leben positiv zu verändern, sondern auch die Pioniere des Alltags durch ihr engagiertes Handeln.

Fazit und Ausblick

In der Selbstbewertung vor dem Spiegel, in den Werturteilen über den Körper, den emotionalen Abwertungen in den sexuellen Beziehungen und Partnerschaften wie den Entwertungen am Arbeitsplatz spiegeln sich Werte und Wertvorstellungen wider. Auch im wissenschaftlichen System finden wir unterschwellig Wertsetzungen, die dazu führen können, den Menschen als ganzheitliches und soziales Wesen aus dem Auge zu verlieren. In allen den hier erwähnten sozialen Vorgängen finden wir etwas wieder: die Funktionalisierung des Menschen und die Reduktion seiner originären Lebenswünsche. Menschen haben so zu funktionieren, wie es das System verlangt, und werden auf das reduziert, was das System zu seinem Erhalt braucht. Das ist niemandem anzulasten, sondern auch das derzeitige Ergebnis eines Zivilisationsprozesses. Einerseits sind dadurch Reduktionierung und Funktionalisierung zustande gekommen, andererseits jedoch auch ein kultureller Reichtum und weit mehr Schutz für den Einzelnen als je zuvor in der Geschichte. Das trifft allerdings nur auf die westlich-europäische Welt und auf eine relativ privilegierte Schicht zu. Das Christentum spielte im positiven wie im negativen Sinn eine wesentliche Rolle. Offensichtlich ist, dass seit jeher Menschen sich an einem »Höheren« ausgerichtet haben. Das Höhere, die Götter oder Gott, wurde und wird mit unterschiedlichen Wertsetzungen behaftet: als Instanz der Strafe, als Orientierung, als Schutz, als Maßstab für gut und böse. Es ist bemerkenswert, dass sich heute weltweit weit mehr Männer und Frauen als angenommen auf einen spirituellen Weg begeben. Diese Tendenz kann man als einen Versuch deuten: Die moderne, globale Welt, in der es vor allem um Kapital, Perfektion, Funktionalisierung und Reduktionierung geht, scheint den Menschen keine Sinnorientierung mehr zu bieten. Der spirituelle Weg scheint jedoch Sinnerfahrungen zu ermöglichen. Ob und inwieweit sich dieser von der Öffentlichkeit noch nicht recht wahrgenommene spirituelle Aufbruch auswirken wird, steht dahin.

Es hat wenig Sinn, Werte zu fordern und Entwertungen lediglich zu beklagen und zu kritisieren. Damit würde sich nichts verändern. Entwertungen wirken nachhaltig und tief. Wird heute über Werte diskutiert, bleibt dies meist sehr abstrakt und auch unverbindlich. Dies ist der Fall, obgleich Werte täglich gelebt werden. Werte sind so selbstverständlich und verinnerlicht, dass sogar manchmal die Worte für die Qualitäten fehlen, um sie zu beschreiben. Auf allen der hier erwähnten Schauplätze erscheinen Werte wie unsichtbare Orientierungspunkte, mittels derer auf- und abgewertet wird, ohne dass dieser Prozess bewusst wird. In letzter Konsequenz gibt es meiner Einschätzung nach nur einen Weg, um aus der Entwertungsfalle auf der Grundlage von verinnerlichten Werten herauszukommen: Bewusstwerdung und Bewusstheit. Appelle, Forderungen und Regeln nützen wenig, wenn die Einsichten und die bewusst wahrgenommenen Erfahrungen fehlen. Bewusstheit meint, sich nicht nur darüber klar zu werden, dass und wie Entwertungen aufgrund welcher Wertsetzungen stattfinden. Das Bewusstwerden ist vergleichbar mit einem Aha-Erlebnis, mit einem positiven Gefühl: »Ich habe etwas begriffen!« Wer etwas begreift, kann auch damit anfangen, mit diesem Gefühl von Stolz über eine neue Erkenntnis anders zu fühlen und zu handeln. Das ist natürlich das Allerschwerste überhaupt. Dass dies aber gelingen kann, will ich im letzten und vierten Teil dieses Buches zeigen.

Teil 4

Das Glück durch Anerkennung: Ideen, Anleitungen und konkrete Projekte

Es kommt darauf an, das Hoffen zu lernen. Seine Arbeit entsagt nicht, sie ist ins Gelingen verliebt statt ins Scheitern. Hoffen, über dem Fürchten gelegen, ist weder passiv wie dieses, noch gar in ein Nichts gesperrt. Der Affekt des Hoffens geht aus sich heraus, macht die Menschen weit, statt sie zu verengen …[98]

ERNST BLOCH

Einstimmende Gedanken

Wer hofft, gibt nicht auf. Was gelingt, ermutigt. Und wer ermutigt ist, ist sich selbst etwas wert.

In diesem letzten Teil des Buches ist von allergrößtem Interesse herauszufinden, wie wir durch Anerkennung glücklicher werden können. Nicht nur, indem wir uns selbst mehr anerkennen, sondern andere Menschen schätzen und das zu achten lernen, was Menschen geschaffen haben.

Dieses Ziel anzustreben, bedeutet weit mehr, als sich nur besser zu fühlen. Wer sich und andere anerkennt, wird mit den unvermeidlichen Kränkungen des Lebens souveräner umgehen können. Wer dahin kommt, ist friedlicher, innerlich stärker und selbstbestimmter. So jemand ist weniger abhängig von der Meinung anderer und hat den Mut, auf seine eigenen »Werte zu hören«.

Ungleich schwerer ist es, eine Gesellschaft anzustreben, in der Menschen auch in Konflikten wertschätzend miteinander umgehen. Hier spielt nicht nur der Einzelne eine Rolle. Zwänge, nicht erkannte Konflikte, schädliche und inhumane Grundstrukturen in der globalen Politik und Wirtschaft wirken so machtvoll, dass die üblichen und effektlosen Forderungen nach Werten nicht viel nützen.

Die Gesellschaft ist keine anonyme Masse von Menschen. Sie setzt sich zusammen aus Individuen mit einer einzigartigen Lebensgeschichte. Insofern können wir uns fragen: Was kann jeder Mensch für sich selbst, für andere und auch gesamtgesellschaftlich dazu beitragen, aus dem Teufelskreis von Kränkung und Entwertung herauszukommen? Für mehr Lebensqualität und ein friedliches Miteinander?

Es ist merkwürdig, dass es immer noch nicht im allgemeinen Bewusstsein angekommen ist, dass Menschen die Welt gestalten und nicht Systeme und Zwänge. Nicht nur die Mächtigen sind einflussreich, sondern jede und jeder von uns. Die Art und Weise, wie wir Einfluss auf unsere Umwelt nehmen, hängt davon ab, was wir wollen: zerstören oder aufbauen?

In diesem letzten Teil des Buches werde ich zeigen, wie wir konstruktiv mit uns und anderen umgehen können.

1. Durch die Philosophie; 2. durch die richtigen Fragen und Antworten an uns selbst; 3. durch das Einüben von Anerkennung in Beziehungen; 4. durch Empathie; 5. durch konkretes Tun in sozialen Projekten. Das sind fünf Aspekte, unter denen ich Ideen und Anleitungen aufzeige, wie Selbstwert gelernt und Wertschätzung praktiziert werden kann.

Jeder Teil des Buches begann mit einem Zitat der vier Philosophen, die ich in der Einleitung erwähnt habe. Auch sie sind gekränkt worden, durch Nichtbeachtung, Angriffe und in familiären Konflikten. Durch ihr Philosophieren haben sie aber verdeutlicht, wie wir selbstbewusst und selbstbestimmt leben könnten – trotz aller Zumutungen und Verwerfungen, die das Leben unausweichlich mit sich bringt.

14 Was wir von den Philosophen lernen können – Selbstbestimmung

Wer sich selbst erkennt, ist weit fähiger dazu, sich selbst zu bestimmen, als jemand, der nicht weiß, wer er/sie ist und was er/sie kann. Die Selbsterkenntnis ist eine wichtige Voraussetzung dafür, sich selbst durchschauen zu können, mit den eigenen Schwächen umzugehen und sich zu entscheiden, nicht immer in dieselben Fallen zu tappen. Zum Beispiel: Wenn ich weiß, dass ich leicht kränkbar bin, kann ich versuchen, jene Menschen zu meiden, die mich kränken. Ich kann mich fragen: Warum bin ich in welcher Hinsicht denn so empfindlich? Ich kann beobachten, wie diese Kränkungen ablaufen, und mich fragen, wer welche Motive hat, mich zu kränken. Bestimmt und freundlich kann ich beleidigende Äußerungen zurückweisen oder aber einsehen, dass eine Kritik an mir berechtigt ist.

Diesen Weg der Selbsterkenntnis und der Selbstbestimmung sind diese vier Philosophen gegangen: Søren Kierkegaard, Arthur Schopenhauer, Friedrich Nietzsche und Ernst Bloch.

Wie Sie gesehen haben, war in der Einleitung bereits von ihnen die Rede. Ich begreife ihre Philosophie als Inspiration und Lebenshilfe. Das ist – nach meinem Verständnis – der wichtigste Aspekt des Philosophierens überhaupt.

Wenn ich die vier Philosophen vorstelle, so gehe ich keineswegs den üblichen fachakademischen Weg. Es interessiert hier nicht, wer welchen Philosophen wann wie gedeutet hat und wer sich mit wem über welche Deutungen stritt. Vielmehr will ich wissen, was die Philosophen über den Menschen an sich und dessen Kränkungen zu sagen haben. An ihren Lebensgeschichten lässt sich sehr gut zeigen, dass sie durch ihre Art zu denken einen selbstbestimmten und selbstbewussten Weg gesucht – und auch gefunden – haben, quasi exemplarisch für uns. Nicht ihr Leben ist unbedingt nachahmenswert, sondern ihr an die Wurzel gehendes Denken.

Was lernen wir durch sie über uns? Was machen sie uns bewusst? Welche Lösungen schlagen sie vor, um Kränkungen zu überwinden?

Diese drei Fragen leiten hier dazu an, ihr Leben und ihre Gedanken darzustellen.

Diese vier Philosophen lebten Ende des 18., 19. und 20. Jahrhunderts, im Aufbruch in die Moderne. Sie abstrahierten nicht vom »Menschen«, sondern sie durchlebten als fühlende Menschen selbst ihr Denken. Alle vier waren differenziert denkende Psychologen. Sie waren Pioniere, die in ihrer Epoche kaum anerkannt waren und auf Widerstand oder Ignoranz stießen. Das, was zunächst keiner hören wollte, sprachen sie aus.

Die Überwindung von Schuld und Gewissensnöten: Søren Kierkegaard (1813 – 1855)

Kierkegaard stammte aus einer gut betuchten Familie in Dänemark. Sein Vater, Michael Pedersen Kierkegaard, ein wohlhabender Großkaufmann, hatte es geschafft, aus den ärmsten Verhältnissen durch Wollhandel vermögend zu werden. Die Mutter Sørens war die Magd im Haus, bevor Michael Pedersen sie heiratete. Als die erste Ehefrau von Michael Pedersen noch lebte, hatte er mit dieser Magd eine sexuelle Beziehung. Diese Tatsache bereitete dem tiefgläubigen Vater zeitlebens Schuldgefühle und war zudem Grund dafür, dass er die Magd nach dem Tod seiner ersten Frau heiratete. Von den sieben Kindern, die sie ihm gebar, war Søren das jüngste. Der schwermütige Vater führte mit seinem Sohn auf langen Spaziergängen Gespräche, in denen es um religiös motivierte Gewissensprobleme ging. Um Sexualität ging es dabei einerseits nicht, andererseits schwebte dieses Thema wie eine dunkle Wolke über der Beziehung zwischen Vater und Sohn.

Als der Vater starb, war Kierkegaard zwar frei von dieser schweren Last, die sein Vater auf ihn geladen und mit ihm geteilt hatte. Aber nun war Søren allein. Die Mutter war bereits vor dem Vater gestorben. Abgesehen davon hatte er zu ihr keine rechte Beziehung gehabt. Søren hatte nun so viel geerbt, dass er leben konnte, ohne je einer Lohnarbeit nachgehen zu müssen. Er schloss sein Studium der Philosophie und Theologie mit einer Promotion ab. Äußerlich betrachtet führte er ein Leben als Dandy, machte Schulden, promenierte auf den Straßen Kopenhagens und nahm am kulturellen Leben teil. Im Grunde aber war er einsam und quälte sich nun seinerseits mit Gewissensfragen und Selbstzweifeln herum. Er liebte Regine Olsen, eine angesehene Bürgertochter, die seine Zuneigung erwiderte und sich auf eine Verlobung einließ. Aber Søren wollte letztlich keine Frau, keine Bindung. Er kämpfte mit der Angst, durch Sex eine Sünde zu begehen und die Frau zu entehren. Kompensiert wurden diese Ängste durch das berühmte *Tagebuch des Verführers*, das er verfasste und somit den Anschein erweckte, alle Methoden zu kennen, wie man Frauen den Kopf verdreht. Er glaubte an Gott, hasste aber die Kirche. Er war tief gläubig und lehnte das institutionelle Christentum vollkommen ab. Seine ersten Veröffentlichungen publizierte er unter wechselnden Pseudonymen. Es dauerte lange, bis er sich zu seinen polemischen Aussagen etwa über einen prominenten Kirchenmann in Kopenhagen, ja zur christlichen Kirche überhaupt namentlich bekannte. Der Angriff gegen ihn blieb nicht aus. Man kritisierte Kierkegaard heftigst und machte sich lustig über ihn. Aus dem jungen Kierkegaard, der Aufsehen mit seinem Werk *Entweder – Oder* erregt hatte, wurde eine Spottgestalt, die zudem Anlass für öffentliche Ärgernisse war.

Kierkegaards Schriften sind konkret, leicht zu lesen und radikal subjektiv orientiert. Sein Argument: Wer denkt, fühlt und handelt? Das Subjekt – niemals ein System. Folgerichtig geht es ihm darum, das widersprüchliche Subjekt in den Mittelpunkt seines Philosophierens zu stellen. Es ist sich selbst der Dreh- und Angelpunkt für Erfahrung und Erkenntnis.

Mit nur zweiundvierzig Jahren starb Kierkegaard, der sein Leben lang darum gekämpft hatte, seine Zweifel und Ängste zu überwinden. Aus diesem inneren Kampf entstand eine existenzielle Philosophie der Selbstbestimmung, die in drei Stadien vollzogen wird: dem ästhetischen, ethischen und religiösen. Die Wirklichkeit soll bewusst und sinnlich erlebt werden: also ästhetisch. Jeder ist verantwortlich für sich und sein Handeln: also ethisch. Der freie Wille für Gott, ohne sich der Institution Kirche unterzuordnen, schafft inneren Frieden: also religiös.

Kierkegaard wog in seinen Schriften immer wieder das »Für und Wider« und das »Entweder Oder« ab. Sein Philosophieren geschah aus innerer Not und war mit dem Versuch verbunden, die Qualen zu überwinden und inneren Frieden zu erlangen. So schlug er vor, dass wir den Schuldzuschreibungen mit Weisheit begegnen: »Sympathie soll man haben, aber diese Sympathie ist erst wahrhaftig, wann man recht tief sich selber eingesteht, dass das, was *einem* Menschen passiert ist, allen passieren kann. Da erst nützt man auch sich selbst und anderen.«[99]

Die Kraft, sich selbst zu überwinden: Arthur Schopenhauer (1788 – 1860)

Auch dieser Philosoph hatte es dem Vater zu verdanken, dass er sein Leben lang nicht für Geld arbeiten musste. Heinrich Floris Schopenhauer hatte dafür gesorgt, dass sein Sohn Arthur zeitlebens finanziell abgesichert war. Der Vater stammte aus einer hoch angesehenen Kaufmannsdynastie in Danzig, wo auch Arthur geboren wurde. Wer aus einer solchen Dynastie stammt, lernt sehr früh, den Kopf hoch zu tragen und selbstbewusst zu sein. Man ist gebildet, reich und kultiviert und pocht darauf, deshalb anerkannt zu werden. Das gehörte zum Habitus eines Privilegierten.

Darauf beharrte Schopenhauer sein Leben lang: respektiert zu werden. Schon als Kind war er schwierig, eigensinnig und widerborstig.

Welche Gründe dies hatte, ließe sich nur vermuten. Sein Vater war streng und grüblerisch. Seine Mutter, Johanna Schopenhauer, war sehr viel jünger als ihr Mann und interessierte sich weit mehr für Geselligkeiten und für Literatur als für das Handelsunternehmen der Familie. Nach dem Tod ihres Mannes zog sie nach Weimar und wurde eine anerkannte Schriftstellerin. Sie verkehrte mit Geistesgrößen ihrer Zeit, natürlich auch mit Goethe, der sie schätzte. Das Verhältnis zwischen Mutter und Sohn war zeitlebens angespannt, bis hin zu einem beidseitig gewollten Kontaktverzicht.

Der Vater hatte seinem Sohn abverlangt, eine Kaufmannslehre zu absolvieren. Obgleich sich der Sohn fügte, hasste er die damit verbundenen Tätigkeiten. Er befasste sich von früh an weit lieber mit »gelehrteren Themen« als mit der Buchhaltung. Der Vater, der wie Kierkegaards Vater zur Schwermut neigte, nahm sich in einem Zustand der Verwirrung in Hamburg in der Speicherstadt das Leben. Schopenhauer entsprach nach dem Tod des Vaters dessen Wunsch, die Kaufmannslehre fortzusetzen. Die Mutter war es, die ihrem Sohn den Weg freigab: Er durfte sein Abitur nachholen und studieren. Arthur schrieb eine brillante Doktorarbeit und hatte nun die feste Absicht, eine Universitätslaufbahn als Gelehrter einzuschlagen. Er bekam eine Professur in Berlin und legte es darauf an, Hegel zu übertrumpfen. Zur gleichen Zeit wie Hegel hielt er seine Vorlesungen mit dem Ergebnis, dass kaum jemand kam und im Lauf der Zeit gar niemand mehr erschien. Mit diesem kurzen Ausflug in die Universität war sein Professorentum beendet.

Sein ausgeprägter Sexualtrieb stand in einem krassen Widerspruch zu seiner tiefen Abneigung gegen Frauen. Er hatte nie das Glück, Sexualität *und* Liebe mit einer Frau zu erleben. Doch seine Abneigung bezog sich nicht nur auf das weibliche Geschlecht, sondern eigentlich auf alle Menschen. Seine Mutter, die sowohl Verursacherin als auch Betroffene seines Sarkasmus war, konnte die Sottisen und Unverschämtheiten ihres Sohnes nicht ertragen und verwies ihn selbstbewusst in seine Schranken. Nach einem Zerwürfnis sah er sie nie wieder. Als Privatgelehrter ließ sich Schopenhauer nach einigen Ortswechseln in Frankfurt am Main nieder, mit einer Haushälterin und einem Pudel. Sein Leben verlief in großer Regelmäßigkeit und in selbst gewählter Einsamkeit: mit Flötespielen, Spaziergängen und regelmäßigen Besuchen in Restaurants, wo er seine Mahlzeiten einnahm. Er schrieb ein Buch nach dem anderen, hatte kleine Auflagen und zunächst wenig Resonanz. Er nannte sich selbst »der verkannte Niemand«.

Er hat wenig Liebe erlebt, ging konsequent und kompromisslos seinen Weg. Zutiefst war er davon überzeugt, dass es enorm wichtig ist, geistig unabhängig zu sein. Sein Selbstwertgefühl und seine Selbstbestimmung resultierten zum einen aus einer tiefen inneren Sicherheit – »Das, was ich denke, ist richtig« –, und entsprangen zum anderen seinem unbedingten Wollen: »Ich muss meine mich überbordenden Gefühle und Triebe beherrschen, damit ich Herr im eigenen Haus bin.« Diese Ziele sind sofort zu verstehen, wenn man Schopenhauer genau liest und seine Lebensgeschichte kennt: Sein Sexualtrieb war ausgeprägter, als ihm lieb war, sein Leben lang hatte er mit Angst und Misstrauen zu kämpfen. Durch Übervorsicht und Kontrollsucht versuchte er, die Angst in den Griff zu bekommen. Mitgefühl – man staune – war für ihn ein wichtiger Aspekt seines Philosophierens, aber nur auf dem Papier und bezogen auf sich selbst.

Als er am Ende seines Lebens plötzlich durch die Veröffentlichung seines Buches *Parerga und Paralipomena* berühmt wurde, war er überaus stolz und glücklich. In dem Kapitel »Von dem einer ist« schreibt er jedoch: »Nicht was die Dinge objektiv und wirklich sind, sondern was sie für uns, in unsrer Auffassung, sind, macht uns glücklich oder unglücklich.«[100]

Die Kunst, über sich hinauszuwachsen: Friedrich Nietzsche (1844 – 1900)

Der Pfarrerssohn aus Röcken hat sich die kühne Behauptung erlaubt: »Gott ist tot.«[101] Früh verlor Friedrich seinen Vater. Der Pfarrer litt an einer »Gehirnerweichung« und starb, als sein Sohn vier Jahre alt war. Vater ist tot. Gott ist tot.

So wuchs der Knabe mit seiner Schwester und seiner Mutter sowie seinen Tanten auf. In dem berühmten Internat in Schulpforta, in das er als Junge kam, wurde den Lehrern schnell klar: Der Pfarrerssohn ist hochbegabt. Dieses Urteil wird bestätigt, wenn man Nietzsches Briefe an seine Mutter liest. Da ging es nicht nur um die erbärmlich oft wiederholten Bitten nach einem neuen Hemd und gestopfte Socken, sondern um Gedanken, die um seinen lebenslang geltenden Kernsatz kreisten: »Werde was Du bist.«[102]

Mit Mitte zwanzig, nach einer ausgezeichneten Doktorarbeit über ein altphilologisches Thema an der Universität Leipzig, wurde ihm sofort eine Professur in Basel angeboten. Kurz danach lernte er Richard und Cosima Wagner kennen und schätzen. Doch diese Freundschaft währte nur so lange, bis Nietzsches Buch erschien: *Die Geburt der Tragödie aus dem Geiste der Musik.* Nicht nur Wagner war empört über Nietzsches Zugriff auf die Musik, auch die Altphilologen waren verärgert und verstanden Nietzsches Interpretation des Griechentums nicht. Was war denn in den jungen, klugen Professor gefahren?, fragte man sich an der Universität Basel. In diesem ersten philosophischen Werk wies Nietzsche auf den menschlichen Widerspruch zwischen dem »apollinischen, klaren ästhetisch-asketischen Denken und dem dionysischen, rauschhaften Erleben« hin.

Nicht nur die Missverständnisse an der Universität Basel und der Verlust der Freundschaft mit Wagner machten ihm zu schaffen. Nietzsche quälte sich mit katastrophalen Kopfschmerzen und anderen körperliche Malaisen herum. So wurde er, erst fünfunddreißig Jahre alt, pensioniert. Er las viel, reiste herum, befasste sich ausführlich mit Schopenhauer, zog Parallelen und kritisierte mindestens so scharf das Christentum als Institution, wie Kierkegaard es tat. Nur mit einem großen Unterschied: Kierkegaard war tief gläubig und Nietzsche nicht. Worum ging es Nietzsche? Um das Umwerten aller Werte – mit dem Ziel der geistigen Freiheit. Keine Unterwerfung, sondern Selbstbestimmung. Kein Kleinbeigeben, sondern Selbstbewusstsein.

Nietzsche zog nun schreibend, denkend, forschend von einem Ort zum anderen. Er lebte in bescheidenen Gasthäusern, ohne festen Wohnsitz, war meistens allein. Die Beziehung zu Frauen, wie die zu Lou Andreas-Salomé, blieb platonisch und endete unglücklich. Es wundert nicht, dass er enge Beziehungen zu Frauen vermied, hatte er sich doch sein Leben lang gegen die ihn umklammernde, kleingeistige Mutter und gegen die zweifelhaften Interventionen seiner Schwester Elisabeth wehren müssen.

Auf der Suche nach einem Klima, das er am besten ertragen konnte – gleichbleibende, trockene klare Luft mit Sonne –, entschied er sich, die meiste Zeit in Sils-Maria im Engadin und in Turin zu verbringen. Der Turiner Zeitschriftenhändler und Verleger Davide Fino, bei dem er ein Zimmer gemietet hatte, merkte, dass irgendetwas mit dem Herrn Professor nicht mehr stimmte. Und eines Tages war es nicht mehr zu übersehen, dass Nietzsches Ende gekommen war. In Turin erlebte der Philosoph den totalen Zusammenbruch. An einem Januartag 1889 sah er, wie ein Kutscher auf ein altes gebrechliches Pferd einpeitschte. Nietzsche brach in Tränen aus, umarmte voller Mitleid das Pferd und brach zusammen. Aus dieser geistigen Umnachtung erholte er sich nie wieder. Nach einem Aufenthalt in einer psychiatrischen Anstalt in Jena nahm ihn seine Mutter zu sich und lebte mit ihm in Naumburg. Bis seine aus Paraguay zurückgekehrte Schwester Elisabeth ihn nach Weimar holte und einen nationalistischen Popanz um ihn aufbaute, gegen den er sich nicht wehren konnte. Unter anderem war sie es, beziehungsweise trug dazu bei, dass seine unveröffentlichten Schriften unter dem Titel *Der Wille zur Macht* publiziert wurden.[103] Nietzsche starb umnachtet im Jahr 1900. Für seinen einsamen Weg in die kühne Welt der Grenzüberschreitungen hatte er einen großen Preis bezahlt. Im Alleingang, bis über die Grenze physischer und psychischer Erträglichkeit, brach er die engen und den Menschen einschränkenden Denkmuster auf und forderte dazu heraus, über sich hinauszuwachsen.

Schwach und hilflos sind wir dann, so Nietzsche, wenn wir uns unbewusst und ungewollt abhängig machen und nicht fragen: Was kann ich werden, was ich noch nicht bin?

Er philosophierte nicht *über* die Welt und den Menschen, sondern er philosophierte *durch sich selbst* hindurch. »Der Mensch mag sich noch so weit mit seiner Erkenntnis ausrecken, sich selber noch so objektiv vorkommen: zuletzt trägt er doch nichts davon als seine eigene Biographie.«[104]

Die Fähigkeit, das richtige Hoffen zu lernen: Ernst Bloch (1885 – 1977)

Ernst Bloch war Sohn eines königlich-bayerischen jüdischen Eisenbahnverwalters. Über tragische Familienverhältnisse ist hier nichts zu berichten. Der Sohn strebte früh ins Freie! Schon als Schüler machte er sich auf den Weg von Ludwigshafen nach Mannheim, in die große Bibliothek, um sich mit philosophischen und wissenschaftlichen Themen zu befassen.

Ernst Bloch machte Abitur, studierte Philosophie und in den Nebenfächern Musik und Physik und promovierte nach nur sechs Semestern. Schon in seiner Doktorarbeit war die Rede von der Kategorie des »Noch-Nicht«, ein zentraler Gedanke in der gesamten Bloch'schen Philosophie. Sinngemäß bedeutet das »Noch-Nicht«: Etwas ist noch nicht sichtbar, aber tendenziell bereits vorhanden. Und durch das Erkennen dessen, was in der »Luft« liegt, begreifen wir, was wir träumen und tun können, um eine bessere Welt zu schaffen. Wir sehen uns erinnert an Nietzsches Kernsatz: »Werde was Du bist.«

Schon als junger Mann fesselte Bloch seine begabten und reichen Freunde – wie etwa Georg Lukács – mit seinen grenzüberschreitenden Ideen und Geschichten. Bloch strebte keinen »Beruf« an, sondern sah sich als freier Philosoph, befreundet und bekannt mit Geistesgrößen seiner Zeit wie Max Weber, Georg Simmel, Bertolt Brecht, Kurt Weill, Alfred Kantorowicz, Theodor Adorno, Max Horkheimer, Otto Klemperer und vielen anderen. Bloch hatte – im Gegensatz zu Kierkegaard, Schopenhauer und Nietzsche – ein ausgesprochen gutes Verhältnis zu Frauen. Er verstand sie, verehrte sie und schrieb in *Spuren* zauberhafte Essays über die Liebe zwischen Mann und Frau. Seine erste Frau, Else von Stritzky, eine Bildhauerin, starb früh. Bloch brauchte Zeit, um diesen Verlust zu verarbeiten. Von kurzer Dauer war die Ehe mit der Malerin Linda Oppenheimer. Durch seinen Freund Alfred Kantorowicz lernte er die polnisch-jüdische Architektin Karola Piotrkowska kennen und heiratete sie. Der Sohn Jan Robert Bloch wurde 1937, kurz vor der Flucht in die USA, geboren. Die Ehe hielt bis zu seinem Tod im Jahr 1977 und war ausgesprochen glücklich zu nennen. Bloch war – wie Nietzsche – ein Reisender. Freiwillig und unfreiwillig. Als jüdischer Linksintellektueller schaffte er es, mit seiner Familie 1937 mit knapper Not aus Deutschland zu fliehen. In Amerika, unter schwierigen Bedingungen und finanziellen Nöten, schrieb er sein Hauptwerk *Das Prinzip Hoffnung*.

War er angesehen und erfolgreich? Bloch sagte über sich selbst als Emigrant in USA ironisch: »I am Mister Nobody.« Bereits vor dem Krieg in Europa, wie auch in den USA, war Bloch zwar in der Geisteselite bekannt und geschätzt. Aber von einem Erfolg bei einem großen Publikum konnte man keineswegs sprechen. Er kehrte einige Jahre nach dem Zweiten Weltkrieg nach Ostdeutschland zurück und erhielt in Leipzig eine Philosophieprofessur. Doch die Anerkennung, die ihm zunächst zuteilwurde, endete 1956 jäh. Er wurde als Revisionist abgeurteilt und vom Universitätsbetrieb ausgeschlossen. In dem Sommer, in dem die Mauer gebaut wurde, waren Bloch und seine Frau auf Reisen in Österreich. Sie entschlossen sich, nicht in die DDR zurückzukehren, sondern wieder einmal von vorn anzufangen. In Tübingen wirkte Bloch als Gastprofessor mit einer zunehmenden Hörerschaft, ohne dass ihm auf ganz großer Linie Erfolg beschieden war. Er schrieb noch im hohen Alter, halb blind, an seinem letzten großen Werk: *Experimentum Mundi*. Mehrfach in seinem Leben hatte er aufbrechen und alles zurücklassen müssen, was ihm gehörte. Nicht nur den Verlust von Heimat und Hab und Gut hat er in Kauf nehmen müssen, sondern auch Zurückweisungen und Missachtung. Doch wie seine Zeitgenossen ihn beschrieben, beeinträchtigten ihn widrige Umstände nicht wesentlich. Er war erfüllt von seinen Entdeckungsreisen in die menschliche Kreativität. Er war ein Universalgelehrter. Er war, wie Martin Walser ihn einst nannte, »ein Prophet mit Marx- und Engelszungen.«[105] Diese Bezeichnung trifft ihn sehr gut. Bloch war ein politisch-philosophischer Kämpfer für eine bessere Welt, aber weit davon entfernt, ein rein marxistisch orientierter Materialist oder ein blinder Optimist zu sein. Von der Transzendenz der Dinge und der Welt war er tief überzeugt, wie er es unter anderem in seinem letzten großen Werk *Experimentum Mundi* beschreibt. Er durchdrang mit seinem Wissen alles, was Menschen an Kulturleistungen geschaffen haben, mit der Frage: Welche Hoffnungsinhalte werden hier sichtbar? Wie können Menschen das Gegebene nicht nur hinnehmen und erdulden, sondern gestalten und verbessern? Der Tagtraum ist der Ort der Veränderung, und jeder Mensch ist des Tagtraums fähig. »Es ist nicht die Zeit, um wunschlos zu sein, die Entbehrenden denken auch gar nicht daran. Sie träumen davon, dass ihre Wünsche einmal erfüllt werden. Sie träumen davon, wie die Redensart heißt, bei Tag und bei Nacht, also nicht nur bei Nacht. Das wäre auch, da Entbehren und Wünschen tagsüber am wenigsten aussetzen, zu sonderbar. Es gibt Tagträume genug, man hat sie nur nicht ausreichend beobachtet … Wenn der Hang, das uns Gewordene zu verbessern, selbst im Schlaf nicht schläft – wie sollte er im Wachen?«[106]

Der Sinn des Philosophierens: Statt gekränkt zu sein – weiterdenken

Kierkegaard wurde nicht nur gekränkt von seinen Zeitgenossen, sondern auch belastet durch die Gewissenskonflikte seines Vaters und durch sein eigenes Ringen um den Glauben. Was bin ich mir eigentlich wert, wenn ich so viel an mir zweifle? Angst und Furcht sind Themen, über die er ausführlich nachdenkt. Als Gegenwehr plädiert er dafür, sich seiner Schuld bewusst zu sein und deshalb ethisch, ästhetisch und religiös zu denken und zu handeln. Durch diese ästhetische, ethische und religiöse Haltung findet der Mensch einen Weg aus diesem Dilemma.

Schopenhauer war früh gekränkt durch die elterlichen Zurechtweisungen. Die Zurückweisungen seiner Mutter und das Misstrauen seines Vaters bewirkten das Übrige! Dennoch litt er unter dem Verlust des Vaters und sah am Ende seines Lebens dankbar auf die väterliche Fürsorge zurück. Als er ein junger Mann war, musste er, ob zu Recht oder nicht, erleben, wie ihn seine Mutter aus ihrem Haus wies und ihm verdeutlichte, wie unerträglich sie ihn empfand. Sie wird sicher ihre Gründe gehabt haben. Ihr Sohn hat in seiner Abneigung gegen sie allerdings nur begrenzt zur Kenntnis genommen, dass sie es war, die ihm den Weg in die Philosophie ermöglichte. Elterliche Kränkungen wirken nach und erzeugen Abwehr. Schopenhauer behauptete sich, indem er sich unhöflich und schroff jeden Übergriff von anderen verbat. Es steht außer Frage, dass er darunter litt, von seinen Zeitgenossen so wenig beachtet zu werden. Er plädierte dafür, sich innerlich unabhängig zu machen, sowohl von den eigenen Triebansprüchen als auch von der Meinung anderer – so man seinen eigenen Weg finden und gehen will.

Woher Nietzsche die Kraft nahm, ein einsames Leben und große seelische und körperliche Krisen durchzustehen, bleibt offen. Die dauernde Einmischung von Frauen – Mutter und Schwester – in sein Leben hat er als Kränkung erfahren. Ebenso musste er damit leben, dass er die meiste Zeit unbeachtet blieb. Seine Schriften interessierten das große Publikum über weite Strecken seines Schaffens nicht. Es muss in ihm ein großer geistiger Wille gewirkt haben, durch das konsequente und kompromisslose Denken neue Welten zu öffnen und mit alten Denkmustern zu brechen. Nicht nur sein realer Vater war tot, sondern auch Gott als Helfer und Retter. Wer unabhängig vom Zeitgeist einer eigenen, über das Subjektive hinausgehenden Wahrheit folgt, entspricht seinen Kernsätzen: »Werde was Du bist!« Und: »Gott ist tot.« Das »Werden« ist ein durchaus schmerzhafter Prozess, weil im Werden das Alte, Überkommene aufgegeben werden muss, damit Neues kommen kann. Und wenn Gott tot ist, wer tröstet dann? Wir uns selbst – durch die Hoffnung?

Auch wenn Bloch die Melancholie durchaus vertraut war, was angesichts der vielen Verluste, die er erfuhr, nicht verwunderlich ist, so war auch er sich seines eigenen Denkens sicher. Es gibt kaum Indizien dafür, dass er gekränkt war, trotz Nichtbeachtung. Er war erfüllt von den Hoffnungsinhalten dieser Welt. Hoffen war für ihn nicht blinder Optimismus. Hoffnungsinhalte sah er in den enormen Kulturleistungen der Menschheit und in uns selbst. Wer hofft, so Bloch, hat Fantasie. Der Mensch kann gar nicht leben und überleben, wenn er nicht hofft, das heißt sich nicht mehr vorstellen kann, wie etwas »besser« und sinnvoller werden und sein könnte. Nicht ohne Grund ist das sein Kerngedanke: »Es kommt nicht darauf an, sich nur zu fürchten. Es geht darum, das richtige Hoffen zu lernen.« Richtig hoffen heißt, nicht herumzuspinnen, sondern die Realität auf ihre unentdeckten Möglichkeiten zu überprüfen. Die Realität ist das Bezugsfeld des Hoffens, nicht bodenlose Fantasterei. Wer hofft, nimmt seine Tagträume ernst. Und der Tagtraum ist die erste Stufe für ein Handeln, durch das etwas verändert werden kann. Warum es Bloch gelang, in seinem bewegten Leben nicht zu verzweifeln, hat möglicherweise mit dieser Geisteshaltung zu tun: Ich hoffe auf das real Mögliche! Ich stelle mir ein besseres Leben so konkret wie möglich vor und richte mich aus, diese Vorstellungen real umzusetzen. Dieses Mehrdenken und Weiterdenken ist grundlegend dafür, selbstbewusst und selbstbestimmt zu leben.

15 Ich in Beziehung zu mir – Selbstwert erfahren durch Selbsterkenntnis

»Wer sind wir? Wo kommen wir her? Wohin gehen wir? Was erwarten wir? Was erwartet uns?«[107] Mit diesen Fragen beginnt nicht nur Ernst Bloch sein Hauptwerk. Mit diesen Fragen begann in der griechischen Antike das philosophische Nachdenken des Menschen über sich selbst.

Wo nun beginnen? Das delphische Orakel gibt eine Antwort: »Erkenne dich selbst.« Die Philosophen haben es vorgelebt. Jeder Mensch kann dies auch. Zur Selbsterkenntnis gehört es, die eigenen Stärken und Schwächen zu erforschen und konstruktiv mit diesen Einsichten umzugehen.

Diese Grundfragen durchziehen die gesamte Philosophie und das Leben aller Menschen bis heute. Sie lauten, für heute abgewandelt: Wer bin ich? Was bin ich wert? Wie soll ich mich entscheiden? Was darf ich hoffen? Nach diesen Fragen können wir, auf den Kernaussagen der vier Philosophen aufbauend, weiterfragen:

In ethischer, ästhetischer und religiöser Hinsicht und in Bezug auf Schuld und Gewissen (Kierkegaard)

- Bin ich ein Mensch, der sich mit Gewissensfragen und Schuldgefühlen herumquält, die ihn daran hindern, einen eigenen Weg zu gehen?
- Warum habe ich diese Schuldgefühle?
- Wie kann ich sie überwinden?

- Wie stehe ich zu Gott?
- Welche Vorstellungen habe ich vom »Höheren«?
- Was bedeutet es für mich und mein Selbstwertgefühl, gläubig, wissend oder ungläubig zu sein? Welche Folgen hat das für mich?
- An welchen Wertmaßstäben richte ich mein Handeln aus?

In Bezug auf Selbstwahrnehmung, Selbstbeherrschung und Selbstüberwindung (Schopenhauer)

- Was nehme ich womöglich an mir gar nicht wahr?
- Was tue ich immer wieder, was ich gar nicht tun will?
- Was treibt mich an, ohne dass ich mich dafür entschieden habe?
- Welche Eigenschaften habe ich, die ich ablehne und weshalb ich mich verachte?
- Was kann ich tun, um mich mehr zu akzeptieren?

In Bezug auf das Gefühl, abhängig und ohnmächtig zu sein (Nietzsche)

- In welchen Situationen fühle ich mich immer wieder ohnmächtig?
- Von wem oder von welchen Umständen fühle ich mich abhängig und deshalb ausgeliefert?
- An welche Situationen aus meiner Kindheit erinnern mich diese Ohnmachtsgefühle?
- Wer oder was kann mir dabei helfen, über mich hinauszuwachsen?
- Was kann ich gestalten, damit ich das Gefühl habe, in einem positiven Sinn machtvoll zu sein?

In Bezug auf das Hoffen und Enttäuschtwerden (Bloch)

- Wie kann ich lernen, das Mögliche zu sehen und nicht nur das Unmögliche?
- Welche Chancen habe ich noch nicht gesehen?
- Welche neuen Wege kann ich gehen, die mir Mut und Fantasic abfordern und mir Freude machen?

- Was erhoffe ich mir von mir selbst, vom Leben und von anderen Menschen?
- Welche Tagträume habe ich?
- Wie kann ich meine Tagträume umsetzen?

Durch die Grundideen der vier Philosophen sind wir also angeregt, Fragen zu stellen und sie uns selbst zu beantworten, denn die Antworten kann niemand vorgeben.

Was kann ich tun? Praktische Fragen und Anleitungen

Diese Frage eröffnet einen Blick dafür, nicht nur sich selbst zu erkennen, selbstbewusst und selbstbestimmt zu werden, sondern dementsprechend zu handeln. Denn wir wissen nur zu gut: Wer anders denkt als handelt, ist frustriert. Insofern ist es für die Selbstakzeptanz ziemlich wichtig, Denken, Fühlen und Handeln in eine weitgehende Übereinstimmung zu bringen, zumindest aber nicht dauernd im Widerspruch damit zu sein. Sinngemäß: Warum leide ich darunter, wenn jemand nicht zuverlässig ist? Ich halte Zuverlässigkeit für wichtig. Ich fühle mich verletzt, wenn mich jemand im Stich lässt. Also bin ich selbst zuverlässig und überzeuge mich und andere durch mein konsequentes Handeln. Wenn ich jedoch merke, dass ich entsprechend der Tugend »Zuverlässigkeit«, die ich für wichtig halte, nicht handle oder aber dauernd mit unzuverlässigen Menschen konfrontiert werde, bin ich frustriert und gekränkt.

In fast jedem Moment steht diese Frage an. Was tun? Diese Frage gilt ebenso für alltägliche Situationen wie auch für alle Lebensfragen.

In Bezug auf die Schuld- und Gewissensfragen

- Warum fühle ich mich wem gegenüber schuldig?
- Sind es ambivalente Gefühle für einen Menschen, den ich eigentlich lieben und achten sollte, den ich aber auch ablehne?

- Habe ich nicht genug für einen bestimmen Menschen getan?
- Bin ich ungerecht zu ihm gewesen?
- Schäme ich mich, weil ich meine, versagt zu haben?
- Welche Schuldgefühle habe ich, weil ich immer noch die Vorstellung von »Sünde« – zum Beispiel in Bezug auf Sexualität – im Kopf habe?
- Wem habe ich wirklich geschadet?

Anleitungen
- Das bewusste Wiedergutmachen hilft, Schuldgefühle loszuwerden.
- Wenn ein Schuldgefühl nüchtern und kritisch erforscht wird, ist ein wichtiger Schritt zur Bewusstwerdung getan.
- Wer sich ganz bewusst selbst verzeiht, verringert seine Gewissensbisse.
- Die Einsicht ist wichtig, dass wir Fehler machen dürfen und immer aus Fehlern lernen können.
- Wir können die uns wichtigen Menschen fragen, ob wir ihnen gegenüber schuldig geworden sind. So können wir feststellen, ob wir uns die Schuld nur einbilden oder ob das Schuldgefühl berechtigt ist.

In Bezug auf die Selbstbeherrschung

- Welche Gefühle überrennen mich immer wieder und hindern mich daran, das zu tun, was ich für richtig halte?
- Welche negativen Eigenschaften habe ich, die ich gern verändern möchte? Bin ich zum Beispiel geizig, besserwisserisch, kontrollierend?
- Wie kann ich andere um ein Feedback bitten, damit ich lerne, mich besser durch andere zu erkennen?
- Wie kann ich lernen, meine eigenen Fehler zu sehen, ohne mich selbst dabei zu verdammen?

Anleitungen

- Das Eingestehen von Fehlern anderen gegenüber trägt weit mehr dazu bei, akzeptiert zu werden, als das Leugnen von Fehlern.
- Die Selbstbeobachtung ist ein wichtiger Schritt, sich wahrzunehmen.
- Ein Sieg über uns selbst ist errungen, wenn es uns gelingt, eine unangenehme Gewohnheit aufzugeben.
- Wer sich jeden Abend Zeit nimmt, die Ereignisse des Tages noch einmal an sich vorüberziehen zu lassen, wird nach und nach lernen, das eigene Verhalten und die Gefühle bewusster wahrzunehmen.
- In Konfliktsituationen ist es hilfreich, »einen Schritt zurückzutreten«, also Abstand zu gewinnen, um die eigene Betroffenheit zu überwinden und nüchtern betrachten zu können, was im Moment eigentlich passiert.

In Bezug auf Hilflosigkeit und Abhängigkeitsgefühle

- Von wem und von was bin ich eigentlich abhängig?
- Warum fühle ich mich abhängig?
- In welchen immer wiederkehrenden Situationen fühle ich mich hilflos oder ohnmächtig?
- Welche Ursachen hat es nach meiner eigenen Einschätzung, dass ich mich hilflos und ohnmächtig fühle?
- Was brauche ich, um mich würdig zu fühlen? Als wertvolles Mitglied in einer Familie, einer Gemeinschaft, im Beruf, in der Gesellschaft?
- Was ist mir im Leben wichtig und wertvoll?
- Lebe ich dementsprechend, oder handle ich etwa meinen eigenen Werten zuwider?
- Was sind eigentlich meine Glaubenssätze?
- Sind es Glaubenssätze, die mich schwächen – »es klappt ja sowieso nichts«; »das schaffe ich nie«; »der wird mir nie glauben« – oder die mich stärken – »das schaffe ich auf jeden Fall«; »ich bin mir sicher, dass ich verstanden werde, wenn ich mir Mühe gebe«?

Anleitungen

- Wer sich in einem Moment hilflos fühlt, kann einen anderen Menschen um Rat und Hilfe bitten.
- Wer meint, ohnmächtig zu sein, kann sich fragen, wie und wann es Möglichkeiten für ihn/sie gibt, aktiv einzugreifen und zu gestalten, also statt Ohnmacht *Gestaltungsmacht* zu erleben.
- Wer sich abhängig fühlt und aus diesem Grund auch eingeengt, kann zweierlei Dinge tun: sich eingestehen, dass wir grundsätzlich auf andere Menschen angewiesen sind und dies zum Leben dazugehört; oder sich aus belastenden Abhängigkeiten befreien durch Trennung, Wechsel oder Ausstieg.

In Bezug auf das Enttäuschtwerden und das Hoffenlernen

- Was haben Sie sich am meisten in Ihrem Leben erhofft?
- Was davon ist eingetreten und was nicht?
- Wie gehen Sie – selbstkritisch gefragt – mit Enttäuschungen um? Resignieren Sie? Werden Sie wütend? Machen Sie andere dafür verantwortlich?
- Haben Sie überprüft, ob Sie vielleicht viel zu früh die Hoffnung aufgegeben haben?
- Wer hat Sie warum enttäuscht? Vielleicht waren die Erwartungen viel zu groß?
- Was können Sie selbst konkret tun, um Ihren eigenen Ansprüchen gerecht zu werden und nicht immer wieder von sich selbst enttäuscht zu sein?

Anleitungen

- Fragen Sie sich nach einer enttäuschten Hoffnung: Wo liegen für mich Möglichkeiten, die ich bisher noch gar nicht gesehen habe?
- Überprüfen Sie, ob das Durchhalten in einer schwierigen, ja fast ausweglosen Situation sinnvoll ist oder kontraproduktiv. Da ist nicht nur Ihr Verstand gefragt, sondern die Intuition.

- Wer Misserfolge hat, kann dies von zwei Seiten betrachten: Dies war ein Umweg oder ein falscher Weg, und ich versuche es auf andere Weise weiter. Oder: Dieser Misserfolg hat mir wichtige Hinweise gegeben, aus denen ich viel lernen kann. Unter anderem auch: Der Misserfolg hat mich vor etwas bewahrt.
- Wer Menschen sucht, die ermutigen, wird diese auch finden. Wer ermutigt wird, hofft viel eher zu Recht.
- Wenn das ganze Leben eine einzige große Enttäuschung zu sein scheint, kann eine Frage vielleicht zum Schlüssel der Selbsterkenntnis werden: An welchen negativen wie positiven Ereignissen bin ich gewachsen? Diese Frage lädt zu einer Entdeckungsreise in die eigene Biografie ein.

16 Wir in sozialen Beziehungen – Anerkennung als Lebensprinzip

Wir sind aufeinander angewiesen. Auch wenn es im Zeitalter des Individualismus nicht en vogue ist, diese Abhängigkeit zu akzeptieren, kommen wir nicht darum herum, es hinzunehmen, dass wir immer »in Beziehungen« sind. Und aus dieser Tatsache resultiert die Notwendigkeit, so weit wie möglich anerkennend miteinander umzugehen, um sich nicht – im Großen wie im Kleinen – das Leben zur Hölle zu machen.

Was ist zu tun und zu lernen, um beides zu sein: selbstbestimmt und selbstbewusst, wovon eben die Rede war, und sozial verträglich, wovon nun die Rede sein wird?

Wie Eltern dazu beitragen können, dass ihr Kind ein soziales Wesen wird

Es fängt früh an. Mit den ersten Blicken eines Kindes auf die Mutter, auf den Vater, beginnt eine soziale Beziehung. Und hier beginnt auch der Weg in eine soziale Gemeinschaft, in die Familie. Wie im zweiten Teil des Buches ausführlich beschrieben, prägen diese ersten Beziehungen einen Menschen ein Leben lang.

Eltern haben eine große Chance und gleichzeitig eine große Aufgabe. Denn sie tragen – ob sie es wissen oder nicht – erheblich dazu bei, ob ihre Kinder als Erwachsene dazu fähig sind, sich selbst anzuerkennen und anerkannt zu werden.

- Hören Sie hin, schauen Sie zu, und fühlen Sie sich ein in Ihr Kind: Was ist das für ein Wesen, das wir zur Welt gebracht haben? Was will es Ihnen mitteilen, wenn es noch nicht sprechen kann? Was braucht und wünscht sich Ihr Kind? Welche Eigenschaften sind schon früh sichtbar?
- Versuchen Sie, sich bewusst zu machen, dass Ihr Kind nicht identisch mit Ihnen ist. Es mag Ihnen vielleicht ähnlich sehen und Sie an eigene Verhaltensweisen und Eigenschaften erinnern. Ein Kind ist jedoch kein Abklatsch seiner Eltern, sondern ein eigenständiges Wesen.
- Ein guter Weg, um das Kind zu verstehen, besteht darin, sich in es hineinzuversetzen und sich an die eigene Kindheit zu erinnern und sich zu fragen: Wie ist es mir ergangen, als ich von meinem Vater in mein Zimmer eingesperrt wurde, weil ich ihm nicht gehorcht habe? Wie habe ich mich gefühlt, als ich von klein auf von meiner Mutter nur Klagen über das Leben zu hören bekommen habe? Wie ist es mir ergangen, als mein Bruder gelobt wurde und ich unbeachtet daneben stand? Was habe ich gefühlt, als ich mir in meiner ganzen Kindheit den Satz anhören musste: »Aus dir wird nie etwas werden, wenn du so unordentlich und faul bist!« Wie hat es sich auf mich ausgewirkt, dass ich als Kind dauernd »beschäftigt« und kontrolliert wurde?
- Je mehr Kinder das Gefühl haben, von ihren Eltern wirklich wahrgenommen zu werden, umso weniger werden sie stören und dauernd Aufmerksamkeit erheischen wollen.
- Ein Kind will sich ausprobieren. So wichtig es ist, das Kind vor Gefahren zu schützen, so notwendig ist es, es Erfahrungen machen zu lassen. Sie können das Kind ermutigen, etwas zu wagen, und ihm beistehen, wenn es etwas ausprobieren will: auf einen Baum zu klettern, Fahrradfahren zu lernen, sich an eine schwere Aufgabe zu wagen. Überängstliche Eltern verbauen dem Kind Chancen und machen es ängstlich und hilflos.
- Kinder haben von selbst viel Mitgefühl, wenn sie nicht schon sehr früh traumatische Erfahrungen gemacht haben. Fördern Sie dieses

Mitgefühl, und zeigen Sie dem Kind selbst Mitgefühl, wenn es traurig und bedrückt ist.

- Ein Kind fühlt es, wenn die Eltern es nicht um seiner selbst willen fördern und fordern, sondern damit Ziele verfolgen, die dem Kind nicht gerecht werden. Gönnen Sie dem Kind Zeit zum Spielen mit anderen.
- Wie jeder Mensch freut sich auch ein Kind über Lob. So lernt es, selbst zu loben. Wenn aber das Lob zu oft, zu übertrieben und nicht echt wirkt, wird es das Kind nicht mehr wahrnehmen und nicht mehr glauben, was ihm da an Feedback gegeben wird.
- Wenn Ihr Kind keine Geschwister hat, suchen Sie nach Gemeinschaften, in denen Ihr Kind sich mit anderen Kindern verbinden kann, im Sport, im Kindertheater, auf Ausflugstouren, in den Ferien mit anderen Kindern.

Wünsche erfüllen und Grenzen setzen: Für ein soziales Lernen

Sind Kinder Egomonster oder soziale Wesen? Darüber ist viel gestritten worden. Sie sind natürlich beides. Und das heißt, dass Eltern sich folgende Fragen stellen können:

- Sollen wir die »egoistischen« Bedürfnisse unserer Kinder dauernd befriedigen, um sie nicht zu frustrieren? Und es ihnen womöglich dadurch erschweren, Selbstvertrauen und Selbstwertgefühl zu entwickeln?
- Oder kommt es vielmehr darauf an, ihnen beizubringen, auch mal zu verzichten zugunsten anderer und rücksichtsvoll, empathiefähig zu sein, um als liebenswert wahrgenommen zu werden?

Beides gehört zusammen. So wie es tröstlich ist, befriedigt und nicht enttäuscht zu werden, so ist es förderlich, auf etwas verzichten zu lernen, um seiner selbst oder eines anderen willen. Wer nie gelernt hat, ohne Frustration und freiwillig auf etwas zu verzichten, wird sich viele Enttäuschungen einholen.

Kinder lernen ja erst, wie sie mit ihren originären Bedürfnissen umgehen und wie ihre Umgebung auf ihre Wünsche reagiert. Sie suchen von Anfang ihres Lebens an nach sozialen Kontakten, ohne die sie nicht überlebensfähig wären.

Soziales Lernen findet auch durch Bildung statt:

- Liebe und Anerkennung kann ein Kind erleben, wenn es angeregt wird, sich zu bilden. Wenn Eltern ihre Kinder ganzheitlich erziehen, dann bedeutet dies auch, dass sie ihren Kindern Aufmerksamkeit schenken, ihnen damit ihre Liebe zeigen und sie teilhaben lassen an den Kulturleistungen der Menschheit. Das heißt nicht etwa, ein Kind mit Wissen vollzustopfen, sondern ihm vielfältige kulturelle Erfahrungen zu ermöglichen. Kinder können malen und sich an Kunstwerken orientieren. Sie können ein Musikinstrument beherrschen lernen und Konzerte besuchen. Das fördert nachweislich die Sensibilität und die Intelligenz. Sie können früh mit Märchen und guten Kinderbüchern in eine Fantasiewelt eintauchen und sich beflügeln lassen. Kinder können Theater spielen, ins Theater gehen, mit den Eltern Museen besuchen, um nach und nach ein Qualitätsbewusstsein dafür zu entwickeln, was große Kunst bedeutet. Die Eltern und Großeltern sollten den Kindern vorlesen.
- So werden die Kinder selbst ein Gefühl für ästhetische Qualitäten entwickeln und Freude an solchen Kunsterfahrungen für ihr ganzes Leben haben. Auf diese Weise werden sie auch Werte und Selbstwert erfahren sowie ästhetisch oder ethisch handeln lernen – an Vorbildern.
- Kinder sind neugierig und fragen ihre Eltern früh, was denn und wer denn im Himmel sei oder ob sie selbst vom Himmel kommen. Wenn Eltern diese Fragen nach Gott aufgreifen und mit dem Kind darüber sprechen, wird dies für die Kinder auch ein Ausdruck von Achtung sein und ihre Auseinandersetzung mit Gott oder dem Atheismus prägen. So oder so.

- Kinder können auch mit Hilfe ihrer Eltern lernen, sich selbst zu beherrschen, ohne dass ihnen damit Entfaltungsmöglichkeiten abgeschnitten werden. Ein Kind kann durchaus begreifen, dass es mit seinen Launen und Bedürfnissen die Eltern nicht dauernd tyrannisieren darf.
- Die Eltern können geforderte Verzichtsleistungen begründen oder das Kind ablenken; oder sie können es liebevoll trösten, aber auf dem Verzicht bestehen.
- In gemeinsamen Spielen können Kinder sich behaupten lernen, mit Konkurrenz umgehen und begreifen, dass Siegen und Verlieren zum Leben gehören.
- Durch Erlebnisse in der Natur, auf einem Waldspaziergang, können die Eltern dem Kind etwas von den Vogelarten, den Bäumen erzählen. Sie können mit den Kindern gemeinsam im Garten arbeiten und ihnen zeigen, wie man Gemüse anpflanzt und erntet. Je größer und vielfältiger der Erfahrungsschatz ist, der einem Kind zuteilwird, umso weiter wird sich seine Seele entfalten können und umso mehr wird das Kind in der Lage sein, selbst Problemlösungen zu finden.
- Wenn Eltern sich in der Erziehung mit den vier Themen Schuld, Fremdsteuerung, Schwachheit und Angst befassen, werden sie wacher demgegenüber, was uns so kränken kann. Denn es geht darum, dem Kind keine Schuldgefühle einzujagen, dem Kind Möglichkeiten zu zeigen, dass man sich beherrschen kann, dem Kind ein Gefühl von Stärke zu vermitteln und es anzuregen, Tagträume zu haben und zu hoffen – nach den Inspirationen und Ideen der vier Philosophen.

Respekt voreinander haben – Wer lernt vom wem?

Im Zeitalter der Digital Natives erleben Eltern immer wieder, dass sie die »Dummen« und die Kinder die »Klugen« sind. Die heutigen Kinder wachsen wie selbstverständlich mit den modernen Technologien auf und beherrschen sie meist viel müheloser als ihre Eltern. So entsteht oft ein Gefälle, das mit Macht und Abwertung zu tun hat. Der Respekt für die Eltern kann verloren gehen. Die Eltern fühlen sich dann schwach und haben oft nicht den Mut, sich gegen dieses »Gefälle« zu wehren und sich bei ihren Kindern durchzusetzen. Es hat wenig Sinn, einen Wettbewerb zu beginnen oder Kämpfe auszufechten, die zum Nachteil aller geraten.

- Nicht nur in dieser Hinsicht hilft es den Kindern, wenn sie von den Eltern bewusst Grenzen gesetzt bekommen.
- Nicht jedes neue technisch interessante Gerät muss gekauft werden, und nicht jeden Tag und zu jeder Stunde sind Spiele am Computer, Surfen auf dem Handy und Zappen am Fernseher erlaubt. Diese Grenzsetzung wirkt dann, wenn die Eltern Alternativen anbieten und vorleben.
- Warum sollten Eltern nicht selbstbewusst von ihren Kindern genauso lernen wie Kinder von den Erwachsenen? Eltern können ihre Kinder bitten, ihnen zu zeigen, was sie alles können – im Umgang mit den neuen Technologien, ohne sich den Kindern deshalb unterzuordnen.
- All diese Anregungen setzen eines voraus: die Bereitschaft der Erwachsenen, Kindheit als Schlüssel für soziale Fähigkeiten und Selbstbewusstsein zu akzeptieren und die Konsequenzen daraus für ihre Verantwortung zu ziehen.

Ein kritischer Blick auf die Probleme

Die Voraussetzungen für all dies sind keineswegs besonders gut.

Viele Eltern stehen unter Dauerstress und haben wenig oder kaum Zeit zum Nachdenken. Manche Eltern haben selbst kaum einen oder gar keinen Zugang zu psychologischem Wissen und zu Bildungsinhalten. Oftmals stehen sie auch unter dem Druck prekärer sozialer und materieller Verhältnisse und haben gar keine Antworten auf die Frage parat: Wie lasse ich mein Kind so heranwachsen, damit es ein soziales Wesen werden kann, mit einem gesunden Selbstwertgefühl? Andere Nöte und Probleme stehen im Vordergrund. Doch die Schichtenzugehörigkeit allein macht weder das Problem aus noch werden dadurch Probleme vermieden.

Viele Erwachsene, deren Eltern nicht zur »Bildungsschicht« gehörten, haben gute soziale Erfahrungen machen können, genauso wie Kinder aus Akademikerkreisen, die mit allen Weihen der höheren Bildung gesegnet wurden, und zum Teil mehr. Es kommt also nicht auf die Schicht an, in die ein Kind hineingeboren wird, sondern auf die Liebesfähigkeit der Eltern.

Es gibt keine Schule für Eltern, in der sie etwas über die psychische und physische Entwicklung von Kindern und deren Bedürfnisse lernen. Nirgendwo wird Eltern gezeigt, wie man Kinder auf liebevolle Weise heranwachsen lassen kann und sie in einem umfassenden Sinn bildet.

Die Ausbildung für Lehrer und Erzieher ist stark an jenem Leistungsprinzip ausgerichtet, das den heutigen gesellschaftlichen Idealen entspricht: Kinder sollen zu perfekten Leistungsträgern werden. Von diesem problematischen »Ideal« war hier schon mehrfach die Rede. Diese Begrenzung auf Leistung hat in sich etwas potenziell Kränkendes: Jeder wird nach einem Leistungsprinzip hingebogen. Der Mensch wird reduziert und abstrahiert von dem, was er ist: ein lebendiges, offenes, kreatives Wesen. Ich habe in meinem Leben noch keinen Menschen kennengelernt, der sich gern verbiegen lässt. Ich bin noch niemandem begegnet, der nicht darunter leidet, verbogen zu werden. Ganz gleich, ob dies den Betreffenden bewusst ist oder nicht. Denn mit jedem Verbiegen wird das Selbstwertgefühl erschüttert, und die Frage steht im Raum: Wer bin ich, wenn ich nur das tue, was von mir erwartet wird?

17 Empathie – Voraussetzung und Ziel von Wertschätzung und Glück

Es ist ganz gleich, ob es um private oder berufliche, ja politische und gesellschaftliche Beziehungen geht: Wer ausschließlich darauf pocht, allein recht zu haben, schafft damit einen Konflikt. Wer nur an sich denkt, beleidigt einen anderen durch Nichtbeachtung. Wer nichts als den eigenen Standpunkt gelten lässt, erzeugt Widerstand.

Ein Vater, der von seinen »Prinzipien« nicht abweicht und seinem Sohn keinen Widerspruch erlaubt, wird mit Aggressionen seines Sprösslings rechnen müssen. Eine Mutter, die ewig klagt, wie schlecht es ihr geht, ohne hinzuschauen, wie sich ihre Tochter gerade fühlt, wird damit klarkommen müssen, dass sich die Tochter eines Tages abwendet. Einem Chef, der nichts anderes gelten lässt als seine eigene Meinung, wird es schwerfallen, Mitarbeiter zu einem eigenständigen Denken zu motivieren. Sie werden irgendwann achselzuckend resignieren, weil der Chef sich ja doch nichts sagen lassen will. Ein Kollege, der nur von sich und seinen Glanzleistungen spricht und nie zuhört, wird wenig Mitstreiter in seinem neuen Projekt finden. Ein Staatsminister, der aus ideologischen, ökonomischen oder religiösen Gründen nur den Krieg für eine Lösung hält, um sein Land zu schützen, wird sich damit höchst unbeliebt machen.

In allen Fällen wird entwertet und gekränkt: Das Gegenüber wird nicht gesehen, nicht akzeptiert und nicht verstanden. Natürlich ist klar, dass in der Politik keineswegs die Verfasstheit der Politiker für aggressive, kriegerische Auseinandersetzungen mit dem Feind maßgeblich ist. Die Zwänge des politischen Handelns sind evident und nicht allein psychologisch/individuell zu erklären.

Dennoch will ich, wie schon am Anfang des Buches beschrieben, die Verkettung von individueller und kollektiver Entwertung hier wieder aufgreifen.

Wie ich es im vorangegangenen Abschnitt entwickelt habe: Wenn ein Kind lernt, nicht nur egoistische Ansprüche zu stellen, sondern die glückliche Erfahrung macht, auch für einen anderen Menschen da zu sein, wird es als Erwachsener weitaus eher dazu fähig sein mitzufühlen.

Rechthaberei, Selbstbezogenheit oder Prinzipienreiterei sind die Untugenden, die automatisch abwertend wirken. Die Gegenpartei fühlt sich nicht gesehen, nicht respektiert, nicht verstanden – und der Krieg beginnt. Die Gegenpartei versteift sich ebenfalls auf die eigene Position, ein Schlagabtausch wird eröffnet, Meinungen und Deutungen prallen aufeinander, das gemeinsame »Dritte« wird nicht gefunden, und der Machtkampf läuft auf Hochtouren – bis ein Sieger und Verlierer übrig bleiben.

Das ist nicht nur ein Problem in privaten und intimen Beziehungen, sondern ebenso eines in Arbeitszusammenhängen, in der Politik, in der Gesellschaft schlechthin – bis zu den nationalen und internationalen Konflikten. Es geht immer um die gleiche Strukturdynamik. Hier zeigt sich, wie die individuelle Entwicklung sich mit einer kollektiven verschränkt. Die Kämpfe in der Familie gleichen strukturell den Kämpfen zweier Nationen, den Konkurrenzkämpfen in der Wirtschaft, in denen jeder jeweils mit Recht darauf beharrt, zuschlagen zu dürfen. Ganz gleich, ob es sich um die Konflikte zwischen Russland und der Ukraine handelt, um den Krieg im Irak oder um die gewalttätigen Kämpfe zwischen Israel und den Palästinensern. In allen Fällen geht es darum, eigene Positionen mit Rechts- und Besitzansprüchen durchzusetzen und zu verteidigen, unabhängig davon, wie viele unschuldige Zivilisten dafür ihr Leben lassen müssen.

Machtausübung ist das Mittel zum Zweck, recht zu behalten, das eigene Terrain zu verteidigen, an Besitzansprüchen festzuhalten, das eigene Leiden als Grund für die Aggression geltend zu machen und auf den Sieg hinzuarbeiten.

Vielleicht klingt es sehr radikal: Wer in seiner Kindheit Empathie nicht erfahren und gelernt hat, wird es schwer haben, als Erwachsener empathisch zu sein. Und da die Gesellschaft von Erwachsenen gestaltet wird, die als Kinder oftmals wenig Empathie erlebt haben, entsteht eine empathielose Gesellschaft, mit vielen gekränkten Männern und Frauen. Die Kränkung und die Abwehr dagegen ist sofort verständlich: Man fühlt sich nicht respektiert und ist fest davon überzeugt, sich wehren zu müssen, um sich wenigstens durch Abwehr und Gegenwehr zu behaupten und sich etwas wert zu fühlen.

Empathie leben: Durch Anteilnahme Probleme lösen

Die große Frage ist, wie aus diesen Teufelskreisen von Entwertung und Kränkung herauszukommen ist. Und nachdem ich den weiten Bogen zwischen den individuellen Behauptungsstrategien und den politischen Kämpfen gezogen habe, würde ich hier zunächst einen Blick auf die intimen individuellen Prämissen werfen.

Was bedeutet Empathie? Und wie ist sie erlernbar? Warum und wie ist Empathiefähigkeit ein Weg aus dem Dilemma zwischen Selbstbehauptung und Gekränktwerden?

Der Begriff Empathie beschreibt die Fähigkeit, sich selbst und andere zu erkennen und zu fühlen.[108] Beides spielt eine Rolle: Kognition und Gefühl, Selbstbezogenheit und die Bezogenheit auf andere. Das eine ist die Voraussetzung dafür, das andere zu können.

Mitgefühl mit sich selbst: Der erste Schritt

Ohne Erkenntnis kein Erkennen, ohne Gefühlswahrnehmung keine Gefühle. Ohne Selbstwahrnehmung keine Selbsterkenntnis, ohne Selbsterkenntnis und Selbstwahrnehmung keine Beziehungsfähigkeit.

Dieser Zirkelschluss scheint auf den ersten Blick kompliziert. Wer sich bemüht, sich selbst zu erkennen, ist meist sehr viel mehr zu einer Beziehung fähig.

Und die Frage: »Wer bin ich eigentlich?«, führt zwangsläufig zur nächsten Frage: »Was fühle ich? Wie fühle ich mich?« Wie schon erwähnt gibt es mehrere Möglichkeiten, um dies herauszufinden:

- Sich selbst beobachten und die jeweils aktuellen Gefühle wahrnehmen.
- Sich an eigene gefühlsbesetzte Kindheitserlebnisse erinnern, um die eigenen Kinder zu verstehen und mit ihnen mitzufühlen.
- Die Gefühle bewusst wahrnehmen, ohne sich mit ihnen zu identifizieren, und sie vorüberziehen lassen wie Wolken am Horizont.
- Sich selbst erforschen, in welchen Situationen und durch welche Auslöser diese Gefühle – oft immer wieder – ausgelöst werden.
- Sich selbst von einer höheren Warte aus beobachten und sich zuschauen.

Um sich gut zu fühlen, kann man sich kleine und große Ziele setzen und sie schrittweise realisieren, um stolz auf sich zu sein.

- Sich jeden Morgen bewusst auf den Tag freuen.
- Im Spiegel zu sich »Ja« sagen.
- Sich selbst bewusst eine Freude machen und sich selbst Wünsche erfüllen.
- Werden Wünsche anderen gegenüber selbstbewusst und höflich vorgetragen, wird man selten zurückgestoßen.
- Es zulassen, traurig, wütend, ratlos und verzweifelt zu sein. Diese Gefühle akzeptieren, sie aufschreiben, sich Rat holen.
- Fehler eingestehen und sie bejahen, als Chance, mehr über sich zu lernen.
- Um Nähe oder Distanz anderen Menschen gegenüber bitten, je nachdem, was im Moment ansteht.[109]

Für Schauspieler ist es der Beruf: Sie müssen sich täglich in die Rollen anderer versetzen, um sie überzeugend darzustellen. So weit muss man nicht gehen. Aber fähig zu werden, sich in die Position eines anderen zu begeben, bietet eine große Chance für die gegenseitige Verständigung.

Da es unmöglich ist, sich unentwegt und gründlich über die Befindlichkeiten auszutauschen, ist es ebenso unmöglich, jeder Abwertung oder Kränkung sofort auf den Grund gehen zu können und sie auszudiskutieren. Aber man kann sich darin schulen, aufmerksam zu sein:

- Wer hinhört, hinsieht, hinfühlt und die Zeichen von anderen Menschen wahrnimmt, kann auch lernen, bewusst zu entscheiden, mit dieser Situation umzugehen.
- Angenommen, Ihre Frau schnauzt Sie an, weil Sie schon wieder vergessen haben, den Mülleimer nach unten zu bringen: Dieser Zankapfel, der Wut und Kränkung mit sich bringt, wäre zum Beispiel aus dem Weg zu räumen, wenn Sie sich entschuldigen und ein Commitment mit Ihrer Frau vereinbaren.
- Angenommen, Ihr fünfzehnjähriger Sohn zieht sich immer mehr zurück, gibt Ihnen keine Auskunft mehr, verweigert den Kontakt und hängt nur noch vor seinem Computer herum. Ihrem Sohn könnten Sie mitteilen, dass Sie diesen Rückzugswunsch akzeptieren, er aber wissen sollte, dass Sie ihm gern bei einer Frage oder einem Problem helfen.
- Angenommen, in einer Konferenz, in der es um wichtige Entscheidungen geht, sitzen alle bedrückt herum, und keiner traut sich, etwas zu sagen, unter anderem aus Ratlosigkeit wie auch aus Angst, dass der aggressive Kollege S. sofort anfängt, sich aufzuspielen. Sie könnten Ihre Wahrnehmung kurz zum Ausdruck bringen, somit einen Schnitt machen und andere einladen, sich zu Ihrer Wahrnehmung zu äußern. Ohne sich subjektiv über Ihre Gefühle auszubrei-

ten, können Sie auf der Metaebene durch Ihre Beobachtungen dazu ermutigen, die Ursache für die Missstimmung aufzuheben, und eine Gemeinsamkeit herstellen.

- Wenn Sie jemanden erleben, der vor Ihren Augen sichtbar leidet, geben Sie dem Impuls nach, in Kontakt mit diesem Menschen zu gehen, gleich, ob Sie ihn kennen oder nicht. Eine einfache Frage wie »Darf ich Ihnen helfen?« oder eine andere taktvolle Formulierung können Wunder bewirken.
- In vielen intimen, privaten, öffentlichen Situationen hängt eine schlechte Stimmung in der Luft. Wer den Mut hat, solche Stimmungen zur Sprache zu bringen, ohne Werturteile zu fällen, wird in der Regel sehr geschätzt: Endlich löst jemand den Knoten. Auch das kann ein Ausdruck von Empathie sein.

Bis jetzt war die Rede von privaten und beruflichen Situationen, in denen die Empathie positiv wirken kann – um anderen Anerkennung zu zollen und damit eine konstruktive Stimmung zu erzeugen. Aber wie soll Empathie in der Politik und global wirken?

Empathie als politisches Prinzip: Der dritte Schritt

Es scheint bislang kaum vorstellbar, dass Empathie auch in der Politik wirken könnte, sowohl in nationalen wie auch übernationalen Konflikten. Empathie für ein anderes Land? Für eine gegnerische Partei?

Wie ein Ding der Unmöglichkeit scheint es, den israelischen Militärs zu empfehlen, Mitgefühl mit den Kindern der Palästinenser zu haben. Oder der Hamas zu verdeutlichen, dass sie nicht nur den verhassten »Feind« töten, sondern unschuldige Frauen und Kinder.

Hoffnungslos mutet es an, einen Rechtsradikalen, der fremdenfeindliche Parolen von sich gibt, dazu zu bewegen, sich in die Lage eines Schwarzafrikaners zu versetzen, der in letzter Minute aus einem sinkenden Flüchtlingsboot gerettet wurde und nun – mit nichts in der Hand – um Asyl bittet.

Wie aggressiv würde ein Schlepper reagieren, der junge Mädchen aus Bulgarien nach Köln in einen Puff transportiert, wenn man ihm empfehlen würde, sich in die Lage dieser Frauen zu versetzen?

Die Beispiele für das scheinbar Unmögliche, in gewalttätigen Konflikten Empathie zu fordern oder gar zu praktizieren, ließen sich unbegrenzt fortsetzen. Zwänge, Egoismus, Gier, Druck, Hass, verengte Perspektiven, Machtgelüste sind die Faktoren, die es nicht nur im Kleinen, sondern auch auf großer Linie so schwer, ja geradezu unmöglich machen, mit anderen mitzufühlen.

Beispiele jedoch auf der großen politischen Linie haben gezeigt, dass empathische politische Führer sehr viel bewirken können: Nelson Mandela, ein Idol im Kampf gegen Ungerechtigkeit, die Apartheid und Gewalt.

Mahatma Gandhi, der konsequent und gewaltlos viele Menschen mitgerissen hat auf dem Weg in die Unabhängigkeit und den Frieden. Martin Luther King, der gegen die Apartheid sprach und für einen friedlichen Weg in die Gleichberechtigung.

Wir können noch weit mehr Beispiele aufführen von Menschen, die aus Mitgefühl aufgebrochen sind, um unhaltbare und unmenschliche Bedingungen zu verändern. Albert Schweitzer, Mutter Teresa, die engagierten »Ärzte ohne Grenzen«, die Helfer des Roten Kreuzes, die Initiatoren, welche die Internetplattform Avaaz gegründet haben, um weltweit auf Missstände, Mord, Gewalt und massive Entwertungen von Menschen hinzuweisen und auf die Verantwortlichen Druck auszuüben.

Doch nicht um den Menschen allein geht es, sondern auch um ein Mitgefühl für die Natur. Dafür sorgen etwa diejenigen, die das massenhafte Abschlachten von Tieren verhindern, die in der Anti-AKW-Bewegung aktiv sind, sich gegen die Zerstörung der Regenwälder engagieren oder die Wälder wieder aufforsten.

All diese Aktivitäten sind Ergebnisse eines empathischen Verhaltens: erkennen, mitfühlen und entsprechend handeln.

Das Ergebnis: Wie Empathie erfolgreich und glücklich machen kann

Empathie hat nichts mit einem naiven Gutmenschentum zu tun.

Empathie ist, wenn man es konsequent weiterdenkt, eine Art Überlebens- und Lebensstrategie. Sie hat eine Schlüsselfunktion in Bezug auf das Thema dieses Buches. In einer gekränkten Gesellschaft, in der auf so vielen Schauplätzen entwertet und deshalb gelitten wird, fragt man sich doch: Wie ist Anerkennung überhaupt möglich – wenn jeder jeden kränkt – bewusst oder unbewusst? Erkennen und Mitfühlen sind die Voraussetzung dafür, sich selbst zu lieben und andere anzuerkennen.

Wer empathisch ist, dem öffnen sich nicht nur die Türen in das eigene Herz, sondern viele Türen um ihn herum, die sehr oft verriegelt und verschlossen sind.

Dass Empathie nicht nur eine wünschenswerte Haltung oder Fähigkeit ist, sondern bewirkt, anerkannt zu werden und erfolgreich zu sein, ist noch nicht so recht Allgemeingut geworden. Die Empathieforscher haben herausgefunden – man staune –, dass ein empathischer Manager, ein CEO, weitaus erfolgreicher ist als einer, der sich nicht für die Interessen und Wünsche seiner Mitarbeiter interessiert.

Das gilt für viele andere Berufe auch.

Ein Therapeut ohne Empathie wird bei seiner Arbeit wenig zustande bringen. Ein Lehrer, der nicht empathisch mit seinen Schülern umgeht, wird Schwierigkeiten bekommen.

Eine Mutter, die ihr weinendes Kind nicht tröstet oder ihrem bockigen Kind keine Grenzen setzt, wird dem Kind ein schlechtes Vorbild beim Erlernen von Empathie sein. Ein Arzt, der nur auf das Röntgenbild schaut und einen Rezeptblock hervorzieht, wird auf wenig Resonanz bei seinen Patienten stoßen. Ein Ingenieur, der sich mehr für seine Maschinen als für die Vorarbeiter interessiert, wird manche Vorgänge der Fabrik nicht begreifen und womöglich deshalb in soziale Konflikte geraten.

Ein Entscheider der digitalen Welt, der sich auf Datenverarbeitung konzentriert und technologische Neuerungen entwickelt, ohne zu fragen, was es den Usern nützt oder schadet, wird langfristig mit Problemen konfrontiert werden.

Es gibt keinen Lebenszusammenhang, in dem Empathie keine Rolle spielt. Selbst bei den Berufen, die anscheinend so gar nichts mit Menschen zu tun haben.

Wer nichts fühlt oder nicht mitfühlt, nimmt auch nichts wahr.

Der Biologe und Philosoph Andreas Weber hat es im Titel eines seiner Bücher zusammengefasst: *Alles fühlt*.[110]

18 Gelebte Werte, konkrete Projekte

Spannend wird es, wenn engagierte Menschen aufbrechen, um ein offensichtliches Werteproblem zu lösen. Oftmals formulieren sie das Problem gar nicht als ein solches, sondern greifen ein, handeln und helfen.

In diesem letzten Kapitel werde ich einige Projekte vorstellen, in denen ein »Werteproblem« konkret angepackt wird. Es gibt unendlich viel mehr solcher Projekte, als ich hier aufführen kann. Das steht außer Frage. Ich habe hier diejenigen ausgewählt, zu denen ich durch die Initiatoren direkten Kontakt habe und sie befragen konnte.

Gelungene Beispiele ermutigen. Es spornt an, dass Menschen ideenreich und hilfreich sind und sich erklärtermaßen für Wertschätzung und gegen Entwertungen engagieren.

Interessanterweise fallen die Worte Wertschätzung und Entwertung so gut wie nie. Es geht hier auch gar nicht um Begriffe, sondern darum, einen Konflikt zu erfühlen, zu erkennen und konstruktiv zu handeln.

Neue Gemeinschaften, neue Geldmodelle: Aufbruch in eine neue Zeit

Pioniergeist und Pionierleben?

»Es kommt darauf an, zu leben, zu lachen und zu teilen und den unnötigen Teil des Lebenskampfes aufzugeben. Wir leben aber in einem

System von Abhängigkeiten, zerstörerischen Lebensweisen und in Existenzangst.« Mit diesen Sätzen eröffnet Robert Neuhaus, Ingenieur und Architekt, das Gespräch mit mir.

Ich kenne ihn seit einigen Jahren und habe miterlebt, wie er aus seiner herkömmlichen Berufssituation aufgebrochen ist. Seine Position als Geschäftsführer hat er aufgegeben und ist seitdem freischaffend tätig. Als hoch qualifizierter Fachmann bekommt er genug Aufträge, besteht aber darauf, genügend Freiraum zu haben, um neue Wege zu gehen. Warum will er das? Das will ich von ihm wissen.

»Ich sehe das so: Durch das Aufrechterhalten des Wettbewerbs, vor dem alle in die Knie gehen, entsteht eine Existenzangst, aus dem System herauszufallen. Auf diese Weise ist Mitgefühl mit sich und anderen kaum noch möglich. Ich habe sowohl als Arbeitgeber wie auch als Angestellter gearbeitet und finde die in dieser Konstruktion üblicherweise geltenden Regeln und Fronten für beide Seiten unerträglich. Ein gemeinsames Interesse an einer gemeinsamen Sache wird durch die herrschenden Marktregeln vom abzuschöpfenden Mehrwert und dem Zwang zur Effizienzsteigerung systematisch sabotiert. Hier wird der Grundsatz ›teile und herrsche‹ auf tragische Weise unaufhörlich repetiert. Dabei funktionieren Menschen doch am besten und sind am zufriedensten, wenn sie miteinander am selben Strang in die gleiche Richtung ziehen. Freiwilligkeit, Kreativität, Freude am eigenen Leben, Selbstwirksamkeit, diese urmenschlichen Bedürfnisse muss man sich heutzutage erkämpfen, man bekommt sie nicht geschenkt! Und an dieser Stelle gilt die Nagelprobe, ob wir unsere Menschlichkeit wirklich ernst meinen. Solidarität können wir einander nur schenken!«

Solidarität durch das bedingungslose Grundeinkommen

»Wie könnte denn deiner Ansicht nach Solidarität gelebt werden?« Robert Neuhaus muss nicht lange überlegen. »An dieser Stelle kommt für mich die kraftvolle Vision des ›bedingungslosen Grundeinkommens‹ ins Spiel. Für mich ist das ›bedingungslose Grundeinkommen‹ der nächste logische Schritt, den wir als menschliche Gesellschaft zu vollziehen haben. Der Reichtum in unserer Welt ist zweifelsfrei ausreichend, um wirklich allen Menschen ein Leben in Würde, Teilhabe und Freude zu ermöglichen. Der Mangel ist ein Ergebnis der nicht gelungenen Verteilung der vorhandenen Fülle. Mit einem Grundeinkommen realisieren wir die höchste brüderliche Form wirklich ernst gemeinter Solidarität. Im Grunde wäre dies – endlich – eine Möglichkeit der gegenseitigen Aufwertung und Anerkennung. Ich glaube, es ist die Angst, die Menschen dazu bringt, sich gängeln zu lassen und auf all das, was sie glücklich machen könnte, freiwillig zu verzichten.«

»Wie reagieren denn die Menschen in deinem Umfeld auf deine Gesellschaftskritik und deine Visionen?«, frage ich weiter.

Robert Neuhaus denkt einen Moment nach. »Tolle Ideen, sagen sie, aber vielleicht doch zu idealistisch. Niemand, mit dem ich bis jetzt zu tun hatte, behauptet, es wäre falsch, so zu denken und solche Ziele zu haben. Doch viele fühlen sich zu ohnmächtig, um irgendetwas selbst bewirken zu können.«

»Wo siehst du denn die Nahtstellen der Veränderung?«, frage ich ihn.

»Nichts kann sich grundsätzlich verändern, wenn nicht der Umgang mit dem Kapital verändert wird«, fährt Robert Neuhaus fort. »Auf diesem Standpunkt kann man, wie ich finde, durchaus stehen, wenn in Betracht gezogen wird, wie umfassend das Geld weltweit nicht nur die politischen, sondern auch die sozialen und persönlichen zwischenmenschlichen Beziehungen, inklusive der Gefühle, beeinflusst und prägt. Durch Geld und durch den Mangel an Geld werden Menschen entwertet und entwerten sich selbst. Wie kann also das Zusammenleben so geregelt werden, dass Geld nicht zu einem negativ wirkenden Faktor wird beziehungsweise dass durch Geld die alten Probleme von Ungerechtigkeit, Not und Mangel, Macht und Ohnmacht fortgesetzt werden? Aus diesem Grund sind die Initiativen für ein Grundeinkommen auch hier relevant. Ich habe Daniel Häni in Basel aufgesucht, einen der wichtigsten Initiatoren in der Schweiz.«

Ich erzählte ihm, dass ich auch vor wenigen Jahren Daniel Häni in Basel kennengelernt hatte und ihn auf einem Kongress in Berlin zum

Thema »Grundeinkommen« wieder getroffen habe. Nicht nur die vielen Engagierten, die sich, wie etwa Susanne Wiest, bis hin zu einer Bundestagspetition für das Grundeinkommen einsetzen, waren anwesend, sondern auch der prominente Unternehmer Götz Werner.

So griffen Robert Neuhaus und ich unsere Erfahrungen und Einschätzungen zu diesem Thema auf. Er fährt fort: »Für viele konventionell Denkende scheint dieser Vorschlag geradezu utopisch und unrealistisch: eine Gesellschaft, in der jeder Mensch vom Staat ein Grundeinkommen von tausend Euro zugesichert bekommt, ein Grundstock für seinen Lebensunterhalt. Du kennst die berühmte Frage, die Daniel Häni an uns alle stellt: ›Was würden Sie arbeiten, wenn für Ihr Grundeinkommen gesorgt wäre?‹ Ich bin der Meinung, in der Grundeinkommensdebatte geht es nicht um Armutsbekämpfung und ein Allheilmittel gegen die Arbeitslosigkeit. Es geht darum, produktiv zu sein und gern zu leben. Oder wie Götz Werner sagt: ›Das ist ein Umdenken in vielerlei Hinsicht. Der Mensch ist ein Tätigkeitswesen!‹ Daniel Häni hat durchweg in Erfahrung gebracht, dass die überwältigende Mehrheit der Menschen eigentlich gerne arbeitet und es auch dann tun würde, wenn es ein Grundeinkommen gäbe.«

»Ich weiß«, erwidere ich, »aber natürlich werden Zweifel und Kritik von allen Seiten laut. Doch die Initiatoren wirken in keiner Weise deprimiert, sondern heiter und gelassen. So habe ich sie jedenfalls erlebt.«

»Ja, das Grundeinkommen ist keine *linke* oder *rechte Idee,* sondern ›verbindet endlich einmal zwei Ideale des Sozialen und des Liberalen, des Freiheitlichen‹, wie Häni einmal sagte.«

Wie Robert Neuhaus und ich wissen: Die Schweizer Initiative hat immerhin durch eine Volksabstimmung bewirkt, dass 43,5 Prozent auf die Frage: »Grundeinkommen für alle. Sind Sie dafür?«, mit Ja abgestimmt haben. In einer spektakulären Aktion hatten die Initiatoren einen Lastwagen mit acht Millionen Fünfrappenstücken gefüllt und ihn auf dem Bundesplatz in Bern ausgekippt. Ein symbolisches Fünferli für jeden Schweizer! Diese Aktion im Oktober 2013 war mit der Volksabstimmung verknüpft und erregte weltweit Aufsehen. Die Bewegung für das Grundeinkommen zieht mittlerweile überall Kreise und wird in vielen Ländern dieser Erde diskutiert. Robert Neuhaus beteiligt sich daran.

Neue Gemeinschaften leben, wie geht das?

Auf meine Frage, ob die Menschen dafür bereit seien, in neuen Gemeinschaftformen zu leben und sich mit neuen Geldmodellen anzufreunden, antwortet er: »Wir sind auf einem evolutionären Weg. Es könnte noch länger dauern, wir sind erst am Anfang, und die wesentlichen Schritte zur Veränderung geschehen zuerst einmal im eigenen Innern. Die Gesellschaftsordnungen, die in den vergangenen Jahrhunderten geschaffen wurden und dem Wohl der Menschen dienen sollten und sollen, sind überholt. Besonders deutlich zeigt sich dies daran, wie reflexhaft wir schon der Überzeugung anhaften, dass wir zum Überleben eine Erwerbsarbeit bräuchten. In Wirklichkeit brauchen wir aber Luft, Nahrung, Wärme und Liebe. Der Zugang zu diesen Ressourcen ist durch unsere Zivilisation und Gesellschaftsordnung jedoch stark gemaßregelt und durch das Ordnungssystem des Geldes reguliert. Menschen, die dieses Ordnungssystem ablehnen oder darin versagen, sind im Nachteil. Wer zum Beispiel seine Fähigkeiten und Besitztümer aus innerem Antrieb lieber verschenken möchte, als diese zu verkaufen, droht unterzugehen. Und so ist es mit vielen individuellen Neigungen und Bedürfnissen, die sich immer weniger entfalten können, weil die Peergroup unserer Gesellschaft Abweichungen nur selten fördert. Ich spreche von Gleichmacherei einerseits und Gängelung derer, die individueller leben möchten, andererseits.«

»Und du meinst, dass diese Probleme in neuen Gemeinschaften anders geregelt werden können?«

»Ja, und deshalb interessieren mich ganz besonders neue Modelle des Miteinanders. Hier nähern wir uns den Themen von Frieden und Liebe. Unter dieser Fragestellung sind schon vor über dreißig Jahren etwa Sabine Lichtenfels und Dieter Duhm gemeinsam mit vielen anderen Menschen aufgebrochen und haben den Grundstein für die Gemeinschaften Tamera in Portugal und das Zentrum für experimentelle Gesellschaftsgestaltung (ZEGG) in Bad Belzig gelegt. Wie du weißt, war ich sowohl in Tamera wie auch in Belzig, um diese Gemeinschaften kennenzulernen.«

Robert Neuhaus schlägt das Buch auf, das er mitgebracht hat: »*Tamera: Ein Modell für die Zukunft.* Dieses Buch, von einer Journalistin verfasst, beginnt mit einem Zitat von Dieter Duhm: ›Unter den gegebenen Voraussetzungen ist eine überzeugende Perspektive für ein gewaltfreies Zusammenleben der Bewohner unseres Planeten nicht mehr erkennbar. Um günstigere Voraussetzungen zu schaffen, müssen Zentren entstehen, in denen ein gewaltfreies Zusammenleben der Menschen mit allen Mitgeschöpfen exemplarisch durchdacht und entwickelt werden kann. Der reale Aufbau solcher Zentren ist das Ziel von Tamera‹.[111]

Über hundertvierzig Männer, Frauen und Kinder leben in Tamera. Das Kernthema: Es kann kein Frieden auf der Welt sein, ohne Frieden zwischen den Geschlechtern.

In der trockenen, verwüsteten Landschaft, unter der heißen Sonne von Südportugal, haben die Initiatoren einen Lebensraum geschaffen, der weit mehr ist als ein Ort der freien Liebe. Hier wurde eine Wüstenlandschaft renaturiert, hier werden Kurse, Seminare und die Terra Nova School genutzt, um Menschen aus aller Welt in ökologischen, gesellschaftspolitischen und partnerschaftlichen Themen zu unterrichten – auch in einem Fernstudium. Liebe, Frieden, Ökologie! Zehn bis fünfzehn Bewohner aus Tamera machen sich regelmäßig auf den Weg in Krisengebiete: nach Südamerika, in den Nahen Osten, nach Israel und Palästina und nach Afrika, um Friedensarbeit vor Ort zu leisten.«

Robert Neuhaus erklärt: »Nicht nur im ZEGG, sondern auch hier gilt ein zentraler Satz: ›Die Qualität einer Gemeinschaft kann man daran messen, wie viele hochindividuelle Mitglieder und deren Bedürfnisse gelebt und respektiert werden.‹«

»Und wie gehst du mit deinen Erfahrungen aus Tamera und dem ZEGG um?«, will ich wissen.

»Ich lerne und beobachte. In beiden Gemeinschaften leben inzwischen mehr als hundert Menschen, die sich in neuen Weisen des Miteinanders ausprobieren. Dabei wenden diese Menschen sich zugleich den politischen und gesellschaftlichen Fragen zu. Frieden beginnt im eigenen Bewusstsein und in unseren ganz persönlichen täglichen Beziehungen. Die Tamerianer stellten die These auf: ›Solange ich noch nicht in Liebe und Frieden sein kann, wenn sich mein Partner oder ein von mir geliebter Mensch auch einem anderen Menschen in Liebe – und möglicherweise sexuell – zuwendet, habe ich meinen Frieden noch nicht gefunden – und die Welt auch nicht.‹ In diesem Sinne werden in diesen Gemeinschaften und vielen anderen Gruppen neue Formen der Liebesbeziehungen ausprobiert und gelebt. Ich selbst lasse mich auch immer mehr auf solche freien Liebesbeziehungen ein. Es gibt noch keine Vorbilder dafür, wie diese freie Liebe ohne Eifersucht und Besitzansprüche und mit aufrichtigen Gefühlen zu leben wäre. Ich frage mich selbst: Wie gehe ich damit um, wenn mich die Eifersucht packt und schüttelt? Wohin mit diesen Gefühlen von Wut, Trauer, Selbstzweifeln und Kampfbereitschaft? Mit diesen tiefen Krisen nicht allein zu sein, sondern in einer Gemeinschaft damit umzugehen, finde ich sehr bereichernd. Dort erfahre ich Halt und Aufgehobensein. In Tamera wurde auch die Erkenntnis geboren: ›Meine intimsten Fragen sind nicht meine Privatangelegenheit.‹ Hinter dieser Formel steckt die Erfahrung, dass wir einerseits mit unseren Herzensangelegenheiten zwar sehr allein und sehr individuell sind. Andererseits aber sind die Sorgen, Nöte und Ängste von uns allen eigentlich fast immer dieselben. Wir denken nur, alle anderen hätten diese Probleme nicht und nur ich bin verkehrt. Dieser Austausch schafft Zusammenhalt und eröffnet für alle Beteiligten die Chance, offen zu sein – das, was man normalerweise in der Gesellschaft weder sein kann noch sein darf.«

»Und wie siehst du deine Zukunft?«

»Ich bin zutiefst dankbar, dass ich einen solchen Weg gehen darf, denn ich kann inzwischen geradezu körperlich wahrnehmen, wie ich daran wachse, innerlich und äußerlich. So arbeite ich nun auch selbst daran, neue Kreise und Gemeinschaften mit aufzubauen und zu tragen sowie meine eigenen Erfahrungen einzubringen. Ein Satz von Dieter Jarzombek, dem ich viel zu verdanken habe, begleitet mich dabei. Er lautet sinngemäß: Wenn man Veränderung möchte, muss man eben auch mal etwas wirklich anders machen. Und man sollte sich nicht wundern, wenn dann plötzlich alles anders wird.«

Zuneigung und Hilfe für Sterbende: Engagement in der Hospizbewegung

Engagement als Selbstverständlichkeit

Ich bewundere sie. Eine Wissenschaftlerin, die in den Ruhestand geht, von Bayern nach Potsdam umzieht, ein neues Leben beginnt und sich sofort engagiert. Lilly Stock.

An einer bayerischen Universität hat sie Altenglisch und Linguistik unterrichtet, war politisch und hochschulpolitisch engagiert und bei den Studenten außerordentlich beliebt. Sie ist für andere da, ohne viel Aufhebens zu machen.

»Warum nun gerade«, frage ich sie, »das Engagement für Menschen, die im Sterben liegen?«

»Ich war gerade in den Ruhestand gekommen und hatte immer schon vor, in die Sterbebegleitung zu gehen. Ich bin dem Thema ›Tod‹ nie ausgewichen, sondern hielt es immer für ganz selbstverständlich, dass der Tod ein Teil des Lebens ist, vielleicht der wichtigste. Ich wollte immer darauf vorbereitet sein und ›Begleiten‹ lernen.«

Wie die Entscheidung zustande kam

Dieser Entschluss hatte eine Vorgeschichte, die mich natürlich interessiert und nach der ich sie befragte.

Sie erzählt: »Ich war dem Tod dreimal intensiv begegnet: Beim ersten Mal war ich ganz unvorbereitet. Eine Freundin von mir war schwer krank geworden, und es war klar, dass sie nicht mehr lange leben würde. Ich habe die Sterbende wochenlang regelmäßig begleitet. In meiner Freizeit – ich war damals ja noch berufstätig – habe ich die Bücher der Ärztin und Autorin Elisabeth Kübler-Ross gelesen. Außer mir kümmerte sich eine weitere Freundin um die Sterbende sowie auch der Ehemann, der sich vorbildlich verhielt. Die beiden halbwüchsigen Kinder ebenso. Das zweite Mal war es der Tod meines Vaters. Ich habe dafür gesorgt, dass er in den letzten Wochen in einem Hospiz untergebracht und liebevoll begleitet wurde. Ich fuhr, sooft ich konnte, von Regensburg nach Wien, um bei ihm zu sein. Das dritte Mal war es der Tod einer Freundin, der meine Lebensplanung gründlich durcheinandergebracht und mich sehr erschüttert hat. Sie war fünfzig Jahre alt und starb an ihrem Geburtstag.«

Diese Erfahrungen und die nachfolgenden Ereignisse brachten Lilly Stock auf die Idee, eine Ausbildung zu beginnen.

»In einer Potsdamer Tageszeitung las ich einen Artikel, in dem der erste Vorbereitungskurs vorgestellt wurde. Ich habe sofort dort angerufen und bekam eine Telefonnummer, wo ich mich für den zweiten Vorbereitungskurs anmelden konnte. Dieser Artikel kam im genau passenden Augenblick; ich hatte gerade durchgeatmet und dachte: Wo klopfe ich jetzt an? Denn ich war, wie gesagt, im Mai 2002 nach Potsdam zu meinem Mann, der als Wissenschaftler dort in einem Institut arbeitet, gezogen und musste mich erst mal in dem schon existierenden Haushalt zurechtfinden. 2003 im Januar begann der Vorbereitungskurs, ein Grundkurs, ein Praktikum und im Herbst ein Aufbaukurs. Es gab einen wunderbaren Vorbereitungskurs. Wir waren zu Beginn etwa fünfzehn Teilnehmer, und die Erfahrung, diese Frauen kennenzulernen, die alle dasselbe wollten, aber ganz verschiedenen Alters waren und aus sehr unterschiedlichen Lebensverhältnissen kamen, war großartig und hat mir viel gegeben. Im Herbst 2003 übernahm ich auch meine erste Begleitung.«

»Und wie war dieser Vorbereitungskurs institutionell verankert?«, fragte ich weiter.

»Das Projekt wird finanziert zu gleichen Teilen von der Hoffbauer-Stiftung und vom Malteser Hilfsdienst e. V. Das Projekt ist in diesen zehn Jahren gewachsen und bietet heute vielfältige Hilfen an, die alle von geschulten Ehrenamtlichen geleistet werden. Unter anderem konnte erreicht werden, dass auch Potsdam jetzt ein stationäres Hospiz hat. Unser großes Ziel bleibt freilich, dass Menschen zu Hause in ihrer vertrauten Umgebung sterben können und dort palliativ versorgt werden. Ich bin als Ehrenamtliche dazugestoßen.«

Über die Hospizbewegung hatte ich einiges gehört und gelesen und war nun sehr interessiert, wie es Menschen geht, die sich hier engagieren. Es gehört natürlich eine bestimmte Einstellung dazu, um sich mit Alter und Sterben so intensiv auseinandersetzen zu wollen. Wie Lilly Stock es formuliert, *gibt* sie nicht nur, sondern sie selbst *erfährt* Hilfe und Zusammenhalt. »Diese Arbeit hat mir sehr geholfen, mit dem Sterben meiner Mutter umzugehen, die langsam in Demenz versank und dabei immer starrsinniger wurde. Die Kolleginnen in der Supervision haben mich hilfreich begleitet.«

Dem Sterben einen Sinn geben

Kann man dem Sterben etwas Sinnvolles abgewinnen? Ich glaube: Ja, wenn man es, wie Lilly Stock es formulierte, als Teil des Lebens zutiefst akzeptiert. Und daraus den Schluss zieht, etwas gegen die Verdrängung des Todes und das Abschieben von Sterbenden zu tun.

»Ich wollte etwas Sinnvolles tun im Ruhestand. Ich will der Gesellschaft, die gut zu mir war, etwas zurückgeben. Liebe geben und empfangen und mich aufgehoben fühlen in der Gemeinschaft Hospizdienst. Der Hospizgedanke kommt immer mehr in der Gesellschaft an, der Tod ist nicht mehr ganz so tabuisiert.«

Es steht für mich außer Frage: Für die Sterbenden ist es eine Wohltat, nicht abgeschoben, sondern von Menschen begleitet zu werden, die liebevoll für sie da sind. Die Nähe zu einem Menschen in dieser Lebenssituation hilft vermutlich auch über die Angst vor dem Tod hinweg. Und die Sterbenden, die Lilly Stock begleitet hat, reagieren mit »Dankbarkeit und Liebesbeweisen.«

Die konkrete Hilfe

»Und wie geht die Hospizarbeit vonstatten?« Ich frage danach, weil dies vielen Menschen möglicherweise nicht bekannt ist.

»Wir unterscheiden zwischen Sterbebegleitung und Sterbehilfe«, erzählt Lilly Stock. »Was wir tun, ist Sterbebegleitung. Die läuft über das hauptamtliche Büro des Hospizdienstes. Wenn dort eine Begleitung nachgefragt wird, meldet sich das Büro zum Beispiel bei mir und fragt, ob ich für eine Begleitung zur Verfügung stehe. Dann folgt eine kurze Beschreibung. Wir gehen auch in Einrichtungen wie Altenheime, Pflegeheime, Krankenhäuser. Vor Ort muss ich dann sehen, was gebraucht wird und was ich tun kann. Im Zentrum steht immer der oder die Sterbende; aber auch die Angehörigen haben oft Redebedarf und sind dankbar, wenn sie ihre Sorgen und Ängste loswerden können.«

Abwehr und Bewunderung

Wie reagieren andere Menschen auf die Hospizarbeit? Wie gehen die Familienmitglieder der Sterbenden damit um, dass eine Begleiterin für ihre Väter und Mütter da ist? Lilly Stock hat erlebt, dass die Angehörigen sehr dankbar sind. Sie meint dazu: »Wenn wir erzählen, was wir ehrenamtlich machen, gibt es regelmäßig dieselbe Reaktion: Erster Satz: ›Das ist eine sehr wichtige Arbeit.‹ Zweiter Satz: ›Das könnte ich nicht!‹. Widerstände«, so fährt sie fort, »habe ich nicht zu überwinden gehabt. Vielmehr bin ich sehr dankbar für die Gemeinschaft der ehrenamtlichen Begleiter, für die Supervision und für die Erfahrung, etwas Sinnvolles zu tun.«

Statt sprachlos sprachfähig werden: Märchenerzählen für Immigrantenkinder

Das Entwertungsproblem

Durch die großen Einwandererströme aus aller Herren Länder verschlägt es viele ausländische Kinder nach Deutschland. Sie werden nicht nur mit einer völlig anderen Kultur konfrontiert, sondern haben große Probleme, sich auszudrücken. Sie wachsen in einem chaotischen Sprachgemisch auf, können sich oft kaum orientieren und schon gar nicht in Worte fassen, was sie wollen und wünschen. Und weil sie sich nicht ausdrücken können, sind ihnen viele Wege verbaut. Das ist nicht nur ein individuelles Problem, sondern ebenso ein gesellschaftliches. Die Entwertung der ausländischen Kinder wird gar nicht erzeugt, sondern ist per se vorhanden.

Wie jemand aufbrach, ein Problem zu erkennen und zu lösen

An einem schönen Sommertag war ich mit Marie-Agnes von Stechow verabredet. Ich hatte von dem Projekt, das sie initiiert hatte, bereits gehört, war sehr neugierig darauf geworden und bat sie um ein Interview. Sie war bestens vorbereitet und hatte viel Material zusammengestellt. Bescheiden, sachlich und präzise antwortete sie mir auf meine vorbereiteten Fragen. Es war sehr zu spüren, dass es ihr um die Sache ging, um die Liebe zu den Kindern, verbunden mit der großen Hoffnung, dass das Projekt sich ausweitet und viele Ausländerkinder so herzlich in unserem Land empfangen werden.

Anfang 2000 war Marie-Agnes von Stechow mit ihrem Mann nach Berlin gezogen. Die studierte Germanistin und Romanistin, Mutter von mittlerweile fünf erwachsenen Kindern, war viele Jahre ehrenamtlich in den Schulen ihrer Kinder tätig gewesen. Von einer Freundin hörte sie eines Tages von einem Projekt, das ihr einleuchtete und in dem sie sich sogleich engagierte: Hausaufgabenhilfe für Kinder in einer Schule im Wedding, in einem Bezirk in Berlin, in dem die ärmsten ausländischen Mitbürger wohnten. Bis zu neunundneunzig Prozent der Kinder sind Ausländerkinder: Sie kommen vor allem aus der Türkei, Arabien, China, Bosnien und Russland.

Ihr fiel schnell auf, dass diese Kinder nicht in der Lage waren, zusammenhängende Sätze zu formulieren. »Mir war klar, dass die Kinder ohne ausreichende Sprachfertigkeiten nie eine Möglichkeit haben würden, in der Gesellschaft anzukommen und gemäß ihren Fähigkeiten zu leben.«[112] Selbst die einfachsten Sinnzusammenhänge begriffen diese Kinder nicht und konnten sie dementsprechend nicht wiedergeben. Es war erschütternd für Frau von Stechow zu bemerken, wie hilflos diese Kinder waren.

Welche Wege wären sinnvoll, um diesen Kindern zu helfen? Ihr ging es dabei überhaupt nicht um Leistungen, die gesteigert oder erbracht werden sollten, sondern um ein würdiges Leben.

Wie sie das Problem anpackte

Es waren nicht nur glückliche Zufälle, die Frau von Stechow weiterbrachten, sondern gezielte Aktivitäten. Sie nutzte Kontakte, nahm Verbindung zu Experten auf und diskutierte ihre Frage: Was ist zu tun? »Ich sprach mit Schulbuchverlagen und dachte an die Entwicklung von Computerprogrammen für die ganz Kleinen. Schließlich fand ich eine gute Gesprächspartnerin in einer fabelhaften Grundschuldirektorin aus dem Wedding. Sie hatte hilfreiche Erfahrungen mit Tanz und Theater gemacht.«[113] Durch diese Anregung wandte sie sich an die Universität der Künste in Berlin und lernte Frau Professor Wardetzky kennen, die sich seit Jahren als Theaterpädagogin auf das Erzählen von Märchen spezialisiert hatte. Aus den fruchtbaren Gesprächen zwischen den beiden Frauen und der begeisterten Schulleiterin entstand folgendes Projekt: Regelmäßig wurden den Kindern im Alter zwischen sechs und zwölf Jahren in einem besonders schön gestalteten Raum in der Schule von einer Erzählerin Märchen erzählt. Die Erzählerinnen waren ausgebildet und erzählten den Kindern, die ja die deutsche Sprache nicht beherrschten, die Grimm'schen Märchen, aber auch Märchen aus der ganzen Welt. Es geschah etwas, womit niemand gerechnet hatte.

Selbst die unruhigsten und schwierigsten Kinder hörten wie gebannt den Märchen zu. Wie war dies zu erklären?

Es war für viele Kinder das erste Mal, dass ihnen überhaupt etwas Zusammenhängendes erzählt wurde. Die meisten kannten weder Märchen, noch war ihnen je etwas vorgelesen worden. Sie verbrachten ihre freie Zeit vor dem Fernseher oder dem Computer. Dass sich nun jemand ihnen direkt und emotional zuwandte, wirkte auf diese Kinder stark.

Das Erzählen und nicht das Vorlesen war der Schlüssel. Auch wenn die Kinder viele Worte vielleicht nicht verstanden, waren sie gefesselt davon, wie lebendig und spannend die Märchenerzählerinnen die aufregenden Abenteuer der Heldinnen und Helden ausschmückten. Die Gefühle, die durch das Erzählen geweckt werden, transportieren den Inhalt, nicht nur die Worte allein. Die Kinder hörten auf zu zappeln, zu stören und hörten aufmerksam zu. Die Helden der Märchen sind wie Vorbilder. Sie leben die Werte, die wir brauchen, um ein sinnvolles

Leben zu führen. Das begriffen die Kinder sofort, ohne dass ihnen irgendetwas erklärt werden musste.

Wie das Märchenerzählen wirkte

Die Erzählerinnen wie die Lehrer ermutigten die Kinder, die Märchen nachzuerzählen und sich selbst Märchen auszudenken. Dies hatte den Effekt, dass die Kinder sich erinnerten und darüber hinaus auch fähig waren, selbst Märchen zu erzählen. Die Eltern wie die Lehrer stellten fest, dass die Kinder anfingen, in vollständigen Sätzen zu reden, sinnzusammenhängend einen Kontext zu erfassen und selbst wiederzugeben. Es liegt nahe, dass diese positiven Erfahrungen nicht nur die Fantasie anregten und die Sprach- und Ausdrucksfähigkeit stärkten, sondern auch das Selbstwertgefühl und die Achtung vor anderen.

Die Kinder lernten – ohne pädagogische Eingriffe –, zuzuhören und sich zu konzentrieren, einfach nur, weil sie neugierig und gespannt waren, wie die Geschichte weitergeht.

Welche Widerstände zu überwinden waren und welche Ziele erreicht wurden

Frau von Stechow vermittelte zwischen Lehrern, Eltern, den Märchenerzählern und den Professoren der UDK und kümmerte sich um die Finanzierung. Natürlich gibt es bei solchen Neuerungen immer Hemmnisse. Die Lehrer zweifeln, ob diese Aktion Sinn hat und überhaupt erfolgreich ist, die Eltern müssen überzeugt werden, und vor allem muss Geld herangeschafft werden, um die Kosten zu decken. Viele Stiftungen schrieb Frau von Stechow an, um das Projekt langfristig zu sichern. Doch wie so oft kam die Rückmeldung: Die Gelder sind bereits vergeben. Im Laufe der Zeit gelang es jedoch, Unterstützer zu finden, das Projekt auszuweiten und publik zu machen.

In anderen europäischen Ländern wird das Erzählen weit mehr praktiziert. Aus diesen Erfahrungen konnte Gewinn gezogen werden, ebenso Argumente für die Fortführung. Eine umfangreiche Evaluation wurde durchgeführt, mit Ergebnissen, die das Projekt unbedingt rechtfertigten.

Sie resümierte vor nicht allzu langer Zeit: »In diesem Jahr werden vierzehn Grundschulen, fünf Kitas und einige weiterführende Schulen mit regelmäßigen Erzählstunden für mehrere Klassen versorgt, jeweils eine Klasse in der Woche ein Jahr lang. Um dem wachsenden Bedarf an guten Erzählern gerecht zu werden, wurde an der UdK eine berufsbildende Weiterbildung mit Hochschulzertifikaten begonnen, die drei Semester dauert.«[114] Auch ist zum Teil dokumentiert, wie die Kinder die Märchenstunden erleben. Hier nur zwei Stimmen: »Ich möchte, dass die Märchenerzählung weitergeführt wird. Weil Sabine (die Erzählerin namens Sabine Kolbe) so spannend erzählt, weil es ganz leise ist und weil es meine Lieblingsstunde ist.« (Aleya) Oder: »Wir wollen noch mehr Geschichten von Sabine hören. Ihre Geschichten sind: cool, lustig und spannend.« (Maik)[115] Doch viele Hindernisse sind noch nicht überwunden, wie Frau von Stechow einwendet: Es muss noch viel begriffen, getan und finanziert werden, damit dieses Projekt nicht im Sande verläuft.

Wertschätzung für alte Menschen mit Demenz: Theater der alten Talente

Die Vorgeschichte

Auf einem Geburtstag bei Freunden auf dem Land traf ich Michael von Jan wieder, einen ehemaligen Tänzer, nun in der Betreuung von alten Menschen tätig. Wir freuten uns über das Wiedersehen und kamen ins Gespräch. Er fing an zu erzählen, dass er gerade ein Theaterprojekt mit alten demenzkranken Menschen vorbereite.

Ich horchte sofort auf und bat ihn, weiter zu berichten: Da war offensichtlich jemand am Werk, mit alten Menschen und für sie etwas wunderbar Sinnvolles und Kreatives zu schaffen. Wie war es dazu gekommen? Und welches Wertethema wurde hier aufgegriffen?

Entwertet werden durch Altsein

Es ist nicht nur für die Angehörigen schrecklich, wenn ein älter werdender Mensch erleben muss, desorientiert zu sein. Das Erinnerungsvermögen setzt aus, das Herumirren in Räumen beginnt, das Zeitgefühl ist aufgehoben.

Ein Mensch, der nicht mehr funktioniert, ist nicht nur sich selbst lästig, sondern ebenso anderen. Alt zu sein gleicht heute einer Beleidigung, dement zu sein, einer weiteren.

Alles kommt zusammen, was Menschen nicht leiden können: nicht mehr selbstbestimmt zu sein, von anderen abhängig zu werden, den eigenen Verfall täglich erleben und hinnehmen zu müssen. Es ist kein Wunder, dass in einer extrem leistungs- und jugendorientierten Gesellschaft diese Mängel verabscheut werden. Zu dem Gefühl, von anderen entwertet zu werden, gesellt sich die bittere Erfahrung, nichts mehr richtig alleine hinzukriegen und nicht mehr zu wissen, wer man ist.

Gelebte Wertschätzung

Auf dem Aktionstag »Vergissmeinnicht – Menschen mit Demenz im Scheinwerferlicht« Ende Juni 2014 in der ufa-Fabrik, in Berlin, wurde dem zahlreich erschienenen Publikum gezeigt, wie Demenzkranken Respekt und Zuneigung entgegengebracht werden können: durch Inspiration, Anregung, durch ein soziales, schöpferisches Tun. Initiiert wurde dieser Aktionstag von Michael von Jan und seiner Kollegin Eva Bittner. Verschiedene Projekte mit Demenzkranken wurden an diesem Tag vorgestellt: eine Trommelgruppe, Begegnung von Alten und Kindern in gemeinsamen Märchenstunden, geführte Museumsbesuche. Diese Projektpräsentationen wurden umrahmt von zwei Theaterstücken, von denen hier gleich die Rede sein wird. Der einfallsreiche und engagierte Michael von Jan hat Theaterwissenschaft studiert, war Tänzer, hat eine Ausbildung als Altenpfleger absolviert und begleitet seit Jahren alte Menschen. Er hatte eines Tages die Idee, seine Arbeit mit alten Menschen und Demenzkranken mit seinen Theatererfahrungen zu verbinden. Eva Bittner, als erfahrene und vielseitig tätige Theaterpädagogin, und Professor Johanna Kaiser, Lehrende und ebenfalls Theaterpädagogin, haben das Projekt »Theater der Erfahrungen – Werkstatt der alten Talente« begründet und leiten es gemeinsam. Ältere Laienschauspieler entwickeln eigene Stücke und bringen so die Themen des Lebens von alten Menschen auf die Bühne. Charmant und philosophisch versiert, moderierte Johanna Kaiser durch den Aktionstag, den die Bosch-Stiftung gefördert hatte. Die Bosch-Stiftung hat von Beginn an das gesamte Projekt unterstützt. Frau Verena Rothe von der Bosch-Stiftung wie auch Vertreterinnen und Vertreter der Behörden, etwa von der Senatsverwaltung für Gesundheit und Soziales, waren anwesend und nahmen durch ihre klugen und herzlichen Redebeiträge Anteil an diesem Ereignis. Der Träger der gesamten Aktivitäten ist das Nachbarschaftsheim Schöneberg in Berlin.

Die konkrete Arbeit

Michael von Jan und Eva Bittner haben zusammen mit Demenzkranken und älteren Laienschauspielern das Stück *Ein Schiff wird kommen* entwickelt, geprobt und aufgeführt. Die Geschichte des Stücks: Auf einer Kreuzfahrt, begleitet von einem sympathischen Schiffsteam, erzählen die älteren Herrschaften von ihren Erlebnissen und zeigen, was sie können. Das Biografische fließt in das Stück mit ein. Es wird gelacht, gesungen und erzählt. Nicht nur auf der Bühne hatten die Beteiligten ihren Spaß, auch das Publikum amüsierte sich.

In jeder Aufführung wird improvisiert, nach einer festgelegten Grundgeschichte. Aus einem einfachen Grund: Demenzkranke merken sich nicht die Texte, können sich aber an eine Struktur halten, wenn sie durch Laienspieler – ohne Demenz – durch das Stück geführt werden. Das macht das Stück lebendig und authentisch – mit all den unerwarteten Witzen und der Komik des Moments. Michael von Jan und Eva Bittner führten zusammen die Regie, ehrenamtliche Helfer begleiteten die Arbeit. In dem zweiten Stück *Eine andere Welt* zeigen ältere Laienschauspieler des »Theaters der Erfahrungen« in vielen kleinen Szenen, was die Demenzkranken und ihre Angehörigen erleben und erdulden. Ergriffenheit und vollkommene Stille im Publikum.

Es ging unter die Haut, was da sichtbar wurde und was es bedeutet, alt, vergesslich und hilflos zu sein. Oder sich aber in der Rolle derjenigen zu befinden, die bis zur Erschöpfung die immer gleichen Fragen und Probleme lösen müssen.

Eine Zuschauerin, es klang, als wäre sie vom Fach, formulierte es so: »Demenz ist jedoch nicht nur eine Zumutung, sondern ein besonderer Seinszustand, der die Betroffenen durchaus auch heiter, zeitlos und innig in einer anderen Welt leben lässt.«

Die Motive, die Vorarbeit, die Widerstände und deren Überwindung

Nach dem Aktionstag, der mich begeistert und sehr berührt hatte, bat ich um die Fortsetzung unseres Gesprächs. Michael von Jan beantwortet ruhig und genau meine Fragen, ohne eine Spur von Eitelkeit, sondern einfach, klar und seiner Sache gewiss. »Wie bist du denn darauf gekommen, Theater mit alten Menschen zu spielen?«, frage ich.

»Irgendwann ist mir bewusst geworden, dass mir das Leben am Theater keine Freude mehr machte. Das Theater kam mir immer mehr abgehoben vor, ohne soziale Aspekte, ohne die Themen unserer Zeit engagiert aufzugreifen. Dennoch liegt im Theater nicht nur für die, die auf der Bühne stehen, sondern auch für die, die zuschauen, eine große Chance. Durch das Theater ist etwas sichtbar zu machen. Es lädt ein, sich zu identifizieren und Gefühle zu bewegen, die zu Erkenntnissen führen.« Eben das findet in dieser Theaterarbeit statt. Und das ist es, was Michael von Jan motiviert hat. »Ich inszeniere nicht nur Stücke mit Demenzkranken, sondern lasse mir verschiedene Freizeitideen für sie einfallen. Auf meiner Arbeitsstelle vor meiner Tätigkeit im Nachbarschaftshaus haben mir die Senioren den Spitznamen ›Spaßminister‹ gegeben. Natürlich geht es mir auch um Spaß, aber es geht um mehr: um Lebensfreude und Kreativität. Meine Motive: Die alten Menschen sollen aus ihrer Isolation herauskommen. Sie sollen Gemeinschaft erleben, Lust am Spiel erfahren. Auch die Öffentlichkeit soll daran teilhaben, damit das Thema ›Alter‹ bewusst wahrgenommen und akzeptiert wird. Nicht nur als Zumutung, sondern als Herausforderung.« Es ist Michael von Jan anzumerken, dass er seine Arbeit liebt. Ganz offensichtlich mag er alte Menschen. Er hatte, wie er sagt, immer einen Zugang zu ihnen.

»Ich machte mich auf die Suche nach Mitspielern und führte die ersten Gespräche. In einem Artikel im *Berliner Blatt* habe ich von diesem Theaterprojekt berichtet und damit potenzielle Mitspieler angesprochen. Es meldeten sich einige. Ich besuchte sie zu Hause und redete mit ihnen. Nicht jede, jeder kam infrage. Aber es war kein Problem, Begeisterte zu finden. Wir stellten eine Truppe aus Demenzkranken und nicht dementen älteren Menschen zusammen. Dann begannen wir, ein Stück zu entwickeln. Ehrenamtliche Helfer unterstützen die Demenzkranken dabei. Wir haben Gelder beantragt, und tatsächlich gelang es uns. Die Bosch-Stiftung finanziert das Projekt und den Aktionstag. Widerstände gab es eigentlich nicht, aber dafür sehr viele Anstrengungen.«

Aufschlussreich für Michael von Jan ist, dass die Angehörigen der Demenzkranken, die Theater spielten, es kaum glauben konnten, wozu die Alten fähig waren. Und so haben sich die Demenzkranken Respekt und Anerkennung verschafft durch etwas, was ihnen kaum jemand zugetraut hat.

Das Ziel seiner Arbeit ist, dass trotz Alter und Demenz alte Menschen am Leben teilhaben und dass Kultur und Soziales miteinander in Verbindung gebracht werden. Seine Arbeit und die seiner Kolleginnen und Kollegen ist ein konkretes Beispiel dafür, wie Wertschätzung für alte Menschen durch neue Ideen, Engagement, Mitgefühl und Zuneigung gelebt werden kann.

Schatzkammer der Werte: Eine Kunstaktion mit Schülerinnen und Schülern

Ein Ort der Entwertungen für die Präsentation von Werten

In einem Bunker in Berlin, der unter Denkmalschutz steht, wurde eine »Schatzkammer der Werte«, ein begehbarer, vier Quadratmeter großer

Kubus ausgestellt. Der Bunker war einst ein Ort des Grauens. Ukrainische Zwangsarbeiterinnen und Zwangsarbeiter haben ihn zwischen 1943 und 1945 unter den schlechtesten Bedingungen bauen müssen. Nach dem Krieg versuchten US-Soldaten, ihn zu sprengen, von 1986 bis 1989 wurde er dann zum größten Zivilschutzbunker ausgebaut. Heute ist er ein »Ort der Erinnerung«, in dem ab und zu Ausstellungen stattfinden. Die meiste Zeit liegt er brach. Schülerinnen und Schüler aus der nahe gelegenen Sophie-Scholl-Schule dürfen hier wegen der historischen Verknüpfung – die Zwangsarbeiter waren damals im Schulgebäude untergebracht – Projekte realisieren, die sich mit der Geschichte des Ortes künstlerisch auseinandersetzen.

Eines der Projekte wurde von der sozial engagierten und vielseitig begabten Fotografin und Künstlerin Kirsten Hense initiiert. Sie hat eine unvergleichliche Begabung, Menschen zu inspirieren und zu ermutigen – und vor allem, sie miteinander in Beziehung zu bringen.

An diesem »Ort der Erinnerung« schuf sie mit über hundert Jugendlichen eine »Schatzkammer der Werte«. Das war ein bewusstes Gegenprogramm gegen das, was einst in diesem Bunker geschah: die Ausbeutung von Menschen. Hier, in diesem Projekt, wurde eine Art Bewusstseinsarbeit für Werte künstlerisch umgesetzt. Der Schulleiter und die Lehrerkollegen unterstützten das Projekt, und der Förderverein sowie eine Stiftung finanzierten es.

Die Idee, wie Werte einen Ausdruck finden

Werte sind etwas Kostbares und sollten einen kostbaren Ausdruck finden. Das ist die Grundidee. Kirsten Hense verwirklicht nicht nur mit Jugendlichen, sondern auch mit Managern und Mitarbeitern von Firmen soziale Kunstprojekte, zusammen mit ihrem Partner, dem Maler und Kunstaktionisten Ernst Handl. Der Sinn dieser Aktionen ist, dass Menschen, die nicht künstlerisch aktiv sind, zusammen mit anderen in einem Gemeinschaftserlebnis Kunstwerke schaffen. Jeder Einzelne kreiert ein Werk. Das, was entstanden ist, wird zu einem großen gemeinsamen Werk zusammengeführt.

Mehreres findet in diesem Prozess gleichzeitig statt: Jeder Beteiligte entdeckt, was sie oder er kann und zu gestalten vermag. Im Entstehungsprozess werden Erfahrungen ausgetauscht, das Selbstwertgefühl steigt durch das sichtbare Ergebnis. Alle Werke, die einzeln entstanden sind, werden zu einem Gesamtwerk zusammengefügt. Das stärkt das Gemeinschaftsgefühl und den Zusammenhalt, abgesehen davon, dass alle, die mitmachen, sich von einer neuen Seite erleben, sich kennenlernen und mit Feuer und Flamme dabei sind. Sehr oft nach einem anfänglichen Zögern und einem mangelnden Selbstvertrauen. »Kunst machen? Kreativ sein? Das kann ich nicht.« Und dann die Erfahrung: »Ich kann es ja doch!«

Die glänzenden Werte der Kinder

Kirsten Hense hat auch in diesem Projekt einen überzeugenden Einfall: Auf wunderschön glänzenden Messingplatten treiben die Jugendlichen mit Hammer und Punze in wochenlanger Arbeit die Symbole hinein, die für sie für Werte stehen.

In die »Schatzkammer der Werte« bringen Schülerinnen und Schüler das zum Ausdruck, was ihnen wichtig ist – was sie am meisten prägt: die Familie, Geborgenheit, Liebe, Zusammenhalt, Freiheit, Wachstum, Freundschaft, aber auch Kampf und Aufbegehren.

Der Vogel steht für die Freiheit, für Wachstum steht eine Blume, die Faust steht für den Kampf, für die Liebe ein Herz, für Freundschaft zwei Hände, um nur einige Beispiele zu nennen.

Die Werte werden in handwerklicher Arbeit in Messing eingeprägt. Mit diesen Messingplatten wird ein Gesamtkunstwerk geschaffen. Auf vier zwei Meter großen Holzplatten haben die Schülerinnen und Schüler ihre Messingplatten aufgeschraubt und am Ende zu einem mannshohen Kubus zusammengefügt.

Ein überwältigender Eindruck

Bevor die Ausstellung eröffnet wurde, versammelten sich Eltern, Schüler, Lehrer und Gäste vor dem Bunker. In einer kurzen Eröffnungsrede begrüßte Kirsten Hense die Anwesenden und bat mich, über Werte zu sprechen. In den anschließenden Gesprächen mit den Jugendlichen wird mir wieder einmal klar, wie schwer es ist, sich der eigenen Werte bewusst zu sein. Viel eher können sie die Sehnsucht beschreiben, wie sie gerne leben möchten. Wer will nicht in Frieden und in Freiheit leben? Wer braucht nicht Vertrauen und Verlässlichkeit? Wer kann schon ohne Familie und Freundschaften im Leben auskommen? Die Jugendlichen suchen zaghaft nach Worten.

Das aber, was dann in der riesigen Halle dieses Betonbunkers zu sehen ist, ist ergreifend. Goldglänzend, geheimnisvoll, ein Raum ist im Raum entstanden, wie eine Art Altar wirken diese punzierten Messingplatten. Auf den ersten Blick würde man nicht auf die Idee kommen, dass dieses so kostbar wirkende Werk, das wie aus alten Zeiten zu stammen scheint, hier und heute von Zwölf- bis Siebzehnjährigen geschaffen wurde. Die Besucherinnen und Besucher versammeln sich um das Werk und entziffern die Symbole. Gespräche werden geführt und Interpretationen ausgetauscht. Die Eltern sind stolz, die Lehrer staunen, und die Schüler sind fast verlegen über das große Lob, das ihnen gegenüber ausgesprochen wird. Kirsten Hense verteilt Zettel und Stifte. Jeder Besucher hat die Möglichkeit aufzuschreiben, welche Werte ihm/ihr wichtig sind, was sie ihm bedeuten und wie sie mit anderen Worten zu umschreiben sind. Die Zettel werden an einer Schnur an der Wand aufgehängt, sodass jeder sie lesen kann. Eine kreative Stimmung herrscht vor. Mit Freude und einem Hochgefühl verlassen nach mehr als zwei Stunden die Besucher langsam diesen Ort.

Wie dieses Werk wohl weiter wirkt?

Ich kann mir gut vorstellen, dass die Jugendlichen diese Arbeit, die Ausstellung, ja dieses Erlebnis nicht vergessen werden. Sicher wird es dazu beitragen, dass die Werte mehr ins Bewusstsein gekommen sind. Und was ins Bewusstsein kommt, kann weiter wirken.

Die Tatsache, dass hier nicht nur geredet, sondern erlebt wurde, was wertvoll ist, hinterlässt Spuren: die Erfahrung der eigenen Kreativität, das gemeinsame Schaffen, das Lob und die Bewunderung und ein unvergesslich schöner Anblick.

Andere Länder, neue Wege, wichtige Werte: Die weisen indigenen Großmütter

Aufbruchsstimmung

In ihrem alten Backsteinhaus, umgeben von einem wunderschönen Garten, nahe bei Lüneburg, treffe ich Helga Langer, Psycho- und Familientherapeutin. Helga Langer hat vier erwachsene Kinder, fünf Enkelkinder und ist eine angesehene Therapeutin mit einer seit Jahrzehnten gut gehenden Praxis. Sie ist in mehrfacher Hinsicht eine eindrucksvolle Erscheinung, passt in keine der üblichen Schubladen, in die Frauen ihres Alters, »Therapeuten« oder »Dorfbewohner« sonst so hineingesteckt werden. Sie ist weit gereist, nicht nur in die tiefsten Tiefen der menschlichen Seele, sondern auch in andere Länder. Was hat sie dazu bewogen, Menschen in Afrika, wie in Benin und in Kamerun, in Brasilien und in den USA, aufzusuchen, um deren Kulturen und damit deren Werte kennenzulernen?

Woher kommen wir und von wem lernen wir?

Es ist nicht nur die Neugier auf das Fremde, die sie antreibt, sondern auch eine Kritik an unserer westlichen Welt. Sie sagt: »Hier werden unglaublich viele Ressourcen verschleudert. Wir leben in einer Gesellschaft, die nicht nur die Natur und den Menschen ausbeutet, sondern die instabil ist und sich in einer Art Dauerkrise befindet. Ich sehe eine wichtige Ursache dafür darin, dass eine grundlegende Ressource hier nicht gesehen und genutzt wird, nämlich das Wissen und die Erfahrungen der Alten. Und nicht nur das: Wenn wir wissen, woher wir kommen, wer unsere Ahnen und Vorfahren sind und waren, sind wir mit unseren ›Wurzeln‹ verbunden. Wir sehen und fühlen, in welchen großen Zusammenhängen wir stehen. Verlieren wir diese Bindung, sind wir nicht verankert, sind wir instabil. Die ältere Generation hier und heute ist verunsichert und wertet sich ab. Ich habe«, so erklärt sie mir, »viele Gespräche mit älteren und alten Menschen geführt und schmerzlich erlebt, wie das Bewusstsein, die eigene Einstellung zum Älterwerden die Realität der Menschen bestimmt. Da fallen Begriffe wie ›zum alten Eisen gehören‹, ›nicht mehr gebraucht werden‹, ›zu nichts mehr nutze sein‹, ›den anderen zur Last fallen‹.«

Helga Langer arbeitet nicht nur mit Familien und jungen Patienten, sondern hat vor mehr als zwei Jahren die »Herbstgruppe« gegründet. Ältere Frauen treffen sich regelmäßig und gehen behutsam und kreativ mit sich selbst und den vielen Möglichkeiten um, damit sie ein würdiges und schöpferisches Leben führen können. »Ich habe den Wunsch«, so Helga Langer, »das Bewusstsein der Menschen dafür zu öffnen, dass Älterwerden als Prozess gewürdigt und anerkannt wird. Bei vielen Menschen stoße ich auf Resonanz, vor allen bei jenen, die schon als Jüngere begriffen haben, dass die Jugend eine vorübergehende Phase ist. Allerdings scheint es manchen Menschen weitaus leichter zu fallen, unglücklich zu sein und zu leiden, als für das eigene Glück Verantwortung zu übernehmen.«

Auf der Suche nach anderen Lebensformen und Werten

In anderen Kulturen habe sie einen ganz anderen Umgang mit dem Alter und vor allem auch mit alten Frauen erlebt, erzählt sie. So werden in Kamerun, zum Beispiel im Stamm der Bakoko, die alten Männer und Frauen – in getrennten Zirkeln – von den Jüngeren gewürdigt und bei allen wichtigen Entscheidungen hinzugezogen.

Ähnliches erlebte sie in Brasilien, bei der Candomblé-Priesterin Mae Beata. Diese eindrucksvolle Frau ist Priesterin und Menschenrechtlerin. Sie ist eine Wächterin über ihre Gemeinde, kümmert sich um Minderheiten, hat ebenso politischen Einfluss wie die weisen alten Frauen in Kamerun. Durch ihre Autorität bietet sie Schutz und Sicherheit und schafft einen heiligen und heilenden Raum für tiefe menschliche Begegnung. Auch auf dieser Reise zu Mae Beata wird Helga Langer klar, dass es jenseits der gravierenden kulturellen Unterschiede eine tiefe Verbindung zwischen Menschen geben kann, die das gleiche Ziel und eine ähnliche Gesinnung haben. Sie alle wollen zu einer Bewusstwerdung und Heilung beitragen, nicht nur für einzelne Menschen – zum Beispiel durch Therapie –, sondern für die ganze Erde, für alle Menschen, für die Natur.

Die Abwertung indigener Kulturen und deren Überwindung

So hoch das Ziel gesteckt ist, so schwer ist auch der Weg dahin. Nicht nur die Afrikaner haben in ihrer Kultur und Spiritualität entsetzliche Abwertungen erfahren, ebenso wie andere indigene Völker dieser Erde – durch westliche Machtausübung, Ausbeutung und Zerstörung der Kulturen. Auch die alten weisen Frauen sind von dieser Gefahr bedroht. Aber einige von ihnen schaffen es, erfahrene Entwertungen zu überwinden und sich auf ihr uraltes, tradiertes Heilwissen zu berufen und konkret tätig zu werden.

Das wird Helga Langer deutlich, als sie eines Tages eine DVD in die Hände bekommt: *For the Next Seven Generations*. In diesem Film kommen dreizehn weise indigene Großmütter – Priesterinnen, Schamaninnen, Heilerinnen – aus Nord- und Südamerika, Afrika und Asien zu Wort. Sie haben sich zusammengeschlossen, um ihr Wissen, ihre Rituale, ihre Heilarbeit zu teilen und für viele Menschen auf der Welt verfügbar zu machen. Was sie vereint, ist eine große Idee: Frieden zu stiften, die Natur zu achten und zu schützen und dafür zu sorgen, dass eine lebenswerte Welt »for all our little ones«, für alle unsere kleinen Kinder, erhalten bleibt. Diese Ziele knüpfen an die Traditionen eigentlich aller indigenen Völker an: »Handelt immer so, dass ihr die Folgen eures Handelns für die nächsten sieben Generationen und darüber hinaus bedenkt.« Das ist das totale Gegenprogramm gegen eine kurzfristige, gewinn- und machtorientierte Gesinnung, die in der westlich ausgerichteten Welt vorherrscht.

Der Tempel des goldenen Kindes

»Ich war«, bekennt Helga Langer, »zutiefst bewegt, als ich diesen Film sah: dreizehn alte weise Frauen, aus allen vier Himmelsrichtungen kommend, die zusammen Rituale vollzogen, sich gegenseitig und selbstverständlich Kraft gaben, tief verankert in ihren Überzeugungen und der Liebe. Eine dieser Frauen hat mich ganz besonders angesprochen: Grandmother Flordemayo, eine mayanische Älteste, Priesterin und Heilerin. Die Faszination, die von ihr ausgeht, bewegte mich so sehr, dass ich mich entschloss, sie aufzusuchen.«

Helga Langer flog nach New Mexico, fuhr in die Nähe von Santa Fé und traf Flordemayo. »Es war wie ein Zu-Hause-Ankommen. Ich wurde von ihr herzlich empfangen und eingeladen in ihren ›Tempel des goldenen Kindes‹, in dem ein wunderschönes Bild von einem goldenen Kind hängt, das in einem großen Samenkorn schwebt. Mich faszinierte die Symbolik dieses Bildes, das für mich sowohl die Liebe zu unseren Kindern wie auch unserem inneren Kind ausdrückt, als auch den großen Respekt und die Liebe für die Samen unserer Pflanzen. Es war, als würden Flordemayo und ich, trotz der enormen kulturellen Unterschiede, dieselbe Sprache des Herzens sprechen. Wir unterhielten uns bei einer Tasse Tee. Es waren nicht viele Worte nötig. Später zeigte Flordemayo mir noch den Samentempel, in dem Saatgut aus der ganzen Welt gesammelt wird. Der Anbau und das Heilwissen dieser Kultur- und Heilpflanzen werden an Kinder und junge Menschen aus der ganzen Welt weitergegeben. Flordemayo ist der Meinung, dass das Wissen um die Heilwirkung der Pflanzen an viele Menschen weitergegeben werden muss. Flordemayo vermittelte mir eine tiefe Zuneigung, Dankbarkeit und Achtung ihrer Mutter, ihrer Familie gegenüber und vor allem gegenüber Mutter Erde.« Helga Langer hält inne und ist bewegt. »Ich habe sofort eine große Resonanz zu ihr gespürt.« Nach wenigen Augenblicken fährt sie fort: »Sie wirkt so bodenständig, von einer selbstverständlichen Kraft und Würde. In ihrer Gegenwart ist Ruhe, Klarheit und Gewissheit.«

Kraft und Verbundenheit durch Gemeinschaft

Aus dem weiteren Gespräch zwischen Helga Langer und mir wurde so deutlich, dass es hier um weit mehr geht als um interkulturellen Austausch. Die Verbundenheit zwischen Frauen, die sich über die substanziellen Werte des Lebens ohne große Worte einig sind, schafft eine Kraft, die es möglich macht, das Unmögliche zu wollen: Aufbruch in eine andere, menschenwürdigere Zukunft.

Die dreizehn Großmütter aus aller Herren Länder sind mit diesem Ziel aufgebrochen. Sie treffen sich zweimal im Jahr, engagieren sich in den verschiedensten Projekten, lehren und verfolgen ihre Heil- und Friedensarbeit vor Ort in ihren Ländern und weltweit.

Lernen und offen sein

Helga Langer wird sich weiter für ein kraft- und würdevolles Leben im Alter einsetzen und für eine gesellschaftliche Umbewertung des Alters. Ebenso engagiert sie sich weiter für den Erhalt und die Würdigung der indigenen Kulturen. Aus diesem großen inneren Bedürfnis heraus ist sie 2014 ein zweites Mal aufgebrochen in die USA; diesmal nach South Dakota, um am Treffen der dreizehn indigenen Großmütter teilzunehmen.

»Was ich bei unseren Gastgebern, den Lakotas, erfahren habe an gelebter Gemeinschaft und Zusammenhalt über alle Generationen hinweg, hat mich tief bewegt, ebenso wie die große Liebe, der Respekt und die Fürsorge, die die indigenen Großmütter füreinander und für ›Mutter Erde‹ in ihren Ritualen und Gebeten zeigten, genauso wie in ihrem täglichen Umgang. Es war unglaublich für mich, welch eine Klarheit, Intensität und Kraft diese Frauen ausstrahlen – auch die, die weit über achtzig Jahre alt sind. Alter und körperliche Versehrtheit halten sie nicht davon ab, sich mit ihrer ganzen Energie für das einzusetzen, wovon sie in ihrem tiefsten Herzen überzeugt sind: ›Die Zeit ist jetzt! Mutter Erde leidet Qualen! Ihr müsst jetzt hervortreten, um ihr und ihren Bewohnern zu helfen und sie zu heilen!‹ Es wurde ihnen gesagt, dass sich nichts verändern würde, außer jeder Einzelne verändere sich. Diese Botschaft hat mich erreicht, als ich in South Dakota an ihren Ritualen teilnehmen durfte.«

Helga Langer kehrte zurück mit der Botschaft der dreizehn indigenen Großmütter, die auch ihre eigene tiefe Überzeugung ist: »Wenn wir uns selbst heilen, heilen wir unsere Vorfahren und Kinder. Wenn wir uns selbst heilen, heilen wir auch Mutter Erde!«

»Werte pflanzen« – Jugendliche schaffen und erleben Werte im Projekt »Trinkwasserwald«

Ein besonderer Ort und eine spannende Lebensgeschichte

Alexander Pillath und ich treffen uns in der Nähe von Hamburg. Auf dem Land, an einem besonderen Ort, in einem großen, wunderschönen, parkähnlichen Garten, mit mehreren Seminar- und Wohnräumen – einem Zentrum für Erwachsenenbildung. Als er auf mich zukommt, denke ich: »Welche Kraft strahlt dieser Mann aus! Und welche Lebendigkeit.« Wir kennen uns schon eine Weile, und ich habe immer mit großem Interesse seine Aktivitäten verfolgt. Alexander Pillath ist auf dem Land aufgewachsen und wollte eigentlich Tierarzt werden. Früh hat er angefangen, nicht nur Pferde zu züchten, sondern sich auch musikalisch ausbilden zu lassen. Er spielte jahrelang in einer Band. Aus verschiedenen Gründen entschied er sich für den Studiengang des Diplomwirtschaftsingenieurs. Nach dem Studium war er zunächst in einer Reederei tätig, bevor er – nach einigen Jahren als Profimusiker – in seinem studierten Beruf arbeitete. Er gründete eine Stabsstelle in einem führenden Hamburger Hafenunternehmen, in der er sich mit einem Team von Spezialisten mit der Veränderung und Optimierung aller Containerumschlagsprozesse befasste. Dies sowohl in technischer, EDV-technischer, operativer und prozessablauforientierter Hinsicht, in Kontakt und im Austausch mit anderen internationalen Hafenbetrieben. Mit Anfang vierzig wurde er Gründungsmitglied des Umweltschutzvereins »Trinkwasserwald® e. V.« und ist bis heute dort im Vorstand, erst ehrenamtlich und seit 2008 hauptberuflich. Seine berufliche Laufbahn war schon spannend, doch nun war ich mindestens so gespannt auf sein Projekt: »Trinkwasserwald® e. V. – Wald. Wasser. Werte.«

Wie man durch das Anpflanzen von Laubbäumen Trinkwasser und die Herzen gewinnt

»Du machst etwas ganz Ungewöhnliches mit jungen Leuten. Und du nennst es ›Werte pflanzen‹. Wie bist du auf diese Idee gekommen, deine Pflanzaktionen so zu nennen und in diesem Sinne durchzuführen?«

»Das ist eine lange Geschichte«, antwortet er. »Aber bevor ich davon berichte, wie ich auf diese Idee gekommen bin, erzähle ich am besten eine Begebenheit: Es war in der Nähe von Berlin. Meine Kollegen und ich waren mit vielen Jugendlichen in einem Nadelholzwald und wollten gemeinsam junge Laubbäumchen zwischen die Nadelhölzer pflanzen. Das hat folgenden Sinn: Viele, nicht standortgerechte Nadelholzmonokulturen, die einst für die Rohstoffgewinnung nach den Kriegen angebaut wurden, sind für das ökologische Gleichgewicht problematisch. Bauen wir solche Monokulturen durch die Unterpflanzung mit Eichen, Buchen oder Ahorn in Laub(misch)wälder um, können wir damit gutes, sauberes Grund- beziehungsweise Trinkwasser in großen Mengen generieren und sichern. Auf zweitausenddreihundert Hektar Wald schaffen wir durch unsere Aktionen zusätzlich zwei Milliarden Liter Trinkwasser – jedes Jahr, generationsübergreifend! Auch das ökologische Gleichgewicht im Wald wird durch diese Art von Mischwald wiederhergestellt. Wie das genau abläuft, kann man in unserem Informationsmaterial nachlesen. Doch zurück zu der kleinen Geschichte, die ich dir erzählen wollte: Wir waren mit dieser Gruppe von Jugendlichen bei einer fast ganztägigen Pflanzaktion. Wir pflanzten nicht nur Bäume mit den Jugendlichen, sondern wir redeten mit ihnen über ihre Wünsche und Werte. Ein vierzehnjähriger Junge, der als schwer erziehbar galt, antwortete in der ersten Fragerunde früh am Morgen ganz cool auf die Frage nach seinem Wunsch: ›Ich wünsche mir eine Kalaschnikow.‹ Ich fragte ihn, warum. Und er antwortete, ebenso cool: ›Damit ich mich zur Wehr setzen kann!‹ Ich ließ diese Aussage erst einmal unkommentiert im Raum stehen. Wir arbeiteten nach dieser Fragerunde eine ganze Weile mit den Jugendlichen weiter zusammen. Ich merkte, dass die gemeinsame Arbeit im Wald und die Ruhe bei den Jugendlichen ihre Wirkung zeigten.

Vor dem Mittagessen konnte jedes Mädchen und jeder Junge sich einen Baum aussuchen, ihn umfassen und sagen, was sie/ihn nun beschäftigt. Der Junge, der sich am Morgen eine Kalaschnikow gewünscht hatte, war während der Aktionen immer stiller geworden. Ich spürte, dass in ihm in den letzten Stunden einiges vorgegangen sein musste. Er umfasste einen von ihm ausgewählten Baum und sagte: ›Ich wünsche mir so sehr, dass meine Großmutter wieder gesund wird.‹ Nach der gemeinsamen Mittagspause setzten wir die Arbeit im Wald weiter fort. Es wurde gescherzt und fleißig gearbeitet. Die Jugendlichen halfen sich gegenseitig und gönnten sich auch mal eine Pause.

Zum Ende der Aktion pflanzten wir bewusst Bäume in einem Kreis und versammelten uns darum. Ich schlug den Kindern vor, nun zu schweigen, zu lauschen, den Vögel zuzuhören – und auch mal länger in sich hineinzufühlen. Nach kurzen Herumkaspern ließen sich alle Jugendlichen darauf ein. Es schien fast, als hätten sie selbst das Bedürfnis und wären dankbar für den Vorschlag. Wir fragten sie dann, was sie sich für ihre Kinder später am meisten erhofften. Es schien nicht einfach für sie zu sein, auf diese Frage etwas zu sagen. Der coole Junge wurde natürlich auch gefragt. Er überlegte einen Moment und erwiderte: ›Für mich ist Freiheit das Wichtigste. Und für meine Kinder …‹ Nach langem Zögern ergänzte er stockend, aber sehr ernsthaft: ›Da wünsche ich mir Frieden.‹ Ich traute meinen Ohren nicht.«

Als Alexander Pillath diese Geschichte zu Ende gebracht hatte, schwiegen wir beide erst einmal. Ich merkte, wie ihn dieses Erlebnis bis heute beschäftigte. Das war genau das, was wir uns so sehr wünschen und hoffen: Dass Menschen, Kinder, Jugendliche und Erwachsene sich selbst fühlen, in Kontakt mit der lebendigen Natur sind, sich ihrer Werte und Wünsche bewusst werden und dies ausdrücken können.

Natur erleben, sich erleben, Gemeinschaft erleben – warum?

»Du hast mich gefragt, wie ich auf diese Idee gekommen bin. Ich beginne mal meine Antwort mit einer kritischen Beobachtung: Aus meinen Erfahrungen von zwanzig Jahren gemeinnütziger Umweltschutzarbeit – insbesondere zu den Themen Wald und Wasser – mit Tausenden von Erwachsenen, Kindern und Jugendlichen hat sich gezeigt, dass das Bewusstsein dafür, ein ›Teil der Natur zu sein‹, in den letzten Jahren zunehmend schwindet. Viele Menschen haben überhaupt keinen Bezug mehr zur Natur. Sie sind nicht nur abgeschnitten von der Natur, die sie umgibt, sondern auch abgeschnitten von sich selbst, von ihren Gefühlen, von ihrem Herzen. Der Umgang miteinander wird immer aggressiver und empathieloser. Warum? Es fehlt etwas. Ich sah eine Aufgabe für mich darin, dem gegenzusteuern und Werte zu vermitteln. Nicht dogmatisch, sondern vorgelebt, empathisch und glaubwürdig. Es gibt aber noch einen zweiten Grund: Ich war dreißig Jahre lang in verantwortlichen Positionen in Wirtschaftsunternehmen tätig. Insbesondere in den letzten zehn Jahren hat sich für mich gezeigt, dass es bei Konflikten in Firmen primär nicht mehr um sachliche Probleme oder Schwierigkeiten im Miteinander geht, sondern durchweg um Wertekonflikte zwischen Vorstand beziehungsweise Geschäftsführern auf der einen Seite und den Ebenen darunter auf der anderen Seite. Wertekontexte und vor allem persönliche Wertekodexe prallen aufeinander, die durch herkömmliche Kommunikations- oder Konflikttrainings kaum lösbar sind. Um diesem häufig beklagten Missstand zu begegnen, setze ich da an, wo meines Erachtens für unsere Zukunft die Weichen gestellt werden: bei Kindern und Jugendlichen auf der einen Seite und Entscheidungsträgern in der Wirtschaft auf der anderen Seite. Eine Möglichkeit dazu ist, im Rahmen von konkreten Projekten in der Natur Erfahrungen zu machen, gesellschaftlich relevante Themen aufzugreifen und auch auf diesem Wege Werte im wahrsten Sinne des Wortes zu pflanzen.«

Die Ziele der Pflanzaktionen des Trinkwasserwald-Projekts

»Und wie wir an der berührenden Geschichte, die du eben erzählt hast, gesehen haben, verbinden sich mit deiner Arbeit mehrere Ziele«, sage ich. »Ja, gewiss. Innerhalb dieses Erfahrungsraums werden die Kinder und Jugendlichen in den Schlüsselkompetenzen Selbstvertrauen, Selbstausdruck, Kooperation, Handlungskompetenz und Verantwortung gefördert, um an einer zukunftsfähigen Gestaltung der Gesellschaft mitwirken zu können. Während der Pflanzaktionen erleben sie nicht nur die Natur. Sie bekommen mit, was Gemeinschaft heißt und was es für sie bedeuten kann, über ihre Wünsche und Werte nachzudenken und sich diese bewusst zu machen. Aber es geht auch darum: Damit sich in Zukunft eine intakte, ökologisch und sozial überlebensfähige Gesellschaft bilden kann, muss sich der Gedanke des Umweltschutzes und der Nachhaltigkeit tief im Einzelnen verankern. Naturerfahrung in der Kindheit unterstützt diese Entwicklung. Naturerfahrungen, pädagogisch angeleitet, machen den Kindern und Jugendlichen Spaß und lassen sie den sensiblen ökologischen Lebensraum Wald mit allen Sinnen erfahren. Denn wenn uns die Kinder zeigen, wie sie sich als Teil der Natur sehen, werden eventuell auch die Erwachsenen ihre Stellung in der Welt neu überdenken. Und wenn Kinder erfahren, dass sie in ihrer Auseinandersetzung mit Natur und Nachhaltigkeit ernst genommen werden, wird sie das langfristig in ihrem Engagement dafür bestärken. Darüber hinaus belegen alle diesbezüglichen Studien, dass Naturerfahrung in der Kindheit eine gesunde kognitive, motorische, psychische und physische Entwicklung begünstigt. So schaffen und fördern wir zum Beispiel mit unseren öffentlichen Pflanzaktionen für die ganze Bevölkerung im Rahmen unserer Kampagne ›Blätterwälder – gemeinsam pflanzen‹ und Umweltbildungsprojekten für Kinder im Rahmen des Projekts ›Die Stadtspatzen kommen‹ und ›Ich bin ein Teil der Natur‹ erlebbares Bewusstsein. Denn erst durch gemeinsames Handeln kann ein emotionaler Zugang zu unseren eigenen Werten entstehen: Raus aus der Konditionierung des Alltags! So ergibt sich die Möglichkeit, eingefahrene Muster aufzubrechen und tatsächliche Bedürfnisse zu spüren. Im Gespräch und Tun mit Menschen aller Lebensbereiche findet sich dabei die Gemeinschaft im Handeln wieder und sieht am Ende des Tages, was zusammen erreichbar ist.«

Die konkrete Arbeit

»Und wie setzt ihr diese Pflanzaktionen um?«, will ich wissen.

»Teil dieses Prozesses ist immer auch eine mehrstündige Pflanzaktion in größerem Rahmen mit Betreuung in kleinen Gruppen, die es den Teilnehmerinnen und Teilnehmern ermöglicht, das Erlebte und Erfahrene im besten Sinne auch händisch zu ›begreifen‹. Die Beteiligten erleben, manchmal zum ersten Mal, was eigentlich Qualitäten sind: Dauerhaftigkeit; für andere und sich selbst vorsorgen; sinnliche Erlebnisse in der Natur; hören, fühlen, sehen; Respekt vor anderen. Mit gut ausgebildeten Umwelt- und Erlebnispädagogen, erfahrenen Mitarbeitern von ›Trinkwasserwald® e. V.‹ und in Zusammenarbeit mit den regionalen Förstern. Sie vermitteln die ökologischen, kulturellen und geschichtlichen Hintergründe der jeweiligen Region, in der unsere Aktionen stattfinden. An diesen Aktionen nehmen Kinder, Jugendliche, Praktikanten und Trainees aus größeren Firmen im Rahmen von sogenannten ›Trinkwasser-Pflanzmaßnahmen‹ teil, aber auch interessierte Entscheidungsträger von Wirtschaftsunternehmen.«

»Man würde auf den ersten Blick gar nicht vermuten, dass solche Pflanzaktionen mit so vielen Aspekten des Miteinanderlernens verbunden sind«, wende ich ein. »Du wirst ganz bestimmte Vorstellungen davon haben, was in diesem Prozess alles möglich wird.«

Die Qualitäten der Pflanzaktionen

Alexander Pillath überlegt einen Augenblick. »Sehr viel ist möglich«, fährt er dann fort. »Zuerst: Wir agieren hier, statt zu funktionieren. Ich bin davon überzeugt, dass jeder Mensch von sich aus neugierig und leistungswillig ist und die Bereitschaft hat, seine Kraft und Zeit freiwillig und engagiert für die Erreichung sowohl eigener als auch gemeinschaftlicher Ziele einzusetzen. Solange er die Möglichkeit hat, sich in seinem eigenen Tempo und seinen eigenen Interessen und Zielen entsprechend zu entwickeln. Dazu ist es jedoch nötig, sich selbst wertzuschätzen, um die Vorstellungen anderer nicht höher zu bewerten als die eigenen.

Zum zweiten: Hier findet Vertrauen statt Kontrolle statt. Kein Baum kontrolliert einen anderen, und trotzdem entstehen gesunde Wälder. Wer aus Überzeugung und Verantwortung sich und seinen Mitmenschen gegenüber handeln kann, den muss man nicht kontrollieren. Wenn Menschen als Gemeinschaft verantwortlich miteinander handeln, kann jeder seine Fähigkeiten einbringen, statt innerlich längst gekündigt zu haben, Mindestleistungen zu erbringen, die nicht von Herzen kommen. Neben diesen Gedanken und Thesen gibt es einige Handlungsempfehlungen, die wir, abgeleitet von ökologischen Prinzipien, den an unseren Aktionen teilnehmenden Erwachsenen, Kindern und Jugendlichen näherbringen möchten, nicht nur für das private Leben, sondern auch als Geisteshaltung für das spätere Berufsleben:

- Nutze das, was in deinem Umfeld wächst und vorkommt, und erhalte – in jeder Hinsicht – die Vielfalt um dich herum, denn sie ermöglicht dir ein breites Handlungsspektrum.
- Beachte Einflüsse aus anderen Regionen, denn sie bereichern deinen Lebensraum und können zu Wachstum führen.
- Schütze das, was um dich ist, denn wird der komplexe Zusammenhang allen Lebens in deiner Region zerstört, führt das auch zu Störungen in deinem Leben.«

Die Widerstände und die zu lösenden Probleme

»Das klingt so, dass eigentlich jeder Mensch, der dies hört, sofort überzeugt sein müsste, weil es so einleuchtend und naheliegend ist«, bemerke ich. »Auf welche Resonanz bist du gestoßen bei Verantwortlichen, die darüber entscheiden sollen, wer wann an welchen Pflanzaktionen teilnehmen soll? Und vor allem bei denen, die die Pflanzaktionen finanzieren sollen?«

»In der Regel stoße ich auf sehr großes Interesse, sowohl von Einzelpersonen als auch Institutionen, von Schulen bis zu Wirtschaftsunternehmen. Nahezu überall wird insbesondere zu dem Thema ›Werte‹ ein akuter Handlungsbedarf gesehen.«

Das glaube ich ihm sofort, aus eigener Erfahrung. Und trotzdem frage ich weiter: »Und gab es auch Widerstände? Denn trotz aller Einsicht vieler ist vielleicht nicht jedes Ohr für solche Denkweisen und Ideen zugänglich?«

»Nun ja, das pragmatisch angelegte Projekt ›Werte pflanzen‹, mit dem Schwerpunkt auf ›Erfahren und Erleben‹, erscheint für viele auf den ersten Blick verstörend. Hier wird nicht doziert und theoretisiert. Nicht einfach ist es, eine seriöse, tragfähige Finanzierung zu finden. Bisher wurde es ausschließlich aus Spenden und durch Investitionen meinerseits und einiger engagierter Mitstreiter finanziert. Ziel ist es jedoch, in Kürze eine tragfähige finanzielle Basis für alle diesbezüglichen Aktivitäten zu gewährleisten.«

»Eine Frage würde ich dir gern zum Abschluss stellen: Welche Schlussfolgerungen ziehst du für dein Leben?«

Alexander Pillath muss nicht lange nachdenken: »Das Projekt ›Werte pflanzen‹ ist mir eine große Herzensangelegenheit und mittlerweile auch Bestimmung geworden. Wir erleben ja, dass wir Fortschritte machen, dass die ersten Anfänge gemacht sind, ein öffentliches Bewusstsein für diese Arbeit zu schaffen. Mir ist es vor diesem Hintergrund sehr wichtig, den nachfolgenden Generationen ein gutes Rüstzeug mitzugeben. ›Denkst du in Jahren, pflanze ein Korn, denkst du in Jahrzehnten, pflanze Bäume!‹, lautet ein altes Sprichwort. Und ich möchte ergänzen: Und pflanze parallel dazu ›Werte‹.«

Fazit und Ausblick

Dass ich die Gelegenheit hatte, diese sieben Männer und Frauen aufzusuchen, um etwas über ihr Engagement zu erfahren, macht mich glücklich. Es ist beflügelnd, solche Menschen zu treffen, die Lust haben, etwas zu gestalten. Es ist nicht nur so, dass sie anderen Menschen damit Freude machen, sie ermutigen, sie zu einem Umdenken bringen. Sie selbst sind glücklich über ihre Erfahrungen und die positive Resonanz. Alle hier Befragten haben mit einem kritischen Blick in die Gesellschaft begonnen, mit Mitgefühl und mit Liebe zu ihrer selbst gewählten Aufgabe.

Stellen wir uns einmal vor, noch sehr viel mehr Männer und Frauen wären in dieser Richtung tätig: Unsere Welt würde mit Sicherheit anders aussehen.

Wenn ich gefragt werde, ob es denn in dieser »furchtbaren Welt« überhaupt einen Sinn hat, etwas gegen die Zerstörungen zu tun, angesichts der Übermacht von Zwängen, Gewalt und Entwertungen, so ist meine Antwort: Gerade deshalb ist es umso wichtiger!

Wer den Mut hat aufzubrechen, hat eine Chance, sich durch neue Erfahrungen von alten überkommenen Vorstellungen und Entwertungen zu lösen. Diese Entwicklung könnte auch gesamtgesellschaftlich bedeuten: weniger Gewalt – und mehr Anerkennung!

Das ist in allen Lebensbereichen möglich: in unserer Beziehung zu uns selbst, in Bezug auf unseren Körper, auf die Sexualität und die Liebe, in der Arbeit, in der Wissenschaft, in unserer Frage nach Gott. In der Art und Weise, wie wir mit Fremden und Ausländern umgehen, mit Kranken, mit Alten, mit Andersdenkenden und mit Menschen, die an der untersten Leitersprosse der Gesellschaft stehen.

Es gibt unendlich viele Möglichkeiten, aus dem Reichtum der menschlichen Erfindungen zu schöpfen. Aus der Philosophie, aus vielen Büchern, die von klugen Menschen geschrieben wurden. Auch die eigenen Erfahrungen, die wir uns bewusst machen können, bringen uns weiter. Jeder Mensch, der uns begegnet, kann ein Lehrer für uns sein, der uns etwas spiegelt, was wir noch nicht über uns wissen, aber wissen sollten.

Ich bin fest davon überzeugt, dass es in der menschlichen Natur liegt, in Bewegung zu sein und sich bewegen zu lassen. Das heißt auch, dass trotz aller Angst vor dem Neuen die menschliche Neugier wahrscheinlich doch mächtiger ist.

Diese Neugier ist nicht denkbar ohne ein Selbstbewusstsein. Niemand bricht so leicht auf, der sich schuldig, schwach und hilflos fühlt. Wer macht sich denn schon auf den Weg, ohne Hoffnung und Mut?

Wie im letzten Teil des Buches gezeigt wurde, gibt es viele Möglichkeiten, etwas neu zu denken, aufzubauen und sich zu engagieren. Das sind Wege in die Selbstbestimmung und Wege aus der Entwertung.

Auch wenn ein Engagement die Anerkennung nicht garantiert, so ist allein die Erfahrung, etwas zu gestalten, dazu angetan, sich etwas wert zu fühlen. Und wenn zu diesem wachsenden Selbstwertgefühl die Anerkennung durch andere hinzukommt, macht dies glücklich. Der realistische und nüchterne Blick ermöglicht uns, die Notwendigkeit und die Chancen der Veränderung zu erkennen. Wenn wir begeistert von etwas sind, können wir Veränderungsmöglichkeiten sehen und tatkräftig handeln. Es kommt nicht nur darauf an, uns selbst und die Realität im Hier und Jetzt zu erkennen, sondern auch die Möglichkeiten in ihr zu erforschen.

Erkennen, Erfahren und Handeln sind die drei Schritte, die zusammengehören, um das Leben nicht nur zu ertragen und zu erleiden, sondern es aktiv zu gestalten.

Wir können viel mehr, als wir meinen, aber wir können keineswegs alles. Das ist eine Erkenntnis, die nicht entmutigt, sondern die uns akzeptieren lässt, dass Menschen beides gleichzeitig sind: begrenzt und unendlich wandlungs- und lernfähig.

Danksagung

Vielen habe ich zu danken, die mich beim Schreiben dieses Buches in vielerlei Hinsicht begleitet, gefördert und beraten haben.

Vor allem meiner begabten Mutter, die mich von früh an und in liebevoller Verbundenheit bestätigt und gefördert hat, meinen eigenen, manchmal ziemlich abenteuerlichen Weg zu gehen. Und meinem Vater, der mir mit seinem Erkenntniswillen und seinem philosophischen und religionswissenschaftlichen Wissen ein Vorbild war. Meinem Partner und Kollegen Dieter Flader habe ich aufgrund seines immensen Wissens und seiner scharfsinnigen Analysen viele neue Ideen und Anregungen zu verdanken. Meinen engen Freunden Lilly und Manfred Stock, die mir seit vielen Jahren nicht nur allertreueste Freunde, sondern auch in Sachen Physik und Literatur intellektuell anregende Gesprächspartner sind. Ihnen verdanke ich sehr viel. Johannes Strohschein und László Huber sind mir seit jeher wichtige Gefährten, die mich mit ihrer Integrität und Lebensklugheit unterstützen und verstehen. Heide und Heinz Dürr ermutigten mich durch ihr Interesse und Verständnis und förderten mittels ihrer Stiftung dieses Buch. Durch Dieter Jarzombeks therapeutisches und spirituelles Wissen habe ich nicht nur viel gelernt, sondern auch tiefgreifende Erfahrungen machen dürfen, die mich weitergebracht haben. Helga Langer, Robert Neuhaus, Alexander Pillath, Lilly Stock, Kirsten Hense, Michael von Jan und Marie-Agnes von Stechow danke ich für die Bereitschaft und die wunderbare Zusammenarbeit in Bezug auf die konkreten Werteprojekte, deren Initiatoren sie sind. Helga Langer habe ich zudem zu verdanken, dass sie mir durch ihre Erfahrungen und ihr therapeutisches Wissen einen tiefen Einblick in die Themen und Probleme von

Familien gab. Friedrich Schorlemmer verdanke ich eine besondere Sicht in das Leben der ehemaligen DDR und der Bürgerrechtler. Freund und Theologe Peter Weigle regte mich durch originelle Fragen an. Prof. Dr. F. nahm sich viel Zeit, um mich in die Welt der Genforschung einzuführen. Ihm sei Dank. Mit Jens Corssen führe ich spannende Gespräche über die Gründe und Abgründe des menschlichen Seins, aus einer humorvollen Perspektive. Hartmut Frech danke ich für die Zusammenarbeit an unserer Studie über »Spiritualität und Management«, die dankenswerterweise von der Identity Foundation, Paul Kohtes und von Jürgen Schulz-Vernholz mitfinanziert wurde. Meinen Klienten danke ich für ihr Vertrauen und dafür, dass ich auch von ihnen lernen darf. Ibrahim Evsan und Mehtap Evsan bin ich von Herzen dafür dankbar, dass sie kompetent und vorausschauend erheblich dazu beitragen, meine Wertethemen in den digitalen Systemen zu verankern. Mein Verleger Ulrich Ehrlenspiel und meine Lektorin Andrea Löhndorf haben sofort verstanden, worum es in diesem Buch gehen wird, und mich mit wesentlichen und klugen Kommentaren begleitet. Meinem Lektor Gerhard Seidl danke ich für die gute Zusammenarbeit. Durch die »Weimarer Visionen«, die Festspiele des Denkens, mit ihren Initiatoren, vor allem meinen liebenswerten Freunden Michael und Daniela Sandvoss, habe ich viele spannende Menschen kennengelernt, denen ich auf unterschiedliche Weise viel zu verdanken habe. Von meinen Gesprächs- und Interviewpartnern habe ich viele entscheidende Informationen bekommen, die für dieses Buch von Bedeutung sind. Auch denjenigen meiner Freunde, die hier nicht genannt sind, bin ich zu großem Dank verpflichtet, weil sie mich ermutigten, dieses Buch zu schreiben.

Anmerkungen

1 Kierkegaard, S.: *Entweder – Oder II*, S. 279 f.
2 Schopenhauer, A.: *Parerga und Paralipomena I*, S. 447
3 Nietzsche, F: *Menschliches, Allzumenschliches*, S. 394, Hervorhebung Nietzsche
4 Mayer, K. C.: Glossar. Psychiatrie/Psychosomatik/ Psychotherapie/ Neurologie/Neuropsychologie 2011
5 Es ist bemerkenswert, dass die Hirnforschung genau dies bestätigt. Das haben Wissenschaftler in der Sendung »Das automatische Gehirn« bei ARTE am 22.8.2013 an vielen Beispielen gezeigt und erklärt: Beurteilungen laufen im Sinn von Bewertungen weit vor einer rationalen und bewussten Einstellung zu dem beurteilten Gegenstand, Prozess oder vor allem der Person ab.
6 Klages, H.: »Entstehung, Bedeutung und Zukunft der Werteforschung«, in: *Sozialpsychologie und Werte*, hg. von Erich H. Witte, Lengeris 2008, S. 12
7 ebd. S. 12
8 Nietzsche, F: *Menschliches, Allzumenschliches*, S. 394
9 ebd., S. 444
10 Die Kirchenväter wie der *heilige Augustin*: Die Ideale des sündigen büßenden Menschen und der »Gottesgläubigkeit« und der »Demut«. Generationen haben sich diesem Diktum unterworfen.
René Descartes' berühmter Satz: »Ich denke, also bin ich!« (Cogito ergo sum) hat ganze Generationen in ihrem auf die Ratio bezogenen Selbstverständnis (besonders in der Wissenschaft) geprägt.
Immanuel Kant: Die Idee der menschlichen »Vernunft« als Ideal in Verbindung mit Gewissen. (»Der bestirnte Himmel über mir und das moralische Gesetz in mir.«) Vernunft ohne Gottesglauben war undenkbar. Die Wissenschaft beruft sich bis heute auf dieses Ideal, jedoch ohne Gott und meist, ohne die eigene Gefühlswelt in Betracht

zu ziehen. (Darauf werde ich im 4. Kapitel des 2. Teils »Schauplatz Wissenschaft« eingehen.)
Karl Marx: Das Ideal der Gerechtigkeit in der »klassenlosen Gesellschaft«. Weltweit sind sozialistische Systeme entstanden auf der Grundlage dieses Ideals.
Das sind nur einige wenige Beispiele für die geistigen Urheber von Idealen.

11 Der Neurowissenschaftler Gerald Hüther nennt diese Richt- und Orientierungslinien in Anlehnung an soziologische und psychologische Handlungstheorien »innere Bilder«. Sie haben eine große Macht, so wie ich es hier auch erkläre. Vgl. dazu sein Buch *Die Macht der inneren Bilder.*

12 Auf diesen Zusammenhang macht auch Detlef R. Rost in seinen Studien zur Hochbegabtenförderung aufmerksam; siehe Literaturverzeichnis

13 Nietzsche, F.: *Menschliches, Allzumenschliches*, S. 417

14 Diese Fälle stammen aus unterschiedlichen Quellen meiner Recherche: persönliche Gespräche, Familienaufstellungen, Interviews, Workshops aus den letzten fünfzehn Jahren. Zum Schutz der Betroffenen sind die Fälle ohne Namensnennung, verfremdet durch Veränderungen der Orte, Berufe usw., ohne dass die symptomatischen Grundaussagen dadurch beeinträchtigt werden.

15 Vgl. dazu die Sendung »War Opa Nazi?«, Bayerischer Rundfunk, 14.4.2014, 20.15 Uhr, mit Dr. Tanja Hetzer, Coach und Historikerin, die sich in ihrer Arbeit auf das Thema »Kriegsenkel« spezialisiert hat.
In der Sendung berichteten die Kriegsenkel, also die heute Dreißigjährigen, über ihre Versuche, mit den Verbrechen ihrer Großväter fertig zu werden.

16 Deutschland; 12-25 Jahre; 2532 Befragte; TNS Infratest Quelle: Shell Jugendstudie

17 Nämlich die der Selbstverständlichkeit, die sich der Wahrnehmung entzieht. Natürlich gab und gibt es immer Ausnahmen. Nämlich dann, wenn Eltern aufgrund ihrer eigenen Erfahrungen sich bewusst dafür entscheiden, ihre Kinder anders aufzuziehen, als sie selbst erzogen wurden. Die Entscheidung, die eigenen Kinder anders zu erziehen, ist bedingt durch das Bewusstsein der eigenen Kindheit, die schmerzhaft erlebt wurde.

18 Auf diese Aspekte hat der Kinderpsychologe W. Bergmann in seinem Buch *Das Drama des modernen Kindes* eindrücklich hingewiesen.

19 »Offenbar sind die Jugendämter alarmiert: Immer mehr Eltern wird das Sorgerecht für ihre Kinder entzogen. Von 2006 auf 2007 stieg die Zahl der Sorgerechtsentzüge um 12,5 Prozent, im Vergleich zu 2005 betrug der Anstieg sogar knapp 23 Prozent ... Allein im vergangenen Jahr haben die Gerichte in Deutschland in rund 10.800 Fällen ›den vollständigen oder teilweisen Entzug der elterlichen Sorge‹ angeordnet. Immer mehr Eltern kommen ihrer Sorgepflicht nicht nach ... Erst *(kürzlich m. E.)* waren in Bremen zwei Mädchen aus einer verwahrlosten Wohnung geholt worden – in dem Fall hatte ein Familiengericht vor einem Jahr noch gegen einen Sorgerechtsentzug entschieden. Ebenfalls in dieser Woche waren die Eltern der verhungerten Lea-Sophie aus Schwerin zu Haftstrafen von jeweils elf Jahren und neun Monaten verurteilt worden. Das fünfjährige Mädchen war im November 2007 nach wochenlanger Vernachlässigung verhungert und verdurstet ... Geradezu explodiert ist 2007 die Zahl der *sogenannten Herausnahmen*, bei denen Kinder und Jugendliche gegen den erklärten Willen der Sorgeberechtigten in Obhut genommen wurden. Sie verdreifachte sich fast von 151 auf 435.« *Spiegel online*

20 Satir, V.: *Selbstwert und Kommunikation. Familientherapie für Berater und zur Selbsthilfe.* S. 27

21 Vgl. dazu vor allem das von dem Psychohistoriker Lloyd deMause herausgegebene Buch *Hört ihr die Kinder weinen.*

22 Es sei denn, sie machen sich als Erwachsene, meist unter Leidensdruck, auf den Weg, um diesen Teufelskreis zu durchbrechen. Eine Krise ist eine Chance, diesen Teufelskreis zu erkennen und daraus die Konsequenzen zu ziehen.

23 Schopenhauer, A.: *Die Welt als Wille und Vorstellung,* Bd. 1, § 2, S. 33

24 Ich verzichte hier auf theoretische Abhandlungen zum Ich-Begriff aus der Psychologie, Psychoanalyse und der Philosophie.

25 Diese Beispiele habe ich aus ausführlichen Interviews mit einem Arzt.

26 Duve, K.: *Dies ist kein Liebeslied*

27 Immerhin hat die Kommission für Jugendmedienschutz im Januar 2007 ein Prüfverfahren eingeleitet. Es ging darum, den Verantwortli-

chen von RTL Einhalt zu gebieten, in der Art und Weise, wie abwertend und zynisch mit den Kandidaten umgegangen wird. Das gehöre bedauerlicherweise zur Inszenierung. Die KJM hat nicht durchsetzen können, dass diese Sendung aus jugendgefährdenden Gründen in die Spätstunden verlegt wurde, und kontrolliert und analysiert die Sendung weiterhin. Quelle: Wikipedia *Deutschland sucht den Superstar*

28 Auf diese historischen Zusammenhänge kann ich hier nicht weiter eingehen. Vgl. dazu die aufgeführten Bücher in der Literaturliste.

29 Posch, W.: *Projekt Körper: Wie der Kult um die Schönheit unser Leben prägt*

30 Aus dem Gespräch mit einer Schönheitschirurgin, die anonym bleiben will.

31 Deutsche Gesellschaft für Ästhetisch-Plastische Chirugie (DGÄPC)

32 10.08.2004 Quelle: Deutsche Gesellschaft für Ästhetisch-Plastische Chirugie (DGÄPC)

33 ebd.

34 »Schönheitsoperationen in Deutschland«, aus: *Gesundheitswirtschaft*, Info, 6. Mai 2010

35 Posch, W.: *Projekt Körper*, S. 67

36 Vgl. dazu ebd. S. 67/68

37 Ich beziehe mich auf Gespräche respektive Interviews und Erfahrungen, die ich unter anderem auf einem dreijährigen Tantra-Schulungsweg machen konnte. Diese Interviews sind wie ein Fenster in die Wirklichkeit. Die Aussagen sind auch hier anonymisiert und so ausgewählt, dass sie als symptomatisch angesehen werden können.

38 G. Kaiser hat sich in ihrem Buch *Geld oder Leben* ausführlich mit diesem Thema auseinandergesetzt. Sie schildert, wie Geld die Gefühle und die Beziehungen steuert.

39 Vgl. dazu Friesen, A. v.: *Schuld sind immer die anderen! Die Nachwehen des Feminismus. Frustrierte Frauen und schweigende Männer*

40 Das Problem verschärft sich heute, wenn Mädchen, wie etwa Nina, sich von ihren Kumpels freizügig fotografieren lassen. Diese Bilder landen ohne Einverständnis der Mädchen im Internet. Wenn die Mädchen sich dann so abgebildet wiederfinden, schämen sie sich in Grund und Boden und sind tief verletzt.

41 Vgl. dazu einen ausführlichen und gut recherchierten Beitrag aus der *FAZ* vom 23.1.2014: »Im Weltreich der nackten Daten«, S. 25

42 Vgl. dazu das Buch von A. von Friesen, ebd.

43 Vgl. dazu: Schwarz-Schilling, M.-L., *Die Ehe. Ein Seitensprung der Geschichte*

44 Anschaulich beschreibt der Kulturphilosoph und Historiker Will Durant diese Phase in Europa im 27. und 28. Band seiner *Kulturgeschichte der Menschheit.*

45 Diese Verknüpfungswünsche spiegeln sich in den erfolgreichen Filmen und Büchern von Inga Lindström, Utta Danella und Rosamunde Pilcher wider. In diesen Wunschwelten spielen auch Männer die entsprechenden Rollen: Der »richtige« Mann liebt, ist romantisch, sexuell aktiv und verspricht die Ehe. Der »falsche« Mann hingegen will nur »das Eine«, macht sich aus dem Staub, wenn es ums Heiraten geht, oder hat nur eigene Interessen im Sinn, wenn er sich auf eine erotische Beziehung zu einer Frau einlässt.

46 Vgl. dazu die Ausführungen von Eva Illouz in ihren Büchern *Warum Liebe wehtut* und *Die neue Liebesordnung*

47 Vgl. dazu einen Bericht von Antonia Baum in der *FAZ* vom 19.11.2013: »Tun Sexarbeiterinnen ihre Arbeit gern?«

48 Ich beziehe mich hier auf eine Dokumentation von Michael Glawogger, die unter dem Titel *Whore's Glory*, produziert 2011, am 28.11.2013 bei Arte ausgestrahlt wurde. Der Filmemacher, der die Fragen stellt, taucht selbst nicht auf. Das Geschehen bleibt unkommentiert, nur die Beteiligten selbst kommen zu Wort.

49 Der Filmemacher tritt nie persönlich in Erscheinung, nur seine zurückhaltende Stimme ist zu hören.

50 Zitiert aus der *FAZ online* 1.12.2013

51 Der Dokumentarfilmer Glawogger näherte sich diesen Männern unter dem besonderen Umstand, dass sie sich auf Freiersfüßen befanden und entsprechend »emotional aufgeladen« waren. Diese Männer fühlten sich offensichtlich sehr mächtig, sie betonten, dass Sex für sie wichtig sei. Es steht außer Frage, dass sie keinen Moment lang an ihrem Recht zweifelten.

52 Aus der Website der *Polizeilichen Kriminalprävention der Länder und des Bundes:* Infografik zu sexueller Missbrauch von Kindern PKS 2013

»Von den im Jahr 2013 erfassten Opfern eines sexuellen Missbrauchs waren 3.389 mit dem Tatverdächtigen verwandt und 3.970 mit dem Tatverdächtigen bekannt. 1.327 kannten den Tatverdächtigen durch eine flüchtige Vorbeziehung, 3.879 waren nicht mit dem Tatverdächtigen bekannt. Bei 1.068 Fällen ist die Beziehung ungeklärt. Dies zeigt: Nicht einmal jeder zweite Missbrauchsfall wird von einer dem Opfer fremden Person verübt. Vielmehr findet die Tat oft im häuslichen Bereich oder in sozialen Bezügen statt. Der Großteil der 9.232 erfassten Tatverdächtigen im Jahr 2013 war männlich (8.819 Tatverdächtige), mehr als zwei Drittel der Opfer weiblich. Missbrauchende Erwachsene oder Jugendliche nutzen ihre Überlegenheit und das Vertrauen des Kindes aus, um ihre eigenen Bedürfnisse zu befriedigen. Zur Strategie der Täter gehört es, Gelegenheiten und Situationen zu schaffen, in denen der Missbrauch ungestört stattfinden kann. Scheinbar unbeabsichtigte, intime Berührungen, anzügliche Bemerkungen oder das Zeigen pornografischer Bilder und Videos sollen Kinder für sexuelle Handlungen empfänglich machen und ihren Widerstand verringern. Auch nutzen Täter das kindliche Bedürfnis nach Zuwendung und Wertschätzung aus oder erfüllen materielle Wünsche des Kindes. Die hohe Aufklärungsquote von 84,3 Prozent bezieht sich nur auf das Hellfeld, also auf die in der polizeilichen Kriminalstatistik registrierten Fälle des sexuellen Kindesmissbrauchs. Die polizeilich erfassten Fälle bilden das eigentliche Ausmaß des Missbrauchs jedoch bei Weitem nicht ab: Zu groß ist das Dunkelfeld, zu selten wird sexuelle Gewalt an Kindern und Jugendlichen angezeigt. Bedingt durch eine nahe Beziehung zum Täter hat das Opfer zudem oft nicht die Möglichkeit, auf den Missbrauch aufmerksam zu machen bzw. sich diesem zu entziehen. Die polizeiliche Kriminalprävention hat daher im Frühjahr 2013 die bundesweite Kampagne ›Missbrauch verhindern!‹ ins Leben gerufen.«

53 Aus der Website der *Polizeilichen Kriminalprävention der Länder und des Bundes,* ebd.

54 Vgl. dazu Odier, D.: *Tantra – Eintauchen in die absolute Liebe. Die authentische Geschichte über die Einweihung im Himalaja durch eine wahrhaft tantrische Meisterin*

55 Vgl. dazu auch den Beitrag von Helga Langer und Barbara Strohschein: »Tantra. Sexualität als spirituelle Quelle«, in: *Die weiße Karawane*, 2005/2010, S. 47

56 Vgl. dazu: Odier, D.: *Tantra*

57 Die unterschiedlichen tantrischen Schulen zum Beispiel in Deutschland und den USA wurden etwa in Berlin 2007 unter der Leitung von

Dieter Jarzombek vom Calumed e. V. auf dem Kongress »Spiritualität und Sexualität« vorgestellt.
Hier ist anzumerken, dass diejenigen, die sich für einen tantrischen Weg entscheiden, sehr genau hinschauen sollten, bei und mit wem sie diesen Weg gehen. Sexuelle Energie wachzurufen, ohne das Wissen über die Voraussetzungen und über die Folgen zu haben, kann sich erfahrungsgemäß negativ auf Körper, Seele, Geist auswirken.

58 Diese Szene stammt aus einem Film über Portugal, der im August 2014 bei Arte ausgestrahlt wurde.

59 *Das Spielzeug*, eine Filmkomödie; Regie: Francois Veber, 1976, mit den Schauspielern Pierre Richard und Michel Bouquet in den Hauptrollen. Der Film wurde dreimal für den »Cesar« vorgeschlagen und im Lexikon der internationalen Films – zu Unrecht – verrissen.

60 Über Ursachen und Folgen von Mobbing ist mittlerweile viel geforscht worden. Ebenso wurden Beratungsstellen eingerichtet. Vgl. dazu Flader, D.; vgl. dazu auch die Studie von H. Leymann, *Der neue Mobbing-Bericht*

61 Unter diesem Titel hielt D. Flader einen Vortrag auf einem Kongress der Hermann-Cohen-Gesellschaft in Buch, nahe bei Würzburg im Jahr 2000.

62 Vgl. dazu Flader, D.: *Die Handlungssignatur des Unbewussten. Vom Mobbing bis zum Klimawandel – eine psychoanalytische Kulturkritik*. Das Buch wird 2015 erscheinen.

63 Vgl. dazu Czikszentmihaly M.: *Flow*

64 Honneth, A.: »Arbeit und Anerkennung. Versuch einer Neubestimmung«, in: *Das Online-Magazin zur Zeitschrift | HALBJAHRESMAGAZIN polar*; Politik, Theorie, Alltag, o. Jahresangabe

65 Vgl. dazu Rüsen, T. A.: *Krisen und Krisenmanagement in Familienunternehmen. Schwachstellen erkennen, Lösungen erarbeiten, Existenzbedrohung meistern*

66 Vgl. dazu meine Studie *Die Wertung und Entwertung des Menschen in der Humankapitaldebatte, in der Globalisierungsdebatte, der Genforschung und den Medien,* Hamburg 2000

67 Vgl. dazu: Kruse, P.: *nextpractice, Erfolgreiches Management von Instabilität*

68 Die Übersetzungen des Namens *Internationale Organisation für Normung* ergaben verschiedene Abkürzungen, abhängig von der Sprache, zum Beispiel: *IOS (International Organization for Stan-*

dardization) auf Englisch oder *OIN (Organisation internationale de normalisation)* auf Französisch. Deshalb wählte man die einheitliche Kurzbezeichnung ISO, die vom griechischen Wort »isos« abstammt, das »gleich« bedeutet.

69 Vgl. dazu Refa: Der REFA-*Verband für Arbeitsgestaltung, Betriebsorganisation und Unternehmensentwicklung* gilt als Deutschlands älteste und bedeutendste Organisation für Arbeitsgestaltung, Betriebsorganisation und Unternehmensentwicklung.

70 Vgl. dazu Wikipedia über Taylor und Taylorismus

71 TK Copyright © 2003–2011 Wolters Kluwer Deutschland Information Services GmbH. All rights reserved

72 Vgl. dazu Arantewicz, G., 2009. Die jährlichen Gesamtschäden für die Volkswirtschaft in Deutschland werden auf fünfzehn Milliarden Euro geschätzt. Die gesundheitlichen Schäden durch Mobbing führen zu noch höheren Folgekosten für die Sozialkassen.

73 Vgl. dazu meinen Beitrag »Integrität im Management«, siehe Literaturliste

74 Die Abkürzung verweist auf ein Pseudonym.

75 Vgl. dazu die Beiträge aus dem Ärzteblatt vom 10.1.2014, »Parkinson: Dreifache Gentherapie verbessert motorische Funktion«, und vom 10.11.2014, »Parkinson: Stammzelltherapie vor klinischer Erprobung«

76 Diese detaillierten Informationen verdanke ich wie gesagt Prof. Dr. F., einem Wissenschaftler und Arzt aus einem renommierten Forschungsinstitut in Deutschland, der mir durch seine Berichte in unseren Gesprächen Einblick in seine Arbeit gewährt hat. Diese Berichte liegen einige Zeit zurück. Ich habe sie hier trotzdem zum Anlass genommen, einige Fragen in Bezug auf die Werteimplikationen der Forschung und dieses Therapieansatzes zu stellen.

77 Die Auseinandersetzung mit dieser Thematik beruht auf einer längeren Zusammenarbeit mit Genforschern und Zellmedizinern sowie auf Vorträgen, die ich im Kontext »Wert des Menschen und Genforschung« gehalten habe. Die hier vermittelten Standpunkte basieren auf Erfahrungen und der kritischen Selbsteinschätzungen der Forscher selbst.

78 Unter Positivismus versteht man eine gängige Auffassung von Wissenschaft nach drei Glaubenssätzen: 1. Es gibt nur eine wissenschaftliche, nämlich die positivistische Methode; 2. Mathematik ist das Ideal der Darstellung; 3. Nur die Kausalerklärung zählt.

79 Vgl. dazu Bloch, E.: *Das Prinzip Hoffnung,* Bd. 3, S. 526 f. und S. 546

80 Kant, I.: *Kritik der praktischen Vernunft*, S. 300

81 Freud, S.: *Psychologie des Unbewußten*, Bd. III, S. 33/34

82 Flader. D.: *Die Psychoanalyse im Fokus von Handeln und Sprache*. In dieser Untersuchung hat D. Flader diese Aspekte der freudianischen Analyse handlungstheoretisch untersucht und weiterentwickelt.

83 Durant, W.: *Die Kulturgeschichte der Menschheit*

84 Vgl. dazu die Statistik »Kirchenaustritte.de«, Stand 2011/2012

85 Ich beziehe mich hier unter anderem auf eine Studie der Identity Foundation. Im März 2006 führte die Düsseldorfer Stiftung Identity Foundation in Zusammenarbeit mit der Universität Hohenheim eine Studie zum Thema »Spiritualität in Deutschland« durch. Die Antwort von 1000 Befragten, denen die Gretchenfrage gestellt wurde, ergab, dass sich rund 15 Prozent der Bevölkerung der BRD als *spirituelle* Sinnsucher betrachten, die jenseits der Angebote von traditionellen Religionen und kirchlichen Einrichtungen erweiterte Perspektiven der persönlichen Entwicklung und Selbsterkenntnis erkunden. Jeder zweite Deutsche glaubt, dass der Kosmos von einer geistigen Macht zusammengehalten wird. Der Frauenanteil bei der Neigung zu Spiritualität/Religion liegt jeweils rund doppelt so hoch wie der Männeranteil.

86 Vgl. dazu Büssing, A., Ostermann, Th., Glöckler, M., Matthiessen, P. F.: *Spiritualität, Krankheit und Heilung – Bedeutung und Ausdrucksformen der Spiritualität in der Medizin*

87 Vgl. dazu Bucher, A.: *Psychologie der Spiritualität*

88 Vgl. dazu Sponsel, R.: »Internet-Publikation für allgemeine und integrative Psychotherapie«, Erlangen, in der auch naturwissenschaftliche Aspekte wie Kosmologie und Quantenphysik aufgegriffen werden.

89 Vgl. dazu Büssing, A., Ostermann, Th., Glöckler, M., Matthiessen, P. F.: *Spiritualität, Krankheit und Heilung – Bedeutung und Ausdrucksformen der Spiritualität in der Medizin*

90 Wie zum Beispiel das monatlich erscheinende Magazin für *Körper, Geist und Seele KGS*, das in vielen einschlägigen Buchgeschäften oder in spirituellen Praxen ausliegt.

91 Diese Studie habe ich zusammen mit Prof. Dr. Frech und mit Prof. Dr. Flader durchgeführt. Hier gebe ich einen Auszug aus den Interpretationen der Daten wieder.

92 Über die Definition, was eine Sekte ist, ließe sich natürlich mit Sektenbeauftragten der Kirche tunlichst streiten. Auf dem Esoterikmarkt sind zahlreiche Scharlatane unterwegs. Es gibt zahllose Berichte darüber, wie von diesen unrealistische Heilsversprechungen gemacht und Menschen mit ihren Erfahrungen und Gefühlen hängen gelassen werden. Zweifelhafte Praktiken im Namen Gottes oder eines Gurus führen natürlich genau zum Gegenteil einer positiven Selbstwertentwicklung.

93 Ich kenne Fälle, in denen Menschen ohne psychotherapeutische Klärung in irgendwelchen Wochenendseminaren gelandet sind und durch heftige und nicht verarbeitete Erfahrungen psychische Probleme erlitten.

94 Die Aussagen sind anonymisiert, stammen vor allem von Männern in Führungspositionen, im Alter zwischen Anfang, Mitte vierzig und Ende sechzig. Da Frauen in den Führungsriegen immer noch weit weniger anzutreffen sind, haben wir weit weniger Interviewpartnerinnen finden können als Interviewpartner.

95 Nach der ersten Sichtung der Interviews kann man nicht sagen, dass es geschlechtsspezifische Unterschiede in den spirituellen Prozessen gibt. Auffallend allerdings ist, dass in den Führungspositionen mehr Männer sind als Frauen und daher auch hier mehr spirituell orientierte Männer zu Wort kommen.

96 Frech, H., Strohschein, B.: Die ersten Ergebnisse der Studie »Spiritualität und Management«, Berlin 2010. Diese Studie wurde teilweise von der Identity Foundation sowie von Jürgen Schulz-Vernholz, Unternehmer, finanziell gefördert in den Jahren 2007/2008.

97 Diese Erlebnisse respektive die Begriffe dafür beschreibt auch A. Bucher in seinem Buch: *Psychologie der Spiritualität*

98 Bloch, E.: *Das Prinzip Hoffnung*, Bd. 1, S. 1

99 Kierkegaard, S.: *Der Begriff der Angst*, S. 51, Hervorhebung von Kierkegaard

100 Schopenhauer, A.: *Parerga und Paralipomena* I, S. 324

101 Mit diesem bekannten Satz greift Nietzsche einen Gedanken auf, den bereits Hegel thematisierte. In *Die fröhliche Wissenschaft* führt Nietzsche in »Wir Furchtlosen« Aphorismus 343 und im Weiteren diesen Satz aus; in: Nietzsche, F.: *Menschliches, Allzumenschliches*

102 Vgl. dazu den Untertitel von *Ecce homo*: »Wie man wird, was man ist«, ebd. Bd. II, ohne Seitenzahl

Vgl. auch dazu: Strohschein, B.: »Werde was Du bist!« Von den Jugendschriften Nietzsches zu Ecce homo, in: *Anachronia 2*

103 Unter diesem Titel wurden verschiedene Kompilationen respektive Ausgaben herausgegeben, jedoch nicht von Nietzsche selbst. Zu der Entstehung dieser Ausgaben vgl. Montinari, M.: »Nietzsches Nachlaß von 1885 – 1888 oder Textkritik und Wille zur Macht«, in: *Nietzsche lesen*

104 Nietzsche, F.: *Menschliches, Allzumenschliches.* Der Mensch mit sich allein, S. 447

105 Vgl. dazu Walser, M.: »Prophet mit Marx- und Engelszungen«, in: *Über Ernst Bloch.* Mit Beiträgen von Martin Walser, Ivo Frenzel u. a., S. 7

106 Bloch, E.: *Das Prinzip Hoffnung.* Versteckte und alte Wunscherfüllung im Nachttraum, ausfabelnde und antizipierende in den Tagphantasien, Bd. 1, S. 86

107 Bloch, E.: *Das Prinzip Hoffnung*, Bd. 1, S. 1

108 Vgl. dazu Ekman, P.: *Gefühle lesen – Wie Sie Emotionen erkennen und richtig interpretieren*

109 Zu diesem Thema: »Wie fühle ich mit mir und mit anderen«, gibt es eine Reihe von Büchern, Ratgeber und psychologisch-wissenschaftliche Ausführungen. Zum Beispiel das Buch von Neff, K.: *Selbstmitgefühl. Wie wir uns mit unseren Schwächen versöhnen und uns selbst der beste Freund werden*

110 Weber, A.: *Alles fühlt*

111 Duhm, D.: »Soziologe, Psychoanalytiker, Gründer von Tamera«, in: *Tamera. Ein Modell für die Zukunft.* Von: Dregger, L.

112 Aus einem Vortrag von Frau von Stechow bei den Rotariern.

113 ebd.

114 ebd.

115 Aus: »Märchenstunde. Erfolgreiches Lernen in der Schule. Ein Projekt zur Sprachförderung von Kindern mit Migrationshintergrund.« Ein Dokumentationspapier

Literatur- und Quellenverzeichnis

Altmeyer, M.: *Narzissmus und Objekt. Ein intersubjektives Verständnis der Selbstbezogenheit*, 2. Aufl., Göttingen 2004

Anand M.; Petersen S.: *Tantra: oder Die Kunst der sexuellen Ekstase*, München 1995

André, Ch.; Lelord, F.: *Die Kunst der Selbstachtung*, 2.Aufl., Berlin 2008

Aries, Ph.: *Geschichte der Kindheit*, München 1975

Armstrong, K.: *Im Namen Gottes*, München 2014

Augustinus: »Von der wahren Religion«, in: Augustinus: *Theologische Frühschriften*, Zürich, Stuttgart 1962

Badinter, E.: *Die Mutterliebe. Die Geschichte eines Gefühls vom 17. Jahrhundert bis heute*, München 1981

dies.: *Emilie, Emilie. Weiblicher Lebensentwurf im 18. Jahrhundert*, München 1984

dies.: *Ich bin Du. Die neue Beziehung zwischen Mann und Frau oder Die androgyne Revolution*, München 1987, Weinheim 2001

dies.: *XY. Die Identität des Mannes. Seine Natur, seine Seele, seine Rolle*, München 1993

dies.: *Die Wiederentdeckung der Gleichheit. Schwache Frauen, gefährliche Männer und andere feministische Irrtümer*, München 2004

dies.: *Der Infant von Parma oder die Ohnmacht der Erziehung*, München 2010 dies.: *Der Konflikt. Die Frau und die Mutter*, München 2010

Bergmann, W.: *Das Drama des modernen Kindes*, Weinheim 2006

Bloch, E.: *Das Prinzip Hoffnung*, Band 1, Frankfurt a. M., Gesamtausgabe 1977

ders.: Gesamtausgabe in 16 Bänden, Frankfurt a. M. 1977

Bloch, K.; Reif, A. (Hg.): *Denken heißt Überschreiten*, Köln, Frankfurt a. M. 1978

Breithaupt, F.: *Kulturen der Empathie*, Frankfurt a. M. 2009

Bucher, A.: *Psychologie der Spiritualität, Handbuch*, 1. Auflage, Weinheim 2007

Bude, H.: *Die Gesellschaft der Angst*, Hamburg 2014

ders.: *Die Ausgeschlossenen. Das Ende vom Traum einer gerechten Gesellschaft*, München 2008

ders.: *Das Altern einer Generation. Die Jahrgänge 1938 – 1948*, Frankfurt a. M. 1995

Büssing, A.; Ostermann, Th.; Glöckler, M.; Matthiessen, P. F.: *Spiritualität, Krankheit und Heilung – Bedeutung und Ausdrucksformen der Spiritualität in der Medizin*, Berlin 2006

Cashdan, E.: »Waist-to-Hip Ratio across Cultures: Trade-Offs between Androgen- and Estrogen-Dependent Traits«, In: *Current Anthropology*, Band 49, 2008

Chahine, N.; Jazdzewski, C.; Lannelongue, M.: *Schönheit. Eine Kulturgeschichte des 20. Jahrhunderts*, München 2000

Corssen, J.: *Der Selbst-Entwickler*, Wiesbaden 2004

ders.; Tramitz, Ch.: *Ich und die anderen*, München 2014

Dahl, G.: »Primärer Narzissmus und inneres Objekt«, in: *PSYCHE 55*, Stuttgart 2001

Danis, J. J.: *Narzissmus bei Mann und Frau*, 2. Aufl., München 1996

Descartes, R.: *Ausgewählte Schriften*, Leipzig 1980

deMause, L. (Hg.): *Hört ihr die Kinder weinen: Eine psychogenetische Geschichte der Kindheit*, Frankfurt a. M. 1992

de Waal, F.: *Das Prinzip Empathie. Was wir von der Natur für eine bessere Gesellschaft lernen können*, München 2011

Didou-Manent, M.; Ky Tran; Hervé, R.: *Dick oder dünn? Körperkult im Wandel der Zeit*, München 1998

Diem, H.: *Kierkegaard,* Frankfurt a. M. 1956

Dürr, H.: *Über das Alter. Ein Gespräch mit Cato über Jugendwahn, Weisheit und Vergänglichkeit*, Köln 2011

Dunham, L.: *Not That Kind of Girl. Was ich im Leben so gelernt habe,* Frankfurt 2014

Durant, W.: *Die Kulturgeschichte der Menschheit*, 36 Bände, Racontre, Schweiz ohne Jahresangabe

Duve, K.: *Dies ist kein Liebeslied*, München 2004

Ebers, Th.; Melchers, M.: *Vom Wert der Wertedebatte. Anmerkungen und Orientierung*, Freiburg, Basel, Wien 2002

Eco, U.: *Die Geschichte der Schönheit*, München, Wien 2004

Ehrenberg, A.: *Die Kultur des Unbehagens*, Frankfurt, Berlin 2010

Eilts, H. J.: *Narzissmus und Selbstpsychologie: Zur Entwicklung der psychoanalytischen Abwehrlehre*, Tübingen 1998

Eissler, K. R.: *Todestrieb, Ambivalenz, Narzissmus*, Frankfurt a. M. 1992

Ekman, P.: *Gefühle lesen – Wie Sie Emotionen erkennen und richtig interpretieren*, Heidelberg 2010

Ellis, H.: *Man and women: A study of human secondary sexual characters*, o. A., 1904

Erikson, E: *Kindheit und Gesellschaft*, Stuttgart 1968

Ernst Blochs Wirkung. Ein Arbeitsbuch zum 90. Geburtstag, Frankfurt a. M. 1975

Flader, D.: »Metaphern in Freuds Theorien«, in: *Psyche*, April 2000

ders.; *Die Handlungssignaturen des Unbewussten. Vom Mobbing bis zum Klimawandel – eine psychoanalytische Kulturkritik, erscheint 2015*

ders.; Comati, S.: *Kulturschock. Interkulturelle Handlungskonflikte westlicher Unternehmen in Mittelost- und Südosteuropa. Eine Untersuchung an dem Beispiel von Polen, Rumänien und Bulgarien*, Wiesbaden 2008

ders.: *Psychoanalyse im Fokus von Handeln und Sprache. Vorschläge für eine handlungstheoretische Revision und Weiterentwicklung von Theoriemodellen Freuds*, Frankfurt a. M. 1995

ders.: »Mobbing«, in: *ISPSW Strategy Series: Focus on Defense and International Security*, Issue: 260, 2014

Foucault, M.: *Überwachen und Strafen: Die Geburt des Gefängnisses.* Frankfurt a. M. 1976

Freud, S.: *Psychoanalyse und Libidotheorie*, in: Gesammelte Werke, Bd. 13, *Jenseits des Lustprinzips/Massenpsychologie und Ich-Analyse/ Das Ich und das Es*, Frankfurt a. M. 1965

ders.: *Zur Einführung des Narzissmus*, Leipzig u. a. 1924

ders: *Psychologie des Unbewußten* Bd. III, *Conditio humana*, Frankfurt a. M. 1975

Friesen, A. von: *Schuld sind immer die anderen! Die Nachwehen des Feminismus. Frustrierte Frauen und schweigende Männer*, Hamburg 2012

Fromm, E.: *Die Anatomie der menschlichen Destruktivität*, Stuttgart 1974

Garff, J.: *Kierkegaard. Biographie*, München 2005

Gemmel, M.: »Überlegungen zum Spiegelmotiv im Narziss-Mythos«, in: *Kritische Berichte.* Zeitschrift für Kunst- und Kulturwissenschaft, Heft 2/2004: Spiegel und Spiegelungen, S. 67 – 75

Grunberger, B.: *Vom Narzissmus zum Objekt*, Gießen 2001

Haller, R.: *Die Narzissmusfalle: Anleitung zur Menschen- und Selbstkenntnis*, Salzburg 2013

d'Harcourt, C.: *Schau her! Das ist meine Familie. Ein Spaziergang durch die Kunst*, München 2007

Hartkamp, N.; Wöller, W.; Langenbach, M.; Ott, J.: »Narzisstische Persönlichkeitsstörung«, in: Tress, W. u. Mitarb. (Hg.): *Persönlichkeitsstörungen, Leitlinie und Quellentext*, Stuttgart u. a. 2002

Henseler, H.: *Narzisstische Krisen*, Wiesbaden 2000

Hersey, G. L.: *Verführung nach Maß. Ideal und Tyrannei des perfekten Körpers*, Berlin 1998

Hollander, A.: *Seeing Through Clothes*, Berkeley 1993

Honneth, A.: *Der Kampf um Anerkennung: Zur moralischen Grammatik sozialer Konflikte*, Frankfurt a. M. 1994

Hüther, G.: *Die Macht der inneren Bilder. Wie Visionen das Gehirn, den Menschen und die Welt verändern*, Göttingen 2009

ders.: *Arbeit und Anerkennung. Versuch einer Neubestimmung*, in: *Das Online-Magazin zur Zeitschrift/HALBJAHRESMAGAZIN polar*; Politik, Theorie, Alltag, o. J.

ders.: *Die zerrissene Welt des Sozialen*, Frankfurt a. M. 1990

ders.: *Die Evolution der Liebe. Was Darwin bereits ahnte und die Darwinisten nicht wahrhaben wollen*, Göttingen 2000

Illies, F.: *Anleitung zum Unschuldigsein. Das Übungsbuch für ein schlechtes Gewissen*, Frankfurt a. M. 2002

Illouz, E.: *Der Konsum der Romantik. Liebe und die kulturellen Widersprüche des Kapitalismus*, Frankfurt a. M., New York 2003

dies.: *Gefühle im Zeichen des Kapitalismus*, Frankfurt a. M. 2006

dies.: *Die Errettung der modernen Seele. Therapien, Gefühle und die Kultur der Selbsthilfe*, Frankfurt a. M. 2006

dies.: *Warum Liebe wehtut. Eine soziologische Erklärung*, Berlin 2011

dies.: *Die neue Liebesordnung. Frauen, Männer und* »Shades of Grey«, Berlin 2013

Johnson, St. M.: *Der narzisstische Persönlichkeitsstil. Integratives Modell und therapeutische Praxis*, 5. Aufl., Bergisch Gladbach 2005

Jürgs, M.: *Sklavenmarkt Europa. Das Milliardengeschäft mit der Ware Mensch*, München 2014

Kaiser, G.: *Geld oder Leben. Wie Geld unsere Beziehungen und Gefühle beeinflusst*, Hamburg 2014

Kant, I.: *Kritik der praktischen Vernunft*, Werkausgabe Bd. VII, 14. Aufl., Frankfurt a. M. 1998

ders: *Kritik der reinen Vernunft*, Werkausgabe Bd. III und IV, 14. Aufl., Frankfurt a. M. 2000

Kaufmann, W.: *Nietzsche. Philosoph – Psychologe – Antichrist*, 2. Aufl., Darmstadt 1988

Kernberg, O. F.: *Hass, Wut, Gewalt und Narzissmus*, Stuttgart 2011

ders. (Hg.): *Narzissmus. Grundlagen – Störungsbilder – Therapie*, Stuttgart u. a. 2005

ders.: *Borderline-Störungen und pathologischer Narzissmus*, Frankfurt a. M. 2002

ders. (Hg.): *Narzisstische Persönlichkeitsstörungen*, Stuttgart u. a. 2001

Key, Ellen: *Das Jahrhundert des Kindes*, Weinheim, Basel 1992

Kierkegaard, S.: *Entweder – Oder*, 1. und 2. Teil, Neuausgabe, Köln, Düsseldorf 1969

ders.: *Der Begriff der Angst*, Frankfurt a. M. 1984

ders.: *Die Wiederholung. Die Krise*, Frankfurt a. M. 1984

ders.: *Furcht und Zittern*, Hamburg 2004

ders.: *Briefe*, Frankfurt a. M. 1983

ders.: *Tagebuch eines Verführers*, Frankfurt a. M. 1983

Kindermann, H.: *Das Theaterpublikum der Antike*, Salzburg 1979

ders.: *Das Theaterpublikum des Mittelalters*, Salzburg 1980

ders.: *Das Theaterpublikum der Renaissance*, Salzburg 1984

Klages, H.: »Entstehung, Bedeutung und Zukunft der Werteforschung«, in: *Sozialpsychologie und Werte*, hg. von Erich H. Witte, Lengeris 2008

Klare, J.: *Was bin ich wert? Eine Preisermittlung*, Berlin 2010

König, K.: *Kleine psychoanalytische Charakterkunde*, Göttingen 2010

Kohut, H.: *Narzissmus. Eine Theorie der psychoanalytischen Behandlung narzisstischer Persönlichkeitsstörungen*, 14. Nachdruck, Frankfurt a. M. 2007

Kruse, P.: *nextpractice. Erfolgreiches Management von Instabilität. Veränderung durch Vernetzung*, 4. Aufl., Offenbach 2009

Kurz, C.; Rieger, F.: *Arbeitsfrei. Eine Entdeckungsreise zu den Maschinen, die uns ersetzen*, München 2013

Lasch, Ch.: *Das Zeitalter des Narzissmus*, Hamburg 1995

Laskowski, A.: *Was den Menschen antreibt. Entstehung und Beeinflussung des Selbstkonzepts*, Frankfurt a. M. 2000

Lelord, F.; André, Ch.: *Der ganz normale Wahnsinn. Vom Umgang mit schwierigen Menschen*, 7. Aufl., Berlin 2009

Leymann, H.: *Der neue Mobbing-Bericht*, Hamburg 1995

Lukrez: *Von der Natur der Dinge*, Frankfurt a. M. 1960

Macho, Th.: *Vorbilder*, München 2011

Markun, S.: *Ernst Bloch*, Hamburg 1977

Mayer, K. C.: *Glossar. Psychiatrie/Psychosomatik, Psychotherapie/ Neurologie/Neuropsychologie*, 2011

Meyer, Th.: *Nietzsche und die Kunst*, Tübingen, Basel 1993

Miller, A.: *Das Drama des begabten Kindes*, Frankfurt a. M. 1983

dies.: *Du sollst nicht merken. Variationen über das Paradies-Thema*, Frankfurt a. M. 1983

Montinari, M.: »Nietzsches Nachlaß von 1885 – 1888 oder Textkritik und Wille zur Macht«, in: *Nietzsche lesen*, Berlin, New York 1982

Mugerauer, R.: *Narzissmus*, Marburg 2010

Nagano, K.; Kloepfer, I.: *Erwarten Sie Wunder*, Berlin 2014

Neff, K.: *Selbstmitgefühl. Wie wir uns mit unseren Schwächen versöhnen und uns selbst der beste Freund werden*, München 2012

Neumann, E.; Bierhoff, H. W.: »Ichbezogenheit versus Liebe in Paarbeziehungen«, in: *Zeitschrift für Sozialpsychologie 1*, 33, 2004

Nietzsche, F.: *Menschliches, Allzumenschliches*, Werke in zwei Bänden, München o. A.

ders.: *Die fröhliche Wissenschaft*, ebd.

ders.: *Die Geburt der Tragödie*, ebd.

ders.: *Also sprach Zarathustra*, ebd.

Odier, D.: *Tantra – Eintauchen in die absolute Liebe. Die authentische Geschichte über die Einweihung im Himalaja durch eine wahrhaft tantrische Meisterin*, Grafing 2003

Ovid: *Metamorphosen*, in der Übersetzung von Erich Rösch, München 1980

Penz, O.: *Metamorphosen der Schönheit. Eine Kulturgeschichte moderner Körperlichkeit*, Wien 2001

Posch, W.: *Projekt Körper. Wie der Kult um die Schönheit unser Leben prägt*, Frankfurt a. M. 2009

Postman, N.: *Das Verschwinden der Kindheit*, Frankfurt a. M. 1983

Rathmayr, B.: *Die Rückkehr der Gewalt*, Wiesbaden 1996

Reich, W.: »Zwei narzisstische Typen«, in: *Frühe Schriften I. Aus dem Jahre 1920 bis 1925*, Frankfurt 1977

Renger, A. B. (Hg.): *Narcissus. Ein Mythos von der Antike bis zum Cyberspace*, Stuttgart 2002

dies. (Hg.): *Mythos Narziß*, Leipzig 1999

Renz, U.: *Schönheit – eine Wissenschaft für sich*, Berlin 2006

Rifkin, J.: *Das Ende der Arbeit und ihre Zukunft*, Frankfurt a. M., New York 1996

ders.: *Die empathische Zivilisation. Wege zu einem globalen Bewusstsein*, Frankfurt a. M., New York 2010

Rizzolatti, G.; Sinigaglia, C.: *Empathie und Spiegelneuronen – die biologische Basis des Mitgefühls*, Frankfurt a. M. 2008

Röhr, H.-P.: *Narzissmus. Das innere Gefängnis*, Zürich u. a., München 2005

Rosenfeld, F.: *Zur Psychoanalyse psychotischer Zustände*, Gießen 2002

Ross, W.: *Der ängstliche Adler*, Stuttgart 1980

Rost, D.: Lebensumweltanalyse hochbegabter Kinder, Göttingen 1993

Roth, H. J.: *Narzissmus. Selbstwerdung zwischen Destruktion und Produktivität*, Weinheim u. a. 1990

Rüsen, T. A.: *Krisen und Krisenmanagement in Familienunternehmen. Schwachstellen erkennen, Lösungen erarbeiten, Existenzbedrohung meistern*, Bochum 2009

Rutschky, K. (Hg.): *Schwarze Pädagogik. Quellen zur Naturgeschichte der bürgerlichen Erziehung*, München 2011

Sachse, R.: *Historische und narzisstische Persönlichkeitsstörungen*, Göttingen 2002

Safranksi, R.: *Schopenhauer und Die wilden Jahre der Philosophie: eine Biographie*, Frankfurt a. M. 2013

Sarrazin, Th.: *Der neue Tugendterror. Über die Grenzen der Meinungsfreiheit in Deutschland*, Hamburg 2014

Sarrazin, U.: *Hexenjagd. Mein Schuldienst in Berlin,* München 2012

Satir, V.: *Selbstwert und Kommunikation. Familientherapie für Berater und zur Selbsthilfe. Leben lernen*, Stuttgart 2002

Saunders, G.: *Zehnter Dezember*, München 2014

Schaefer, C.: *Die Botschaft der Weisen Alten*. 4. Aufl., Berlin 2013

Schopenhauer, Arthur: *Die Welt als Wille und Vorstellung I und II*, Zürich 1988, 1999, nach der Schopenhauerschen Werkausgabe, Leipzig 1859

ders.: *Parerga und Paralipomena I und II*, ebd.

ders.: *Kleine Schriften*, ebd.

Schütz, A.: *Psychologie des Selbstwertgefühls*, Stuttgart, Berlin, Köln 2000

Schwarz-Schilling, M.-L.: *Die Ehe. Ein Seitensprung der Geschichte*, Frankfurt a. M. 2004

Schwarzer, A.: *Prostitution – ein deutscher Skandal. Wie konnten wir zum Paradies der Frauenhändler werden*, Köln 2013

Sennett, R.: *Der flexible Mensch*, Berlin 1998

ders: *Verfall und Ende des öffentlichen Lebens: Die Tyrannei der Intimität*, Frankfurt a. M. 2004

Spitzer, M.: *Vom Sinn des Lebens. Wege statt Werke*, Stuttgart 2007

Staemmler, F. M.: *Das Geheimnis des anderen – Empathie in der Psychotherapie*, Stuttgart 2009

Stemmler, Th. (Hg.): »Schöne Frauen – schöne Männer. Literarische Schönheitsbeschreibungen«, Vorträge eines interdisziplinären Kolloquiums, Forschungsstelle für europäische Lyrik des Mittelalters, Tübingen 1988

Stratz, C. H.: *Die Schönheit des weiblichen Körpers. Den Müttern, Ärzten und Künstlern gewidmet*, Stuttgart 1899, digitalisiert als PDF

Strohschein, B.: »Ethik für die digitale Welt«, in: *Capital online*, 2014

dies.: »Eine Werte-Philosophie für digitale Systeme«, in: *huffington post*, 2014

dies.: *Golem – der digitale Wächter. Mythos und Technologie*, Wordpress 2014

dies.: *Morgenlandwege*, Anthologie, hg. und verfasst von Strohschein, B., und Weigle, P., Berlin, Bispingen 2007

dies.: »Neue Menschenbilder – neue Werte?«, in: *Demokratischer Staat und soziale Demokratie. Perspektiven ds. Zeitschrift für Gesellschaftsanalyse und Reformpolitik*, Berlin 2006/2007

dies.: *Die weiße Karawane. Vision und Wirklichkeit*, Anthologie, hg. von Jarzombek, D., Strohschein, B., und Weigle, P., Hamburg 2003

dies.: »Gesellschaft und Spiritualität in Zeiten der Krise«, in: *Die weiße Karawane*, hg. von Jarzombek, D., Strohschein, B., und Weigle, P., Hamburg 2003

dies.: Homo sapiens – homo socialis, in: ebd. 2003

dies.: Tantra, mit H. Langer, in: ebd. 2003

dies.: *Utopien heute*, Anthologie, Konzept und Redaktion B. Strohschein, mit Beiträgen von Hermann Glaser, Jan Robert Bloch, Friedrich Schorlemmer, Rainer Zimmermann, Roger Perrinjaquet, Manfred Stock, Marianne Gronemeyer, Dieter Bartezko u. a., Ludwigshafen 2002

dies.: »Schocks ohne Schreck. Gewalt im Theater«, in: *Theater der Zeit*, Forum Band 5, Frauen Theater Frauen, Berlin 2001

dies.: »Schöne ortlose Utopie. West und Ost in einem Deutschland«, in: *Utopien haben einen Fahrplan*, hg. von Klaus Kufeld und Peter Zudeick, Mössingen Talheim 2000

dies.: »Stat sua cuique dies. Eine Reise durch den Tag«, philosophisches Essay, in: *Perspektiven der Philosophie Ernst Blochs: Ich bin. Aber ich habe mich nicht. Darum werden wir erst*, hg. von Jan Robert Bloch, Frankfurt a. M. 1997

dies.: »Von einem, der auszog, das Hoffen zu lehren«, essayistischer Lesetext, in: *U-TOPOI. Ästhetische und politische Praxis bei Ernst Bloch*, hg. von Gerd Koch und Rainer E. Zimmermann, Mössingen Talheim 1996

dies.: »Werde was Du bist!« Von den Jugendschriften Nietzsches zu Ecce homo, in: *Anachronia 2*, Hamburg 1995

dies.: »Vom Wirklichkeitsschock zum Publikumsschreck«, in: *Theaterautoren. Erster Kongress der Theaterautoren*, Berlin 1993

dies.: »Der Schlag des Schmetterlings. Chaos und Ordnung im Theater. Über das Verhältnis neuer wissenschaftlicher Entwicklungen zu künstlerischer Produktion«, in: *Konzepte 11*, Berlin 1992

dies.: »Obszenerien auf baroccem Grund«, Essay, in: *Das Heimliche Auge V*, Tübingen 1990

dies.: *Ernst Blochs ›Prinzip Hoffnung‹ und die Ästhetische Erziehung*, Frankfurt a. M. 1983

Strohschein, B.; Westhafen, J.: *Die Reise ins Reich der Spiegel. Vom Ich zum Wir*, Berlin 2009

Symington, N.: *Narzissmus. Neue Erkenntnisse zur Überwindung psychischer Störungen*, Gießen 2002

Thielen, M. (Hg.): *Narzissmus. Körperpsychotherapie zwischen Energie und Beziehung*, Berlin 2002

Trapp, W.: *Der schöne Mann. Zur Ästhetik eines unmöglichen Körpers*, Berlin 2003

Über Ernst Bloch. Mit Beiträgen von Walser, M., u. a., Frankfurt a. M. 1968

Verrechia, A.: *Zarathustras Ende. Die Katastrophe Nietzsches in Turin*, Wien, Köln, Graz 1986

Volkan , V. D.: *Spektrum des Narzissmus. Eine klinische Studie des gesunden Narzissmus, des narzisstisch-masochistischen Charakters, der narzisstischen Persönlichkeitsorganisation, des malignen Narzissmus und des erfolgreichen Narzissmus*, Göttingen u. a. 2002

Wahl, H.: *Narzissmus? Von Freuds Narzissmus-Theorie zur Selbstpsychologie*, Stuttgart u. a. 1985

Wardetzki, B.: *Weiblicher Narzissmus. Der Hunger nach Anerkennung*, München 2009

Washietl, E.; Pfisterer, E.: *Werte – aber welche? Die Werte-Debatte*, Wien, Berlin 2007

Weber, A.: *Alles fühlt. Mensch, Natur und die Revolution der Lebenswissenschaften*, Berlin 2007

ders.: *Biokapital. Die Versöhnung von Ökonomie, Natur und Menschlichkeit*, Berlin 2008

Welzer, H.: *Selbstdenken. Eine Anleitung zum Widerstand*, 2. Aufl., Frankfurt a. M. 2014

Wickert, U.: *Der Ehrliche ist immer der Dumme. Über den Verlust der Werte*, München 1996

Wieseler, F.: *Narkissos. Eine kunstmythologische Abhandlung nebst einem Anhang über die Narcissen und ihre Beziehung im Leben, Mythos und Cultus der Griechen*, Göttingen, 1856

Winterhoff-Spurk, P.: »Land unter. Medienpsychologische Anmerkungen zur Informationsflut«, in: *Gestern begann die Zukunft. Entwicklung und gesellschaftliche Bedeutung der Medienvielfalt*, hg. von Hoffmann, Hilmar, Darmstadt 1994

Wippermann, P.; Krüger, J.: *Werte-Index 2012*, Hamburg 2012

Wirth, H.-J.: *Narzissmus und Macht. Zur Psychoanalyse seelischer Störungen in der Politik*, Gießen 2002

Witte, E. H.(Hg.): *Sozialpsychologie und Werte*, Lengerich 2008

Yalom, Irving: *Die Schopenhauer-Kur*, München 2006

ders.: *Und Nietzsche weinte*, München 1994

ders.: *Der Panama-Hut*, München 2002

ders.: *Die Liebe und ihr Henker*, München 1990

ders.: *Das Spinoza-Problem*, München 2013

ders.: *Im Hier und Jetzt. Richtlinien der Gruppenpsychotherapie*, München 2005

ders.: *Die rote Couch*, München 1998

ders.: *Was Hemingway von Freud hätte lernen können*, München 2003

Ziehe, Th.: *Pubertät und Narzissmus. Sind Jugendliche entpolitisiert?*, Frankfurt a. M. u. a. 1975

Quellen aus dem Internet, Zeitungen, Studien und Dokumentationsunterlagen

Statistik »Kirchenaustritte.de« Stand 2011/2012

Website der *Polizeilichen Kriminalprävention der Länder und des Bundes:* Infografik zu sexueller Missbrauch von Kindern PKS 2013

LBS-Kinderbarometer Deutschland 2009. Wir sagen euch mal was. Stimmungen, Meinungen und Trends von Kindern aus Deutschland. RDN Verlag 2009. Ein Projekt der Bundesgeschäftsstelle der Landesbausparkassen »LSB-Initiative Junge Familie«, unter der Schirmherrschaft von Ursula von der Leyen

Interview mit dem Intendanten der Berliner Schaubühne Thomas Ostermeier, in: *DIE ZEIT*, 27.1.2000

Deutschland; 12-25 Jahre; 2532 Befragte; TNS Infratest Quelle: Shell Jugendstudie

Sponsel, R.: »Internet-Publikation für allgemeine und integrative Psychotherapie«, Erlangen

Deutsche Gesellschaft für Ästhetisch-Plastische Chirugie (DGÄPC), 10.08.2004

»Märchenstunde. Erfolgreiches Lernen in der Schule. Ein Projekt zur Sprachförderung von Kindern mit Migrationshintergrund.« Ein Dokumentationspapier.

»Schönheitsoperationen in Deutschland«, aus: *Gesundheitswirtschaft*, Info, 6. Mai 2010

Über die Verwahrlosung von Kindern. *Spiegel online*

Studie der Identity Foundation. Thema »Spiritualität in Deutschland«, März 2006

FAZ vom 23.1.2014: »Im Weltreich der nackten Daten«, S. 25

Sendungen

»Das automatische Gehirn«, ARTE, 22.8.2013

»Macht des Unbewussten«, 3Sat, 9.4.2014, mit dem Hirnforscher Allen Snyder

»War Opa Nazi?«, Bayerischer Rundfunk, 14.4.2014, mit Dr. Tanja Hetzer, Coach und Historikerin

Whore's Glory, 2011, Filmdokumentation von Michael Glawogger über die Prostitution, ARTE, 28.11.2013